国家级一流本科课程配套教材

北京高等学校优质本科教材

全国会计领军人才丛书

Accounting Scholar Leader

审计系列

Accounting

审计学
原理与案例

（第4版）

◎ 李晓慧 编著

中国人民大学出版社
·北京·

前　言

随着我国经济、社会和科技的发展，在高等教育中，出现了慕课、微课、翻转课堂、行动学习项目、实践课等多种新型教学形式，我们在审计教学中也增加了这些元素，但不是为了花样翻新，最终目的是突出教学改革的实质：让学生由被动学习转变为主动学习。为了提高学生自学的能力，并使审计课堂教学更加活跃，我们在《审计学：原理与案例（第 4 版）》的修订中，将前沿的审计理论和实务以及最新准则融入其中，并通过多种形式为学生和教师提供丰富的教学资源。本书呈现出以下特点：

1. 增加素养提升和思维导图

我们在深入理解党的二十大精神以及习近平总书记关于审计工作的重要论述的基础上，结合本书的知识体系，提出了每章节的素养提升要求。同时，为帮助学生提高学习效率，我们为各章精心设计了包含基础知识点以及进阶认知和能力两个方面的思维导图。

2. 以引例激发学生学习审计理论的兴趣

学习和理解审计理论及相关术语是一件让很多审计学习者头疼的事情。为此，本书在每章开篇都从身边的故事和典型事例入手设计了引例，让学生将知识学习与社会实践以及日常认知密切关联，从而激发他们从生活和工作中领悟审计相关理论的兴趣。这种启发式、探究式的学习方式，有助于提高学生学习审计理论及相关知识的积极性和主动性。

3. 以历史沿革和准则变迁展现审计专业理论和术语的内涵

审计基础理论随着经济和社会的发展而不断丰富和完善。许多审计理论和术语历经多次变革，其内涵和外延不断扩展。本书与时俱进，融入了审计理论和准则的最新变化，力求使学生站在历史的视角，紧跟审计准则变化，了解最前沿的审计理论和术语。这不仅让审计理论及其相关知识有了深厚的历史支撑，也让学生能够了解审计理论和审计准则的发展过程。

4. 以案例分析以及单元测试提升学生对审计知识点的理解与运用

在很多审计教材中，审计术语、基本原理等往往通过大段文字进行抽象表述，学生难以抓住重点和关键，本书针对一些容易混淆、难以理解的概念、原理和方法，采用选择题、判断题、案例分析等多种形式，帮助学生在理解审计系统理论和方法的基础上，实现对审计知识点的灵活运用。同时，各章末增设了“即测即评”，其中包括单选题、多选题、判断题等，学生可通过扫码答题，充分利用信息化手段深化学习。

5. 匹配中国大学MOOC"审计学"课程丰富学习资料，利用线上线下互动提高学习效率

与本教材相配套的是李晓慧教授主讲的国家一流本科课程"审计学"（中国大学MOOC）。该课程已上传了丰富的学习资料，学生可以利用碎片化时间观看视频录像，在系统学习教材相关知识后再到线上完成测试、参与线上作业讨论，并将学习中遇到的疑难问题提交至中国大学MOOC的讨论区，以拓展学习的深度和广度，灵活利用线上线下（教师和学生）互动提高学习效率。

同时，我们借鉴了审计学研究领域最前沿的理论和实务，将《中国注册会计师审计准则》及其指南、问题解答，《企业内部控制基本规范》及配套指引的相关要求和解读贯穿全书。在此，我们向所有在审计学领域不断求索的学者和中国审计准则、内部控制基本规范及配套指引的制定者致敬并致谢。此外，我们也向扶持和资助本书研究开发的中央财经大学及其会计学院、多年来一直给予支持并提出许多宝贵建议的人士，以及为本书出版倾注热情和精力的中国人民大学出版社的编辑们表示衷心的感谢。

由于时间有限，本书难免存在不足，欢迎同行和读者批评指正，以便我们今后修改完善。

李晓慧

目　录

第一章

Chapter 1 审计与审计职业

素养提升

提升审计专业能力，培养审计专业精神。

思维导图

引 例

维护普通投资者的利益为什么需要CPA?

公司A投资建设了电信网络X，耗资7亿元；公司B投资建设了电信网络Y，也花费了7亿元。在电信行业整合的浪潮中，公司A以70亿元的高价收购了公司B的电信网络Y，而公司B也以相同的价格从公司A购得了电信网络X。从表面上看，公司A和公司B都未遭受损失，但实际上，这两家公司的财务报表却如同被施了魔法一样，发生了翻天覆地的变化：

对公司A而言，投资X花费了7亿元，卖出获得70亿元，在当期实现了63亿元的投资收益。对于新买入的Y，按照固定资产进行摊销，如果摊销期限为10年，则当年只需摊销7亿元，最终公司A的财务报表上多实现56亿元的利润。

对公司B而言，同样也将在财务报表上多实现56亿元的利润。

为什么公司A和公司B都愿意花70亿元购买原价仅为7亿元的电信网络呢？背后的原因在于：这种交易能够轻易地“创造”出利润。上市公司一旦尝到“甜头”，可能会逐渐对主营业务失去兴趣，转而会千方百计地“设计”新的交易。例如，在未来的9年中，由于每年需要摊销7亿元，公司A和公司B为了维持高利润，可能会不断寻找更大的类似交易。这些不断被“创造”出来的新交易和财务报表上的利润，虽然短期内可能让投资者陶醉在虚拟的利润增长和股价上涨中，但长期来看，投资者得到的好处是有限的，因为这些“创造”出来的利润根本不会带来真正的现金流，甚至现金流还是负的（因为只要公司账面上有利润，就必须缴纳企业所得税，这笔钱是要实实在在从公司流出去的）。在这个过程中，真正无风险得到好处的是那些拿到高额奖金的CEO和幕后股价的操纵者，这些内部人士还能“先知先觉”、全身而退，把一个亏损累累的公司留给大部分还在梦中的普通投资者。

现实经济生活中的操作会更加复杂。例如，可能会有三家公司A、B、C，它们分别拥有电信网络X、Y、Z。A购买B的网络，B购买C的网络，C购买A的网络，这些交易之间看似没有直接的关系和利益冲突，实则关联更为隐秘，也更具欺骗性。如果不是注册会计师（CPA）这样的专业人士，普通投资者很难从财务报表上发现端倪。因此，在市场经济中需要CPA来为普通投资者解读、“翻译”和鉴证财务报表，使他们也能够及时洞悉公司真实的财务状况，提高其投资决策的效率。

第一节 审计的沿革

一、历史上的审计活动

（一）古代的国家审计

审计的最初形态是国家审计，据说古埃及已经设有书记官对国库的财政收入和支出进行审计（监督）。“一个书记官在纸上记录运送到仓库的银、粮食及其他物品的量，另一个书记官在储藏地检查搬运用的容器是否倒空，第三个人通过核对前两个人的记录进行审计。管理仓库的书记官根据正规的出库命令支出物品，记录出库的事实，并保管命令作为证据。其他书记官或上司对他所进行的收入、支出和库存量的记录实施定期审计。”①

在古希腊和古罗马时代，已有官厅审计机构，对有关国家收入和支出的记录和计算进行审计。

我国在西周（前1046—前771）就设有“宰夫”一职，行使就地稽查的职权。秦汉时期，统一模式的审计基本确立。

（二）欧洲中世纪的庄园审计

欧洲的庄园随着封建制度的确立，在9—10世纪逐渐形成，13世纪达到全盛，随着货币经济的发展而逐渐没落。庄园主接受国王的封地，承担管理庄园的责任，并向国王提供财物和劳役。庄园主为了巩固自己的经济基础，任命若干庄园官吏管理、监视庄园的经营业务。庄园官吏包括总管、管家和庄头三种。庄头是庄园经营中最重要的基层管理人，具体负责庄园的经营，包括：安排各项农活，分配劳役，保证耕种和收割按时完成，避免损失和浪费；照料牲畜，维修农具；在市场上卖掉剩余农产品；根据地租账收取地租，根据庄园主的许可开支费用，并负有记录账簿的责任。

---

① Stone，W E. Antecedents of the Accounting Profession. The Accounting Review，1969（4）：285.

在庄园的经营中，庄园主与庄头之间既存在委托-受托关系，也存在利益冲突。为了避免庄头可能少报农业的自然增收或多报可能的损失，庄园主设计了激励约束制度。同时，为了检查和确认庄头的行为，庄园主还设立了监视制度，其中主要是由庄园主任命的审计人一年一次对庄头编制的账簿进行审计。一般，每年的米迦勒节是庄头接受审计的日子。在这一天，庄头会在包括总管在内的审计团面前，宣读自己记录的账簿内容（由于大部分人是文盲，这种听账的审计方式一直延续到13世纪中叶）。审计人随后会直接将庄头记录的账簿与其他有关的庄园账簿进行核对，如有出入，审计人自行修正。审计人如发现庄头有应付未付的属于庄园主的财物，可以将庄头置于示众台上或关入监狱，直到庄头付清所欠。审计人有很大的监督权限，经审计人审计的账簿与审计人的报告需一同在庄园主和经庄园主任命的庄园受托责任人面前宣读，之后包括审计人在内的三方会进行质问答疑。庄园主通过向审计人提供必需品等方式支付审计费用。

庄园审计与古代国家审计一脉相承，是对反映庄园财务收支的会计账簿进行审计，从审计技术上看只是确认会计账簿是否正确，但实质上是确认庄头是否诚信地履行了对庄园主的受托责任，即除了保证庄园主财产的安全外，还要保证庄园经营的正常进行。

（三）欧洲中世纪的行会审计

中世纪的欧洲城市手工业者按照行业结成行会，行会是城市手工业者和商人保障自身利益的行业内部组织，最早于10世纪在意大利产生，10—12世纪相继传播至法国、英国和德国。据审计史研究文献，14世纪中叶伦敦的杂货商行、16世纪中叶伦敦的合金工匠行会，都曾实施过审计制度。行会审计的基本情况如下：

（1）审计人由行会成员选举产生，组成审计小组，有序地开展审计工作。行会的理事需将金钱收支业务记录在“行会账户”的账簿中，期末时将该账簿提交至总会，并接受审计人的审计。

（2）行会每年定期实施审计，尤其是在行会理事一年任期结束时，必须检查该理事在任期内的支出，以确保无不当之处。

（3）行会对审计人实行一定的制约，对于不能在规定期限内完成审计任务的审计人处以高额罚款，并要求审计人必须拥有足够的个人财产以作为担保。

行会审计与庄园审计相似，是对反映行会财务收支的账目进行审核，审计的目的是确认负责行会财产管理和业务处理的理事有无违反行规的行为。

（四）注册会计师审计

1. 西方注册会计师审计

注册会计师审计起源于16世纪的意大利。当时，地中海沿岸的商业城市已经相当繁荣，威尼斯作为地中海沿岸航海贸易最为发达的地区，是东西方贸易的枢纽，商业经营规模不断扩大。由于单个业主难以向企业投入巨额资金，为适应筹集大量资金的需求，合伙制企业应运而生。合伙经营方式不仅提出了会计主体的概念，促进了复式簿记在意大利的产生和发展，还催生了对注册会计师审计的最初需求。尽管当时合伙制企业的合伙人都是出资者，但是有的合伙人参与企业的经营管理，有的合伙人则不参与，所有权与经营权开始分离。因此，那些参与经营管理的合伙人有责任向不参与经营管理的合伙人证明合伙契约得到了认真履行，利润的计算与分配是正确、合理的，以保障全体合伙人的权益，进而保证合伙企业有足够的资金来源，使企业得以持续经营。于是，客观上产生了与任何一方均无利害关系的第三者，他们对合伙企业进行监督、检查。人们开始聘请会计专家来担任查账和公证的工作。就这样，在16世纪意大利的商业城市中出现了一批具有丰富的会计知识、专门从事查账和公证工作的专业人员，他们所进行的查账与公证可以说是注册会计师审计的起源。

虽然注册会计师审计起源于意大利，但意大利对后来注册会计师审计的发展影响并不大。相比之下，英国在创立和传播注册会计师审计的过程中发挥了重要作用。

注册会计师审计产生的“催化剂”是1720年英国的“南海公司事件”。南海公司利用虚假的会计信息欺骗投资者，导致其股票价格一度飙升。但好景不长，南海公司最终未能逃脱破产倒闭的命运，股东和债权人损失惨重。为此，英国议会聘请会计师查尔斯·斯奈尔（Charles Snell）对南海公司的会计账目进行审查。查尔斯出具了一份证实该公司存在虚假会计记录和舞弊行为的“查账报告书”，从而宣告了独立会计师——注册会计师的诞生。

18世纪初至19世纪中叶，英国的工业革命极大地推动了资本主义经济的发展。随着产业规模的日益扩大，企业大量涌现，其中包括以发行股票筹集资本为特征的股份公司。此时，公司的所有权与经营管理权呈现出更具现代意义的明显分离。股份公司的兴起在客观上催生了由独立会计师对公司财务报表进行审计，以保证财务报表真实可靠的需求。为了监督经营者的经营管理，防止其徇私舞弊，保护投资者和债权人的权益，避免“南海公司事件”的重演，英国政府于1844年颁布了《合股公司法》，规定股份公司必须设立监事审计制度。监事负责审查公司的会计账目，只有经过审计的财务报告才能提交给股东代表大会。监事一职一般由股东代表担任，由于他们大多对会计业务并不熟悉，难以有效监督，这种监督制度流于形式。1845年，英国又对《合股公司法》进行了修订，规定股份公司的账目必须经董事以外的人员审计。这一规定无疑对独立审计的发展起到了推动作用，独立会计师业务得到迅速发展，执业会计师队伍也不断扩大。1853年，世界上第一个执业会计师的专业团体——爱丁堡会计师协会（Society of Accountants in Edinburgh）在苏格兰爱丁堡成立，这标志着注册会计师职业的诞生。与此同时，英国还实行了特许会计师制度，要求取得会计师资格必须经过严格的考试。会计师的主要业务是审计，也兼办编制财务报表、税务代理、财务和管理咨询等业务。因此，英国成为当时世界注册会计师审计发展的中心。这一时期英国注册会计师审计的主要特点包括：注册会计师审计的地位得到了法律确认；审计的目的是查错防弊，保护企业资产的安全和完整；审计的方法是对会计账目进行详细审计；审计报告使用人主要为企业股东等。

20世纪初，随着美国工业化的快速推进，全球经济发展中心逐步移向美国。受英国会计师事业发展的影响，美国注册会计师审计也持续发展。美国南北战争结束后，大量英国资本流入美国，促进了美国经济的发展。为了保护广大投资者和债权人的利益，英国的注册会计师纷纷前往美国开展审计业务，同时美国本土也形成了自己的注册会计师队伍。1887 年，美国公共会计师协会（American Association of Public Accountants）成立，该协会 1916 年改组为美国注册会计师协会，后来发展成为世界上最大的注册会计师职业团体。注册会计师审计逐步渗透到社会经济领域的各个层面。更为重要的是，在 20 世纪初，随着金融资本对产业资本更为广泛的渗透，企业与银行之间的利益关系更为紧密，银行逐渐将企业资产负债表作为评估企业信用的主要依据。因此，以证明企业偿债能力为主要目的的资产负债表审计在美国迅速兴起。这一时期，美国注册会计师审计的主要特点包括：审计对象从会计账目扩展到资产负债表；审计的主要目的是通过对资产负债表数据的检查，判断企业信用状况；审计的方法从详细审计初步转向抽样审计；审计报告使用人从企业股东扩展到了债权人。

1929—1933 年，资本主义世界经历了历史上最严重的经济危机，大批企业倒闭，投资者和债权人蒙受了巨大的经济损失。这在客观上促使企业利益相关者从只关心企业财务状况转向更加关心企业盈利水平。与此同时，美国企业的筹资倾向也从由银行取得贷款转为更多依靠证券市场，由此产生了对企业利润表进行审计的客观要求。美国《1933 年证券法》规定，上市公司必须接受注册会计师审计，并向社会公众公布注册会计师出具的审计报告。这种以利润表为中心的财务报表审计成为美国以立法形式确立的一种强制性审计。这一时期，注册会计师审计的主要特点包括：审计对象转变为以资产负债表和利润表为中心的全部财务报表及相关财务资料；审计的主要目的是对财务报表发表审计意见，以确定财务报表的可信性，查错防弊转变为次要目的；审计的范围扩大到测试相关的内部控制，并以控制测试为基础进行抽样审计；审计报告使用人扩大到股东、债权人、证券交易机构、税务机构、金融机构及潜在投资者；审计准则开始拟定，审计工作向标准化、规范化过渡；注册会计师资格考试制度广泛推行，注册会计师专业素质普遍提高。

第二次世界大战以后，经济发达国家通过多种渠道推动本国的企业向海外拓展，跨国公司空前发展。国际资本的流动促进了注册会计师审计的跨国发展，催生了一批国际性的会计师事务所，如普华永道（Pricewaterhouse Coopers）、安永（Ernst & Young）、毕马威（KPMG）、德勤（Deloitte Touche Tohmatsu）等。这些国际性会计公司为国际投资的发展提供了良好的环境。与此同时，审计技术也在不断发展：抽样审计方法得到普遍运用，风险导向审计方法得到推广，计算机辅助审计技术得到广泛采用。

2. 中国注册会计师审计

中国注册会计师审计出现的时间较晚。20 世纪初，随着民族工商业的逐渐兴起，注册会计师审计应运而生。1918 年 6 月，谢霖上书北洋政府财政部和农商部，要求推行注册会计师制度。同年 9 月，北洋政府农商部颁布了《会计师暂行章程》，并于 9 月 7 日向谢霖颁发了第一号注册会计师证书。随后，谢霖创立的正则会计师事务所、潘序伦创立的立信会计师事务所、奚玉书创立的公信会计师事务所以及徐永祚创立的徐永祚会计师事务所被誉为当时的“四大”会计师事务所。之后，北洋政府又先后颁布了《会计师注册章程》《会计师复验章程》《会计师章程》等法规，对注册会计师审计的执业范围、内容和规则作了一些规范。1925 年，上海会计师公会成立，随后天津、武汉、广东、浙江、山东等地的会计师公会相继成立。1933 年，全国会计师协会成立。1929 年，国民政府颁布的《公司法》以及后续的相关税法和破产法实施，确立了会计师的法律地位，对我国早期会计师事业的发展起了一定的推进作用。截至 1947 年，全国注册会计师达到 2 619 人，并涌现出一批会计师事务所。

新中国成立之初，注册会计师审计在国民经济恢复工作中发挥了积极作用。但后来由于推行苏联的高度集中的计划经济模式，注册会计师审计悄然退出了经济舞台。

党的十一届三中全会以后，我国实行“对外开放、对内搞活”的方针，将工作重点转移到社会主义现代化建设上来，商品经济得到迅速发展，这为注册会计师制度的恢复与重建创造了客观条件。随着外商对华投资的日益增多，1980 年 12 月 14 日财政部发布了《中华人民共和国中外合资经营企业所得税法施行细则》，规定外资企业财务报表要由注册会计师进行审计，这为恢复我国注册会计师制度提供了法律依据。同年 12 月 23 日，财政部发布了《关于成立会计顾问处的暂行规定》，标志着我国注册会计师行业开始复苏。1981 年 1 月 1 日，上海会计师事务所宣告成立，成为新中国第一家由财政部批准独立承办注册会计师业务的会计师事务所。我国注册会计师制度恢复后，注册会计师的服务对象主要是“三资”企业。这一时期的涉外经济法规对注册会计师业务作了明确规定。1984 年 9 月 25 日，财政部印发《关于成立会计咨询机构问题的通知》，明确了注册会计师应该办理的业务。1985 年发布的《中华人民共和国会计法》第二十条规定：“经国务院财政部门或者省、自治区、直辖市人民政府的财政部门批准的注册会计师组成的会计师事务所，可以按照国家有关规定承办查账业务。”这是新中国成立以来第一次以法律形式对注册会计师的地位和任务作出规定，标志着我国注册会计师事业进入了一个新的发展时期。

1986 年 7 月 3 日，国务院颁布《中华人民共和国注册会计师条例》，该条例于同年 10 月 1 日起实施。1988 年 11 月 15 日，财政部领导下的中国注册会计师协会正式成立。1993 年 10 月 31 日，第八届全国人民代表大会常务委员会第四次会议审议通过了《中华人民共和国注册会计师法》（简称《注册会计师法》），该法自 1994 年 1 月 1 日起实施。在国家法律法规的规范下，我国注册会计师行业得到了快速发展。截至 2024 年 5 月 31 日，全国共有会计师事务所 10 794 家，注册会计师 105 667 人，非执业会员 281 237 人，从业人员超过 40 万人，每年服务行政企事业单位 420 余万家，累计帮助资本市场主体融资超过 220 万亿元，深度参与“一带一路”建设，为 3 万余家中国企业在 200 多个国家和地区设点布局提供强有力的专业支持。①

---

① 勇担神圣使命 服务国家建设：庆祝中华人民共和国成立 75 周年注册会计师行业工作与发展成就掠影．(2024－09－24). https://www.cicpa.org.cn/xxfb/news/202409/t20240924_65054.html.

中国注册会计师协会于 1996 年 10 月加入亚太会计师联合会（CAPA），于 1997 年 5 月加入国际会计师联合会（IFAC），并与全球 50 多个境外会计师职业组织建立了友好合作和交往关系，进一步推动了我国注册会计师行业的国际化进程。

3. 注册会计师审计发展不同阶段的特征

我们总结了国内外注册会计师审计发展的概况，并概括出了注册会计师审计发展各阶段的主要特点，具体如表 1-1 所示。

表 1-1 注册会计师审计发展各阶段的主要特点

时间	阶段	审计对象	审计目的	审计方法	其他	报告使用人
1844 年到 20 世纪初	详细审计	会计账目	查错防弊	对会计账目进行详细审计	注册会计师审计的地位得到了法律确认	股东
20 世纪初到 1933 年	资产负债表审计	会计账目及资产负债表	判断企业信用状况	从详细审计初步转向抽样审计		股东、债权人
1933 年到第二次世界大战	财务报表审计	以资产负债表和利润表为中心的全部财务报表及相关财务资料	对财务报表发表审计意见，以确定财务报表的可信性，查错防弊转变为次要目的	测试相关的内部控制，广泛采用抽样审计	审计准则开始拟定，审计工作向标准化、规范化过渡，注册会计师资格考试制度广泛推行	社会公众
第二次世界大战以后				抽样审计方法得到普遍应用，风险导向审计方法得到推广，计算机辅助审计技术得到广泛采用	业务扩展到代理纳税、会计服务、管理咨询等领域	

(1) 详细审计的局限性。审计产生于财产所有者与财产经营者之间的分离，并随两者之间经济关系的变化而演变。在审计发展的早期阶段，受生产力水平的制约，生产规模较小，审计对象有限，经济业务也比较简单，财产所有权与财产管理权尚未完全分离，财产所有者能够直接监督和控制受托经营管理者，这时的审计主要是受财产所有者的委派或委托，对受托经营管理者是否存在错弊以及有无贪污盗窃等行为进行检查，其目的是查错防弊。与此目的相适应的审计方法是对会计凭证、账簿、报表等会计资料进行全面、详细的检查，以发现记账错弊和财产盗窃行为。这种审计方式的局限性也比较明显：一是费工费时，效率低下；二是审计内容

局限于会计资料本身，难以保障账外资产的安全与完整。

（2）抽样审计应运而生。经济的迅猛发展是以资本集中为基础的。资本集中的主要途径包括股份有限公司的兴起和银行信用的扩张。一方面，股份有限公司的兴起加速了资本所有权和管理权的进一步分离，绝大多数资本所有者已完全脱离了管理，转变为公司的股东。出于其切身利益的考量，股东们非常关注公司的财务状况，以此作为投资决策的依据。另一方面，银行信用的扩张为公司扩大生产规模提供了条件，股份有限公司多通过银行举债来满足资金周转的需要。为避免信用资本受损，银行也更加关注股份有限公司的财务状况，特别是其偿债能力，以此作为是否提供贷款的依据。基于上述情况，为满足股东和银行对有关财务信息的需要，确保资产负债表所反映的财务信息的真实性，产生了资产负债表审计。

首先，资产负债表审计的目的已不再是传统审计的查错防弊，而转变为证实资产负债表所有项目余额是否真实，这促使审计内容发生了变化。审计人员需对与资产负债表项目余额有关的会计记录和存货进行检查、认证和盘存，才能对资产负债表的真实性作出判断。因此，在技术方法上，详细审计显然已不适应了。其次，股份公司的兴起和对股份公司的强制审计，使得审计业务量急剧增加，加上年度审计制度的时效性，审计人员不可能对股份公司进行详细审计。最后，审计工作是由民间审计机构来承担的，作为独立执业并以盈利为目的的民间审计机构必然要考虑如何以最少的时间耗费和最少的资源投入达到预期的目标。因此，在企业规模不断扩大、业务量不断增加的情况下，审计人员继续采用传统的详细审计方法已难以满足社会的需要和自身经济利益。基于上述三点，抽样审计应运而生。从审计对象中抽取一定数量的样本进行审查，再根据样本的审查结果来推断审计对象总体特征的抽样审计方法开始取代对审计对象的每个项目进行逐一审查的详细审计方法，抽样审计方法的应用减少了审计工作量，提高了审计效率。

（3）内部控制发展为审计的基础。20世纪40年代以后，随着社会和经济的发展，企业规模不断扩大，业务量急剧增加，会计账目日益繁多。为了满足管理的需要，企业开始建立内部控制制度。财务报表的外部使用者越来越关注企业的经营管理活动，愈发希望注册会计师全面了解企业的内部控制情况，审计目标逐渐从查错防弊转变为对财务报表发表意见。早期的账项基础审计模式在日益复杂的经济环境下显得越来越不可行，过高的人工成本降低了注册会计师的边际收益。为了保证审计质量，提高审计效率，必须寻找更可靠、更有效的审计方法。值得一提的是，1938年美国发生的麦克森·罗宾斯公司破产事件震撼了整个审计界。该事件不仅削弱了公众对审计的信任，也暴露了当时审计方法和程序方面存在的弊端。

经过长期的审计实践，注册会计师逐渐认识到企业内部控制制度与企业会计信息质量之间具有很大的相关性。如果内部控制制度健全有效，财务报表发生错误和舞弊的可能性就小，会计信息的质量就较高，审计测试的范围可以相应缩小；反之，就必须扩大审计测试的范围，抽查更多的样本。因此，为了适应审计环境的变化，提高审计效率，降低审计成本，保证审计质量，账项基础审计发展为制度基础审计。制度基础审计要求注册会计师对委托单位的内部控制制度进行全面了解和评价，评估审计风险，制订审计计划，确定审计实施的范围和重点，规划实质性程序的性质、时间和范围，并在此基础上实施实质性程序，以获取充分、适当的审计证据，从而提出合理的审计意见。

【例 1-1·判断题】

随着注册会计师审计的发展，查错防弊已经不是注册会计师审计的目的。（　）

【分析】 错误。随着注册会计师审计的发展，审计的主要目的是对财务报表发表审计意见，以确定财务报表的可信性，查错防弊已转变为次要目的。

二、第一份审计报告

在 1720 年之前，已经有了民间审计这一行业，但世界上绝大多数的审计理论工作者都认为，查尔斯·斯奈尔是世界上第一位民间审计人员，他所撰写的查账报告是世界上第一份民间审计报告，英国南海公司的舞弊案则被视为世界上第一起比较正式的民间审计案例。

18 世纪初，随着英国殖民主义的扩张，海外贸易有了很大的发展。1711 年，英国政府在银行家的建议下，使用发行中奖债券募集的资金创立了南海股份有限公司，从事盈利潜力巨大的殖民地贸易。

在南海公司惨淡经营了近 10 年后，即 1719 年，英国政府允许中奖债券总额的 70%（约 1 000 万英镑）与南海公司股票进行转换。同年年底，南海公司的董事开始对外散布各种所谓的利好消息，声称南海公司在年底将实现大量利润，并煞有介事地预计在 1720 年的圣诞节，公司可能要按面值的 60%支付股利。这一消息的传播，加上公众对股价上涨的预期，促进了债券的转换，进而带动了股价的飙升。1719 年南海公司每股股价为 114 英镑，1720 年 3 月，股价超过了 300 英镑，而到了 1720 年 7 月，股价已高达 1 050 英镑。此时，南海公司老板布伦特又想出了新主意：以数倍于面额的价格发行可分期付款的新股，并将发行新股获取的现金转贷给购买股票的公众。这样，随着南海公司股价的扶摇直上，一场投机浪潮席卷了整个英国。170 多家新成立的股份公司的股票以及原有公司的股票都成了投机对象。1720 年 6 月，英国议会通过了《泡沫公司取缔法》，该法对股份公司的成立进行了严格的限制。依据此法，许多公司被解散，公众开始觉醒，对南海公司的怀疑也逐渐加深。从 7 月开始，外国投资者率先抛售南海公司股票，撤回资金。随着投机热潮的消退，南海公司股价一落千丈，到 1720 年 12 月股价仅为 124 英镑。年底时，政府对南海公司资产进行了清查，发现其实际资本已所剩无几。南海公司的倒闭犹如晴天霹雳，震惊了正沉浸在财富美梦中的债权人和投资者。

迫于舆论压力，1720 年 9 月，英国议会曾组织了一个由 13 人组成的特别委员会，对南海公司进行秘密调查。在调查过程中，特别委员会发现该公司的会计记录严重失实，明显存在蓄意篡改数据的舞弊行为。于是，他们特邀了一位名叫查尔斯·斯奈尔的资深会计师，对南海公司的分公司索布里奇商社的会计账目进行检查。当时，查尔斯是伦敦市彻斯特·莱恩学校的会计教师，在伦敦地区享有盛誉。经过对南海公司账目的仔细查询、审核，查尔斯于1721年提交了一份关于索布里奇商社会计账簿的检查报告。在该报告中，他指出公司存在舞弊行为以及会计记录严重不实等问题，但并未对公司为何编制这种虚假的会计记录发表个人看法。

议会根据这份查账报告，将南海公司董事雅各希·布伦特及其合伙人的不动产全部予以没收。其中，一位名叫乔治·卡斯韦尔的爵士还被关进了著名的伦敦塔监狱。

直到1825年，英国政府才认识到通过设立民间审计机构，对股份公司所有权与经营权分离所产生的不足予以制约的重要性。据此，英国政府撤销了《泡沫公司取缔法》，恢复了股份公司这一现代企业制度的形式。1844年，英国议会颁布《合股公司法》，要求设置监事以进行审计监督。1856年，英国议会修订《合股公司法》，明确赋予公司聘请外部审计师的选择权。

三、第一个专业团体

美国著名会计史学家迈克尔·查特菲尔德在《会计思想史》一书中指出，英国的会计师职业是“通过破产诞生，由疏忽和舞弊哺育，与清算共同成长，然后通过审计确立的”。会计师职业在英国拥有很长的历史，但在1853年前一直没有形成职业团体。1853年，苏格兰的几个会计师联合创立了爱丁堡会计师协会，该协会于1854年获得皇家特许并正式注册登记，它是英国乃至世界上第一个会计师职业团体。

19世纪上半叶，英国大量银行和企业破产倒闭。当时，苏格兰破产清算业务主要由专业人士负责，如75%的破产财产由会计师、律师、银行家、商人等托管人管理。破产清算业务成为苏格兰会计师最主要的业务，破产财产托管份额的60%由会计师负责。由于破产清算舞弊事件接连发生，很多债权人深感其利益不能得到有效保护，因而对苏格兰破产清算制度产生了不满，要求改革的呼声日渐高涨。在此背景下，一些在苏格兰从事贸易、放贷业务的伦敦商人组建了伦敦商人委员会。1852年年底，该委员会向苏格兰立法当局提交了一项改革建议，要求修订《苏格兰破产清算法》，建议苏格兰借鉴英格兰的做法，禁止会计师等管理破产财产，改由指定的5名官方托管人管理，并成立破产清算法院对此进行监督。此项改革建议直接威胁到了苏格兰会计师的切身利益，因此遭到了他们的强烈反对。另外，当时一些帽商、酒商、裁缝以及饭店老板等都加入了会计师队伍，冒充会计专业人士，导致会计师行业鱼龙混杂，会计师的声誉和社会形象受到严重损害。为了确定行业的准入标准，提升会员的专业技能与职业道德水平，净化会计师队伍（Stewart，1977），并维护行业共同利益，抵御外部的利益威胁（StephenWalker，1995），爱丁堡的部分会计师于1853年年初率先行动起来，联合成立了爱丁堡会计师协会。

1853年8月，《苏格兰破产清算法改革法案》获得通过，但并未禁止会计师从事破产财产的托管业务。为了进一步提升公众对特许会计师工作的信心，激发社会对会计师服务的需求，1854 年 5 月，61 名爱丁堡会计师联名上书英国女王维多利亚，请求为会计师协会颁发特许状。爱丁堡会计师协会的请愿书明确表示："如果将在爱丁堡执业的会计师联合为一个整体，具有共同遵守的誓约，制定考试和接收会员的规则及规章，将会保证会员的合格性，从而确保会计业务更好地开展，这无疑有助于保护公众利益。"1854 年 10 月 23 日，爱丁堡会计师协会如愿以偿地得到了皇家特许状。

四、影响审计准则和实务的组织

在世界历史上，影响审计准则和实务的组织主要包括：

（1）国际审计准则理事会（International Auditing Standards Board，IASB），于 2002 年 3 月改组并更名为国际审计与鉴证准则理事会（International Auditing and Assurance Standards Board，IAASB）。作为国际会计师联合会（International Federation of Accountants，IFAC）下属的七个专业委员会之一，它的主要任务是发布审计与鉴证业务方面的公告，并提高其在全球范围内的接受程度，以促进世界范围内审计服务和相关服务的统一。

（2）美国公共监督委员会（Public Oversight Board，POB），成立于 1977 年，是美国注册会计师协会（AICPA）的下属机构，负责对承担审计业务的会计师及会计师事务所进行检查监督。安然事件爆发后，POB 于 2002 年 1 月 20 日宣布解散。2002 年 7 月 30 日，根据《萨班斯-奥克斯利法案》的规定，一个新的极具权威性的会计监管机构——公众公司会计监督委员会（Public Company Accounting Oversight Board，PCAOB）成立了，该委员会负责在编制具有信息性、公允性、独立性的审计报告方面保护投资者和社会公众的利益，是对公众公司审计师进行监督的私营非营利机构，接受美国证券交易委员会（SEC）的监督。SEC 负责任命委员会成员，审批年度预算和制定规则，并审理有关上诉案件等。

（3）美国独立审计准则委员会（Independence Standards Board，ISB），制定了《公认审计准则》（Generally Accepted Auditing Standards，GAAS）。

（4）国际内部审计师协会（Institute of Internal Auditors，IIA），负责为内部审计活动制定准则，该机构代表在公司内部工作的审计人员，而不是会计师事务所。

（5）美国管理会计师协会（Institute of Management Accounting，IMA），一直致力于改善管理会计的实务工作。

（6）美国会计学会（American Accounting Association，AAA），致力于通过高质量的研究、教育和专业发展活动，推动会计知识的创新与传播，提升行业标准，为会计领域的学术研究、教育实践和行业发展提供重要支持与引领。

（7）财务经理人协会（Financial Executives Institute，FEI），代表公司会计人员的利益，并反映他们对财务报表的看法。

以上组织均致力于审计质量的提升，在这些职业组织及其成员的影响和推动下，审计行业不断向前发展。

第二节 审计及审计职业资格

一、审计及其分类

（一）审计的定义

审计经过不断发展和完善，已形成一套比较完备的学科体系。人们对审计的概念进行了深入研究，其中最具代表性的是美国会计学会（AAA）在其发布的《基本审计概念说明》中的描述：审计是为确定关于经济行为及经济现象的结论和所制定的标准之间的一致程度，而对与这种结论有关的证据进行客观收集、评定，并将结果传达给利害关系人的系统过程。

国际会计师联合会（IFAC）下设的国际审计与鉴证准则理事会（IAASB）将审计目标定义为：财务报表审计的目标是，使注册会计师（有时也指其所在的会计师事务所）能够对财务报表是否在所有重要方面按照确定的财务报告框架编制发表意见。

美国注册会计师协会（AICPA）在《审计准则公告第1号》中，对审计目标的描述是：独立审计师对财务报表审计的目标是，对财务报表是否按公认会计原则在所有重大方面公允地反映财务状况、经营成果和现金流量发表意见。

中国注册会计师协会发布的《中国注册会计师审计准则第1101号——注册会计师的总体目标和审计工作的基本要求》指出：审计的目的是提高财务报表预期使用者对财务报表的信赖程度，这一目的可以通过注册会计师对财务报表是否在所有重大方面按照适用的财务报告编制基础编制发表审计意见得以实现。

综上所述，审计是由专业人士（独立且有胜任能力的人员）为确定和报告特定信息与既定标准之间的符合程度而收集和评价与之相关证据并且报告的过程。特定信息的存在形式多种多样，如财务报表、纳税申报表、企业内部控制、信息系统、部门业绩等。既定标准也随着被审计信息的不同而变化，如会计准则、税法、企业内部控制基本规范等。

（二）审计的分类

为了正确理解与掌握不同的审计形态，有必要按照一定的标准，对审计进行科学的分类。审计分类的标准很多，例如：按审计主体的不同，可分为国家审计、内部审计和注册会计师审计；按审计范围的不同，可分为全面审计和局部审计，综合审计和专题审计；按审计时间的不同，可分为事前审计、事中审计和事后审计，期中审计和期末审计，定期审计和不定期审计；按审计地点的不同，可分为就地审计和送达审计；按审计动机的不同，可分为法定审计和任意审计；按审计目的和内容的不同，可分为财务报表审计、合规审计和经营审计等。以下将详细介绍按审计目的和内容分类以及按审计主体分类。

1. 按审计目的和内容分类

（1）财务报表审计。财务报表审计是确定财务报表整体（被验证信息）是否按特定标准（在我国是指适用的《企业会计准则》）进行公允表达。

财务报表审计是近代股份公司出现后，随着公司的所有权与经营权的分离，以及股份的社会化而逐渐发展起来的一种审计方式。在西方国家，从名义上讲，财务报表审计是保护股东权益的一种手段，但从实际效果看，财务报表审计所涉及的范围包括与被审计单位有财务联系的各个方面。例如，美国注册会计师协会颁布的《审计准则说明书》详细规定了审计人员所应考虑的有关事项。财务报表审计是现代审计中理论最完备、方法最先进的一种审计方式，本书在阐述审计基本原理和技术方法时，以财务报表审计为主展开。

（2）合规审计。合规审计是确定被审计单位财务活动或经营活动（被验证信息）是否符合有关法律法规、规章制度、合同、协议和控制标准。由注册会计师或税务审核人员对企业所得税结算申报书是否遵从税法规定申报而进行的审计，是合规审计的一个典型例子。我国开展的财经法纪审计，如对严重违反国家现金管理规定、银行结算规定、成本开支范围、税法规定等行为进行的审计，也是一种合规审计。其主要目的是检查财经纪律执行情况，揭露违法乱纪行为，如偷税漏税、乱挤乱摊成本、擅自提价涨价、滥发实物奖金、公款旅游、请客送礼、贪污盗窃、投机倒把、行贿受贿等。针对违反财经纪律的不同手段，审计机构应采取不同的审计对策。按照有关规定，审计机关对违反财经纪律的单位和个人有权予以经济制裁；对严重违法乱纪人员，有权向有关部门建议予以行政纪律处分；对触犯国家刑律的，有权提请司法机关依法惩处。开展财经法纪审计对于维护财经纪律的严肃性，保障和推动改革开放的深入进行，以及保护国家、企业和个人的正当权益具有特殊意义。

（3）经营审计。经营审计是为了评价某个组织的经济活动在业务、经营、管理方面的业绩，找出改进的机会并提出改善建议，而对一个组织的全部或部分业务程序与方法进行检查。经营审计的独立性要求不像财务报表审计那么严格，内部审计人员、国家审计人员或注册会计师都可以执行经营审计。经营审计的结果通常以报告的形式传达给用户，但报告的形式与内容会因约定任务的情况不同而有非常大的差别。经营审计的用户通常是被审计单位，且经营审计报告很少被第三方利用。

【例 1－2・多选题】

下列关于审计分类的表述，正确的有（　　）。

A. 合规审计是对组织运作过程进行审查，以确定组织是否遵循了由更高权威机构制定的既定程序、规则或法律

B. 合规审计常超出对财务报表公允性发表意见的审计范围，包括对效率、经济、效果以及对特定规则和程序的遵守情况的审计

C. 经营审计的主要目的是对管理层工作是否满足组织目标进行衡量

D. 经营审计更像管理咨询，主要寻找能通过引入相关控制来抑制浪费的经营活动

【分析】ABCD。以上四种表述都是对合规审计和经营审计的另一种陈述或进一步的阐述。

2. 按审计主体分类

审计按不同主体可划分为国家审计、内部审计和注册会计师审计，并相应地形成三类审计组织机构，共同构成审计监督体系。

（1）国家审计。国家审计是指审计机关依法独立检查被审计单位的财政收支及公共资金的收支、运用情况。纵观世界上的国家审计制度，根据最高审计机关的独立性，可分为以下几种模式。

1）“立法模式”审计制度，其最高审计机关隶属于立法机关，一般为议会或国会。在“立法模式”下，审计部门依据法律赋予的权力独立行使审计职能，直接对议会或国会（即立法部门）负责，并向议会或国会报告工作。“立法模式”下的审计制度着重强调审计部门向议会或国会的报告义务以及对预算的否决权。审计部门一般只有调查权和建议权，没有处理权。这一类型国家审计制度的主要代表国家包括英国、美国和澳大利亚等。

2）“司法模式”审计制度，其最高审计机关一般为审计法院，拥有司法权，部分国家的审计人员甚至享有司法地位，这强化了国家审计的职能，增强了国家审计的权威性。由于“司法模式”下的国家审计机关具有独特的司法权，因此其权威性在四大模式中最高。这一类型国家审计制度的主要代表国家包括法国、西班牙和意大利。

3）“行政模式”审计制度，其最高审计机关隶属于政府行政部门，根据政府所赋予的职责和权限实施审计，对政府负责。“行政模式”下审计机关的独立性和权威性相对较弱。这一类型国家审计制度的主要代表国家包括瑞典、俄罗斯和中国等。

4）“独立模式”审计制度，其国家审计机关独立于立法、司法、行政三权之外，按照国家法律所赋予的职责独立开展工作。一般而言，审计机关的组织形式是会计检察院或者审计院。“独立模式”下的国家审计制度重视建议权，国家审计机关的独立性最强。这一类型国家审计制度的主要代表国家包括德国和日本。

我国国家审计制度建立于20世纪80年代，选择“行政模式”的国家审计制度有利于及时且全面地组建国家审计机关。1983年9月15日，审计署正式成立，标志着我国统一领导、分级审计的行政审计体制形成。我国国家最高审计机关——中华人民共和国审计署隶属于国务院，在国务院总理的领导下，主管全国的审计工作。审计署下设机构既包括署内各职能司（厅），也包括审计特派员办事处、派出审计局。派出审计局作为地方审计机关接受双重领导：行政上隶属于地方政府，业务上接受上级审计机关的指导。2018年，中央审计委员会成立，其主要职责包括研究提出并组织实施在审计领域坚持党的领导、加强党的建设方针政策，审议审计监督重大政策和改革方案，审议年度中央预算执行和其他财政支出情况审计报告，审议决策审计监督其他重大事项等。中央审计委员会办公室设在审计署。

最初的国家审计是随着国家管理事务中经济责任关系的形成，为了促使经济责任的严格履行而诞生的。现代意义上的国家审计是近代民主政治发展的产物。按照民主政治的原则，人民有权对国家事务和人民财产的管理进行监督。因此，各级政府机构和官员在受托管理全民所有的公共资金和资源的同时，还要受到严格的经济责任制度的约束。这种约束方式表现为国家审计机关对受托管理者的经济责任进行监督。

国家审计的主要特点是法定性和强制性。预算资金流向哪里，国家审计监督就跟到哪里。国家审计机关作出的审计决定，被审计单位和有关人员必须执行。国家审计机关的审计监督不受其他行政机关、社会团体和个人的干涉。

（2）内部审计。内部审计是由各部门、各单位内部设置的专门机构或人员实施的审计。它是随着企业规模的扩大和内部分层管理的出现而逐步形成的。早期的内部审计诞生于19世纪中叶的英国。第二次世界大战后，市场竞争更加激烈，这促使企业更加重视内部经济管理，内部审计因此得到迅速发展。国际内部审计师协会（IIA）在1947—2001年先后8次对内部审计的定义进行了修订。历时50多年，内部审计从会计中分离出来，成为一个独立的职业，并逐渐进入管理高层辅助领导进行决策。在这一过程中，内部审计发生了翻天覆地的变化，既体现了时代特色，又保留了传统的保证服务，还增加了咨询服务，增加价值和传统的改进机构运作效率同时作为内部审计活动的目的。2001年，IIA对内部审计的定义为："内部审计是一种旨在增加组织价值和改善组织营运的独立、客观的确认和咨询活动，它通过系统化、规范化的方法来评价和改善风险管理、内部控制和治理程序的效力，以帮助实现组织目标。"《中国内部审计准则第1101号——内部审计基本准则》明确规定："内部审计，是一种独立、客观的确认和咨询活动，它通过运用系统、规范的方法，审查和评价组织的业务活动、内部控制和风险管理的适当性和有效性，以促进组织完善治理、增加价值和实现目标。"

目前，我国企业内部审计的组织机构设置主要有以下几种形式：第一种是隶属于董事会或董事会下设的审计委员会；第二种是受本单位最高管理者直接领导；第三种是隶属于监事会；第四种是与纪检、监察部门合署办公。

（3）注册会计师审计。注册会计师审计又称民间审计。一般来说，民间审计是指注册会计师接受委托，对被审计单位的财务报表及相关资料进行独立审查，并出具审计意见的过程。其实质是确认或者解除被审计单位的受托经济责任。

注册会计师可承办的审计业务包括：审查企业财务报表，出具审计报告；验证企业资本，出具验资报告；办理企业合并、分立、清算事宜中的审计业务，出具有关报告；法律法规规定的其他审计业务。我国注册会计师可承办的其他鉴证业务包括：预测性财务信息审核，内部控制审核，以及基建工程预算、结算、决算审核等。注册会计师提供的会计咨询、相关服务则包括：对财务信息执行商定程序、代编财务信息、税务服务、管理咨询以及其他会计服务等。

在审计监督体系中，国家审计、内部审计和注册会计师审计既相互联系，又各自独立、各司其职，在各自的领域内发挥着重要作用。它们各有特点，不可相互替代，因此不存在主导和从属的关系。从发展的角度来看，以监督国家经济活动为主要特征的国家审计将会得到加强；随着企业规模的逐步扩大和内部管理的科学化，内部审计将得到更大的发展；注册会计师审计将在整个审计监督体系中占据日益重要的位置。

我国国家审计、内部审计以及注册会计师审计的对比如表1-2所示。

表1-2 我国国家审计、内部审计以及注册会计师审计的对比

种类	审计主体	审计对象	审计目标	监督的性质	方式	独立性	经费或收入来源	遵循的准则
国家审计	国家审计机关	政府及其部门的财政收支及公共资金的收支、运用情况	对单位的财政收支或者财务收支的真实、合法和效益依法进行审计	行政性监督	强制执行	单向	经费列入预算，由本级人民政府予以保证	《中华人民共和国审计法》和审计署制定的国家审计准则
内部审计	各部门、各单位内设的审计部门	本单位的财务收支及经营管理活动	对组织内部的经营活动和内部控制的适当性、合法性和有效性进行审计	内部监督	自行安排	相对	无偿	审计署制定的内部审计准则
注册会计师审计	注册会计师	所有的营利或非营利企业	对财务报表的合法性和公允性依法进行审计	民间监督	受托	双向	审计收入来源于客户	《中华人民共和国注册会计师法》和审计准则

【例1-3·单选题】

下列关于国家审计、内部审计和注册会计师审计的表述，正确的是（　　）。

A. 在我国审计监督体系中，国家审计是主导，内部审计是基础，而注册会计师审计是不可缺少的重要力量

B. 注册会计师与国家审计部门如对同一审计事项进行审计，最终形成的审计结论可能存在差异，导致差异的主要原因是审计依据不同

C. 注册会计师审计和内部审计尽管存在很大的差别，但注册会计师审计作为一种外部审计，在工作中要利用内部审计的工作成果，因此，内部审计是注册会计师审计的基础

D. 相对于审计客体而言，国家审计和注册会计师审计均为外部审计，都具有较强的独立性，而仅在审计方式上存在较大区别

【分析】B。尽管注册会计师审计与国家审计在许多方面具有较大区别，但这些区别都基于它们遵守的准则不同，这是最终形成的审计结论可能存在差异的主要原因，故选项B正确；在审计监督体系中，国家审计、内部审计和注册会计师审计既相互联系，又各自独立、各司其职，在各自的领域内发挥着重要作用。它们各有特点，不可相互替代，因此不存在主导和从属的关系，故选项A不正确；内部审计虽然是内部控制的重要组成部分，但现代审计是以内部控制为基础的审计，而不是以内部审计为基础的审计，仅是在审计工作中要利用内部审计的工作成果，故选项C不正确；注册会计师审计和国家审计虽然都是外部审计，但在审计的独立性、方式、内容、目的、职责和作用方面存在较大的区别，故选项D不正确。

二、会计师事务所

会计师事务所是注册会计师依法承办业务的机构。目前，世界上最大的四家会计师事务所（简称“四大”）在审计领域具有举足轻重的地位，因为它们不仅在许多国家开展日常审计工作，还拥有世界上大多数会计职业团体的会员资格，其年收入高达数十亿美元。“四大”包括普华永道、安永、毕马威、德勤。

（一）会计师事务所的组织形式

综观注册会计师行业在各国的发展，会计师事务所主要有独资、普通合伙制、有限责任公司制、特殊普通合伙制（也称有限责任合伙制）四种组织形式。

1. 独资会计师事务所

独资会计师事务所由具有注册会计师执业资格的个人独立开设，承担无限责任。它的优点是：对执业人员的需求不多，设立简便，执业灵活，能够在代理记账、代理纳税等方面很好地满足小型企业对注册会计师服务的需求，虽承担无限责任，但实际发生风险的程度相对较低。缺点是：个人所拥有的资本有限，且融资较为困难，无力承担大型业务，缺乏发展后劲；由于承担无限责任，难以通过其他途径分散风险，业主个人承担的风险大。

2. 普通合伙制会计师事务所

普通合伙制会计师事务所是由两位或两位以上注册会计师组成的合伙组织。“所有合伙人”（不论出资形式，也不论是否执行企业事务）对“所有企业债务”（不论是一般的企业债务还是某一个合伙人因故意或者重大过失引起的企业债务），均以各自的财产承担无限连带责任。它的优点是：在风险的牵制和共同利益的驱动下，事务所倾向于强化专业发展，扩大规模，提高规避风险的能力。缺点是：建立一家跨地区、跨国界的大型会计师事务所需要经历一个漫长的过程。同时，任何一个合伙人在执业中的失误或舞弊行为，都可能给整个会计师事务所带来灭顶之灾，使其一夜之间土崩瓦解。

3. 有限责任公司制会计师事务所

有限责任公司制会计师事务所是指由注册会计师认购会计师事务所股份，并以其所认购股份对会计师事务所承担有限责任的组织。会计师事务所以其全部资产对其债务承担有限责任。它的优点是：可以通过公司制形式迅速聚集一批注册会计师，建立规模型大所，承办大型业务。缺点是：降低了风险责任对执业行为的高度制约，弱化了注册会计师的个人责任感。

4. 特殊普通合伙制会计师事务所

特殊普通合伙制会计师事务所是指一个或者数个合伙人在执业活动中因故意或者重大过失造成合伙企业债务的，应当承担无限责任或者无限连带责任，其他合伙人以其在合伙企业中的财产份额为限承担责任的合伙组织。合伙人在执业活动中非因故意或者重大过失造成的合伙企业债务以及合伙企业的其他债务，由全体合伙人承担无限连带责任。这与国际上的有限责任合伙制事务所在产生背景、法律规定、责任分担、适用范围等方面虽不完全等同，但二者的要义和核心是一致的，即在会计师事务所规模较大、合伙人众多且分工细化的条件下，最大限度地保护无过错合伙人，避免因某一或某些合伙人的不当执业行为对其他合伙人的合法权益造成重大损害，从而促进会计师事务所健康、稳定地发展。

从国际惯例来看，会计师事务所的执业登记都由注册会计师行业主管机构统一负责。会计师事务所必须经过行业主管机关或注册会计师协会的批准登记，并由注册会计师协会予以公告。独资会计师事务所和合伙制会计师事务所完成这个程序即可开业，有限责任公司制会计师事务所一般还应当进行公司登记。

【例1－4·单选题】

下列关于会计师事务所的表述，不正确的是（　　）。

A. 在特殊普通合伙制会计师事务所中，合伙人以自己在事务所中的财产为限承担责任

B. 独资会计师事务所的注册会计师承担无限责任

C. 普通合伙人以各自的财产对事务所的债务承担无限连带责任

D. 在有限责任公司制会计师事务所中，注册会计师以其认购股份对会计师事务所承担有限责任

【分析】A。在特殊普通合伙制会计师事务所中，一个或者数个合伙人在执业活动中因故意或者重大过失造成合伙企业债务的，应当承担无限责任或者无限连带责任，其他合伙人以其在合伙企业中的财产份额为限承担责任。合伙人在执业活动中非因故意或者重大过失造成的合伙企业债务以及合伙企业的其他债务，由全体合伙人承担无限连带责任。因此，选项A不正确。

（二）典型会计师事务所的级别制度

一家典型的会计师事务所的组织级别包括合伙人/股东、高级经理、项目经理/主管审计师以及助理人员等。新员工通常从担任助理人员开始，通过在每个级别工作获取不同的经验，最终成为合伙人或股东。尽管不同的会计师事务所对这些职位的称呼不同，但职位结构和职责划分大致相同。职位越高，对应的职责也越大。表1－3总结了会计师事务所内不同级别的员工应具备的工作经验和主要职责。

表1－3　会计师事务所不同级别及其责任

级别	平均工作经验	主要责任
合伙人/股东	10年以上	复核整个审计工作，参与制定重要的审计决策。由于合伙人是事务所的所有者，其对审计工作及其相关服务承担最终责任
高级经理	5～10年	协助项目经理计划和管理审计工作，复核项目经理的工作，并负责与被审计单位沟通和联系。一个高级经理可能同时负责多项业务
项目经理/主管审计师	2～5年	协助并负责外勤工作，对助理人员进行复核和督导
助理人员	0～2年	执行大部分细节测试的审计工作

会计师事务所设立级别层次的目的在于促进员工提高胜任能力。每一级别的审计工作人员都要对下一级别审计师的工作进行指导、监督和复核。拥有 2 年以上工作经验并担任过主管审计师的人员可以担任督导人员。随着审计技术和计算机技术的发展，助理人员被赋予更大的责任，面临更大的挑战。

三、审计职业资格及其获取

注册会计师是指取得注册会计师证书并在会计师事务所执业的人员，他们通常担任项目合伙人或项目团队中的其他关键成员。注册会计师证书一般由职业团体认证或政府机构认证，申请者经过专业培训达到执业许可要求后才能够获取。在不同的国家或地区，审计师的称谓不同，如在澳大利亚、日本、韩国、新加坡、美国等地被称为“公共审计师”或“注册会计师”（CPA）；在新西兰、英国等地被称为“特许会计师”（CA）。不同的国家或地区对外部审计师的工作经验、国籍、学历和资格考试的通过等方面的要求也各不相同（见表 1－4），如欧盟要求审计师至少有 3 年的执业经历，而美国只要求一两年。

表 1－4　世界上主要审计师称谓与资格取得条件

序号	资格名称	所属协会	资格取得条件
1	注册会计师（CPA）	中国注册会计师协会（CICPA）	考试划分为专业阶段和综合阶段。 专业阶段主要测试考生是否具备注册会计师执业所需要的专业知识，是否掌握基本技能和职业道德规范。专业阶段考试设会计、审计、财务成本管理、公司战略与风险管理、经济法、税法 6 个科目。 综合阶段主要测试考生是否具备在执业环境中运用专业知识，保持职业价值观、职业道德与态度，有效解决实务问题的能力。职业能力综合测试由两张试卷组成，包括以鉴证业务为核心的试卷一和以技术咨询及业务分析为核心的试卷二。每张试卷的考试时间均为 3.5 小时。 通过 2 个阶段考试且具有 2 年执业经验方可获取 CPA 资格。
2	特许公认会计师（ACCA）	英国特许公认会计师公会（ACCA）	循序渐进分 3 个阶段通过。包括会计、高级会计、审计、公司法、税法、财务管理、高级财务管理、管理会计、管理学和管理信息系统等 14 个科目的考试，且必须在财务会计、财务管理、管理、税务和审计等相关领域取得至少 3 年的工作经验，并达到 ACCA 会员资格要求的能力和素质方面的最低标准。3 年工作经验可以在考试前、考试期间或考试后取得。
3	国际注册内部审计师（CIA）	国际内部审计师协会（IIA）	考试内容和科目分为 4 个，分别是：内部审计在治理、风险控制中的作用；实施内部审计业务；经营分析和信息技术；经营管理技术。 所有考试科目全部合格，且具有 2 年（含 2 年）以上审计、会计工作及相关工作经历，方可获得 CIA 资格。

续表

序号	资格名称	所属协会	资格取得条件
4	加拿大特许专业会计师（CPA Canada）	加拿大特许专业会计师协会（CPA Canada）	考试分3级，包括：基础课级（共19门课程）；专业提高课级（共4个科目考试）；执业核心课级（包括执业核心考试和执业综合考试）。 在考试期限规定的6年内获得学士或学士以上学位，通过全部考试科目，且有2年或2年以上会计相关工作经验，方可获取资格。
5	澳大利亚注册会计师（CPA Australia）	澳大利亚注册会计师公会（CPA Australia）	从第一次报考开始计算的5年内完成3门必修科目，并从9门选修科目中选出3门，共计完成6门科目考试。 同时满足以下条件：申请成为澳大利亚会计师公会的会员（ASA），并在一年内参加会员指南系列研讨会（MOW）；参加澳大利亚注册会计师考试课程并通过5个分项的考试；具备3年以上接受指导的行业工作经验。
6	英格兰皇家特许会计师（ACA）	英格兰及威尔士特许会计师协会（ICAEW）	在规定的时间内通过会员资格考试；成为ICAEW的注册学生；在ICAEW认可的机构或事务所拥有3年以上的工作经验；在3～5年的培训合同期内，达到以工作为基础的学习要求，完成道德教育培训；在3～5年的培训合同期内，获得专业工作和技术经验。
7	日本公认会计士	日本公认会计士协会（JICPA）	经过2次共14门科目的考试，在第一次考试前后积累至少2年工作经验，并参加JICPA提供的3年执业会计师教育课程学习。
8	美国注册会计师（AICPA）	美国注册会计师协会（AICPA）	美国绝大多数州都已经接受各州会计师执业执照的统一法案（Uniform Accountancy Act，UAA），这也是获得美国会计师执照的基本要求，其中主要内容包括：学士学位及150学分的学历要求；通过美国会计师考试（USCPA Uniform Exam）；至少一年的会计师事务所、产业界、教育、政府等领域的专业经验；专业经验必须经过已经有执业资格的注册会计师签字认证。 同时，大多数州都要求申请人必须通过AICPA统一的伦理道德考试（Ethics Exam）或者本州自行设计的伦理道德考试，才能申请执照。

注册会计师对公开上市公司和非公开上市公司公布的财务报表的审计负主要责任，这种鉴证职能一般通过国家制定的商法或公司法授权，但在某些情况下，地方政府（如美国和加拿大的某些州和省政府）对于审计师的资格认证拥有相当大的控制权。

四、注册会计师业务范围

目前注册会计师为客户提供的业务可以分为两大体系：一是鉴证业务；二是相

关服务业务。

（一）鉴证业务

鉴证业务是指注册会计师对鉴证对象信息提出结论，以增强除责任方之外的预期使用者对鉴证对象信息信任程度的业务。鉴证对象信息是按照标准对鉴证对象进行评价和计量的结果，如责任方按照会计准则和相关会计制度（标准）对其财务状况、经营成果和现金流量（鉴证对象）进行确认、计量和列报而形成的财务报表。注册会计师为客户提供的鉴证业务包括：

1. 财务报表审计业务

财务报表审计业务是指注册会计师对财务报表是否不存在重大错报提供合理保证，以积极方式提出意见，增强除管理层之外的预期使用者对财务报表的信赖程度。

2. 财务报表审阅业务

财务报表审阅业务是指注册会计师通过询问、分析程序和有限检查来获取证据，对所审阅信息是否不存在重大错报提供有限保证，并以消极方式提出结论。

3. 特殊目的的审计业务

注册会计师可能因编制特殊目的的报告而检查历史财务信息，如按照其他会计方法（如客户对所得税申报的处理方法、收付实现制会计、政府立法部门对财务报告的规定），而不是按照国际会计准则或国内会计准则编制的报表报告、财务报表组成部分报告、合同遵循性报告、简要财务报表报告。

4. 历史财务信息之外的其他鉴证业务

历史财务信息之外的其他鉴证业务包括：对预期财务报表的鉴证业务、对非财务信息（如公司治理、内部控制、环境信息）的鉴证业务、对系统和流程（如公司治理、《萨班斯-奥克斯利法案》规定的内部控制、信息系统等）的鉴证业务以及对某一行为（如企业责任、人力资源等）的鉴证业务。目前实务中常见的其他鉴证业务如下：

（1）信息技术鉴证服务，通常包括网络认证服务和系统认证服务，目的是对电子信息的可靠性和安全性作出鉴证。

（2）电子商务保证服务，即对电子交易及其传递信息的真实性与安全性提供的保证服务，包括对数字银行电子支付卡、保密系统、计算机广域网以及电子系统软件等提供的保证服务。

（3）风险评估保证服务，即对企业所承受风险的可能性和大小进行的评价（如经营风险评估），主要包括独立评价企业自身评估的风险、评价企业确定和控制风险的系统以及确定并评估企业面临的主要风险。

（4）绩效评价保证服务，即对企业绩效评价信息的相关性和可靠性进行的认证，包括产品市场份额计量保证、产品质量保证等。

（5）其他保证服务，包括投资及其派生业务的政策控制与风险评价、舞弊和不法行为的风险评价、对公司责任与可持续性的保证等。

不同鉴证业务的对比如表 1－5 所示。

表 1-5　不同鉴证业务的对比

鉴证业务种类	鉴证对象	审计程序	结论类型	提出结论的方式
审计业务（上市公司年报审计）	历史财务信息	单独或综合地运用多种程序	合理保证	积极肯定
审阅业务（中期报表或者小公司报表审阅）	历史财务信息	使用的程序有限（询问和分析）	有限保证	消极
其他鉴证业务（内部控制审核或者预测性财务信息审核）	非历史财务信息	根据准则和客户的要求使用程序	保证程度因准则、与客户约定不同而不同	表达方式因程序不同而不同

（二）相关服务业务

并非所有的注册会计师从事的业务都是基于鉴证框架的鉴证业务，注册会计师基于其会计和审计方面的优势，以及在审计中积累起来的对行业及企业经营管理的了解和熟悉，逐步从过去单一从事审计鉴证业务向多元化、全方位的增信服务转变，为客户提供更多有增信价值的相关服务业务，主要包括：

1. 对财务信息执行商定程序

对财务信息执行商定程序是指注册会计师对特定财务数据、单一财务报表或整套财务报表等财务信息执行与特定主体商定的具有审计性质的程序，并就执行的商定程序及其结果出具报告。

2. 代编财务信息

代编财务信息是指注册会计师运用会计而非审计的专业知识和技能，代客户编制一套完整或非完整的财务报表，或代为收集、分类和汇总其他信息。

3. 税务服务

税务服务包括税务代理和税务筹划。税务代理是指注册会计师接受企业或个人委托，为其填制纳税申报表，办理纳税事项。税务筹划是指由于纳税义务发生的范围和时间不同，注册会计师从客户利益出发，代替纳税义务人设计可替代的或不同结果的纳税方案。其始于所得税的纳税筹划，现已扩展到包括财产税、遗产税等诸多税种。

4. 管理咨询服务

管理咨询服务是注册会计师与非注册会计师激烈竞争的一个领域。从20世纪50年代起，注册会计师的管理咨询服务收入开始增长，并保持着强劲的增长势头。其原因主要包括：一是管理咨询服务是增值服务；二是企业内部结构重组给注册会计师带来了无限商机。近年来，大型会计师事务所逐渐成为管理咨询服务的主要提供者。其管理咨询服务范围很广，主要包括对公司的治理结构、信息系统、预算管理、人力资源管理、财务会计、经营效率、效果和效益等提供诊断及专业意见与建议。

5. 会计咨询和会计服务

注册会计师提供的会计咨询和会计服务业务中，除了代编财务信息，还包括对会计政策的选择和运用提供建议、长年担任会计顾问、提供会计秘书服务和会计外包等。注册会计师执行的会计咨询、会计服务业务属于服务性质，是所有具备条件的中介机构甚至个人都能够从事的非法定业务。

以下是以年报审计业务和代编业务为例列示的鉴证业务与相关服务业务的不同，具体如表 1－6 所示。

表 1－6 鉴证业务与相关服务业务的不同

项目	相关服务业务（代编）	鉴证业务（审计）
业务关系人	注册会计师、管理层	三方：注册会计师、管理层及预期使用者
业务关注焦点	财务信息的收集、分类和汇总	财务信息的质量
保证程度	不提供任何程度的保证	对财务报表不存在重大错报提供合理保证
独立性要求	不做要求，说明一下即可	双向独立：形式和实质
报告	不作出鉴证结论	书面报告，对财务报表是否存在重大错报作出鉴证结论

【例 1－5·单选题】

注册会计师从事的下列工作中，属于其他鉴证业务的是（　　）。

A. 对公司的治理结构提出意见

B. 参与企业破产清算审计，出具破产清算审计报告

C. 审查企业内部控制制度，提出管理建议书

D. 审核盈利预测

【分析】D。选项 A 和 C 属于相关服务业务；选项 B 属于审计业务；选项 D 是对非历史财务信息的鉴证业务，属于其他鉴证业务。

第三节 审计市场

一、审计市场的需求分析

任何事物都是基于某种客观需要，在特定条件下产生并遵循一定的规律发展演进的，审计亦是如此。审计市场随着市场经济的产生与发展而不断扩大。人们对审计市场需求的认识存在以下观点。

（一）警察理论

20 世纪 40 年代以前，审计师被形象地比作“警察”，人们普遍认为，注册会计师的工作应在于确保记账的准确性以及预防和发现欺诈行为。但 40 年代以后，人们对审计的看法有了转变，认为审计应当是对财务报表的合法性、公允性予以鉴证。尤其是安然、施乐、世通等公司财务报表丑闻的曝光引发了人们对这一理论的反思。关于注册会计师是否应当像警察一样发现和揭示欺诈的讨论，促使我们重新认识这一理论所提倡的基本公众意识。

（二）信息理论

信息理论认为，审计的本质在于提升财务信息的价值，增强财务信息对信息使用者的有用程度。因此，为解决信息不对称导致的逆向选择和道德风险所引发的市场失灵问题，使市场更有效率，市场经济需要审计。

（三）代理理论

代理理论认为，企业的股东与债权人和管理当局之间存在代理关系。为了减少代理成本，委托代理双方签订一系列契约，契约条款的执行需要外部独立第三方的监督，这就产生了对外部审计的需求。具有良好声誉的审计师不仅要维护委托人的利益，也要兼顾代理人的利益。在委托代理关系中，为克服信息不对称，委托人希望实现在事前信息不对称的情况下让人说真话，在事后信息不对称的情况下让人不偷懒；而代理人为了赢得委托人的信任，使委托人信任其呈报的信息，财务报表必须可靠，这意味着委托代理双方都有聘请声誉良好的审计师的动机，这时，审计的本质在于促使股东利益和管理者利益的协调与优化。

（四）受托责任理论

受托责任理论认为，审计因受托责任的产生而产生，因受托责任的发展而发展。在经济活动中，当受托责任关系确立后，客观上产生了授权委托人对受托人实施监督的需要，这时，审计作为一项独立的经济监督活动变得十分必要。

（五）保险理论

保险理论认为，审计是一个将财务报表使用者的信息风险降到社会可接受的风险水平之下的过程，甚至认为审计是一项分担风险的服务。在市场经济中，信息的距离、信息提供者的偏见和动机，以及信息量过大等原因使信息风险产生，增大了投资者的压力。为了减轻投资者的压力，审计被视为一种使风险社会化的手段，审计的本质被看作一种保险行为。

（六）冲突理论

冲突理论认为，由于财务报表提供者与使用者之间、使用者与使用者之间利益并不一致，他们之间存在潜在的利害冲突。为了协调人与人之间的利害冲突，审计需求产生，这时，审计的本质是通过提供合理的保证来维护各利益集团的利益。

二、审计市场的供给分析

在审计市场中，审计师提供什么样的产品？如何提供相应的审计服务？这涉及以下几个基本概念。

（一）审计质量

德安杰洛（DeAngelo，1981）将审计质量定义为审计师发现财务报表存在重大错报和披露该重大错报的联合概率。其中，审计师发现财务报表存在重大错报的概率取决于其专业胜任能力和在审计过程中实际投入的人力、物力，而审计师报告财务报表存在重大错报的概率取决于其独立性。

目前，人们对审计质量一般从两个方面评价：一是审计技术质量，主要评价审计师在财务报表的查错防弊、发现欺诈或公司持续经营问题方面的表现；二是审计功能质量，主要评价审计师在审计过程中识别管理当局的利益焦点（如考虑公司财务状况、内部控制或总体管理情况等）的能力，以及与客户沟通的能力。

在审计市场中，关于审计服务是否具有异质性，目前尚缺乏强有力的实证证据支持，而规范研究普遍支持审计具有异质性的假设，认为高质量审计服务的审计定价较高，同时又具有较高的审计成本。

（二）审计收费

基于经济人假设，只有当审计服务带来的价值大于购买审计服务本身的成本时，审计客户才会接受某种质量水平的审计服务；只有当审计收入大于其提供审计服务本身的成本时，会计师事务所才会有提供审计服务的动机。审计收费的高低是许多公司在选择会计师事务所时考虑的重要因素，同样也是会计师事务所提供何种质量的审计服务所要考虑的因素。只有当审计定价水平契合审计服务供需双方的利益时，才能形成有效的审计供给与需求。

在正常的审计市场中，注册会计师审计收费一般由三部分构成：一是审计产品成本，即执行必要的审计程序、出具审计报告所需的费用；二是预期损失费用，包括诉讼损失和恢复名誉的潜在成本等；三是会计师事务所的正常利润。

1. 影响审计产品成本的因素

审计产品成本的高低根据客户特征而定，一般取决于客户规模的大小、业务的性质和复杂程度、内部控制的强弱。客户规模越大，其经济业务和会计事项越多，其固有风险和控制风险的水平也可能越高，相应地，注册会计师就需要扩大审计测试的范围，增加审计时间，同时面临的审计调整事项也越多，因此，客户规模越大，审计收费也就越高（Simunic，1980；Keefe，Simunic & Stein，1994；Menon & Williams，2001）。审计业务越复杂，需要的审计证据越多，审计测试的范围越大，相应地需要更多的时间和费用。

2. 影响预期损失费用的因素

预期损失费用（包括法律诉讼带来的直接损失和未来审计费用增加的损失）会随着诉讼风险的增加而增加。衡量预期损失费用一般是以委托人是不是上市公司以及若干财务比率为依据。注册会计师一般通过了解委托人的资产结构、销售增长率、市场公允价值以及股票价格变动率，来判断诉讼风险的大小，估计预期损失。如果客户是上市公司，其总体财务状况越差，注册会计师承受的诉讼风险越大，向客户要求的或有诉讼保证金也就越高。

3. 审计市场竞争的强弱

若会计师事务所之间竞争激烈，总体审计收费可能会减少。若审计市场需求旺盛，总体审计收费可能会增加。

4. 会计师事务所自身特征对审计收费的影响

典型影响因素有会计师事务所的品牌、事务所提供非审计服务对审计收费的影响等。品牌好、服务佳的会计师事务所的审计收费较高。

（三）审计任期

审计任期本应由审计委托方与受托方共同决定，但目前的理论研究和实证分析得出了一个很有趣的结论：由于评估新客户的潜在审计风险需要一定的时间，审计任期在大多数情况下不少于5年。如果审计任期长达10～15年，审计师的职业怀疑能力就会下降，这使得会计师事务所在质量控制和监管部门实施监管时，不得不考虑审计任期对审计的影响，从而将审计任期纳入事务所质量控制和监管者监管的范围。

三、审计期望差距

在审计市场供求的研究中，人们常提及审计期望差距这个概念。审计期望差距是指审计服务的使用者对审计责任的期望与审计职业现状之间的差异。

最早在文献中提出审计期望差距这一概念的是利焦（Liggio，1974），他将审计业绩的期望差距定义为独立审计师和财务报表使用者对审计业绩的期望水平的差异。他警告人们，如果职业界不采取措施来缩小审计期望差距，审计职业将面临越来越多的诉讼和批评。目前，他的警告已经变成现实，如在司法实践中根据深口袋理论判定注册会计师承担责任的判例越来越多。

审计期望差距一般由业绩差距和合理性差距两部分组成。

（一）业绩差距

业绩差距是指社会对审计师承担责任的合理期望与社会对审计师实际完成任务的认识之间的差距。它由两部分组成：一是审计业绩缺陷差距（deficient performance gap），这种差距是审计师未遵循审计准则导致业绩存在缺陷所造成的；二是审计准则缺陷差距（deficient standard gap），由于审计准则制定者在制定准则时仅仅反映了职业界对审计责任的看法，而未考虑公众的合理期望，导致准则存在缺陷，即便审计师按照准则执业，也无法达到公众的合理期望，从而产生期望差距。

（二）合理性差距

合理性差距是指社会对审计师的期望与对审计师合理期望之间的差距，即对审计师职责的不合理期望。长期以来，人们认为注册会计师对财务报表的审计是对财务报表的绝对保证，经过注册会计师审计的财务报表不应存在任何差错，这种过高的期望是产生合理性差距的最主要原因。一般来说，当审计收费不能弥补为满足某种期望而发生的审计成本时，职业界就会把这种期望视为不合理期望。

即测即评

扫描此码 在线做题

思考题

1. 请分析不同审计发展阶段的特征。

2. 结合第一份审计报告的出现，分析哪些因素引发了社会对审计的迫切需求。

3. 结合第一个专业团体的出现，认识注册会计师协会对注册会计师行业的意义。

4. 简述财务报表审计、经营审计和合规审计。

5. 简述国家审计、内部审计和注册会计师审计。

6. 简述审计业务范围，分析为什么会计师事务所业务随着市场经济的发展，从过去单一从事审计鉴证业务向多元化、全方位的相关服务转变。

7. 简述会计师事务所的组织形式，分析为什么特殊普通合伙制成为会计师事务所组织形式发展的一大趋势。

8. 简述世界上著名的审计职业资格的获取条件。

9. 简述市场经济中审计的真正需求。

10. 简述不同鉴证业务的不同之处。

11. 简述鉴证业务与相关服务业务的不同之处。

12. 简述审计收费受哪些因素的影响。

13. 什么是审计期望差距?

14. 请分析审计在公司治理中的职能定位。

案例分析

世界上第一份审计报告

案例分析目的

通过阅读和分析世界上第一份审计报告的产生，了解审计产生的背景及其影响因素，理解审计在社会经济中的作用以及审计师对揭示公司财务报表舞弊的责任。

案例资料

见本章第一节“第一份审计报告”部分。

【讨论分析】

1. 根据英国的“南海公司事件”引出的第一份审计报告，分析主要是哪些因素引起了对审计的迫切需求。

2. 结合第一份审计报告的故事，说明审计在社会经济生活中主要解决什么问题。

线上MOOC学习

请登录 https://www.icourse163.org/course/CUFE-1003060002，课外学习国家精品课程“审计学”中“审计与审计职业”相关内容。

第二章 Chapter 2 审计职业道德

素养提升

诚信为本，操守为重，坚持准则，不做假账。

思维导图

引　例

注册会计师遇到的职业道德困境

甲会计师事务所最近接受A银行的委托，对其20×3年度财务报表进行审计。A银行现在是甲会计师事务所最大的客户，该项业务的审计收费占事务所收入总额的36%。由于承接A银行这笔审计业务，事务所产生了额外成本，包括新雇用了几名熟悉银行业务的员工，并从一家更大的事务所聘请了一位具有银行审计经验的项目经理。在承接这项业务时，项目合伙人李健明白第一年的审计收费仅勉强能覆盖第一年审计所发生的成本，但未来会持续有审计收费，并且有其他服务收费，A银行的业务有可能成为一项长期盈利的业务。

在与前任注册会计师交接时，李健了解到A银行的贷款中用于担保的抵押品可能存在风险。考虑到过去一年房地产行业经济效益的下滑，他担心A银行提取的坏账准备可能不足。但是，李健认为这些问题是可以解决的。

20×3年A银行坏账账户的余额合计675万元，与前一年的数字大致相当。在审计过程中，李健发现有两笔贷款（合计15 000万元）是发放给A银行的董事长刘宇及其商业合作伙伴的企业的，虽然这些贷款是本年度发放的，但均已逾期4个月，且用于贷款担保的抵押品价值远远低于贷款金额，贷款的发放也未遵守A银行规定的程序。依据这些信息，李健估计这15 000万元中大约40%，即6 000万元不能收回。

当李健与刘宇会面并讨论这两笔逾期贷款时，刘宇竭力向李健证明这些贷款将全部收回。他告诉李健，只要经济状况好转，就能够收回贷款，不需要额外计提坏账准备，并暗示如果李健坚持要求调整坏账准备，A银行将会更换会计师事务所。

请分析甲会计师事务所在执业中遭遇了哪些职业道德困惑。

第一节　职业道德准则与专业胜任能力

一、职业道德准则

道德是一定社会为了调整人们之间以及个人与社会之间的关系所提倡的行为规范的总和。它通过多种形式的教育和社会舆论的力量，使人们树立起善与恶、荣誉与耻辱、正义与非正义等观念，并在此基础上逐渐形成一定的行为习惯和传统，以指导或控制自己的行为。职业道德是某一职业组织以公约、守则等形式公布，其会员自愿接受的一系列道德标准、行为规范以及价值观。通过建立职业道德准则，专业人士能够在法律规范之外加强自律。

注册会计师职业道德是指注册会计师职业品德、职业纪律、专业胜任能力以及职业责任等的总称。注册会计师的道德水准直接关系到整个行业的生存和发展。为了使注册会计师切实担负起其神圣的职责，为社会公众提供高质量、可信赖的专业服务，在社会公众中树立良好的职业形象和职业信誉，必须大力加强对注册会计师的职业道德教育，强化其道德意识，提高其道德水准。

（一）国外职业道德准则

国际会计师联合会（IFAC）为了协调国家间的职业道德规范，制定并颁布了《国际职业会计师道德守则》（Code of Ethics for Professional Accountants）。《国际职业会计师道德守则》适用于以下三类人群：

（1）所有职业会计师。职业会计师是指国际会计师联合会成员组织的会员，不论其是在独资、合伙或公司制事务所，还是在工业、商业或政府部门工作。适用于所有职业会计师的职业道德规范包括公正性和客观性、道德冲突的解决、专业胜任能力、保密、税务服务、跨国活动、宣传等。

（2）执行公共业务的职业会计师。执行公共业务的职业会计师是指向客户提供专业服务的合伙人或类似职业人员、执业机构的雇员（不论其提供的专业服务类别，如审计、税务或咨询），以及在执业机构中负有管理职责的职业会计师。适用于执行公共业务的职业会计师的职业道德规范包括鉴证业务的独立性、专业胜任能力、与利用非会计师有关的责任、收费和佣金、与公共会计师业务不相容的活动、客户资金的管理、与其他执行公共业务的职业会计师的关系、广告与招揽。

（3）受雇的职业会计师，适当时也可适用于执行公共业务的职业会计师。受雇的职业会计师是指受雇于工业、商业、公共或教育部门的职业会计师。适用于受雇的职业会计师的职业道德规范包括忠诚的冲突、对同行的支持、专业胜任能力、信息的表述等。

《国际职业会计师道德守则》的每一节都由引言、要求和应用材料三部分构成，其中，“引言”部分介绍该节内容所要阐明的事项，并在运用概念框架的背景下引出该节的要求和应用材料；“要求”部分针对该节所要阐明的事项，明确职业会计师应当履行的一般义务或具体责任；“应用材料”部分提供相关背景信息、解释、行动建议或考虑事项、示例以及其他指引，以帮助职业会计师更好地遵守要求。

（二）国内职业道德准则

为了保证中国注册会计师行业的健康发展、树立良好的职业形象，中国注册会计师协会始终高度重视注册会计师的道德教育和道德标准建设。1992 年 9 月 30 日，中国注册会计师协会依据《中华人民共和国注册会计师条例》颁布了《中国注册会计师职业道德守则（试行）》。1996 年 12 月 26 日，中国注册会计师协会又颁布了《中国注册会计师职业道德基本准则》。考虑到基本准则只对注册会计师职业道德作了原则性的规定，为了提供更具体的指导，中国注册会计师协会制定并发布了《中国注册会计师职业道德规范指导意见》，从 2002 年 7 月 1 日起实施。2009 年 10 月 14 日，中国注册会计师协会发布了《中国注册会计师职业道德守则（2009）》和《中国注册会计师协会非执业会员职业道德守则（2009）》。2020 年 12 月 17 日，为了响应经济社会发展对注册会计师诚信和职业道德水平提出的更高要求，规范中国注册会计师协会会员的职业行为，进一步提升职业道德水平，维护职业形象，保持与《国际职业会计师道德守则》的持续动态趋同，中国注册会计师协会印发了《中国注册会计师职业道德守则（2020）》和《中国注册会计师协会非执业会员职业道德守则（2020）》，这两项守则自 2021 年 7 月 1 日起正式施行，这次修订对注册会计师行业的诚信和职业道德水平提出了更高的要求。

《中国注册会计师职业道德守则（2020）》（简称《职业道德守则》）由五个部分组成：（1）《中国注册会计师职业道德守则第 1 号——职业道德基本原则》，主要规范注册会计师应当遵循的职业道德基本原则，为注册会计师的行为确立道德标准；（2）《中国注册会计师职业道德守则第 2 号——职业道德概念框架》，主要阐述职业道德概念框架，即解决职业道德问题的思路和方法；（3）《中国注册会计师职业道德守则第 3 号——提供专业服务的具体要求》，主要规范注册会计师在提供专业服务的过程中可能遇到的除独立性以外的某些具体情形，并针对在这些情形下如何运用职业道德概念框架解决职业道德问题作出具体规定；（4）《中国注册会计师职业道德守则第 4 号——审计和审阅业务对独立性的要求》，主要规范注册会计师在从事审计和审阅业务时与独立性相关的要求；（5）《中国注册会计师职业道德守则第 5 号——其他鉴证业务对独立性的要求》，主要规范注册会计师在从事审计和审阅以外的其他鉴证业务时与独立性相关的要求。此外，《中国注册会计师职业道德守则术语表》对职业道德守则中的相关术语作出解释说明。

《职业道德守则》主要有以下特点：一是全面规范了注册会计师的职业道德行

为。《职业道德守则》涵盖了注册会计师业务承接、收费报价、专业服务工作的开展等所有环节可能遇到的与保持职业道德相关的情形，并分别提出了明确的要求。二是突出强调了注册会计师行业的社会责任。《职业道德守则》特别强调了注册会计师的独立性问题，对注册会计师如何保持独立性，妥善处理与审计客户之间的利益冲突，切实做到独立、客观、公正地执业给予了详尽指导，并对涉及公众利益的审计项目（如上市公司审计等），向注册会计师提出了更高的职业道德要求。三是为注册会计师解决职业道德问题提供了方法指导。《职业道德守则》就如何识别对职业道德产生不利影响的情形、如何评价各种情形对职业道德的影响和危害程度，以及如何采取有效的防范措施避免这些不利影响等，给予了具体的方法指导。四是实现了与《国际职业会计师道德守则》的全面趋同。《职业道德守则》涵盖了《国际职业会计师道德守则》对注册会计师的所有要求和内容，是我国在审计准则国际趋同后，在职业道德准则方面实现趋同的重大行动文件，体现了我国对国际准则持续全面趋同的主张和承诺。

二、专业胜任能力

为了全面贯彻落实习近平总书记关于做好新时代人才工作的重要思想，以及党中央、国务院关于专业人才建设的重大决策部署，立足我国国情、保持与国际标准的动态趋同，指导行业人才更好地适应我国经济社会发展，2022 年 12 月 26 日，中国注册会计师协会（简称中注协）修订并印发了《中国注册会计师行业人才胜任能力指南》（简称《指南》），对注册会计师行业人才的胜任能力进行了全面系统的指导，以更好地服务国家建设。

（一）胜任能力体系

《指南》明确，胜任能力体系包括政治能力、职业道德、专业胜任能力、实务经历和国际化能力。

1. 政治能力

政治能力是对新时代注册会计师行业人才能力的第一要求，能够有效确保注册会计师行业正确发展方向。政治能力的具体指标及培养要求，由中国注册会计师、资产评估师行业党校教育培训大纲另行规定。

2. 职业道德

职业道德是指注册会计师行业人才特有的职业行为和特征，具体包括职业怀疑和职业判断、职业道德准则及相关规范、维护社会公众利益。职业道德的培养贯穿注册会计师行业人才职业生涯的始终，是区分注册会计师与其他行业人员的重要标志。

3. 专业胜任能力

专业胜任能力是指注册会计师行业人才能够根据相关法律法规从事职业活动的能力，包括技术胜任能力、职业技能以及管理能力。专业胜任能力是注册会计师行业人才全职业生涯学习的一部分。

4. 实务经历

实务经历是指注册会计师行业人才基于所接受的通识教育和职业教育从事的能

够提升其胜任能力的日常工作和其他活动。实务经历也是注册会计师行业人才全职业生涯学习的一部分。其中，通识教育是指大学生均应接受的包括人文科学、社会科学、自然科学和技术、艺术等基本知识的教育，即职业性和专业性以外的教育。职业教育是指以通识教育为基础，培养职业道德和专业胜任能力的教育和培训。

5. 国际化能力

国际化能力是指注册会计师行业人才树立国际化思维、面向国际市场，服务中国企业“走出去”、境外企业“走进来”的能力，包括适应国际化发展的技术胜任能力、职业技能、管理能力和实务经历。国际化能力是注册会计师行业人才胜任能力在国际化发展方面的综合体现。

政治能力是根基，是行业健康发展的旗帜；职业道德是标志，是人才区分的特征；专业胜任能力是基础，是行业健康发展的动力；实务经历是更进一步的要求；国际化能力是综合体现，是行业人才选拔趋势。

（二）专业胜任能力涉及的知识体系

专业胜任能力涉及的知识体系，包括但不限于：

1. 技术胜任能力

技术胜任能力是指运用专业知识，根据相关法律法规从事职业活动的能力。专业知识，是指构成注册会计师行业人才知识主体的会计、审计、财务、税务、管理、相关法律法规、商业和组织环境、信息和通信技术以及其他相关知识。

注册会计师行业人才应当达到相应的技术胜任能力水平，以便能够在日益复杂、不断变化的职业环境中胜任工作。注册会计师行业人才需要掌握的技术胜任能力是不断变化的，从事特定环境、特定行业或特定业务所需要的技术胜任能力也存在差异，因此，应当持续更新其专业知识，提升技术胜任能力。

2. 职业技能

职业技能是指注册会计师行业人才从事职业活动时，能够合理有效地运用智力技能、人际关系和沟通技能、个人技能、组织技能和办公技能等。

职业技能可以通过通识教育、职业教育和实务经历等多种途径获得，并通过贯穿全职业生涯的学习不断拓展。

3. 管理能力

管理能力是指在工作中充分地利用人力和客观条件以最小的成本达成目标，以提高整个团队办事效率的能力，包括自我认知、自我管理、自我发展、团队管理、组织管理、战略管理等能力要素。

（三）专业胜任能力的保持

注册会计师应当树立贯穿职业生涯全过程的学习理念，在取得执业资格之后通过职业继续教育保持并不断提高胜任能力，以持续提供高质量的专业服务，加强公众对注册会计师行业的信任。

保持并不断提高胜任能力的主要责任在于注册会计师自身。会计师事务所应当为注册会计师获得职业继续教育提供适当的机会、资源，并予以规范和指导。注册会计师协会应当引导注册会计师增强持续学习的意识，为其履行该责任提供适当的机会、资源，并予以规范、指导及评估。

注册会计师的职业继续教育应当是相关的、可计量的、可验证的且需要经过确认的学习活动。职业继续教育应当体现不同注册会计师的职业发展目标、所处的职业领域和发展阶段的差异，以及职业环境的变化。

注册会计师可以参加投入法形式和产出法认可的其他形式的职业继续教育。投入法形式的继续教育是指注册会计师参加面授培训和网络录播培训。职业继续教育的投入情况是通过设置一定的学习活动量加以计量的，且设定的学习活动量应当能够保持和提高注册会计师的胜任能力。学习活动量通过学时计量，包括按照注册会计师协会设定的折合标准将其他计量单位折合为学时。产出法认可的其他形式的职业继续教育是指与执业相关的专业活动及成果。职业继续教育的产出情况需要注册会计师通过提供各种形式的职业继续教育学习成果，用以证明其胜任能力得到保持和提高。职业继续教育学习成果主要包括特定学习活动的结果、取得的工作成绩等。

注册会计师应当真实、完整地保管与职业继续教育的投入和产出情况有关的记录和证明材料，并按照注册会计师协会的要求提交相关记录和证明材料。注册会计师和会计师事务所应当接受注册会计师协会定期或不定期开展的职业继续教育情况检查。

当中断执业且仍有意愿继续执业时，注册会计师应当在执业中断期间，按照注册会计师协会的要求完成职业继续教育，以保持胜任能力。

（四）专业胜任能力的评估

为确保注册会计师行业人才达到相应的胜任能力水平，由相关主体对各成长阶段行业人才的胜任能力进行评估。实施评估的相关主体包括各级财政部门、各级注册会计师协会、会计师事务所、开设财经专业的院校等。

评估方式主要包括院校课程考试（考核）、注册会计师全国统一考试、注册会计师行业评选、执业质量检查、定期检查职业道德档案、实务经历、出具案例分析报告、会计师事务所内部胜任能力考评等。

【例2-1·判断题】

保持并不断提高胜任能力的主要责任在于会计师事务所。（　　）

【分析】错误。会计师事务所应当为注册会计师获得职业继续教育提供适当的机会、资源，并予以规范和指导，但保持并不断提高胜任能力的主要责任在于注册会计师自身。

第二节　审计职业道德概念框架及其运用

一、注册会计师职业道德基本原则

注册会计师为实现执业目标，必须遵守一系列前提或基本原则。这些基本原则包括诚信、客观公正、独立性、专业胜任能力和勤勉尽责、保密、良好职业行为。

（一）诚信

诚信是我国社会主义核心价值观的重要组成部分，是社会主义道德建设的重要内容，是构建社会主义和谐社会的重要纽带，同时也是社会主义市场经济运行的基础。对注册会计师行业来说，诚信是注册会计师行业存在和发展的基石，在职业道德基本原则中居于首要地位。

注册会计师应当在所有的职业活动中，保持正直、诚实守信。注册会计师如果认为业务报告、申报资料、沟通函件或其他信息存在下列问题，则不得与这些有问题的信息发生关联：

（1）含有虚假记载、误导性陈述；

（2）含有缺乏充分根据的陈述或信息；

（3）存在遗漏或含糊其词的信息，而这种遗漏或含糊其词可能会产生误导。

注册会计师如果注意到已与有问题的信息发生关联，应当采取措施消除关联。

（二）客观公正

注册会计师应当遵循客观公正原则，公正处事，实事求是，不得由于偏见、利益冲突或他人的不当影响而损害自己的职业判断。

如果存在对职业判断产生过度不当影响的情形，注册会计师不得从事与之相关的职业活动。

（三）独立性

注册会计师在执行审计和审阅业务以及其他鉴证业务时，应当从实质上和形式上保持独立性，不得因任何利害关系影响其客观公正。

会计师事务所在承接审计和审阅业务以及其他鉴证业务时，应当从会计师事务所整体层面和具体业务层面采取措施，以保持会计师事务所和项目团队的独立性。

（四）专业胜任能力和勤勉尽责

1. 专业胜任能力

注册会计师应当通过教育、培训和执业实践获取和保持专业胜任能力。注册会计师应当持续了解并掌握当前法律、技术和实务的发展变化，将专业知识和技能始终保持在应有的水平，确保为客户提供具有专业水准的服务。在应用专业知识和技能时，注册会计师应当合理运用职业判断。

2. 勤勉尽责

注册会计师应当勤勉尽责，即遵守职业准则的要求，并保持应有的职业怀疑，认真、全面、及时地完成工作任务。注册会计师应当采取适当措施，确保在其授权下从事专业服务的人员得到应有的培训和督导。在适当时，注册会计师应当使客户或专业服务的其他使用者了解专业服务的固有局限。

（五）保密

注册会计师应当遵循保密原则，对职业活动中获知的涉密信息保密。根据该原则，注册会计师应当遵守下列要求：

（1）警觉无意中泄密的可能性，包括在社会交往中无意中泄密的可能性，特别要警觉无意中向关系密切的商业伙伴或近亲属泄密的可能性；

（2）对所在会计师事务所内部的涉密信息保密；

（3）对职业活动中获知的涉及国家安全的信息保密；

（4）对拟承接的客户向其披露的涉密信息保密；

（5）在未经客户授权的情况下，不得向会计师事务所以外的第三方披露其所获知的涉密信息，除非法律法规或职业准则规定注册会计师在这种情况下有权利或义务进行披露；

（6）不得利用因职业关系而获知的涉密信息为自己或第三方谋取利益；

（7）不得在职业关系结束后利用或披露因该职业关系获知的涉密信息；

（8）采取适当措施，确保下级员工以及为注册会计师提供建议和帮助的人员履行保密义务。

在终止与客户的关系后，注册会计师应当对以前职业活动中获知的涉密信息保密。如果变更工作单位或获得新客户，注册会计师可以利用以前的经验，但不得利用或披露以前职业活动中获知的涉密信息。

在某些情况下，保密原则是可以豁免的。在下列情况下，注册会计师可能会被要求披露涉密信息，或者披露涉密信息是适当的，不被视为违反保密原则：

（1）法律法规要求披露，如为法律诉讼准备文件或提供其他证据，或者向适当机构报告发现的违反法律法规行为；

（2）法律法规允许披露，并取得了客户的授权；

（3）注册会计师有职业义务或权利进行披露，且法律法规未予禁止，主要包括下列情形：接受注册会计师协会或监管机构的执业质量检查；答复注册会计师协会或监管机构的询问或调查；在法律诉讼、仲裁中维护自身的合法权益；遵守职业准则的要求，包括职业道德要求；法律法规和职业准则规定的其他情形。

在决定是否披露涉密信息时，注册会计师应当考虑下列因素：

（1）客户同意披露的涉密信息，法律法规是否禁止披露；

（2）如果客户同意注册会计师披露涉密信息，这种披露是否可能损害相关人的利益；

（3）是否已在可行的范围内了解和证实了所有相关信息，信息是否完整；

（4）信息披露的方式和对象，包括披露对象是否恰当；

（5）可能承担的法律责任和后果。

【例2-2·多选题】

注册会计师应当对职业活动中获知的涉密信息保密，以下对保密原则的陈述中，不正确的有（　　）。

A. 会计师事务所不需客户授权就可以向后任注册会计师披露其所获知的涉密信息

B. 禁止注册会计师利用所获知的涉密信息为第三方谋取利益

C. 在终止与客户的关系后，注册会计师仍然应当对以前执业活动中获知的涉密信息保密

D. 注册会计师没有必要特别警惕无意向其直系亲属泄密的可能性

【分析】 AD。由于前后任注册会计师沟通必须经过客户授权，因此选项A不正确；由于注册会计师在社会交往中应当履行保密义务，警惕无意中泄密的可能性，特别是警惕无意中向近亲属或关系密切的人员泄密的可能性，所以选项D不正确。

（六）良好职业行为

注册会计师应当遵守良好职业行为原则，爱岗敬业，遵守相关法律法规，避免发生任何损害职业声誉的行为。注册会计师在向公众传递信息以及推介自己和工作时，应当客观、真实、得体，不得损害职业形象。

注册会计师应当诚实、实事求是，不得有下列行为：

（1）夸大宣传提供的服务、拥有的资质或获得的经验；

（2）贬低或无根据地比较其他注册会计师的工作。

二、职业道德概念框架

（一）职业道德概念框架的内涵

职业道德概念框架是注册会计师用于解决职业道德问题的思路和方法，旨在帮助注册会计师识别、评价和应对对职业道德基本原则的不利影响。

注册会计师应当运用职业道德概念框架来识别、评价和应对对职业道德基本原则的不利影响。在运用职业道德概念框架时，注册会计师应当运用职业判断，保持警觉。对于已采取或拟采取的行动是否能够消除不利影响或将其降低至可接受的水平，注册会计师应当复核所作出的重大判断或得出的结论，并实施理性且掌握充分信息的第三方测试。

职业判断涉及对与具体事实和情况（包括特定职业活动的性质和范围，以及所涉及的利益和关系）相关的教育和培训、专业知识、技能、经验的运用。

职业道德概念框架包括以下三个主要内容：

（1）识别不利影响。注册会计师应当考虑产生职业道德问题的背景，包括与客户及其经营环境相关的条件、政策和程序，以及与会计师事务所及其经营环境相关的条件、政策和程序，来识别可能对职业道德基本原则产生的不利影响。这些不利影响因素包括自身利益、自我评价、过度推介、密切关系和外在压力等。

相关条件、政策和程序包括：1）公司治理方面的要求；2）注册会计师职业所必需的教育、培训和经验要求；3）有效的投诉举报系统，使注册会计师和社会公众能够注意到违反职业道德的行为；4）关于注册会计师有义务报告违反职业道德行为的明确规定。

（2）评价不利影响的严重程度。如果识别出对职业道德基本原则的不利影响，注册会计师应当基于理性且掌握充分信息的第三方测试，判断不利影响的严重程度是否处于可接受的水平，并在职业活动中保持警觉，及时识别新信息或事实和情况的变化，重新评价不利影响的严重程度。其中，理性且掌握充分信息的第三方测试，是检验注册会计师得出的结论是否客观公正的一种测试方法。具体来说，它是指注册会计师考虑：假设存在一个理性且掌握充分信息的第三方，在权衡了注册会计师于得出结论的时点可以了解到的所有具体事实和情况后，是否很可能得出与注册会计师相同的结论。理性且掌握充分信息的第三方不一定是注册会计师，但需要具备相关的知识和经验，以使其能够公正地了解和评价注册会计师结论的适当性。可接受的水平，是指注册会计师针对识别出的不利影响实施理性且掌握充分信息的第三方测试之后，很可能得出其行为并未违反职业道德基本原则的结论时，该不利影响的严重程度所处的水平。在评价不利影响的严重程度时，注册会计师应当从性质和数量两个方面予以考虑，如果存在多项不利影响，应当将多项不利影响组合起来一并考虑。

（3）应对不利影响。如果注册会计师确定识别出的不利影响超出可接受的水平，应当通过采取下列措施消除该不利影响或将其降低至可接受的水平：1）消除产生不利影响的情形，包括利益或关系；2）采取可行并有能力采取的防范措施将不利影响降低至可接受的水平；3）拒绝或终止特定的职业活动。在某些情况下，产生不利影响的情形无法被消除，并且注册会计师也无法通过采取防范措施将不利影响降低至可接受的水平，此时，不利影响仅能够通过拒绝或终止特定的职业活动予以应对。

防范措施随事实和情况的不同而有所不同。能够应对不利影响的防范措施包括（不限于）：①向已承接的项目分配更多时间和有胜任能力的人员，可能能够应对因自身利益产生的不利影响；②由项目组以外的适当复核人员复核已执行的工作或在必要时提供建议，可能能够应对因自我评价产生的不利影响；③向鉴证客户提供非鉴证服务时，指派鉴证业务项目团队以外的其他合伙人和项目组，并确保鉴证业务项目组和非鉴证服务项目组分别向各自的业务主管报告工作，可能能够应对因自我评价、过度推介或密切关系产生的不利影响；④由其他会计师事务所执行或重新执行业务的某些部分，可能能够应对因自身利益、自我评价、过度推介、密切关系或外在压力产生的不利影响；⑤由不同项目组分别应对具有保密性质的事项，可能能够应对因自身利益产生的不利影响。

（二）职业道德概念框架中的相关术语

1. 网络与网络事务所

网络事务所是指由会计师事务所与其他事务所或实体（如咨询公司）构成的某种“联合体”。会计师事务所通常与其他会计师事务所或实体构成联合体，旨在增强提供专业服务的能力。这些联合体是否形成网络取决于具体情况，而不取决于会计师事务所或实体是否在法律上各自独立。在判断一个联合体是否形成网络时，注册会计师应当考虑下列事项：运用职业判断来确定该联合体是否形成网络；考虑理性且掌握充分信息的第三方，在权衡所有相关事实和情况后，是否很可能认为该联合体形成网络；这种判断应当在整个联合体内部得到一致运用。

如果一个联合体旨在通过合作实现下列目的，则应当被视为形成网络：明确旨在于各实体之间共享收益或分担成本；在各实体之间共享所有权、控制权或管理权；在各实体之间共享统一的质量控制政策和程序；在各实体之间共享同一经营战略；在各实体之间使用同一品牌；在各实体之间共享重要的专业资源。该联合体中其余的会计师事务所如不具有以上任一情形的，则不属于该网络。

网络事务所各实体之间共享重要的专业资源。专业资源包括：能够使各会计师事务所或实体之间交流诸如客户资料、收费安排和时间记录等信息的共享系统；合伙人和员工；技术部门，负责就鉴证业务中的技术或行业特定问题、交易或事项提供咨询；审计方法或审计手册；培训课程和设施。如果共享的资源仅限于通用的审计手册或审计方法，或仅限于培训资源，并不交流人员、客户信息或市场信息，则这些共享的资源很可能是不重要的；如果共享的资源涉及人员或信息交流，例如，存在一个共享的人力资源库，或者构建了一个共有的技术部门，用于向所有成员提供技术性建议，并要求所有成员予以遵循。在这种情况下，理性且掌握充分信息的第三方很可能认为共享的资源是重要的。

如果一个联合体仅为方便介绍工作，并不符合形成网络的必要标准。如果联合体之间分担的成本不重要，或分担的成本仅限于与开发审计方法、编制审计手册或提供培训课程有关的成本，则不应当被视为网络。

如果会计师事务所与某一实体以联合方式提供服务或研发产品，虽然构成联合体，但不形成网络。如果一个实体与其他实体仅以联合方式应邀提供专业服务，虽然构成联合体，但不形成网络。

如果会计师事务所或网络转让了其业务的某一部分，虽然该部分不再与其有关联，但转让协议可能约定，允许该部分在一定期间内继续使用其名称或名称中的要素。在这种情况下，尽管两者使用共同的名称执业，但不属于以合作为目的的联合体，因此不构成网络。在向外界介绍自己时，上述实体应当确定如何说明两者不构成网络。

如果某一会计师事务所被视为网络事务所，则应当与网络中其他会计师事务所的审计客户保持独立。对网络事务所独立性的要求，适用于所有符合网络事务所定义的实体，而无论该实体（如咨询公司或法律服务公司）本身是否为会计师事务所。会计师事务所应当评价由网络事务所的利益和关系产生的所有不利影响的严重程度。

【例 2-3·单选题】

ABC 会计师事务所正在考虑将 W 公司发展为审计客户。EFG 会计师事务所与 W 公司之间存在金额重大的借贷关系。假定 ABC 会计师事务所与 EFG 会计师事务所合作，并存在下列关系中的一种，其中不影响 ABC 会计师事务所接受 W 公司审计业务的关系是（　　）。

A. 共同分担开发审计方法的成本

B. 使用共同的名字、字号和标识

C. 定期交流客户资料、收费等信息

D. 拥有共同的经营战略和质量控制政策

【分析】 A。当存在选项 B、C、D 中所示的关系时，ABC 会计师事务所与

EFG会计师事务所应被视为网络事务所。此时，如果EFG会计师事务所与W公司有关联（存在重大借贷关系），则ABC会计师事务所也被视为与W公司有关联，这会影响ABC会计师事务所接受W公司审计业务的独立性。

2. 公开交易实体与公众利益实体

公开交易实体，是指发行可通过公开市场机制转让和交易金融工具的实体，包括在证券交易所上市的实体。例如，根据相关证券法律法规规定的上市实体属于公开交易实体。

公众利益实体包括公开交易实体和下列实体：（1）以吸收公众存款作为主要职能之一的实体；（2）以向公众提供保险作为主要职能之一的实体；（3）养老基金；（4）集合投资工具，如证券、基金、期货相关产品；（5）拥有大量利益相关者（投资者除外）的私营实体；（6）非营利组织或政府机构；（7）公共事业单位；（8）非上市金融机构，但资金来源并非公众且不具有大量利益相关者的非上市机构除外；（9）根据法律法规的规定，应当视为公众利益实体的实体。

除以上列示实体之外，注册会计师还应当评估被审计单位的财务状况对公众利益的影响程度，并在此基础上确定被审计单位是否属于公众利益实体。具体包括：（1）实体业务或活动的性质，如实体的主要业务是否对公众的财务状况有较大影响；（2）实体是否受到监管；（3）实体的规模；（4）实体对其所在行业的重要性，包括实体如果发生财务失败是否易于被替代；（5）利益相关者（包括投资者、客户、债权人和员工）的数量和性质；（6）如果实体发生财务失败，对其他行业和整个经济的潜在系统性影响。

3. 关联实体

关联实体，是指与客户存在下列任一关系的实体：（1）能够对客户施加直接或间接控制的实体，并且客户对该实体重要；（2）在客户内拥有直接经济利益的实体，并且该实体对客户具有重大影响，在客户内的利益对该实体重要；（3）受到客户直接或间接控制的实体；（4）客户（或受到客户直接或间接控制的实体）拥有其直接经济利益的实体，并且客户能够对该实体施加重大影响，在实体内的经济利益对客户（或受到客户直接或间接控制的实体）重要；（5）与客户处于同一控制下的实体（即“姐妹实体”），并且该姐妹实体和客户对其控制方均重要。

4. 审计项目组、审计项目团队与关键审计合伙人

审计项目组，是指执行某项审计业务的所有合伙人和会计师事务所员工，以及为该项业务实施审计程序的所有其他人员，但不包括外部专家，也不包括为审计项目组提供直接协助的被审计单位内部审计人员。

审计项目团队，是指会计师事务所的所有审计项目组成员、会计师事务所中能够直接影响审计业务结果的其他人员，以及网络事务所中能够直接影响审计业务结果的所有人员。

会计师事务所中能够直接影响审计业务结果的其他人员通常包括：（1）对审计项目合伙人提出薪酬建议，以及进行直接指导、管理或监督的人员；（2）为执行审计业务提供技术或行业特定问题、交易或事项咨询的人员；（3）对审计业务实施质量管理的人员，包括项目质量复核人员。

关键审计合伙人，是指项目合伙人、项目质量复核人员，以及审计项目组中负责对财务报表审计所涉及的重大事项作出关键决策或判断的其他审计合伙人。其他审计合伙人还可能包括负责审计重要子公司或分支机构的合伙人。关键审计合伙人通常不包括质量管理主管合伙人（或同等职位的人员），除非其担任某审计项目的项目合伙人、项目质量复核人员或审计项目组中的其他关键审计合伙人。

三、职业道德概念框架的具体运用

职业道德概念框架的运用流程如图 2－1 所示。

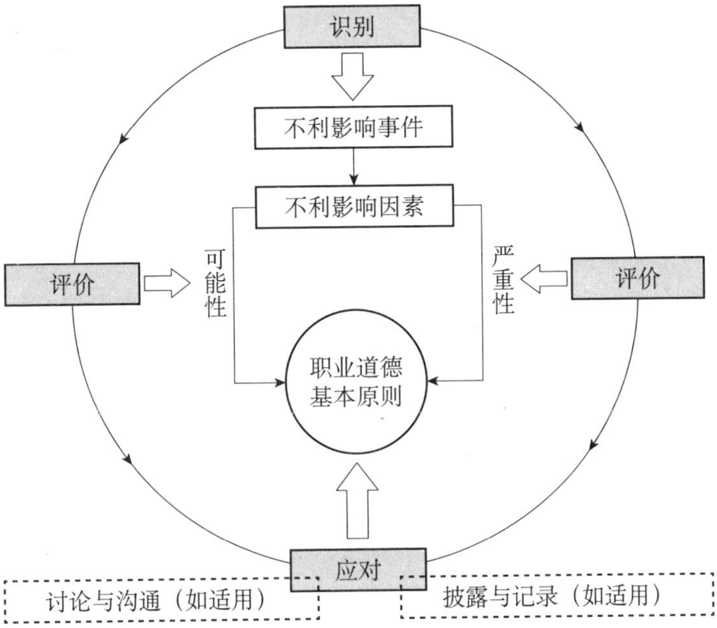

图 2－1　职业道德概念框架的运用流程

以下介绍不同情形对职业道德产生的不利影响及其应对。

（一）利益冲突

注册会计师应当采取适当措施，识别可能产生利益冲突的情形。这些情形可能对职业道德基本原则产生不利影响。

利益冲突的表现有两类：一是注册会计师为两个或多个在某一特定事项中存在利益冲突的客户提供与该特定事项相关的专业服务；二是注册会计师在某一特定事项中的利益，与注册会计师针对该事项提供专业服务的客户的利益，二者之间存在冲突。具体包括：

（1）向某一客户提供交易咨询服务，该客户拟收购注册会计师的某一审计客户，而注册会计师已在审计过程中获知了可能与该交易相关的涉密信息；

（2）同时为两家客户提供建议，而这两家客户是收购同一家公司的竞争对手，并且注册会计师的建议可能涉及双方相互竞争的立场；

（3）在同一项交易中同时向买卖双方提供服务；

（4）同时为两方提供某项资产的估值服务，而这两方针对该资产处于对立状态；

（5）针对同一事项同时代表两个客户，而这两个客户正处于法律纠纷中；

（6）针对某项许可证协议，就应收的特许权使用费为许可证授予方出具鉴证报告，并同时向被许可方就应付金额提供建议；

（7）建议客户投资一家企业，而注册会计师的主要近亲属在该企业拥有经济利益；

（8）建议客户买入某项产品或服务，但同时与该产品或服务的潜在卖方订立佣金协议等。

在承接新的客户、业务或发生商业关系前，注册会计师应当采取合理措施识别可能产生利益冲突，进而对职业道德基本原则产生不利影响的情形。这些措施应当包括识别下列事项：

（1）所涉及的各方之间利益和关系的性质；

（2）所涉及的服务及其对相关各方的影响。

在执行业务的过程中，所提供服务的性质、利益和关系可能发生变化。这些变化可能产生利益冲突，注册会计师应当对此类变化保持警觉。一般来说，注册会计师提供的专业服务与产生利益冲突的事项之间关系越直接，不利影响的严重程度越有可能超出可接受的水平。

当为针对某一特定事项存在利益冲突的双方或多方提供专业服务时，注册会计师应当采取以下保密措施以防止未经授权而披露涉密信息：

（1）在会计师事务所内部为特殊的职能部门或岗位设置单独的工作空间，作为防止泄露客户涉密信息的屏障；

（2）限制访问客户文档的政策和程序；

（3）会计师事务所合伙人和员工签署的保密协议；

（4）使用物理方式和电子方式对涉密信息采取隔离措施；

（5）专门且明确的培训和沟通。

当存在利益冲突时，注册会计师应当向受利益冲突影响的客户披露利益冲突的性质以及所产生的不利影响是如何应对的，并获取客户明确同意其可以承接或继续提供专业服务。如果上述披露或同意未采用书面形式，注册会计师应当记录下列事项：

（1）导致利益冲突的情形的性质；

（2）已采取的防范措施（如适用）；

（3）已获取的同意。

如果注册会计师根据利益冲突的性质和严重程度，运用职业判断确有必要向客户具体披露利益冲突的情况，并获取客户同意，但客户拒绝，注册会计师应当采取下列措施之一：

（1）终止或拒绝提供可能产生利益冲突的专业服务；

（2）终止相关关系或处置相关利益，以消除不利影响或将其降低至可接受的水平。

应对因利益冲突产生的不利影响措施还包括（但不限于）：

（1）由不同的项目组分别提供服务，并且这些项目组已被明确要求遵守涉及保密性的政策和程序；

（2）由未参与提供服务或不受利益冲突影响的适当人员复核已执行的工作，以评估关键判断和结论是否适当。

【例 2-4·单选题】

下列说法中，不正确的是（ ）。

A. 如果会计师事务所的业务活动可能与客户存在利益冲突，注册会计师应当告知客户，并在征得其同意的情况下执行业务

B. 如果为存在利益冲突的两个以上客户服务，注册会计师应当告知所有已知相关方，并在征得他们同意的情况下执行业务

C. 如果为某一特定行业或领域中的两个以上客户提供服务，注册会计师应当告知客户，并在征得他们同意的情况下执行业务

D. 如果某一特定行业或领域中的两个以上客户同时需要注册会计师提供服务，则注册会计师只能选择一个客户为其提供服务

【分析】D。如果为某一特定行业或领域中的两个以上客户提供服务，注册会计师应当告知客户，并在征得他们同意的情况下执行业务。只有当客户不同意注册会计师为存在利益冲突的其他客户提供服务时，注册会计师才应当终止为其中一方或多方提供服务，所以选项 D 不正确。

（二）专业服务委托

1. 接受客户关系

在接受客户关系前，注册会计师应当确定接受客户关系是否对职业道德基本原则产生不利影响。注册会计师应当考虑客户的主要股东、关键管理人员和治理层是否诚信，以及客户是否涉足非法活动（如洗钱）或存在可疑的财务报告问题等。

客户存在的问题可能对注册会计师遵循诚信原则或良好职业行为原则产生不利影响，注册会计师应当评价不利影响的严重程度，并在必要时采取防范措施消除不利影响或将其降至可接受的水平。防范措施主要包括：

（1）对客户及其主要股东、关键管理人员、治理层和负责经营活动的人员进行了解；

（2）要求客户对完善公司治理结构或内部控制作出承诺。

如果不能将客户存在的问题所产生的不利影响降至可接受的水平，注册会计师应当拒绝接受客户关系。如果向同一客户连续提供专业服务，注册会计师应当定期评价继续保持客户关系是否适当。

2. 承接业务

注册会计师应当遵循专业胜任能力和勤勉尽责原则，仅向客户提供能够胜任的专业服务。

如果项目组不具备或不能获得执行业务所必需的胜任能力，将对专业胜任能力

和勤勉尽责原则产生不利影响。注册会计师应当评价不利影响的严重程度，并在必要时采取防范措施消除不利影响或将其降至可接受的水平。防范措施主要包括：

（1）了解客户的业务性质、经营的复杂程度，以及所在行业的情况；

（2）了解专业服务的具体要求和业务对象，以及注册会计师拟执行工作的目的、性质和范围；

（3）了解相关监管要求或报告要求；

（4）分派足够的具有胜任能力的员工；

（5）必要时利用专家的工作；

（6）就执行业务的时间安排与客户达成一致意见；

（7）遵守质量控制政策和程序，以合理保证仅承接能够胜任的业务。

3. 客户变更委托

如果应客户要求或考虑以投标方式接替前任注册会计师，注册会计师应当从专业角度或其他方面确定是否承接该业务。由于客户变更委托的表面理由可能并未完全反映事实真相，根据业务性质，注册会计师可能需要与前任注册会计师直接沟通，核实与变更委托相关的事实和情况，以确定是否适宜承接该业务。

注册会计师应当在必要时采取防范措施，消除因客户变更委托产生的不利影响或将其降至可接受的水平。防范措施主要包括：

（1）当应邀投标时，在投标书中说明，在承接业务前需要与前任注册会计师沟通，以了解是否存在不应接受委托的理由；

（2）要求前任注册会计师提供已知悉的相关事实或情况，即前任注册会计师认为后任注册会计师在作出承接业务的决定前需要了解的事实或情况；

（3）从其他渠道获取必要的信息。

如果采取的防范措施不能消除不利影响或将其降至可接受的水平，注册会计师不得承接该业务。

注册会计师在与前任注册会计师沟通前，应当征得客户的同意，最好征得客户的书面同意。前任注册会计师应当遵循保密原则。如果不能与前任注册会计师沟通，注册会计师应当采取适当措施，通过询问第三方或调查客户的高级管理人员、治理层的背景等方式，获取有关对职业道德基本原则产生不利影响的信息。

（三）第二意见

注册会计师可能被要求就某实体或以其名义运用相关准则处理特定交易或事项的情况提供第二意见，而这一实体并非注册会计师的现有客户。

如果第二意见不是以前任或现任注册会计师所获得的相同事实为基础，或依据的证据不充分，可能因自身利益对专业胜任能力和勤勉尽责原则产生不利影响。评价因自身利益产生不利影响的严重程度时，应当考虑被要求提供第二意见的具体情形以及在运用职业判断时能够获得的所有事实和假设等相关因素。下列防范措施能够应对此类因自身利益产生的不利影响（不限于）：

（1）征得客户同意与现任或前任注册会计师沟通；

（2）在与客户沟通中说明注册会计师发表专业意见的局限性；

（3）向现任或前任注册会计师提供第二意见的副本。

如果要求提供第二意见的实体不允许与前任注册会计师沟通，注册会计师应当在考虑所有情况后决定是否适宜提供第二意见。

（四）收费

1. 收费水平

会计师事务所在确定收费水平时应当主要考虑下列因素：

（1）专业服务所需的知识和技能；

（2）所需专业人员的水平和经验；

（3）各级别专业人员提供服务所需的时间；

（4）提供专业服务所需承担的责任。

在专业服务得到良好的计划、监督及管理的前提下，收费通常以每一专业人员适当的小时收费标准或日收费标准为基础计算。

收费是否对职业道德基本原则产生不利影响，取决于收费报价水平和所提供的相应服务。在确定审计收费标准时，会计师事务所可以考虑因向审计客户提供审计以外的服务获得的经验而实现的成本节省，除此例外情况外，会计师事务所不得因向审计客户提供审计以外的服务而影响审计收费。

如果会计师事务所向审计客户提供审计以外的服务收取的费用占比很大，可能对独立性产生不利影响。注册会计师需要运用职业道德概念框架识别、评价和应对该不利影响。注册会计师应当评价不利影响的严重程度，并在必要时采取防范措施消除不利影响或将其降至可接受的水平。防范措施主要包括：

（1）让客户了解业务约定条款，特别是确定收费的基础以及在收费报价内所能提供的服务；

（2）安排恰当的时间和具有胜任能力的员工执行任务。

在承接业务时，收费报价过低可能导致注册会计师难以按照执业准则和职业道德规范的要求执行业务，从而对专业胜任能力和勤勉尽责原则产生不利影响。如果收费报价明显低于前任注册会计师或其他会计师事务所的相应报价，会计师事务所应当确保：在提供专业服务时，遵守执业准则和职业道德规范的要求，使工作质量不受损害；客户了解专业服务的范围和收费基础。

如果会计师事务所连续五年从某一不属于公众利益实体的审计客户收取的全部费用，占其收费总额的比重超过或很可能超过30%。为了将不利影响降低至可接受的水平，会计师事务所应在对第五年度财务报表发表审计意见之前，或在对第五年度财务报表发表审计意见之后、对第六年度财务报表发表审计意见之前，由其他会计师事务所复核第五年度的审计工作。如果会计师事务所连续两年从某一属于公众利益实体的审计客户收取的全部费用，占其收费总额的比重超过或很可能超过15%，该会计师事务所应当确定在对第二年度财务报表发表审计意见之前，由其他会计师事务所实施符合项目质量复核目标的复核（即发表审计意见前复核）是否可能作为防范措施，以将不利影响降低至可接受的水平；如果是，则采取该防范措施。如果会计师事务所连续五年持续出现从某一属于公众利益实体的审计客户收取的全部费用，占其收费总额的比重超过或很可能超过15%的收费情形，会计师事务所应当除例外情况外，在对第五年度财务报表发表审计意见之后，终止对该公众利益实体审计客户的审计业务。例外情况是出于对公众利益的考虑，有令人信服的理由认为该会计师事务所可以在连续五年之后继续执行审计业务，且同时满足下列条件，该会计师事务所才可以继续执行审计业务：

（1）会计师事务所咨询了相关监管机构或专业机构，其认同该会计师事务所继续执行审计业务符合公众利益。

（2）在对第六年度及后续年度的财务报表发表审计意见之前，该会计师事务所委托其他会计师事务所实施发表审计意见前复核。

2. 或有收费

或有收费可能对职业道德基本原则产生不利影响。除非法律法规允许，注册会计师不得以或有收费方式提供鉴证服务，收费与否或收费多少不得以鉴证工作结果或实现特定目的为条件。注册会计师对或有收费采取的防范措施主要包括：

（1）预先就收费的基础与客户达成书面协议；

（2）向预期的报告使用者披露注册会计师所执行的工作及收费的基础；

（3）实施质量控制政策和程序；

（4）由独立第三方复核注册会计师已执行的工作。

注册会计师收取与客户相关的介绍费或佣金，可能对客观和公正、专业胜任能力以及勤勉尽责原则产生非常严重的不利影响，导致没有防范措施能够消除不利影响或将其降至可接受的水平。因此，注册会计师不得收取与客户相关的介绍费或佣金。

注册会计师为获得客户而支付业务介绍费，也可能对客观公正、专业胜任能力以及勤勉尽责原则产生非常严重的不利影响，导致没有防范措施能够消除不利影响或将其降至可接受的水平。因此，注册会计师不得向客户或其他方支付业务介绍费。

【例2-5·单选题】

下列关于收费的说法，错误的是（　　）。

A. 在承接业务时，收费报价过低可能导致注册会计师难以按照执业准则和相关职业道德的要求执行业务，从而对专业胜任能力和勤勉尽责原则产生不利影响

B. 除非法律法规允许，注册会计师不得以或有收费方式提供鉴证服务，收费与否或收费多少不得以鉴证工作结果或实现特定目的为条件

C. 注册会计师收取与客户相关的介绍费或佣金，可能对客观公正、专业胜任能力以及勤勉尽责原则产生非常严重的不利影响

D. 收费是否对职业道德基本原则产生不利影响，仅仅取决于收费报价水平

【分析】 D。收费是否对职业道德基本原则产生不利影响，取决于收费报价水平和所提供的相应服务，所以选项D不正确。

3. 介绍费或佣金

注册会计师收取与客户相关的介绍费或佣金，将因自身利益对客观公正、专业胜

任能力和勤勉尽责原则产生非常严重的不利影响，导致没有防范措施能够消除不利影响或将其降低至可接受的水平。注册会计师不得收取与客户相关的介绍费或佣金。

注册会计师为获得客户而支付业务介绍费，将因自身利益对客观公正、专业胜任能力和勤勉尽责原则产生非常严重的不利影响，导致没有防范措施能够消除不利影响或将其降低至可接受的水平。注册会计师不得向客户或其他方支付业务介绍费。

（五）利益诱惑（包括礼品和款待）

注册会计师提供或接受利益诱惑，可能因自身利益、密切关系或外在压力对职业道德基本原则产生不利影响，尤其可能对诚信、客观公正、良好职业行为原则产生不利影响。注册会计师应当运用职业道德概念框架识别、评价和应对此类不利影响。

1. 利益诱惑及其形式

利益诱惑是指影响其他人员行为的物质、事件或行为，但利益诱惑并不一定具有不当影响该人员行为的意图。利益诱惑范围广泛，小到注册会计师与客户之间正常礼节性的交往，大到可能违反法律法规的行为。利益诱惑可能采取多种形式，包括：礼品；款待；娱乐活动；捐助；意图建立友好关系；工作岗位或其他商业机会；特殊待遇、权利或优先权。

某些法律法规禁止在特定情况下提供或接受利益诱惑，如有关反腐败和反贿赂的法律法规。注册会计师应当了解并遵守相关法律法规的规定。然而，即使法律法规未予禁止，在某些情况下，注册会计师提供或接受利益诱惑仍可能对职业道德基本原则产生不利影响。

2. 意图不当影响行为的利益诱惑

注册会计师不得提供或授意他人提供任何意图不当影响接受方或其他人员行为的利益诱惑，无论这种利益诱惑是存在不当影响行为的意图，还是注册会计师认为理性且掌握充分信息的第三方很可能会视为存在不当影响行为的意图。

注册会计师提供或接受，或者授意他人提供或接受意图不当影响接受方或其他人员行为的利益诱惑，将违反诚信原则。在确定是否存在或被认为存在不当影响行为的意图时，注册会计师需要运用职业判断。注册会计师需要考虑下列因素：

（1）利益诱惑的性质、频繁程度、价值和累积影响；

（2）提供利益诱惑的时间，这一因素需要结合该利益诱惑可能影响的行动或决策来考虑；

（3）利益诱惑是否符合具体情形下的惯例或习俗；

（4）利益诱惑是否从属于专业服务，例如，提供或接受与商务会议有关的午餐；

（5）所提供的利益诱惑是仅限于个别接受方还是可以提供给更为广泛的群体，更为广泛的群体可能来自会计师事务所内部或外部，如其他客户或供应商；

（6）提供或接受利益诱惑的人员在会计师事务所或客户中担任的角色和职位；

（7）注册会计师是否知悉或有理由相信接受该利益诱惑将违反客户的政策和

程序；

（8）提供利益诱惑的透明程度；

（9）该利益诱惑是否由接受方要求或索取；

（10）利益诱惑提供方以往的行为或声誉。

下列防范措施可能能够应对上述不利影响：

（1）就该利益诱惑的情况告知会计师事务所的高级管理层或客户治理层；

（2）调整或终止与客户之间的业务关系。

3. 无不当影响行为意图的利益诱惑

如果注册会计师认为某项利益诱惑不存在不当影响接受方或其他人员行为的意图，应当运用职业道德概念框架识别、评价和应对可能因该利益诱惑产生的不利影响。不利影响的示例如下：

（1）注册会计师在向客户提供公司财务服务的同时，受到客户潜在收购方的款待，可能因自身利益产生不利影响；

（2）注册会计师经常邀请现有客户或潜在客户参加娱乐活动或观看体育赛事等，可能因密切关系产生不利影响；

（3）注册会计师受到客户的款待，而该款待一旦被公开，其性质可能被认为是不适当的，这种情况可能因外在压力产生不利影响。

下列防范措施可能能够消除因提供或接受此类利益诱惑产生的不利影响：

（1）拒绝接受或不提供利益诱惑；

（2）将向客户提供专业服务的责任移交给其他人员，前提是注册会计师没有理由相信该人员在提供专业服务时可能会受到不利影响。

下列防范措施可能能够将提供或接受此类利益诱惑产生的不利影响降低至可接受的水平：

（1）就提供或接受利益诱惑的事情，与会计师事务所或客户的高级管理层保持信息对称；

（2）在由会计师事务所高级管理层或其他负责会计师事务所职业道德合规性的人员监控的，或者由客户维护的记录中登记该利益诱惑；

（3）针对提供利益诱惑的客户，由未参与提供专业服务的适当复核人员复核注册会计师已执行的工作或作出的决策；

（4）在接受利益诱惑之后将其捐赠给慈善机构，并向会计师事务所高级管理层或提供利益诱惑的人员适当披露该项捐赠；

（5）支付与所接受利益诱惑（如款待）同等价值的价款；

（6）在收到利益诱惑（如礼品）后尽快将其返还给提供者。

如果某项利益诱惑无不当影响行为的意图，并且从性质和金额上都明显不重要，则注册会计师可以认为因该利益诱惑产生的不利影响处于可接受的水平。

（六）保管客户资产

保管客户资产可能因自身利益或其他原因而对客观公正、良好职业行为原则产生不利影响。

除非法律法规允许或要求，并且满足相关条件，注册会计师不得提供保管客户资金或其他资产的服务。注册会计师如果保管客户资金或其他资产，应当符合下列要求：

（1）遵守所有与保管资产和履行报告义务相关的法律法规；

（2）将客户资金或其他资产与其个人或会计师事务所的资产分开；

（3）仅按照预定用途使用客户资金或其他资产；

（4）随时准备向相关人员报告资产状况及产生的收入、红利或利得。

（七）应对违反法律法规行为

当注册会计师知悉或怀疑客户（包括在客户指令下工作的人员等）存在违反或涉嫌违反法律法规的行为时，可能因自身利益或外在压力对诚信和良好职业行为原则产生不利影响。

注册会计师应当运用职业道德概念框架识别、评价和应对此类不利影响。如果注册会计师知悉违反法律法规或涉嫌违反法律法规行为，应当及时采取行动。注册会计师可以在遵循保密原则的前提下，向会计师事务所、网络事务所或专业机构的其他人员或者法律顾问进行咨询。如果注册会计师识别出或怀疑存在已经发生或可能发生的违反法律法规行为，应当与适当级别的管理层和治理层沟通。注册会计师应当根据管理层和治理层的应对，确定是否需要出于维护公众利益的目的而采取进一步行动：（1）向适当机构报告该事项，即使法律法规没有要求进行报告；（2）在法律法规允许的情况下，解除业务约定。

四、提升职业道德的措施

（一）加强注册会计师的后续教育

注册会计师因经济社会的需要而产生，也必然随经济社会的发展而发展。21世纪的知识经济与网络社会将对经济社会生活的方方面面产生重大影响，一些新的领域将逐步纳入注册会计师的执业范围，同时传统的执业领域也会有新的发展，很多相关行业的知识都需要注册会计师了解和掌握。注册会计师除了为企业财务会计报告的可靠性提供评价和保证（从发展趋势上看，这种保证不仅局限于财务报表或财务信息，还更多地与制度、程序和政策相关），为依据财务信息进行决策的决策者提供服务外，还要参与、帮助企业建立和完善财务、管理制度等，为客户提供咨询服务，使客户获得遵守法律方面的评价和使客户、使用者、社会公众得到信息可靠性的保证。注册会计师在提供这些服务过程中的态度和行为，对行业自身和国家经济的健康运行具有重大影响，因此，注册会计师必须不断提高专业水平、服务质量和诚信水平，才能保持自己的优势地位。

（二）完善有效监管机制

首先，加强注册会计师行业监管离不开政府的参与。政府的积极作用应该表现在对会计师事务所的执业状况加强监管上，而不是干涉或影响会计师事务所的独立审计。目前我国对注册会计师行业进行监管的主要部门有各级财政部门、中国注册会计师协会、中国证监会、审计署等。虽然诸多政府监管部门“齐抓共管”，但这并不意味着监管效率的提高；相反，由于涉及各监管部门权限的划分和各自利益的分配，这些部门之间很难形成合力，反而容易造成监管出现盲区。因此，有必要整合监管部门，构建一个由稳定的政府部门负责行政监管、注册会计师协会负责自律监管的监管体系。

其次，加强注册会计师协会的自律建设是注册会计师行业道德自我净化的重要手段。注册会计师协会是由注册会计师组成的自律性社会团体，在行业的建设和发展中承担着服务、监督、管理、协调的责任。有必要在中国注册会计师协会及地方注册会计师协会内部设立职业道德监管机构，并聘请实务界和理论界的专业人员，以保障监管的专业性和权威性。只有建立注册会计师职业道德水平追踪制度，加强职业道德准则的案例研究，才能为提升注册会计师的职业道德水准提供外在驱动力。

（三）完善相关法律体系

“法律是最低限度的道德，道德是最高的法律。”这一经典名言揭示了法律法规与道德规范之间的关系。对于注册会计师而言，职业道德是注册会计师法律制度正常运行的社会和思想基础，注册会计师法律制度是促进注册会计师职业道德规范形成和遵守的重要保障。在我国当前的社会经济形势下，当务之急就是要进一步修订和完善《中华人民共和国证券法》《中华人民共和国注册会计师法》（简称《注册会计师法》）及其实施细则，并尽快出台关于中介机构法律责任的有关规定，从法律层面明确和界定中介机构的一系列相关权责，减少注册会计师法律责任中的不确定性因素，真正构建起人人平等、统一、透明的法律制度。

同时，要不断加强执法力度和对违法违规行为的处罚力度，对注册会计师的违法违规行为应坚决予以打击，以体现法律的威慑力，从而规范注册会计师行业行为和提高注册会计师职业道德水平。

（四）净化注册会计师执业环境

要净化注册会计师执业环境，必须合理划分大、中、小型会计师事务所的服务重点，以便充分发挥不同规模会计师事务所的特长和优势，集中精力发展各自的“拳头产品”，形成各自的核心竞争力，避免无序竞争、“小马拉大车”以及“高射炮打蚊子”等不良现象，促进形成会计师事务所各得其所、协调发展的良性格局。

要重点扶持大型会计师事务所，因为大型会计师事务所在人才、品牌、规模、技术标准、执业质量和管理水平等方面均居于行业领先地位，能够为我国企业“走出去”提供国际化综合服务。为了满足国内大型、特大型企业集团的服务需求，以及行业应对日益激烈的国际竞争的需要，2007年5月，中国注册会计师协会发布了《中国注册会计师协会关于推动会计师事务所做大做强的意见》《会计师事务所内部治理指南》，全面启动了事务所做大做强战略，大力发展和培育能够为大型企业和企业集团提供综合服务的事务所，以及能够服务于我国企业“走出去”战略、提供跨国经营综合服务的国际化事务所。

扶持中型会计师事务所走重组和强强联合之路，这是发达国家注册会计师行业的成功实践，也是会计师事务所做大做强的必然选择。通过强强联合，理论上可以减少事务所之间人才和业务的争夺，降低交易成本，增强资本实力，聚集人才资源，在业务范围、客户市场、业务地区、业务承揽渠道等方面更容易实现业务组合多元化，使本土事务所有能力承接大型项目，实现规模效应。总之，要通过不断完善会计师事务所的组织结构，达到净化注册会计师执业环境的终极目标。

（五）提高注册会计师的自身素质

在市场经济蓬勃发展的大潮中，注册会计师应该做到“君子爱财，取之有道，视之有度，用之有节”，绝不因钱财降低自己的人格。要培养这种高尚的人格，提高注册会计师的自身素质显得尤为重要。提高注册会计师的自身素质要坚持以下三个原则：

（1）借鉴、继承中国传统的道德规范。继承和弘扬中华民族优秀传统道德是中国注册会计师道德建设鲜明的标志。欧阳修曾说：“不修其身，虽君子而为小人；能修其身，虽小人而为君子。”只要广大注册会计师提高认识，不断学习，注重自我修养，道德水平一定会不断提升。

（2）符合社会主义的道德规范。道德是关系到社会每一层面的思想意识和行为规范。通过自身的特殊功能参与社会根本任务的完成，无疑是道德的价值所在。充分体现注册会计师的职业道德精神，倡导和弘扬社会主义的注册会计师道德规范，绝不是某个人的主观意愿，而是社会主义市场经济发展内在要求的客观体现。

（3）兼具国际会计普遍道德的一致性。随着经济的日益全球化，我国的会计准则需与国际惯例接轨，而注册会计师道德也应符合国际公认的普遍道德准则，这是注册会计师道德的共性要求。会计政策、会计准则的逐步协调，必然要求注册会计师具有相同的职业水平及职业道德标准。否则，就无法保证注册会计师独立、客观、公正地反映统一的经济事项，通用的商业语言也会失去作用。

在坚持以上三个原则的同时提高自身素质，才能有效解决注册会计师职业道德水平参差不齐的问题。

第三节 独立性

一、对审计独立性的理解

（一）独立性的内涵

独立性包括实质上的独立性和形式上的独立性。

1. 实质上的独立性

实质上的独立性是一种内心状态，它使得注册会计师在提出结论时不受损害职业判断的因素影响，诚信行事，遵循客观公正原则，保持职业怀疑态度。

2. 形式上的独立性

形式上的独立性是一种外在表现，它使得一个理性且掌握充分信息的第三方，在权衡所有相关事实和情况后，认为会计师事务所或审计项目组成员没有损害诚信原则、客观公正原则并保持了职业怀疑态度。

维护注册会计师的独立性已成为确保整个资本市场有效性的关键。独立性要求注册会计师具有实质上的独立性和形式上的独立性。注册会计师不仅在执行职责时应保持独立性，还应该使报表使用者对其独立性具有充分的信心。

（二）独立性概念框架

独立性概念框架是指解决独立性问题的思路和方法，用以指导注册会计师：（1）识别对独立性的不利影响；（2）评价不利影响的严重程度；（3）必要时采取防范措施消除不利影响或将其降至可接受的水平。

界定可能对独立性产生不利影响的所有情况，并指出所有应采取的适当防范措施是不可能的。为了保护公众利益，应当建立一套规范，并要求会计师事务所和注册会计师识别、评价对独立性的不利影响及应采取的针对性措施。

按照独立性要求，会计师事务所和注册会计师有义务识别和评价可能对独立性产生不利影响的各种环境和关系，并采取适当的行动消除这些威胁，或运用防范措施将其降至可接受的水平。除《职业道德守则》中的禁止性规定外，如果对独立性产生的不利影响超出可接受的水平，则注册会计师必须采取防范措施。如果注册会计师无法通过防范措施将不利影响降至可接受的水平，则会计师事务所和注册会计师不应拥有该利益或关系，或不能提供该服务；只有注册会计师通过采取防范措施将不利影响降至可接受的水平，该利益、关系或服务才是被允许的。针对《职业道德守则》中规定的被禁止的利益、关系或服务，没有防范措施可以有效消除相关不利影响或将其降至可接受的水平。因此，无论会计师事务所的规模大小，注册会计师都不可能通过采取防范措施将可能产生的不利影响降至可接受的水平，因而须严格遵守《职业道德守则》中的禁止性规定。除了识别和评价会计师事务所和鉴证小组的关系以外，注册会计师还应当考虑鉴证小组以外的人员与鉴证客户之间的关系是否会对独立性产生威胁。

（三）保持独立性的期间

注册会计师应当在审计业务期间和财务报表涵盖的期间独立于审计客户。

业务期间自审计项目组开始执行审计业务之日起，至出具审计报告之日止。如果审计业务具有连续性，业务期间结束日应以其中一方通知解除业务关系或出具最终审计报告二者时间孰晚为准。

如果一个实体委托会计师事务所对其财务报表发表意见，并且在该财务报表涵盖的期间或之后成为审计客户，会计师事务所应当确定下列因素是否对独立性产生不利影响：

（1）在财务报表涵盖的期间或之后，在接受审计业务委托之前，与审计客户之间存在的经济利益或商业关系；

（2）会计师事务所或网络事务所以往向该审计客户提供的服务。

如果在财务报表涵盖的期间或之后，在审计项目组开始执行审计业务之前，会计师事务所向审计客户提供了非鉴证服务，并且该非鉴证服务在业务期间不允许提供，将对独立性产生不利影响。

会计师事务所应当评价提供的非鉴证服务对独立性产生的不利影响。如果不利影响超出可接受的水平，会计师事务所只有在采取防范措施将其降低至可接受的水平的情况下，才能接受审计业务。这些防范措施包括（但不限于）：

（1）不允许提供非鉴证服务的人员担任审计项目团队成员；

（2）必要时由适当复核人员复核审计和非鉴证工作；

（3）由其他会计师事务所评价非鉴证服务的结果，或重新执行非鉴证服务，使得其他会计师事务所能够对该非鉴证服务承担责任。

【例 2－6·单选题】

甲会计师事务所自 20×2 年 1 月 3 日起为乙公司 20×1 年度财务报表实施审计工作，并于 20×2 年 1 月 25 日出具审计报告，注册会计师应当保持独立性的期间是（ ）。

A. 20×2 年 1 月 3 日至 20×2 年 1 月 25 日

B. 20×2 年 1 月 1 日至 20×2 年 1 月 25 日

C. 20×1 年 1 月 1 日至 20×1 年 12 月 31 日

D. 20×1 年 1 月 1 日至 20×2 年 1 月 25 日

【分析】D。业务期间是自审计项目组开始执行审计业务之日起，至出具审计报告之日止，注册会计师应当在业务期间和财务报表涵盖的期间独立于审计客户。

二、独立性不利影响的识别与应对

对独立性产生不利影响的因素包括经济利益、自我评价、过度推介、密切关系和外界压力等。实务中，对公众利益实体的独立性要求更高。

（一）经济利益

经济利益，是指因持有某一实体的股权、债券、贷款、基金份额等权益工具或债务工具而拥有的利益，包括为取得这种利益享有的权利和承担的义务，以及与这种利益直接挂钩的金融衍生品。

直接经济利益，是指下列经济利益：（1）个人或实体直接拥有并控制的经济利益（包括授权他人管理的经济利益）；（2）个人或实体通过基金、期货、信托、理财或第三方等方式实质拥有的经济利益，并且有能力实施控制，或影响其投资决策。间接经济利益，是指个人或实体通过基金、期货、信托、理财或第三方等方式实质拥有的经济利益。

经济利益对独立性的影响汇总如表 2－1 所示。

表 2－1 经济利益对独立性的影响汇总表

角色	经济利益情形	评价不利影响程度	防范措施
会计师事务所及其合伙人	在审计客户中拥有直接经济利益或重大间接经济利益	严重不利影响	禁止拥有此类经济利益

续表

角色	经济利益情形	评价不利影响程度	防范措施
审计项目团队成员及其主要近亲属	在审计客户中拥有直接经济利益或重大间接经济利益	严重不利影响	禁止拥有此类经济利益
与执行审计业务的项目合伙人同处一个分部的其他合伙人的主要近亲属	在审计客户中拥有直接经济利益或重大间接经济利益	严重不利影响	禁止拥有此类经济利益，除非满足特定条件（如该主要近亲属作为审计客户的员工有权通过退休金或股票期权计划取得该经济利益，并且会计师事务所能够应对因该经济利益产生的不利影响；该主要近亲属拥有处置该经济利益的权利或者有权行使股票期权时，能够尽快处置或放弃该经济利益）
为审计客户提供非审计服务的其他合伙人和管理人员及其主要近亲属	在审计客户中拥有直接经济利益或重大间接经济利益	严重不利影响	禁止拥有此类经济利益
会计师事务所、审计项目团队成员及其主要近亲属	在控制审计客户的实体中拥有直接经济利益或重大间接经济利益	严重不利影响	禁止拥有此类经济利益
会计师事务所、审计项目团队成员及其主要近亲属	作为受托管理人在审计客户中拥有直接经济利益或重大间接经济利益	严重不利影响	禁止拥有此类经济利益，除非满足特定条件（如受托管理人、审计项目团队成员及其主要近亲属、会计师事务所均不是受托财产的受益人；通过信托在审计客户中拥有的经济利益对于该项信托而言并不重大；该项信托不能对审计客户施加重大影响；受托管理人、审计项目团队成员、二者的主要近亲属、会计师事务所对涉及审计客户经济利益的投资决策没有重大影响）
会计师事务所、审计项目团队成员及其主要近亲属	与审计客户拥有共同经济利益	严重不利影响	禁止拥有此类经济利益，除非经济利益对双方均不重大或审计客户无法对该实体施加重大影响
会计师事务所、审计项目团队成员及其主要近亲属、审计项目团队以外的人员及其主要近亲属	通过继承、受赠或企业合并等被动获取的直接经济利益或重大间接经济利益	严重不利影响	立即处置全部经济利益，或处置足够数量的经济利益以使剩余经济利益不再重大

（二）自我评价

会计师事务所和注册会计师应当考虑自我评价对独立性的影响。可能影响独立性的情况主要包括：

（1）会计师事务所在对客户提供财务系统的设计或操作服务后，又对该系统的运行有效性出具鉴证报告；

（2）会计师事务所编制用于生成有关记录的原始数据，又将这些数据作为鉴证对象；

（3）鉴证业务项目组成员现在是或最近曾是客户的董事或高级管理人员；

（4）鉴证业务项目组成员现在受雇于或最近曾受雇于客户，且在客户中担任能够对鉴证对象产生重大影响的职务；

（5）会计师事务所为鉴证客户提供了其他服务，该服务会直接影响鉴证业务中的鉴证对象信息。

实务中，会计师事务所经常同时为客户提供审计业务、审阅业务、其他鉴证业务和相关服务业务。当接受委托向审计客户提供非鉴证业务时，注册会计师应当关注提供非鉴证业务可能因自我评价对其独立性产生的威胁。表2-2列示了非鉴证业务对审计独立性的影响。

表2-2　非鉴证业务对审计独立性的影响

非鉴证业务	不影响独立性	影响独立性
会计服务	（1）沟通与审计相关的事项； （2）提供特定技术支持； （3）向非公众利益实体的审计客户提供日常性和机械性的工作，非审计项目组成员向公众利益实体的审计客户提供日常性和机械性的工作	（1）提供工资服务； （2）编制所审计的财务报表； （3）编制所审计财务报表依据的财务信息
评估服务	提供评估服务以协助客户履行纳税申报义务或实现税务筹划目的，并且评估结果不对财务报表产生直接影响	如果评估服务对财务报表具有重大影响，且评估结果涉及高度的主观性，在审计客户属于公众利益实体的情况下，评估结果单独或累积对财务报表具有重大影响
税务服务	（1）编制纳税申报表服务（计算应缴税额、对已发生交易的纳税申报处理方法提供建议、代表审计客户向税务机关提供所要求的附加信息和分析）； （2）在符合法律规定或得到税务机关认可的情况下，提供税务筹划和税务咨询服务	（1）计算当期所得税或递延所得税； （2）税务建议的有效性取决于某项特定会计处理或财务报表列报； （3）帮助解决税务纠纷
内部审计服务	在避免承担管理职责的前提下，事务所才能为审计客户提供此服务	（1）涉及承担管理职责的内部审计服务； （2）向公众利益实体提供与财务报告相关的内部控制、财务会计系统、对被审计财务报表具有重大影响的金额或披露的服务

续表

非鉴证业务	不影响独立性	影响独立性
信息技术系统服务	（1）设计或操作与财务报告内部控制无关的信息技术系统； （2）设计或操作信息技术系统，其生成的信息不构成会计记录或财务报表的重要组成部分； （3）操作由第三方开发的会计或财务信息报告软件； （4）对由客户或第三方设计并操作的系统进行评价	（1）信息技术系统构成财务报告内部控制的重要组成部分； （2）信息技术系统生成的信息对会计记录或被审计单位财务报表影响重大
招聘服务	（1）审查申请者的专业资格； （2）对申请者是否适合相关职位提供咨询意见； （3）对候选人进行面试； （4）对候选人在财务会计、行政管理或内部控制等职位上的胜任能力提供咨询意见	（1）寻找候选人，或从候选人中挑选出适合相应职位的人员； （2）对可能录用的候选人的证明文件进行核查

（三）过度推介

会计师事务所和注册会计师应当考虑过度推介对独立性的影响。可能影响独立性的情况主要包括：

（1）会计师事务所推介审计客户的股份；

（2）在审计客户与第三方发生诉讼或纠纷时，注册会计师担任该客户的辩护人。

（四）密切关系

会计师事务所和注册会计师应当考虑密切关系对独立性的影响。产生密切关系的不同情形对独立性的影响及防范措施如表2－3所示。

表2－3 产生密切关系的不同情形对独立性的影响及防范措施

项目	具体情形	防范措施
一般规定	审计项目组前任成员或会计师事务所前任合伙人加入审计客户，担任董事、高级管理人员或特定员工，并且与会计师事务所仍保持重要交往，将产生非常严重的不利影响	没有防范措施能够将不利影响降至可接受的水平
	审计项目组前任成员或会计师事务所前任合伙人加入审计客户，担任董事、高级管理人员或特定员工，但前任成员或前任合伙人与会计师事务所已经没有重要交往	（1）修改审计计划； （2）向审计项目组分派经验更丰富的人员； （3）由项目组之外的其他注册会计师复核前任审计项目组成员已执行的工作
	会计师事务所前任合伙人加入某一实体，该实体后来成为审计客户	在必要时采取防范措施消除不利影响或将其降至可接受的水平

续表

项目	具体情形	防范措施
一般规定	当审计项目组某一成员参与审计业务，且知道自己在未来某一时间将要或有可能加入审计客户时，事务所应要求审计项目组成员在与审计客户协商受雇于该客户时，向会计师事务所报告。在接到报告后，会计师事务所应当评价不利影响的严重程度	(1) 将该人员调离审计项目组； (2) 复核该人员在审计项目组时所作的重大判断
属于公众利益实体的审计客户	某一关键审计合伙人加入属于公众利益实体的审计客户，担任董事或高级管理人员或特定员工	除非该合伙人不再担任关键审计合伙人后，该公众利益实体发布的已审计财务报表涵盖期间不少于 12 个月，并且该合伙人不是该财务报表的审计项目组成员，否则独立性将被视为受到损害
	会计师事务所前任高级合伙人（或管理合伙人，或同等职位的人员）加入属于公众利益实体的审计客户，担任董事、高级管理人员或特定员工，将因外在压力产生不利影响	除非该高级合伙人离职已超过 12 个月，否则独立性将被视为受到损害
	由于企业合并，会计师事务所前任关键审计合伙人担任属于公众利益实体的审计客户的董事、高级管理人员或特定员工	在同时满足下列条件时，独立性不被视为受到损害： (1) 当前任关键审计合伙人接受该职务时，并未预料到会发生企业合并； (2) 前任关键审计合伙人在会计师事务所中应得的报酬或福利都已全额支付（除非报酬或福利是按照预先确定的固定金额支付的，并且未付金额对会计师事务所不重要）； (3) 前任关键审计合伙人未继续参与，或在外界看来未参与会计师事务所的经营活动或专业活动； (4) 会计师事务所已就前任关键审计合伙人在审计客户中的职位与治理层讨论
临时借出员工	会计师事务所向审计客户借出员工，可能因自我评价等产生不利影响。会计师事务所只能短期内向客户借出员工，并且借出的员工不得为审计客户提供《职业道德守则》禁止提供的非鉴证服务，也不得承担审计客户的管理层职责。审计客户有责任对借出员工的活动进行指导和监督	(1) 对借出员工的工作进行额外复核； (2) 合理安排审计项目组成员的职责，使借出员工不对其在借出期间所执行的工作进行审计； (3) 不安排借出员工成为审计项目组成员
最近曾任审计客户的董事、高级管理人员或员工	在被审计财务报表涵盖的期间，审计项目组成员曾担任审计客户的董事、高级管理人员或特定员工，将产生非常严重的不利影响	没有防范措施能够将不利影响降至可接受的水平。会计师事务所不得将此类人员分派到审计项目组
	在被审计财务报表涵盖的期间之前，审计项目组成员曾担任审计客户的董事、高级管理人员或特定员工，可能因自身利益、自我评价或密切关系产生不利影响	会计师事务所应当评价不利影响的严重程度，并在必要时采取防范措施将其降至可接受的水平。防范措施包括复核该成员已执行的工作等

续表

项目	具体情形	防范措施
兼任审计客户的董事或高级管理人员	会计师事务所的合伙人或员工兼任审计客户的董事或高级管理人员	没有防范措施能够将不利影响降至可接受的水平。会计师事务所的合伙人或员工不得兼任审计客户的董事或高级管理人员
	会计师事务所的合伙人或员工担任审计客户的公司秘书，将因自我评价和过度推介产生非常严重的不利影响 （注意，会计师事务所提供日常和行政事务性的服务以支持公司秘书职能，或提供与公司秘书行政事项有关的建议，只要所有相关决策均由审计客户管理层作出，通常不会损害独立性）	没有防范措施能够将不利影响降至可接受的水平。会计师事务所的合伙人或员工不得兼任审计客户的公司秘书

鉴证业务期间是自鉴证项目组开始执行鉴证业务之日起，至出具鉴证报告之日止。注册会计师应当在业务期间和财务报表涵盖的期间独立于鉴证客户。会计师事务所应当识别和评价因长期连续为某一公众利益实体审计客户执行审计业务可能对独立性产生的不利影响，不利影响的严重程度主要取决于下列因素：

（1）会计师事务所已经为该审计客户提供专业服务的总体时间长度，包括审计、其他鉴证和非鉴证服务（如适用）；

（2）为该审计客户提供专业服务的核心人员是否发生变化；

（3）该审计客户在性质或业务规模上对会计师事务所或项目合伙人是否重要；

（4）某合伙人的报酬对来源于该审计客户的收费的依赖程度；

（5）该审计客户会计、审计和财务报告问题的性质和复杂程度，以及审计业务的风险；

（6）会计师事务所内部质量管理体系和利益分配机制，能否有效防止某些特定合伙人的利益与该审计客户直接挂钩。

如果会计师事务所与某一鉴证客户长期存在业务关系，并委派同一名合伙人或员工执行某一鉴证客户的鉴证业务，将因密切关系和自身利益对独立性产生不利影响，这时，可以考虑采取以下防范措施，以将不利影响降低至可接受的水平：

（1）将与鉴证客户长期存在业务关系的人员轮换出鉴证业务项目团队；

（2）变更与鉴证客户长期存在业务关系的人员在鉴证业务项目团队中担任的角色或其所实施任务的性质和范围；

（3）由鉴证业务项目团队以外的适当复核人员复核与鉴证客户长期存在业务关系的人员所执行的工作；

（4）定期对该业务实施独立的内部或外部质量复核。

会计师事务所应当指定专门岗位或人员对关键审计合伙人的轮换情况进行实时监控，通过建立关键审计合伙人服务年限清单等方式，管理关键审计合伙人相关信息，每年对轮换情况进行复核，并在全所范围内统一进行轮换。

以下以关键合伙人为例，说明会计师事务所内部注册会计师的强制轮换制度。

在针对公众利益实体的审计业务中，关键审计合伙人承担向广大预期使用者报告的责任，因此需要特别关注关键审计合伙人与审计客户的密切关系。由于关键审计合伙人是影响独立性的“特殊人群”，因此需要在任职期届满后强制轮换。如果其再次担任该审计客户的关键合伙人，需要间隔一段时间（即采取“冷却期”的隔离制度），其目的是削弱关键审计合伙人与审计客户之间的密切关系。

如果审计客户属于公众利益实体，会计师事务所内任何人员担任下列一项或多项职务的累计时间不得超过五年：项目合伙人、项目质量复核人员、其他属于关键审计合伙人的职务。

但在以下特殊情况下，关键审计合伙人的任期有特殊的考虑：

（1）如果在审计客户成为公众利益实体之前，该合伙人作为关键审计合伙人已为该客户服务的时间不超过三年，则该人员还可以为该客户继续提供服务的年限为五年减去已经服务的年限。

（2）如果在审计客户成为公众利益实体之前，该合伙人作为关键审计合伙人已为该客户服务了四年或更长的时间，在取得客户治理层同意的前提下，该合伙人最多还可以继续服务两年。

（3）如果审计客户是首次公开发行证券的公司，关键审计合伙人在该公司上市后连续提供审计服务的期限，不得超过两个完整会计年度。

注册会计师担任上述职务的时间应当累计计算，除非该人员不再担任这些职务的期间达到最短时间要求，否则累计期间不得清零并重新计算。在确定某人员担任关键审计合伙人的年限时，服务年限应当包括该人员在之前任职的会计师事务所工作时针对同一审计业务担任关键审计合伙人的年限（如适用）。

作为关键审计合伙人的职责不同，累计时间达到五年后进入的冷却期的长度也不同，如果担任项目合伙人或其他签字注册会计师累计达到五年，冷却期应当为连续五年。如果担任项目质量复核人员累计达到五年，冷却期应当为连续三年。如果某人员担任其他关键审计合伙人累计达到五年，冷却期应当为连续两年。

如果某人员相继担任多项关键审计合伙人职责，冷却期应当按照下列规定：

（1）担任项目合伙人累计达到三年或以上，冷却期应当为连续五年。

（2）担任项目质量复核人员累计达到三年或以上，冷却期应当为连续三年。

（3）担任项目合伙人和项目质量复核人员累计达到三年或以上，但累计担任项目合伙人未达到三年，冷却期应当为连续三年。

（4）担任多项关键审计合伙人职责，并且不符合上述各项情况，冷却期应当为连续两年。

在轮换后的冷却期内，关键审计合伙人不得有下列行为：

（1）成为审计项目组成员或为审计项目提供项目质量管理。

（2）就有关技术或行业特定问题、交易或事项向审计项目审计客户提供咨询（如果与审计项目组沟通仅限于该人员任职期间的最后一个年度所执行的工作或得出的结论，并且该工作和结论与审计业务仍然相关，则不违反本项规定）。

（3）负责领导或协调会计师事务所向审计客户提供的专业服务，或者监控会计师事务所与审计客户的关系。

（4）执行上述各项未提及的、涉及审计客户且导致该人员出现下列情况的职责或活动（包括提供非鉴证服务）：与审计客户高级管理层或治理层进行重大或频繁的互动；对审计业务的结果施加直接影响。

【例2-7·判断题】

会计师事务所委派注册会计师A担任甲公司2022年度财务报表审计项目合伙人。注册会计师A曾担任甲公司2016年至2020年度财务报表审计项目质量复核的合伙人，但未担任甲公司2021年度财务报表审计项目合伙人。（　　）

【分析】 错误。注册会计师A在2016年至2020年间担任审计项目质量复核的合伙人，五年届满后，有三年冷静期，2021年、2022年、2023年注册会计师A都不应再参与审计项目组工作。

（五）外在压力

会计师事务所和注册会计师应当考虑外在压力对独立性的威胁。可能损害独立性的情况主要包括：

（1）会计师事务所受到客户解除业务关系的不利影响；

（2）审计客户表示，如果会计师事务所不同意对某项交易的会计处理，则不再委托其承办拟议中的非鉴证业务；

（3）客户威胁将起诉会计师事务所；

（4）会计师事务所受到降低收费的影响而不恰当地缩小工作范围；

（5）由于客户的员工对所讨论的事项更具专长，注册会计师面临服从其判断的压力；

（6）会计师事务所合伙人告知注册会计师，除非同意审计客户不恰当的会计处理，否则将影响晋升。

三、维护独立性的措施

会计师事务所和鉴证小组成员有责任考虑执业环境、对独立性的威胁和能够消除威胁或将其降至可接受水平的防范措施。这一决策过程应当形成书面文件记录。所采取防范措施的性质因环境的不同而不同。会计师事务所和鉴证小组通常应当考虑哪些威胁是掌握所有相关信息（包括所采取的防范措施）的、理性的、有知识的第三方可以合理推定为不能接受的。这种考虑将受到诸如威胁的重要性、鉴证业务的性质、鉴证报告的预期使用者及会计师事务所的结构等因素的影响。

会计师事务所和鉴证小组应当选择适当的防范措施，以消除那些对独立性并非明显不重要的威胁，或将其降至可接受的水平。防范措施可以分为以下三类。

（一）由职业、法律或规章产生的防范措施

由职业、法律或规章产生的防范措施具体包括：进入该职业的教育、培训和经验要求；继续教育要求；执业准则和监督、惩戒程序；会计师事务所质量控制制度的外部复核；有关会计师事务所独立性要求的法律。

（二）鉴证客户内部的防范措施

鉴证客户内部的防范措施包括：在鉴证客户的管理层委托会计师事务所时，由管理层以外的人员批准或同意这一委托；鉴证客户内有能够胜任管理决策的员工；强调鉴证客户对财务报告公允性作出承诺的政策和程序；能够确保在对非鉴证业务进行委托时作出客观选择的内部程序；为会计师事务所的服务提供适当监督与沟通的公司治理结构，如审计委员会。

（三）会计师事务所的防范措施

会计师事务所的防范措施包括总体防范措施和具体防范措施。

维护独立性的总体防范措施主要包括：会计师事务所的高级管理人员重视独立性，并要求鉴证小组成员保持独立性；制定有关独立性的政策和程序，包括识别威胁独立性的因素、评价威胁的严重程度以及采取相应的维护措施；建立必要的监督及惩戒机制以促使有关政策和程序得到遵循；及时向所有高级管理人员和员工传达有关政策和程序及其变化；制定能使员工向更高级别人员反映独立性问题的政策和程序。

在承办具体鉴证业务时，会计师事务所应当维护其独立性。维护独立性的具体防范措施主要包括：安排鉴证小组以外的注册会计师进行复核；定期轮换关键审计合伙人及签字注册会计师；与鉴证客户的审计委员会或监事会讨论独立性问题；向鉴证客户的审计委员会或监事会告知服务性质和收费范围；制定确保鉴证小组成员不代替鉴证客户行使管理决策或承担相应责任的政策和程序；将独立性受到威胁的鉴证小组成员调离鉴证小组。

当防范措施不足以消除损害独立性的因素的影响或将其降至可接受的水平时，会计师事务所应当拒绝承接业务或解除业务约定。

案例分析 2-1

为提高注册会计师对独立性的认识，中国注册会计师协会每年在职业道德后续培训班上都会汇总监管者关注以及资本市场中出现的影响独立性的新问题，并要求大家进行讨论。本年度，协会提出了如下问题：

（1）A公司要求今明会计师事务所在出具审计报告的同时，针对审计过程中发现的问题，提出会计政策选择和会计处理调整的建议，并协助其解决相关账户调整问题，另外还提供正式纳税鉴证意见。为此，双方另行签订了业务约定书。

（2）B公司由于财务人员短缺，20×3年向今明会计师事务所借用一名注册会计师张明，由该注册会计师审核B公司财务人员编制的记账凭证并录入计算机信息系统。今明会计师事务所将张明纳入B公司20×3年度财务报表审计项目组。

（3）C公司要求今明会计师事务所在出具审计报告的同时，编制所审年度的财务报表。为此，双方另行签订了业务约定书。

（4）D公司要求今明会计师事务所在出具审计报告的同时，提供内部控制审计报告。为此，双方另行签订了业务约定书。

（5）E公司由于财务困难，拖欠今明会计师事务所20×2年度的审计费用100万元。经双方协商，今明会计师事务所同意E公司延期至20×3年年底支付。在此期间，E公司按银行同期贷款利率支付资金占用费，今明会计师事务所与E公司续签了20×3年度财务报表审计业务约定书。

（6）注册会计师李浩已连续5年担任G公司年度财务报表审计的签字注册会计师。根据有关规定，在审计G公司20×3年度财务报表时，今明会计师事务所决定不再让注册会计师李浩担任签字注册会计师，但在成立G公司20×3年度财务报表审计项目组时，今明会计师事务所要求其继续担任外勤审计负责人。

（7）由于H公司降低20×3年度财务报表审计费用近1/3，今明会计师事务所审计收入不能弥补审计成本，今明会计师事务所决定不再对H公司下属的两个重要的销售分公司进行审计，并以审计范围受限为由出具了保留意见的审计报告。

（8）I公司20×3年度财务报表审计小组成员之一的注册会计师李平曾经担任I公司总经理助理，该总经理现任I公司的副董事长。

（9）J公司20×3年度财务报表审计小组成员之一的注册会计师张芳曾经是J公司的人事经理，因工作表现积极得到该公司的重视，并与公司上下关系融洽。离职后，张芳与该公司领导仍有较密切的私人联系。

（10）K公司20×3年度财务报表审计小组成员之一的注册会计师刘静，由于与K公司独立董事何绍关系甚密，于20×2年接受了何绍为其私人购车提供的50%担保贷款。

（11）由于一次车祸事故，L公司20×3年度财务报表审计小组成员之一的注册会计师杨静的女儿与L公司董事长的儿子在责任认定和经济赔偿方面产生了法律纠纷。

（12）今明会计师事务所合伙人张明担任M公司独立董事的6年任期届满后，M公司随即转聘今明会计师事务所进行20×3年度财务报表审计工作。

（13）注册会计师张杰曾担任甲银行20×3年度财务报表审计项目经理，并签署该年度审计报告。张杰于20×4年4月30日辞职，后于20×4年年末加入甲银行下属某分行担任财务负责人。

（14）今明咨询公司的合伙人张静的父亲持有乙银行少量股票，截至20×3年12月31日，这些股票市值为6 000元。张静自20×3年起为乙银行下属某分行提供企业所得税申报服务，但在服务过程中不承担管理层职责。

（15）今明会计师事务所审计丙银行20×3年度财务报表。20×3年2月，乙保险公司聘请今明咨询公司为其提供与财务会计系统相关的内部审计服务，并由乙保险公司承担管理层职责。乙保险公司与丙银行均为华兴集团的重要子公司，且乙保险公司及华兴集团不是今明会计师事务所的审计客户，今明咨询公司是今明会计师事务所的网络事务所。

（16）丁银行20×3年度财务报表审计项目组负责人李明于20×3年12月购买500股丁公司股票，截至20×3年12月31日，这些股票市值为3 000元。丁银行持有丁公司3%的股份，对丁公司不具有重大影响。

（17）今明会计师事务所拟承办A银行20×3年度财务报表审计业务，发现A银行于20×3年年初收购戊银行。为整合两家银行的财务信息系统，A银行聘请今明咨询公司重新设计财务信息系统。今明咨询公司是今明会计师事务所的网络事务所。

（18）审计项目组经理张超承办 W 公司 20×3 年度财务报表审计业务。20×3 年 10 月，W 公司收购 Y 公司 25%的股权，Y 公司成为 W 公司的重要联营公司。张超在收购生效日之前一周得知其妻子持有 Y 公司价值 1 万元的企业债券，并承诺在收购生效日之后一个月内出售该债券。

分析：具体分析如表 2-4 所示。

表 2-4　各事项影响独立性的原因及其应对措施

事项	是否影响审计独立性	原因	降低独立性损害的应对措施
(1)	否	相容业务，可以同时承办	
(2)	是	因自我评价损害独立性	将注册会计师张明调离 B 公司 20×3 年度财务报表审计项目组
(3)	是	因不相容业务而产生自我评价损害独立性	不能在承接年度财务报表审计业务的同时承接代编财务报表的会计服务业务
(4)	否	相容业务，可以整合审计	
(5)	是	存在直接经济利益损害独立性	要么结清 20×2 年度的审计费用，要么不能续签 20×3 年度财务报表审计业务约定书
(6)	是	因长期关系损害独立性	将注册会计师李浩调离 G 公司 20×3 年度财务报表审计项目组
(7)	是	因外在压力损害独立性	以合理收费承办业务，不能因收费压力损害审计质量，否则不能承接业务
(8)	是	因密切关系损害独立性	将注册会计师李平调离 I 公司 20×3 年度财务报表审计小组
(9)	是	因密切关系损害独立性	将注册会计师张芳调离 J 公司 20×3 年度财务报表审计小组
(10)	是	因直接利益损害独立性	将注册会计师刘静调离 K 公司 20×3 年度财务报表审计小组
(11)	是	因间接经济利益损害独立性	将注册会计师杨静调离 L 公司 20×3 年度财务报表审计小组
(12)	是	因密切关系损害独立性	不能承接 M 公司 20×3 年度财务报表审计业务
(13)	是	因密切关系或外在压力损害独立性	对注册会计师张杰审计的甲银行的财务报表进行项目质量复核
(14)	是	因经济利益损害独立性	合伙人张静不能再为乙银行提供税务服务，或者建议其父亲出售其持有的股票

续表

事项	是否影响审计独立性	原因	降低独立性损害的应对措施
(15)	否	乙保险公司是丙银行的关联实体（即“姐妹实体”），但因其不是今明会计师事务所的审计客户，且今明咨询公司为其提供内部审计服务的结果不会构成今明会计师事务所对丙银行实施审计程序的对象，因此不会因自我评价产生不利影响。由于乙保险公司承担管理层职责，因此该服务也不存在其他对独立性的不利影响	
(16)	否	虽然注册会计师李明与丁银行均拥有丁公司的股票，但因其持有的经济利益并不重大，且丁银行不能对丁公司施加重大影响，上述投资不被视为损害独立性	
(17)	是	因自我评价损害独立性	今明咨询公司不能为A银行重新设计财务信息系统，或者今明会计师事务所不能承办A银行20×3年度财务报表审计业务
(18)	是	因直接利益损害独立性	将审计项目经理张超调离审计组，或建议其妻子在收购Y公司前处置该债券

即测即评

扫描此码　在线做题

思考题

1. 中国现代会计学之父潘序伦倡导：“信以立志，信以守身，信以处事。”这句话充分揭示了“诚信”对于注册会计师的重要性，请指出审计职业道德包括的基本内容。

2. 请说明构建职业道德概念框架的思路。

3. 请指出影响审计职业道德的不利因素。

4. 金梅会计师事务所遵循审计准则对A上市公司2023年度的财务报表出具了无保留意见的审计报告，但因事务所的签字注册会计师与A上市公司的董事长长期存在密切的私人关系，监管机构对金梅会计师事务所进行了行政处罚。请分析原因，并说明何谓审计独立性。

5. 资本市场中经常会出现一些影响审计独立性的情形，请说明会计师事务所应当如何应对。

6. 财政部监督局在对新三板IPO审计业务进行执业检查时，发现一些拟上市公司与会计师事务所签订的IPO审计业务合同中约定审计收费的标准为：基础审计费+上市成功奖励。请问你如何看待这种事项？为什么一些会计师事务所会接受这样的审计收费模式？

7. 从利益冲突的角度谈谈注册会计师职业道德的具体运用。

案例分析（一）

精美会计师事务所关于职业道德的讨论

李浩作为精美会计师事务所的合伙人，在20×4年参加了事务所内部关于职业道德的讨论和论证：

（1）注册会计师刘阳精通税法。他有许多朋友都自行编制所得税申报单，他向他们提议，在向税务局申报以前，请精美会计师事务所先为他们进行复核。如果通过复核，事务所能帮他们找到合法的避税方法，省下税款的1/3将作为精美会计师事务所的服务费；如果事务所找不到合法的避税方法，则不收取任何费用。

（2）在签订审计业务约定书后，精美会计师事务所的注册会计师张明受聘担任A公司独立董事。鉴于原定审计计划中注册会计师张明为该审计项目的外勤审计负责人，为保持独立性，精美会计师事务所在执行该审计业务前，将注册会计师张明调离了审计小组。

（3）精美会计师事务所聘用律师协助开展工作，要求该律师书面承诺将按照中国注册会计师职业道德守则的要求提供服务。

（4）精美会计师事务所在为B公司出具审计报告的同时，也提供了正式的纳税鉴证意见。为此，双方另行签订了业务约定书。

（5）前任注册会计师对C公司20×5年度财务报表出具了标准无保留意见审计报告，精美会计师事务所在审计过程中发现该财务报表存在重大错报，因事实已经非常清楚，所以决定不再提请C公司与前任注册会计师联系。

（6）精美会计师事务所的客户D公司在某国设有分支机构，该国允许会计师事务所通过广告承揽业务，因此，精美会计师事务所委托该分支机构在该国媒体进行广告宣传，以招揽该国在我国设立的企业的审计业务。相关广告费已由精美会计师事务所支付。

（7）精美会计师事务所租赁了其审计客户E公司的办公楼作为办公场所。

（8）在承办F公司20×4年度财务报表审计时，精美会计师事务所在某个重大会计问题上与F公司存在意见分歧。F公司正是由于该问题与前任会计师事务所意见无法达成一致而变更了委托。

（9）J公司属于IT民营企业，其最主要的出资者为李华，李华持有51%的股权，并担任董事长。精美会计师事务所承办了J公司20×4年度财务报表审计业务，发现精美会计师事务所合伙人之一金明与李华共同出资设立了H公司，且金明只拥有30%的份额。为保持独立性，精美会计师事务所要求注册会计师金明把所拥有的H公司的股份全部转让。

（10）20×5年精美会计师事务所被I公司辞聘，精美会计师事务所在20×6年可以把在20×5年审计中获知的被审计单位信息告诉I公司的客户。

【讨论分析】

假定你是合伙人李浩，请你逐一指出以上事项是否违背职业道德的规定，并说明原因以及可以采取的应对措施。

案例分析（二）

ABC会计师事务所关于独立性的讨论

ABC会计师事务所委派A注册会计师担任上市公司甲公司20×3年度财务报表审计项目合伙人，且ABC会计师事务所与XYZ公司处于同一网络。审计项目组在审计过程中发现下列事项：

（1）甲公司在20×3年对固定资产计提了重大的减值准备，XYZ公司的合伙人X作为内部专家负责评估管理层的减值测试是否恰当，合伙人X将于20×4年11月退休并受聘担任甲公司的董事。

（2）自20×3年9月起，XYZ公司的合伙人Y受聘兼任甲公司分管财务的副董事长，任期半年。Y注册会计师不是甲公司审计项目组成员，也未向甲公司及其关联实体提供任何非审计服务。

（3）ABC会计师事务所的合伙人B注册会计师于20×2年1月1日退休，并自20×3年2月1日起担任甲公司的独立董事。根据政策，B注册会计师继续享受事务所两年的分红待遇。

（4）ABC会计师事务所的原管理合伙人C注册会计师于20×3年1月退休后担任甲公司的财务总监。

（5）自20×3年1月起，ABC会计师事务所在德国的网络事务所合伙人D兼任甲公司德国子公司的公司秘书，提供为期一年的公司秘书服务。

（6）审计项目组成员E曾为甲公司广州子公司的出纳员，在20×2年10月加入ABC会计师事务所，并于20×3年9月加入甲公司审计项目组参与固定资产审计项目。

【讨论分析】

针对上述第（1）至（6）项，逐项指出是否存在违反职业道德和独立性规定的情况，并简要说明理由。

线上 MOOC 学习

请登录 https://www.icourse163.org/course/CUFE－1003060002，课外学习国家精品课程“审计学”中“审计职业道德”相关内容。

第三章 Chapter 3 认定与审计目标

素养提升

认清现实，坚定目标。“我们坚持围绕党和国家中心工作开展审计，坚持围绕总体国家安全观开展审计，坚持围绕以人民为中心的发展思想开展审计，坚持围绕促进党的自我革命开展审计，审计方向更加明确。”①

思维导图

引　例

如何从管理层认定入手进行审计？

项目经理张欣带领审计团队进驻金美公司进行年报审计。他根据金美公司的业务循环特点，为每位审计人员详细分配了任务，并要求审计人员通过事务所官方授权的模板系统，查阅并遵循精心拟订的具体审计计划，即审计程序表，确保审计工作严格按照既定审计程序开展。此外，他强调，在着手对任一会计科目进行审计之前，审计人员必须深入了解管理层的认定。小李首次跟随审计小组进入审计现场，对于如何从管理层认定入手执行审计程序感到困惑。张欣耐心解释说，从管理层认定入手，意味着首先要洞悉公司管理层对经济活动真实情况的意图和倾向，以此明确审计程序的方向或取证的重点。唯有如此，审计人员才能切实有效地执行审计程序，获取充分且恰当的审计证据。

① 习近平．在二十届中央审计委员会第一次会议上的讲话．求是，2023（21）．

第一节 审计总目标与审计责任

一、审计总目标

（一）财务报表审计总目标的演变

注册会计师审计自诞生以来，经历了详细审计、资产负债表审计和财务报表审计三个阶段，审计总目标也随之演变。

在详细审计阶段，注册会计师通过对被审计单位一定时期内的会计记录进行逐笔审查，判定有无技术错误和舞弊行为。查错防弊是此阶段的审计总目标。

在资产负债表审计阶段，注册会计师通过对被审计单位一定时期内资产负债表所有项目余额的真实性、可靠性进行审查，判断其财务状况和偿债能力。在此阶段，审计总目标是为社会提供全面的历史财务信息公证，查错防弊这一目标依然存在，但已退居第二位，审计的功能从防护性转变为公证性。

在财务报表审计阶段，注册会计师的任务是判断被审计单位一定时期内的财务报表是否公允地反映其财务状况、经营成果以及现金流量，并出具审计报告。在此阶段，审计总目标不再局限于查错防弊和为社会提供全面的历史财务信息公证，而是向管理领域深入和发展。此阶段的审计工作已比较有规律，且形成了一套较完整的理论和方法体系。

尽管审计总目标发生了上述变化，同时注册会计师提供的其他鉴证服务、管理咨询服务、会计服务和税务服务的业务量也在日渐增加，但注册会计师的重要职责之一始终是对被审计单位财务报表进行审计。财务报表审计是审计相关业务的基础，其他性质的业务从某种意义上讲都是财务报表审计的延伸和发展。

（二）财务报表审计总目标概述

财务报表审计的目的是提高财务报表预期使用者对财务报表的信赖程度。这一目的可以通过注册会计师对财务报表是否在所有重大方面按照适用的财务报告编制基础编制发表审计意见得以实现。就大多数通用目的财务报告编制基础而言，注册会计师针对财务报表是否在所有重大方面按照财务报告编制基础编制并实现公允反映来发表审计意见。注册会计师按照审计准则和相关职业道德要求执行审计工作，能够形成这样的意见。

在执行财务报表审计工作时，注册会计师的总体目标包括：对财务报表整体是否不存在由于舞弊或错误导致的重大错报获取合理保证，使得注册会计师能够对财务报表是否在所有重大方面按照适用的财务报告编制基础编制发表审计意见；按照审计准则的规定，根据审计结果对财务报表出具审计报告，并与管理层和治理层沟通。

在实务中，理解财务报表审计总目标应当从以下几个方面着手。

（1）财务报表的使用者之所以希望外部审计师对财务报表信息的公允性进行审

计，主要有以下四方面原因：

1）利益冲突。财务报表使用者往往有着各自的利益，且这种利益与被审计单位管理层的利益大不相同。出于对自身利益的关注，财务报表使用者常常担心被审计单位管理层提供带有偏见、不公正甚至欺诈性的财务报表。为此，他们往往会寻求外部独立人员的鉴证。

2）重大性。财务报表是其使用者进行经济决策的重要信息来源，在某些情况下还是唯一的信息来源。在进行投资、贷款和其他决策时，财务报表使用者期望财务报表中的信息十分翔实、丰富，并且期待注册会计师确定被审计单位是否按公认会计原则编制财务报表。

3）复杂性。由于会计业务的处理及财务报表的编制日趋复杂，财务报表使用者因缺乏会计知识而难以对财务报表的质量作出评估，所以他们要求注册会计师对财务报表的质量进行鉴证。

4）间接性。绝大多数报表使用者与企业之间存在着地域上的距离，这种地域的限制导致使用者不可能接触到编制财务报表所依据的会计记录。即使使用者可以获得会计记录并对其进行审查，也往往由于时间和成本的限制，无法对会计记录进行有意义的审查。在这种情况下，使用者有两种选择：一是相信这些会计信息的质量；二是依赖第三者鉴证报表。显然，使用者更倾向于选择第二种方式。

（2）财务报告编制基础不同，导致审计实施的程序以及发表的意见不同。会计主体进行会计核算和编制财务报告的基础分为通用目的编制基础和特殊目的编制基础。通用目的编制基础是指旨在满足广大财务报表使用者共同的财务信息需求的财务报告编制基础，主要是指会计准则和会计制度。特殊目的编制基础是指旨在满足财务报表特定使用者对财务信息需求的财务报表编制基础，包括计税核算基础、监管机构的报告要求和合同的约定。特殊目的财务报告编制基础分为公允列报编制基础和遵循性编制基础。适用的财务报告编制基础是指法律法规要求采用的财务报告编制基础，或者管理层和治理层（如适用）在编制财务报表时，就被审计单位性质和财务报表目标而言，采用的可接受的财务报告编制基础。换句话说，适用的财务报告编制基础通常是指财务报告准则或法律法规的规定。

（3）财务报表审计属于鉴证业务，注册会计师的审计意见旨在提高财务报表的可信赖程度，即为使用者降低信息风险。此外，财务报表审计还通常会对管理层及员工的工作效率和诚实品行产生积极影响，有利于被审计单位改善经营管理，进而为公司带来经济利益。审计还可能遏制不正确信息或阻止其传播，从而有助于维护金融市场的稳定和高效。但值得注意的是，审计意见不是对被审计单位未来生存能力或管理层经营效率、效果提供的保证。

【例3-1·单选题】

下面关于财务报表审计总目标的说法，不正确的是（　　）。

A. 财务报表审计总目标是对财务报表整体是否不存在重大错报获取合理保证，使得注册会计师能够对财务报表是否在所有重大方面按照适用的财务报告编制基础编制并发表审计意见

B. 按照审计准则的规定，注册会计师根据审计结果对财务报表出具审计报告，并与管理层和治理层沟通

C. 注册会计师的审计意见旨在提高财务报表的可信赖程度

D. 审计工作可以对财务报表整体不存在重大错报提供担保

【分析】D。审计工作可以对财务报表整体不存在重大错报提供合理保证，而不是担保。

二、对审计责任的理解

在财务报表审计中，被审计单位管理层和注册会计师承担着不同的责任，两者不能相互混淆和替代。明确划分其责任，不仅有助于被审计单位管理层和注册会计师认真履行各自的职责，为财务报表及其审计报告的使用者提供有价值的经济决策信息，还有利于保护相关各方的正当权益。

（一）被审计单位管理层的责任

管理层，是指对被审计单位经营活动的执行负有经营管理责任的人员。治理层，是指对被审计单位战略方向以及管理层履行经营管理责任负有监督责任的人员或组织。

财务报表是在被审计单位管理层和治理层的监督下编制的，因此，按照相关法律法规的规定确定适用的财务报告编制基础编制财务报表，是被审计单位管理层和治理层的共同责任。尽管不同国家或地区对这些责任的范围或表述方式的规定不尽相同，但管理层和治理层认可与财务报表相关的责任，是注册会计师执行审计工作的前提。管理层和治理层已认可并理解其应当承担的责任有：

（1）按照适用的财务报告编制基础编制财务报表，并使其实现公允反映。

（2）设计、实施和维护必要的内部控制，以使财务报表不存在由于舞弊或错误导致的重大错报。

（3）向注册会计师提供必要的工作条件，包括允许注册会计师接触与编制财务报表相关的所有信息（如记录、文件和其他事项），向注册会计师提供审计所需的其他信息，允许注册会计师在获取审计证据时不受限制地接触其认为必要的内部人员和其他相关人员。

相关审计准则不仅要求在审计业务约定书中写明被审计单位管理层的责任，以避免管理层对注册会计师责任的误解，还要求在审计报告中用专门的段落即“管理层对财务报表的责任段”，说明被审计单位管理层承担的按照有关规定编制财务报表的责任，说明这种责任包括的设计、实施和维护内部控制，选择和运用恰当的会计政策，以及作出合理的会计估计三项重要内容，以帮助财务报表使用者正确理解管理层的责任。值得说明的是，管理层不仅对企业财务报表承担责任，在公司管理框架下还应承担合法经营、确定公司发展战略、加强日常管理和实现经营目标等经营管理责任。

（二）注册会计师的责任

按照审计准则的规定，对财务报表整体是否不存在由于舞弊或错误导致的重大

错报获取合理保证，并对财务报表是否在所有重大方面按照适用的财务报告编制基础编制发表审计意见是注册会计师的责任。审计准则之所以这样规定，是因为国家有关法律法规已明确规定财务报表由被审计单位管理层编制，并由其对财务报表的公允性负责。被审计单位管理层有充分的权力来选用会计政策、作出会计估计和决定披露的内容。在此背景下，注册会计师只能按照审计准则的规定执行审计程序，以检查管理层是否按有关规定编制财务报表。如发现其未按规定编制财务报表，注册会计师只能建议其作出调整。如管理层拒绝调整，注册会计师只能根据具体情况考虑提出保留意见或否定意见。

相关审计准则不仅要求在审计业务约定书中写明注册会计师的审计目标及责任，还要求在审计报告中用专门的段落即“注册会计师的责任段”，说明其审计责任，以帮助财务报表使用者正确理解注册会计师的审计责任和适当利用注册会计师的审计结果。

审计责任根据审计目标确定，并随着审计目标的变化而变化。我们应当根据以下几个重要术语来理解注册会计师在财务报表审计中承担的审计责任。

1. 财务报表审计的一般原则

为了指导注册会计师实现审计目标，履行审计责任，财务报表审计的一般原则包括：

（1）遵守道德原则。注册会计师职业应遵守的道德原则包括：诚信、客观公正、独立性、专业胜任能力和勤勉尽责、保密、良好职业行为。

（2）遵守审计准则。要求注册会计师按照审计准则的规定执行审计工作。

（3）保持职业怀疑态度。要求注册会计师在计划和执行审计工作时，保持职业怀疑态度，充分考虑可能存在由于错误或舞弊导致财务报表发生重大错报的情形。职业怀疑态度是指注册会计师以质疑的思维方式评价所获取审计证据的有效性，并对相互矛盾的审计证据，以及引起对文件记录或管理层和治理层提供的信息的可靠性产生怀疑的审计证据保持警觉。注册会计师应当结合审计过程中获取的其他证据，慎重考虑管理层和治理层对询问所作答复的合理性，以及提供的其他信息的合理性，而不应依赖以往审计中对管理层、治理层诚信形成的判断。

2. 财务报表的审计范围

财务报表的审计范围是指为实现财务报表审计目标，注册会计师根据审计准则和职业判断实施的恰当审计程序的总和。若确定的审计范围不合理，意味着选择和实施的审计程序不恰当，这将使注册会计师无法获取充分、适当的审计证据以形成适当的审计意见。因此，合理确定审计范围对实现审计目标和履行审计责任起着十分重要的作用。在确定拟实施的审计程序时，注册会计师除应遵守与财务报表审计相关的各项审计准则外，还应当运用职业判断确定遵守相关职业准则和法律法规的要求，以及遵守审计业务约定条款和报告的要求。

3. 合理保证

合理保证是与注册会计师通过收集必要的审计证据，得出财务报表整体不存在重大错报的结论相关的一个概念，是指对财务报表使用者提供一种高度但非绝对的保证。合理保证与整个审计过程相关。由于审计中存在的固有限制会影响注册会计师发现重大错报的能力，因此，注册会计师不能对财务报表整体不存在重大错报提供绝对保证，审计工作也不能对财务报表整体不存在重大错报提供担保。导致固有限制的因素主要包括：（1）选择性测试方法的运用；（2）内部控制的固有局限性；（3）大多数审计证据是说服性的而非结论性的；（4）为形成审计意见而实施的审计工作涉及大量判断；（5）某些特殊性质的交易和事项可能影响审计证据的说服力。

4. 审计风险和重要性

合理保证意味着审计风险始终存在，注册会计师应当通过计划和实施审计工作，获取充分、适当的审计证据，将审计风险降至与审计目标相一致的可接受的低水平。审计风险是指财务报表存在重大错报而注册会计师发表不恰当审计意见的可能性。审计风险取决于重大错报风险和检查风险。注册会计师应当实施审计程序，评估重大错报风险，并根据评估结果设计和实施进一步审计程序，以控制检查风险。重大错报风险是指财务报表在审计前存在重大错报的可能性。检查风险是指某一认定存在错报，该错报单独或连同其他错报是重大的，但注册会计师未能发现这种错报的可能性。注册会计师只应当关注财务报表的重大错报，没有责任发现对财务报表整体不产生重大影响的错报。注册会计师应当考虑已识别但尚未更正的单个或累积的错报是否对财务报表整体产生重大影响。重要性与审计风险相关，注册会计师应当合理确定重要性水平。

5. 可能导致财务报表重大错报的相关经营风险

被审计单位在实施战略以实现其目标的过程中可能面临各种经营风险，注册会计师执行财务报表审计业务时应当了解被审计单位的目标和战略，以及可能导致财务报表重大错报的相关经营风险。尽管多数经营风险最终都会产生财务后果，从而影响财务报表，但并不要求注册会计师了解所有经营风险，这是由审计目标和审计责任决定的。注册会计师应当根据被审计单位的具体情况，考虑经营风险是否可能导致财务报表发生重大错报。

（三）职业判断

职业判断是指在审计准则、财务报告编制基础和职业道德要求的框架下，注册会计师综合运用相关知识、技能和经验，作出适合审计业务具体情况、有根据的行动决策。职业判断对于适当地执行审计工作是必不可少的。

在审计实务中，职业判断贯穿注册会计师执业的始终，从决定是否接受业务委托，到出具业务报告，注册会计师都需要作出职业判断。职业判断涉及注册会计师执业中的各类决策，包括与具体会计处理相关的决策、与审计程序相关的决策，以及与遵守职业道德要求相关的决策。

职业判断主要应用于以下重要领域：

（1）确定重要性和评估审计风险；

（2）为满足审计准则的要求和收集审计证据的需要，确定所需实施的审计程序的性质、时间安排和范围；

（3）为实现审计准则规定的目标和注册会计师的总体目标，评价是否已获取充分、适当的审计证据以及是否还需执行更多的工作；

（4）评价管理层在应用适用的财务报告编制基础时作出的判断；

（5）根据已获取的审计证据得出结论，如评估管理层在编制财务报表时作出的估计的合理性。

（6）运用职业道德概念框架识别、评估和应对影响职业道德基本原则的不利因素。

衡量职业判断质量的主要因素有：

（1）准确性或意见一致性。

1）职业判断结论与特定标准或客观事实的相符程度；

2）不同职业判断主体针对同一职业判断问题所作判断彼此认同的程度。

（2）决策一贯性和稳定性。

1）同一注册会计师针对同一项目的不同判断问题，所作出的判断之间是否符合应有的内在逻辑；

2）同一注册会计师针对相同的职业判断问题，在不同时点所作出的判断是否结论相同或相似。

（3）可辩护性。注册会计师是否能够证明自己的工作，通常包括理由的充分性、思维的逻辑性和程序的合规性。对下列事项进行书面记录，有利于提高职业判断的可辩护性：

1）对职业判断问题和目标的描述；

2）解决职业判断相关问题的思路；

3）收集到的相关信息；

4）得出的结论以及得出结论的理由；

5）就决策结论与被审计单位进行沟通的方式和时间。

【例3-2·多选题】

在评价自身作出的职业判断是否适当时，下列各项中，注册会计师应当考虑的有（　　）。

A. 作出的判断是否反映了对审计准则和会计准则的适当运用

B. 作出的判断是否有具体事实和情况支持

C. 作出的判断是否与截至审计报告日知悉的事实一致

D. 作出的判断是否可以用来降低重大错报风险

【分析】ABC。注册会计师可以适当评估判断，但不能降低重大错报风险，故选项D错误。

（四）职业怀疑

职业怀疑是指注册会计师执行审计业务的一种态度，包括采取质疑的思维方式，对可能表明由于舞弊或错误导致错报的迹象保持警觉，以及对审计证据进行审慎评价。

（1）职业怀疑在本质上要求秉持一种质疑的理念。这种理念促使注册会计师在考虑相关信息和得出结论时采取质疑的思维方式，即摒弃“存在即合理”的逻辑思维，寻求事物的真实情况。注册会计师既不应不假思索地全盘接受被审计单位提供的证据和解释，也不应轻易相信过分理想的结果或太多巧合的情况。

（2）职业怀疑要求对引起疑虑的情形保持警觉。这些情形包括但不限于：相互矛盾的审计证据；引起对文件记录或对询问答复的可靠性产生怀疑的信息；明显不合商业情理的交易或安排；其他表明可能存在舞弊的情况；表明需要实施除审计准则规定外的其他审计程序的情形。

（3）职业怀疑要求审慎评价审计证据。审计证据既包括支持和印证管理层认定的信息，也包括与管理层认定相互矛盾的信息。审慎评价审计证据包括质疑相互矛盾的审计证据、文件记录和对询问的答复以及从管理层和治理层获取的其他方面信息的可靠性，而非机械地完成审计准则要求实施的审计程序。在怀疑信息的可靠性或发现舞弊迹象时，注册会计师需要作出进一步调查，并确定需要修改哪些审计程序或追加实施哪些审计程序。需要强调的是，虽然注册会计师需要在审计成本与信息的可靠性之间进行权衡，但是审计中的困难、时间或成本等事项本身不能作为省略不可替代的审计程序或满足于说服力不足的审计证据的理由。

（4）职业怀疑要求客观评价管理层和治理层。由于被审计单位及其环境发生变化，或者管理层和治理层为实现预期利润或结果而承受内部或外部压力，即使以前正直、诚信的管理层和治理层也可能发生变化。因此，注册会计师不应依赖以往对管理层和治理层诚信形成的判断。即使注册会计师认为管理层和治理层是正直、诚实的，也不能降低保持职业怀疑的要求，不允许在获取合理保证的过程中满足于说服力不足的审计证据。

职业怀疑态度要求注册会计师在审计全过程中始终保持职业怀疑。保持职业怀疑有助于注册会计师恰当运用职业判断，提高审计程序设计及执行的有效性，降低审计风险。保持职业怀疑的作用具体体现在识别和评估重大错报风险、设计和实施进一步审计程序和评价审计证据三大环节。同时，注册会计师在三大环节中应当特别关注舞弊风险。

1. 针对识别和评估重大错报风险

在识别和评估重大错报风险时，保持职业怀疑有助于注册会计师设计恰当的风险评估程序，有针对性地了解被审计单位及其环境；有助于使注册会计师对引起疑虑的情形保持警觉，充分考虑错报发生的可能性和重大程度，有效识别和评估重大错报风险。

2. 针对设计和实施进一步审计程序

在设计和实施进一步审计程序以应对重大错报风险时，保持职业怀疑有助于注册会计师针对评估出的重大错报风险，恰当设计进一步审计程序的性质、时间安排和范围，降低选取不适当的审计程序的风险，并且针对可能存在未识别的重大错报风险的情形保持警觉，作出进一步调查。

3. 针对评价审计证据

在评价审计证据时，保持职业怀疑有助于注册会计师评价是否已获取充分、适当的审计证据以及是否还需执行更多的工作；有助于注册会计师审慎评价审计证据，纠正仅获取最容易获取的审计证据、忽视相互矛盾的审计证据的倾向。

4. 针对舞弊

保持职业怀疑有助于使注册会计师认识到存在由于舞弊导致的重大错报的可能性，不会受到以前对管理层、治理层正直和诚信形成的判断的影响；使注册会计师对获取的信息和审计证据是否表明可能存在由于舞弊导致的重大错报风险始终保持警惕；使注册会计师在怀疑文件可能是伪造的或文件中的某些条款发生变动时，作出进一步调查。

【例3-3·多选题】

注册会计师的下列做法中，符合职业怀疑的有（　　）。

A. 如怀疑信息的可靠性，作出进一步调查并确定是否修改或追加审计程序

B. 如审计时间有限或获取证据的成本太高，考虑实施替代审计程序

C. 连续审计时，可以依赖以往对管理层和治理层诚信形成的判断

D. 发现被审计单位的某些重要交易条款发生变动时，作出进一步调查

【分析】 AD。审计中的困难、时间或成本等事项本身不能作为省略不可替代的审计程序的理由，故选项B不正确；即使认为管理层和治理层是正直、诚实的，注册会计师也不应依赖以往对管理层和治理层诚信形成的判断，需要根据具体情况判断，故选项C不正确。

第二节　认定与具体审计目标

一、管理层认定

管理层认定是指管理层对财务报表组成要素的确认、计量、列报作出的明确或隐含的表达。管理层认定与审计目标密切相关，注册会计师了解了认定，就很容易确定每个项目的具体审计目标。注册会计师在识别、评估和应对重大错报风险的过程中，将管理层的认定用于考虑可能发生的不同类型的错报。

保证财务报表公允反映被审计单位财务状况和经营情况等是管理层的责任。当管理层声明财务报表已按照适用的会计准则和相关会计制度进行编制，在所有重大方面作出公允反映时，就意味着管理层对财务报表各组成要素的确认、计量、列报以及相关的披露作出了认定。管理层在财务报表上的认定有些是明确表达的，有些则是隐含表达的。例如，管理层在资产负债表中列报存货及其金额，意味着作出了下列明确的认定：(1) 记录的存货是存在的；(2) 存货以恰当的金额包括在财务报表中，与之相关的计价和分摊调整已恰当记录。同时，管理层也作出了下列隐含的认定：(1) 所有应当记录的存货均已记录；(2) 记录的存货都由被审计单位拥有。

管理层对财务报表各组成要素均作出了认定，注册会计师的审计工作就是要确定管理层的认定是否恰当，即再认定，确认这些表达是否存在错误，以增强除管理层之外的预期使用者对财务报表的信赖程度。

表3-1、表3-2列示了管理层认定的内涵及其在财务报表中体现的特征。

表3-1 关于各类交易、事项及相关披露的认定

认定类别	认定的内涵	利润表中的本质特征
(1) 发生	记录或披露的交易和事项已发生，且这些交易和事项与被审计单位有关	是否多记?
(2) 完整性	所有应当记录的交易和事项均已记录，所有应当包括在财务报表中的相关披露均已包括	是否少记?
(3) 准确性	与交易和事项有关的金额及其他数据已恰当记录，相关披露已得到恰当计量和描述	金额（数字）正确吗?
(4) 截止	交易和事项已记录于正确的会计期间	提前/推迟记录了吗?
(5) 分类	交易和事项已记录于恰当的账户	记录的“位置”恰当吗?
(6) 列报	交易和事项已被恰当地汇总或分解且表述清楚，相关披露在适用的财务报告编制基础下是相关的、可理解的	表述清楚吗? 相关吗? 可理解吗?

表3-2 关于期末账户余额及相关披露的认定

认定类别	认定的内涵	资产负债表中的本质特征
(1) 存在	记录的资产、负债和所有者权益是存在的	在哪里? 看得见、摸得着吗?
(2) 完整性	所有应当记录的资产、负债和所有者权益均已记录，所有应当包括在财务报表中的相关披露均已包括	是否遗漏?
(3) 准确性、计价和分摊	资产、负债和所有者权益以恰当的金额包括在财务报表中，与之相关的计价或分摊调整已恰当记录，相关披露已得到恰当计量和描述	金额（数字）正确吗?
(4) 权利和义务	记录的资产由被审计单位拥有或控制，记录的负债是被审计单位应当履行的偿还义务	归属权（所有权）属于谁?
(5) 分类	资产、负债和所有者权益已记录于恰当的账户	记录的“位置”恰当吗?
(6) 列报	资产、负债和所有者权益已被恰当地汇总或分解且表述清楚，相关披露在适用的财务报告编制基础下是相关的、可理解的	表述清楚吗? 相关吗? 可理解吗?

【例3-4·单选题】

公司的资产负债表中披露的存货信息如下：

流动资产：

存货　　10 000 000元

这意味着管理当局明确表达在财务报表上的认定是（　　）。

A. 存货的正确余额为10 000 000元

B. 所有应报告的存货均已包括在内

C. 所有被报告的存货都归公司所有

D. 存货的使用不受任何限制

【分析】A。认定是指管理层对财务报表组成要素的确认、计量、列报作出的明确或隐含的表达。明确的认定有：(1) 记录的××是存在的；(2) ××以适当的金额包括在财务报表中，与之相关的计价和分摊调整已恰当记录。隐含的认定有：(1) 所有应当记录的××已记录；(2) 记录的××都由被审计单位拥有。

二、具体审计目标

具体审计目标是在审计总目标的基础上，对具体的审计项目期望达到的目的或期望取得的最终结果。它是对审计总目标的具体化。具体审计目标是根据被审计单位管理层的认定和审计总目标确定的，与管理层的认定密切相关。注册会计师的基本职责是确定被审计单位管理层对其财务报表的认定是否恰当。为此，注册会计师可以将财务报表中的各类交易、账户余额、列报和披露分解为各项认定，具体的审计工作是确定管理层作出的与财务报表有关的每一项认定是否恰当。将管理层的认定运用于各类交易、账户余额以及列报，就形成了各类交易、账户余额及列报的具体审计目标。

注册会计师在了解了认定后，就能很容易地确定每个项目的具体审计目标，并以此作为评估重大错报风险以及设计和实施进一步审计程序的基础。同一认定可以与不同的审计目标相对应，也可能需要通过不同的审计程序来查证。同一审计程序的方向不同，可能实现的认定也不同，如存在认定是由账簿记录追查到原始凭证，而完整性认定是由原始凭证追查到账簿记录。

案例分析3-1

具体分析在实务中常见的管理层认定错误及其针对性的具体审计目标：

(1) 如果被审计单位没有发生销售交易，但在销售日记账中记录了一笔销售，则其违反了与交易相关的发生认定。针对性的具体审计目标是：该销售是否发生？

(2) 如果被审计单位不存在某顾客的应收账款，但在应收账款明细表中却列入了对该顾客的应收账款，则其违反了与余额相关的存在认定。针对性的具体审计目标是：该应收账款是否存在？

(3) 如果被审计单位发生了销售交易，但没有在销售日记账和总账中记录，则其违反了与交易相关的完整性认定。针对性的具体审计目标是：该销售是否完整地记录在账簿中？

(4) 如果被审计单位承接建筑工程项目的完工百分比为80%，但被审计单位将合同约定的全部工程价款确认为当期营业收入，则其违反了与交易相关的准确性认定。针对性的具体审计目标是：该营业收入记录是否正确（或者该营业收入会计处理是否正确）？

(5) 如果被审计单位发出商品后，在合同约定的无条件退货期满之前确认了营业收入，则其违反了与交易相关的发生认定。针对性的具体审计目标是：该营业收入是否真实发生？

(6) 如果被审计单位把重组而来的应收账款按1年计提坏账准备，其违反了与余额相关的应收账款的计价和分摊认定。针对性的具体审计目标是：该应收账款坏账准备计提是否正确？

(7) 如果被审计单位将本期交易推迟到下期，或将下期交易提前到本期，则均违反了与交易相关的截止认定。针对性的具体审计目标是：该交易是否正确截止？

(8) 如果被审计单位将出售经营性固定资产所得的收入记录为营业收入，则违反了与交易相关的分类认定。针对性的具体审计目标是：该交易是否正确分类？

(9) 被审计单位将他人寄售商品列入其存货中，违反了权利认定。针对性的具体审计目标是：该存货是否为被审计单位所拥有？将不属于被审计单位的债务记入账簿，违反了义务认定。针对性的具体审计目标是：该债务是否属于被审计单位的义务？

(10) 注册会计师复核董事会会议记录中是否记载了固定资产抵押等事项，询问管理层固定资产是否被抵押，即对列报的权利认定的运用。如果被审计单位抵押了固定资产，则其需要在财务报表中列报，说明其权利受到限制。针对性的具体审计目标是：该固定资产抵押在报表中的披露是否充分、适当？

(11) 注册会计师检查关联方和关联交易，以验证其在财务报表中是否得到充分披露，即对列报的完整性认定的运用。针对性的具体审计目标是：该关联方和关联交易在报表中的披露是否充分、适当？

(12) 注册会计师检查存货的主要类别是否已披露，是否将一年内到期的长期负债列为流动负债，即对列报的分类和可理解性认定的运用。针对性的具体审计目标是：该存货在报表中的披露是否充分、适当？

(13) 注册会计师检查财务报表附注是否分别对原材料、在产品和产成品等存货成本核算方法作了恰当说明，即对列报的准确性和计价认定的运用。针对性的具体审计目标是：该存货在报表中的披露是否充分、适当？

【例3-5·单选题】

在被审计单位发生的下列事项中，违反管理层对所属项目的计价和分摊认定的是（　　）。

A. 未将向外单位拆借的120万元款项列入所属项目中

B. 20×3年12月入账的一笔发生额为200万元的销售业务直到20×4年年初才满足确认收入的条件

C. 将应付天成公司的款项180万元记在天籁公司名下

D. 应收金梅公司货款60万元，金梅公司正在破产清算，公司未对此计提坏账准备

【分析】D。四个选项虽然都有金额，但选项A属于“该记的未记”，违反了完整性认定；选项B属于“提前确认收入”，违反了截止认定；选项C属于细项分类错误，影响了被审计单位应付账款的完整性和真实性；选项D系金额错误，违反

了计价和分摊认定。

通过举例说明可知，管理层认定是确定具体审计目标的基础。注册会计师通常将管理层认定转化为能够通过审计程序予以实现的审计目标。针对财务报表每一项目所表现出的各项认定，注册会计师相应地确定一项或多项审计目标，然后通过执行一系列审计程序获取充分、适当的审计证据以实现审计目标。概括起来，确定具体审计目标的步骤如图 3－1 所示。

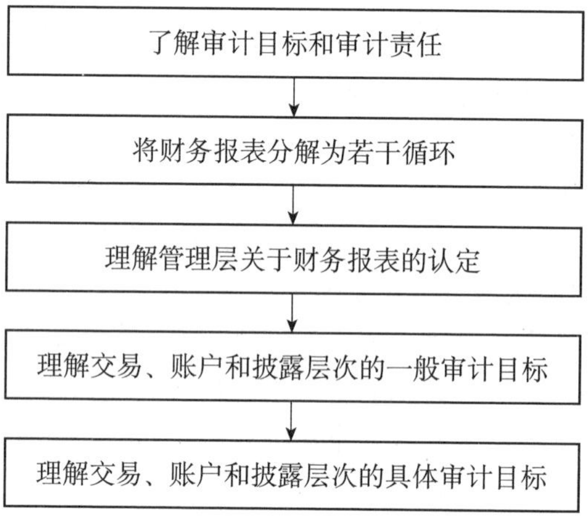

图 3－1　确定审计目标的步骤

第三节　财务报表循环与审计过程

一、财务报表循环

财务报表审计的组织方式大致有两种：一是对报表的每个账户余额单独进行审计，这种方法称为账户法（account approach）。这种方法通常导致工作效率低下，因为它将紧密联系的相关账户（如存货和产品销售成本）人为地分割开，造成整个审计工作的脱节和重复。二是将财务报表划分成几大块进行审计，即将紧密联系的交易种类（含事项，下同）和账户余额归入同一块中，并视为一个循环，交由一个人或一个团队负责统一审计，此方法称为循环法（cycle approach）。比如，销售、销售退回、收现及坏账冲销是影响应收账款增减的四种交易，注册会计师将这四种交易及应收账款并归入“销售与收款循环”中进行审计。类似地，工薪交易和应付工资可以划入“成本循环”（现实中具体为“生产与仓储循环”和“工薪与人事循环”）。循环法不仅有助于审计人员加深对被审计单位经济业务的理解，还可以通过将特定业务循环所涉及的财务报表项目分配给一名或数名审计人员，增强审计人员分工的合理性，从而改善审计的效率和效果。在实务中，由于内部控制与被审计单位业务流程联系紧密，因此控制测试通常应当采用循环法实施。同时，为了便于与控制测试衔接，对交易和账户余额的实质性程序也往往采用循环法。

通过考察交易被记录于各种记账凭证乃至汇总到总账和财务报表的方式，可以发现使用循环法具有逻辑合理性。图 3－2 列示了某些交易的会计处理过程。实际上，循环法是将记录于不同记账凭证中的交易与这些交易所影响的总账余额合并起来考虑，以更有效地安排审计工作。在审计实务中，循环法和账户法通常结合使用，审计时可以先按业务循环进行分工，然后在各业务循环审计时，依然对每个账户余额单独进行审计。

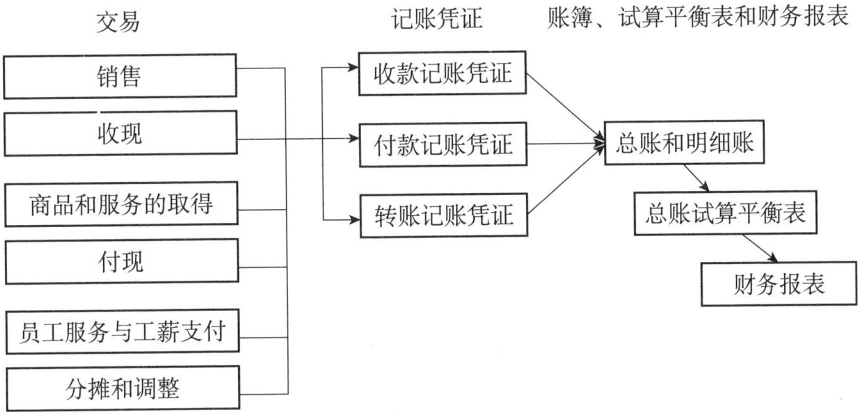

图 3－2　交易从记账凭证至财务报表的信息流程

不同行业的企业经营性质不同，因此可将被审计单位的财务报表分为不同的循环。即使是同一企业，不同注册会计师也可能采用不同的循环划分方法。以制造企业财务报表为例来说明，如表 3－3 所示。

表 3－3　制造企业财务报表循环划分表

<table>
<tr><th rowspan="2">业务循环</th><th rowspan="2">主要业务活动</th><th colspan="2">报表项目</th></tr>
<tr><th>资产负债表项目</th><th>利润表项目</th></tr>
<tr><td>销售与收款循环</td><td>1. 销售
2. 记录应收账款
3. 记录税金
4. 收款
5. 维护顾客档案</td><td>应收票据、应收账款、预收账款、合同资产、合同负债、应交税费</td><td>营业收入、信用减值损失、税金及附加、销售费用</td></tr>
<tr><td>购货与付款循环</td><td>1. 采购
2. 记录应付账款
3. 付款
4. 维护供应商档案</td><td rowspan="2">预付账款、固定资产、工程物资、在建工程、固定资产清理、无形资产、生产性生物资产、开发支出、商誉、长期待摊费用、应付票据、应付账款、长期应付款</td><td rowspan="2">管理费用</td></tr>
<tr><td>固定资产循环</td><td>1. 固定资产投资预算管理与审批
2. 购置
3. 记录固定资产
4. 固定资产折旧及减值
5. 固定资产日常保管、处置及转移</td></tr>
</table>

续表

业务循环	主要业务活动	报表项目	
		资产负债表项目	利润表项目
生产与仓储循环	1. 材料验收和仓储 2. 计划和安排生产 3. 生产与发运 4. 存货管理	存货（包括材料采购或在途物资、原材料、材料成本差异、库存商品、发出商品、商品进销差价、委托加工物资、委托代销商品、周转材料、生产成本、制造费用、劳务成本、存货跌价准备、受托代销商品、消耗性生物资产等）、应付职工薪酬	营业成本、生产成本
工薪与人事循环	1. 员工聘用与离职 2. 工作时间记录 3. 工资计算和记录 4. 工资支付 5. 常备数据维护		
筹资与投资循环	1. 筹资 2. 投资 3. 衍生金融工具管理	交易性金融资产、应收股利、应收利息、其他应收款、其他流动资产、债权投资、其他债权投资、长期股权投资、其他权益工具投资、投资性房地产、递延所得税资产、其他非流动资产、短期借款、交易性金融负债、应付股利、应付利息、其他应付款、其他流动负债、预计负债、长期借款、应付债券、专项应付款、递延所得税负债、其他非流动负债、股本、资本公积、盈余公积、未分配利润	财务费用、研发费用、资产减值损失、资产处置损失、公允价值变动收益、投资收益、营业外收入、营业外支出、所得税费用

注册会计师在划分循环时，应注意将所有总账账户和记账凭证均包括在相应的循环中，同时还应注意各循环之间的联系。

二、审计过程

确定审计目标之后，注册会计师可以开始收集审计证据，以实现审计总目标和各项具体审计目标。审计证据的收集是在审计过程中实现的，因此，审计目标的实现与审计过程密切相关。所谓审计过程，是指审计工作从开始到结束的全过程，一般包括以下五个主要阶段。

（一）接受业务委托阶段

这一阶段由审计项目合伙人执行，也可在审计经理的协助下执行。该阶段的工作主要包括三项。

1. 审计项目风险的评估和应对

（1）审计项目风险的评估。在决定是否承接或续任审计项目前，应对审计项目风险进行评估。审计项目风险的评估是审计过程的关键环节，它影响到是否承接该审计项目，以及承接项目后审计计划的制订、审计风险的应对等。评估审计项目风险时，应将与被审计单位相关的风险及提供专业服务的风险结合起来。评估时，应根据有关法律法规、执业准则的相关要求，对拟接受的审计项目进行背景调查，开展独立性分析，评价是否存在利益冲突的情形等。风险评估的结果有：低于、高于和远高于一般水平。审计项目合伙人对审计项目风险的评估结果和对审计项目的接受行为，应得到其所在事务所至少一名其他合伙人的同意。

（2）审计项目风险的应对。对于风险评估结果为高于一般水平或远高于一般水平的审计项目，应在制订审计计划及执行审计计划时充分考虑导致该评估结果的因素，并采取适当的应对措施。对于每个拟接受的审计项目及续任的审计项目，应根据相关审计项目风险的评估结果，决定是否执行追加审计程序。对于风险评估结果为远高于一般风险的审计项目，应指派一名专门的质量复核合伙人，以保证审计工作的质量。

2. 选择审计小组

审计项目合伙人负责选择审计小组成员，审计小组全体成员应具备适应特定审计项目的能力、资格、经验和时间。如果在审计项目的执行过程中需利用内部专家的工作，审计项目合伙人应选择内部专家，并由具有必要技术知识的人员及审计项目合伙人对内部专家的工作进行指导和监督。

3. 形成审计业务约定书

为避免对审计业务的理解产生分歧，在审计业务开始前，应与被审计单位就审计业务约定条款达成一致，并签订审计业务约定书。审计业务约定书应记录审计目标及范围、双方的责任、被审计单位的财务报告框架、审计报告格式等。

（二）制订审计计划阶段

该阶段的工作主要包括 11 项。

1. 制定总体审计策略

总体审计策略用于确定审计范围、时间和方向，并指导制订详细审计计划。总体审计策略应于开展现场工作前制定，由审计项目合伙人负责，必要时邀请审计小组主要成员及专家参与。

总体审计策略应明确以下事项：确定审计业务特征；确定审计项目的报告目标，以计划审计工作的时间安排以及所需沟通事项的性质；考虑影响审计工作的重要因素，以确定项目组工作重点。

2. 进行项目组讨论

为更好地评估财务报表产生重大错报的可能性，审计小组成员需讨论被审计单位面临的经营风险、财务报表容易发生错报的领域以及发生错报的方式。通过讨论，小组各成员可以更好地了解各自负责的领域中，由于舞弊或错误导致财务报表重大错报的可能性，并了解各自实施审计程序的结果如何影响审计的其他方面。

3. 对被审计单位计算机的使用进行分类

对被审计单位计算机的使用进行分类有助于了解其计算机运行环境、应用系统以及相关控制的性质和范围。分类须考虑被审计单位计算机使用的范围、复杂程度以及计算机系统对其经营活动的重要性等因素。一般分为高度、轻度和中度三类。

（1）高度。被审计单位广泛地使用计算机，计算机运行环境复杂，并且计算机系统对其业务活动非常重要。大多数金融机构和高度自动化的制造业属于高度计算机化。

（2）轻度。被审计单位使用计算机的范围局限于不重要且较简单的工作。如果被审计单位仅有一两项较简单的计算机应用程序（如工资和总分类账），即归为此类。

（3）中度。被审计单位使用计算机的程度低于高度但高于轻度时，即归为此类。中度计算机化实体往往有一两种复杂的计算机系统，该计算机系统被广泛使用并且对实体的业务活动是重要的。但就整体而言，实体使用计算机的程度尚不足以归类为高度。

4. 了解被审计单位及其环境

这一工作在审计项目合伙人领导下，由项目经理和现场负责人协助完成。了解被审计单位及其环境包括以下方面：行业状况、法律环境、监管环境及其他外部因素；被审计单位的性质；被审计单位的会计处理程序；被审计单位的目标、战略及相关经营风险；被审计单位财务业绩的衡量和评价；被审计单位的内部控制。

5. 了解被审计单位的内部控制

这一工作主要由项目现场负责人完成。内部控制是被审计单位为合理保证财务报告的可靠性、经营的效率和效果以及对法律程序的遵守，由治理层、管理层和其他人员设计和执行的政策和程序。对被审计单位内部控制的了解包括了解其控制环境、风险评估程序、信息系统和沟通、控制措施以及对控制的监督等。

6. 了解被审计单位的会计处理程序

这一工作由项目现场负责人执行，由审计项目合伙人和审计经理参与。审计人员应当了解被审计单位的会计处理程序，评估该会计处理程序是否符合适用的会计准则和相关会计制度，是否符合被审计单位的具体情况。在这个过程中，应重点关注被审计单位的重大交易处理方法、与会计处理过程以及重大交易流程相关的重大应用系统、会计政策的变更等。

7. 执行初步分析性复核

这一工作由项目现场负责人执行。初步分析性复核有助于对被审计单位及其环境取得总体了解，并对财务报表的内容及自上次审计以来可能发生的重大经营或会计核算变化取得总体了解。同时，初步分析性复核作为风险评估程序的一部分，有助于了解被审计单位的流动性与盈利能力，帮助确定计划重要性水平。

8. 确定计划重要性水平和金额精确值

在计划重要性水平和金额精确值的确定过程中，项目现场负责人收集数据用于最初计算，审计项目合伙人作出最终决定。

审计项目的计划重要性水平是指财务报表中判断为重要错报的金额水平。计划重要性水平应确定为计划审计范围所依据的单独金额，计划重要性水平可以使审计人员发现财务报表中的重大错报。

金额精确值的确定需要运用审计人员的专业判断。金额精确值以计划重要性水平为基础，一般低于计划重要性水平。将金额精确值设定为低于计划重要性水平的目的在于提供一定的缓冲，从而在发现错报的情况下，仍然可以作出“财务报表中的累积错报未超过计划重要性水平”的合理保证。

9. 评估潜在错误层次的风险

这一工作在审计项目合伙人、审计项目经理和项目现场负责人召开的审计计划会议的过程中开展。

评估潜在错误层次的风险应识别并评估财务报表中账户余额或披露事项的潜在错误层次的重大错报，包括以下工作内容：通过考虑财务报表中的账户余额或披露事项，在对被审计单位及其环境取得了解的整个过程中识别风险，包括与风险有关的控制；针对账户余额或披露事项相关的一个或多个潜在错误风险，考虑风险导致财务报表重大错报的可能性；对识别和评估的潜在错误层次的重大错报风险予以记录。

10. 制订审计计划

审计计划记录了计划的审计程序的性质、时间和范围。该项工作由审计项目现场负责人执行。

制订审计计划时须考虑以下因素：项目组成员的指导、监督和审核；计划保证程度来源。综合考虑对固有保证程度、控制保证程度和实质性保证程度的评估，计划对与每一重大账户余额相关的每一潜在错误获得的保证程度，针对每一重大账户余额或披露事项制订审计计划。在设计审计程序的过程中，需考虑影响账户余额或披露事项的潜在错误的特定风险、通过控制运行有效性测试而获得的控制保证程度、为获取实质性保证程度而执行的实质性程序的性质和范围。

为制订能将审计风险降至可接受水平的审计计划，须考虑审计项目风险、被审计单位对计算机使用的分类、内部控制、管理层的期望和关注事项、多地点审计项目、内部审计人员的角色、法律和监管要求、报告截止期限、关联方和关联方交易、被审计单位是否遵循适用的法律法规、公允价值计量和披露、持续经营假设、与被审计单位法律顾问的沟通、被审计单位的规模、首次执行的审计项目——期初余额等因素。

11. 编制审计计划备忘录

审计计划备忘录是审计计划的汇总，由审计项目现场负责人编制。审计计划备忘录的作用在于：描述审计项目的预期范围；强调在审计计划过程中发现的重大事项和风险；提供审计人员已适当地计划审计项目，并已就审计项目风险、广泛风险、特定风险和其他影响审计项目的事项采取应对措施的证据。

审计计划备忘录通常包括以下事项：

（1）对审计项目风险的评估及计划采取的应对措施，包括对广泛风险的识别及计划采取的应对措施、对独立性及潜在利益冲突的评估与初步结论。

（2）审计计划过程中的其他重大事项，包括已识别的舞弊风险因素、有关内部控制要素的初步结论、计划重要性水平和金额精确值、对被审计单位计算机使用的分类、影响审计工作的被审计单位及其环境的变更、会计处理程序的重大变更等。

（3）对特定风险的评估及应对措施。

（4）对于未发现存在特定风险的重要账户余额或披露事项，针对潜在错误的审计策略。

（三）实施审计计划阶段

该阶段的工作主要包括五项，所有这些活动主要由项目现场负责人和助理审计人员执行。

1. 实施控制测试

存在以下情形之一时，须实施控制测试，以获得控制运行有效性的审计证据：

（1）在评估重要账户余额或披露事项重大错报风险时，预期控制的运行是有效的；

（2）仅实施实质性程序不足以提供充分、适当的审计证据。

在测试控制运行的有效性时，应从以下方面获取审计证据：控制在不同时点是如何运行的、控制是否得到一贯执行、控制由谁执行、控制以何种方式运行。

控制测试的程序包括询问、观察、检查、穿行测试、重新执行等。

审计人员通过实施控制测试，如果未能获得合理保证，说明有关控制措施已达到与某潜在错误有关的相关控制目标，则不得依赖于该项控制。如果审计人员未能获得合理保证，确认存在其他控制措施达到了相关控制目标，则应修改对重大账户余额或披露事项的潜在错报的审计计划，并执行针对性的实质性程序。

2. 执行实质性程序

实质性程序分为对各类交易、账户余额、列报的细节测试和实质性分析程序两种类型。实质性程序的类型根据各类交易、账户余额、列报的性质确定。

实质性分析程序是指将记录的金额与计算出的预期值相比较，从而对记录金额是否不存在重大错报得出结论。对于在一段时期内存在可预期关系的大量交易，可以考虑实施实质性分析程序。

实质性分析程序包括以下步骤：识别进行测试的账户余额或披露事项及相关潜在错误；根据相关财务或非财务数据对可进行适当分解的记录金额进行推算；确定预期值和已记录金额间可以接受的最大差异额；比较预期值与已记录金额，并识别超过可接受的最大差异额且需要进一步调查的差异；获得超过可接受的最大差异额的差异的解释，并通过执行进一步分析、调查或检查证明其合理性。

3. 细节测试

细节测试适用于对各类交易、账户余额、列报认定的测试，尤其是对存在或发生、计价认定的测试。

细节测试包括以下步骤：识别和了解要进行细节测试的相关总体及潜在错误；考虑细节测试的方向；选择适当的细节测试方法；确定细节测试的范围；选取细节测试的待检查项目；检查和评估被选入细节测试的项目的证据；评估细节测试的结果。

在计划设计和执行细节测试的过程中，应识别相关的总体，总体可能是账户余额或披露事项及待测的相关潜在错误。此外，还须确定选择被测试项目的方法，以收集充分、适当的审计证据，达到细节测试的目的。

4. 累计、沟通和更正错误

审计人员应将超过可接受的最大差异额的错报，以及性质上重大的已知错报和可能错报，记入错报评价计划表，累计其金额，并从定量和定性两个方面评估其性质，了解其成因。

了解错报的性质和成因后，审计人员应就发现的错报与被审计单位的管理层和治理层进行沟通，要求管理层更正超过可接受的最大差异额或性质重大的错报，并对披露进行适当更正。

如果管理层不更正错报，审计人员应了解并记录其拒绝更正错报的原因。

5. 执行财务报表复核

财务报表复核工作于大部分审计程序完成后开展。对财务报表进行复核的目的在于确定以下事项：财务报表在整体上是否与审计人员对被审计单位的了解、对个别账户余额或披露事项和关系的了解及取得的审计证据相一致；是否存在由于欺诈而尚未识别的重大错报的风险；编制财务报表时使用的会计政策及其变化是否适当，是否得到妥善披露；财务报表（包括相关披露事项）的总体表述是否遵循会计政策和适用的财务报表框架。

在财务报表复核过程中，应特别关注编制财务报表的持续经营假设是否继续保持其适当性，以及财务报表中对关联方和关联方交易的披露。

（四）形成审计意见并出具审计报告阶段

该阶段工作主要由项目现场负责人执行，由审计经理和审计项目合伙人进行复核和批准。该阶段的工作主要包括六项。

1. 执行期后事项复核

期后事项是指资产负债表日至审计报告日之间发生的事项。期后事项中可能存在需要对审计报告所针对的财务报表进行调整或在财务报表中加以披露的事项。期后事项复核的目的是确定所有期后事项已经确认并在财务报表中得到适当处理，同时须考虑是否存在影响编制财务报表的持续经营假设的期后事项。

2. 评价总体审计范围

根据已识别错报的性质和金额，以及存在未识别错报的可能性，对审计范围的充分性进行评价，判断审计范围是否足以得出合理的结论，以此作为审计意见的依据。

如果认为审计范围不充分，应执行追加审计程序，或考虑其对审计报告可能造成的影响。

3. 评价未更正错报对财务报表的影响

如果审计人员认为被审计单位的财务报表存在重大错报，应要求被审计单位管理层更正所有单独或汇总后重大的未更正错报。如果管理层拒绝调整财务报表，且扩大审计范围后的结果仍无法证明未更正错报的累计数不重大，则应考虑出具适当的非无保留意见的审计报告。

4. 获得管理层声明

管理层声明的作用在于明确以下事项：按照适用的财务报表体系编制并披露公允的财务报表是被审计单位管理层的责任；财务报表已获被审计单位管理层认可。

管理层声明可以是被审计单位管理层签名的声明书，或董事会（或类似机构）或其他监管层召开会议的记录，记录中确认了管理层对财务报表的责任并认可了财务报表。

以下事项应获得管理层的书面声明：

（1）有关关联方识别的相关信息是完整的，财务报表中对关联方的披露是充分的；

（2）管理层承认其负责设计和执行内部控制，用于防止和发现欺诈和错误；

（3）管理层相信，审计期间发现的尚未更正的错报不会对财务报表整体产生重大影响；

（4）管理层对由于欺诈发生重大错报风险的评估所依据的信息是完整的；

（5）所有可能存在的与法律法规不符之处已得到披露；

（6）当存在影响持续经营的事件或情形时，管理层针对持续经营拟采取的行动计划；

（7）重大假设的合理性。

5. 编制审计总结备忘录

审计总结备忘录的形式和内容由审计项目合伙人确定，并经其认可。审计总结备忘录应包括以下事项：对特定已识别风险的评估；审计计划备忘录完成后对审计计划所作的调整；持续经营假设的适当性及其对财务报表的影响；对期后事项复核的结果；对错报（包括披露不足）的评价过程中得出的总体结论；执行的审计程序和获得的审计证据是否适当，是否足以支持审计意见的形成；对审计项目风险评估后的结论，以及是否继续接受审计委托的决定。

6. 形成审计意见并出具审计报告

审计报告是指审计人员在实施审计工作的基础上，对被审计单位财务报表发表审计意见的书面文件。审计报告应当依据适用的职业准则和法律法规的要求编制。审计项目合伙人对审计报告的正确措辞和日期负责。

审计报告应清楚表达对被审计单位财务报表的意见，除非工作范围受到限制，且这一限制具有重大性和广泛性，审计人员因此不能获得足够的适当的审计证据或因其他原因不能对财务报表发表意见。在对财务报表形成审计意见时，审计人员应当根据已获得的证据，评价是否已对财务报表整体不存在重大错报获取合理保证。

（五）项目结束后的工作阶段

该阶段的工作主要是整理审计工作底稿并归档。审计档案须在审计报告日后的60天内，或于所适用的职业准则和法律法规要求的时限之前完成归档。

三、贯穿审计所有阶段的工作

在审计五个阶段的工作过程中，均须编制、复核工作底稿，评估和管理风险等。以下五项工作贯穿年度财务报表审计的所有阶段。

（一）管理审计项目

管理审计项目的目的在于确保审计工作按照会计师事务所政策手册中规定的政策和程序高效、有效地执行。审计项目管理是否有效取决于审计项目合伙人的经验以及对被审计单位及其环境的了解程度。

（二）编制审计工作底稿

审计工作底稿是对所实施的审计程序、所获得的相关审计证据及审计人员得出的审计结论的记录。在审计工作执行过程中，应编制并维护足够完整和详细的审计工作底稿，以支持审计结论。

审计工作底稿主要由审计项目人员（包括助理）以及项目现场负责人编制。

（三）复核审计工作底稿

审计工作底稿的复核包括以下三个级别，三个级别的复核按顺序开展。

1. 详细复核

经验较少的项目组成员编制的工作底稿，应由一位更有经验但没有参与该工作底稿编制的项目组成员执行详细复核。

2. 初步复核

初步复核由审计经理、审计项目合伙人或其他具备适当资格的人员执行。

3. 最终复核

最终复核由审计项目合伙人执行。

（四）评估和管理风险

该工作包括识别和评估与被审计单位、审计项目以及重大账户余额或披露事项潜在错误相关的风险，并针对这些风险设计合理的审计程序。

（五）保证审计质量

该工作是指在审计业务的开展过程中保证较高的专业水准和技术质量。

即测即评

扫描此码 在线做题

思考题

1. 从财务报表审计总目标演变的角度，分析目前年度财务报表审计的总体目标。
2. 如何划分和协调财务报表审计中管理层与注册会计师的责任？
3. 简述管理层认定。
4. 简述职业怀疑。
5. 举例说明管理层认定与审计目标之间的关系。

6. 简述将审计工作划分为不同循环的优点及各循环间的流转关系。
7. 简述实现审计目标的整个审计过程。

案例分析（一）

管理层意图/倾向与认定

甲上市公司是ABC会计师事务所的常年审计客户，主要从事汽车的生产和销售。注册会计师A负责审计甲公司20×3年度财务报表。

资料一：

注册会计师A在审计工作底稿中记录了所了解的甲公司情况及其环境，部分内容摘录如下：

(1) 20×3年，在钢材价格及劳动力成本大幅上涨的情况下，甲公司通过调低主打车型的价格，保持了良好的竞争力和市场占有率。

(2) 20×3年，甲公司首款互联网汽车研发项目取得突破性进展，于20×3年年末开始量产。甲公司因此获得了1 800万元的研发补助，并于20×3年12月将相关开发支出转入无形资产。

(3) 自20×3年1月起，甲公司将产品质量保证金的计提比例由营业收入的3%调整为2%。

(4) 20×3年12月31日，甲公司以1亿元的价格购入丙公司40%的股权。根据约定，甲公司按持股比例享有丙公司自评估基准日（20×3年6月30日）至购买日的净利润。

(5) 20×3年12月，甲公司与非关联方丁公司签订意向书，计划以3 000万元的价格向其出售一批旧设备。20×4年1月，该交易获得批准并完成交付。

资料二：

注册会计师A在审计工作底稿中记录了甲公司的财务数据，部分内容如表3-4所示。

表3-4　甲公司的部分财务数据　　金额单位：万元

项目	未审数	已审数
	20×3年	20×2年
营业收入	100 000	95 000
营业成本	89 000	84 500
销售费用——产品质量保证	2 000	2 850
投资收益——权益法核算（丙公司）	1 200	0
其他收益——互联网汽车项目研发补助	1 800	0
持有待售资产——拟销售给丁公司的设备	4 200	0
长期股权投资——丙公司	11 200	0
无形资产——互联网汽车开发项目	4 000	0

【讨论分析】

假定不考虑其他条件，结合资料二，逐项指出资料一所列事项管理层的意图或倾向，并说明各事项与哪些财务报表项目的哪些认定相关（不考虑税务影响）。

案例分析（二）

管理层认定与针对的具体审计目标

小王是某会计师事务所新入职的助理审计师，他首次跟随审计小组进驻审计现场时发现，审计小组的审计人员几乎会立即按照已制订好的具体审计计划（即审计程序表）埋头执行审计程序，完成分配给自己的任务。他回想起大学审计课程中老师曾讲过，年报审计的起点在于管理层认定，所有设计和执行的审计目标及审计程序都应围绕管理层认定展开才具有意义。于是，他开始尝试从管理层认定入手进行审计。

小王在审计工作底稿中记录了所了解的甲公司财务报表的相关状况，部分内容摘录如下：

(1) 购入的一批材料还在途中，未列入期末存货项目。

(2) 3月份购入的办公设备和一项专利技术，均从4月份开始计提折旧和摊销。

(3) 购入的用于生产M产品的C材料的市场价格已经严重下跌，但M产品的市价并没有降低，因此甲公司并没有对C材料计提存货跌价准备。

(4) 董事会已经作出书面决议，将甲公司的一处仓库用于经营出租并且在短期内不再发生变化，甲公司将其确定为投资性房地产。

(5) 因生产用的某项设备和某种材料的市价回升，甲公司将其原已计提的减值准备转回。

(6) 12月份购入的一批原材料，因供货方提供了10%的商业折扣，甲公司按照扣除了商业折扣后的金额记录了应付账款。

【讨论分析】

1. 你认为小王坚持从管理层认定入手进行审计正确吗？为什么？其他审计人员到达审计现场后会立即按照已制订好的具体审计计划（即审计程序表）埋头执行审计程序，完成分配给自己的任务，这说明了什么？可能会出现什么问题？

2. 请分别指出上述事项各违反了哪项认定，以及针对性的具体审计目标。

线上MOOC学习

请登录 https://www.icourse163.org/course/CUFE-1003060002，课外学习国家精品课程“审计学”中“认定与审计目标”相关内容。

第四章

Chapter 4 承接业务与计划审计工作

素养提升

居安思危，提升预判、规划能力。

思维导图

引　例

财务报表审计的起点和条件

审计随着市场经济的发展而被人们视为“市场经济的标签”。一个公司完善的经营管理和健全的会计体系能够通过审计人员的鉴证获得公众的认同与信赖。因此，企业要求审计人员对财务报表进行审计，不仅是为了满足相关法律法规的强制性要求，更是企业主动向外传递其财务状况和经营成果的重要方式。

我国《公司法》明确规定，所有在中国境内以公司制形式注册成立的公司，其年度财务报表都必须经过注册会计师的审计。这使得年报审计成了一项法定的强制性要求。对于上市公司、金融类企业等公众公司而言，年报审计因社会公众的需求而显得尤为重要和紧迫。然而，对于部分小规模企业或私营公司来说，由于其财务会计体系尚不健全，往往只有在税务部门或银行等外部机构要求提交审计报告时，才会选择委托会计师事务所进行年报审计。

金华公司因申请银行贷款而需提交年度审计报告。公司老板急忙从口袋中掏出一堆发票等凭证，要求注册会计师立即为其出具年度财务报表审计报告。在此情况下，注册会计师能够承接金华公司的年报审计业务吗？财务报表审计的起点和条件又是什么呢？

第一节　业务承接与初步业务活动

一、业务承接

业务承接有两大目标：一是审查目标客户，以确定是否承接业务；二是说服客户聘用注册会计师。为了生存与发展，会计师事务所必须拥有一定数量的客户。尽管注册会计师通常不会轻易拒绝目标客户，但若与不诚实的客户合作，对于会计师事务所来说后果将不堪设想。因此，并非凡有委托，会计师事务所一定承接业务。在确定是否承接业务时，注册会计师必须保持谨慎，对与缺乏诚信的客户打交道可能导致的严重后果和昂贵代价保持清醒的认识，拒绝接受高风险客户。但对于一些尚没有认识到注册会计师能够为其提供哪些服务的潜在客户，注册会计师应当以自身专业价值能够满足并超越客户期望的方案和实例，说服客户聘用注册会计师，将潜在的客户转变为现实的客户。

审计业务承接的实务流程具体如图 4－1 所示。

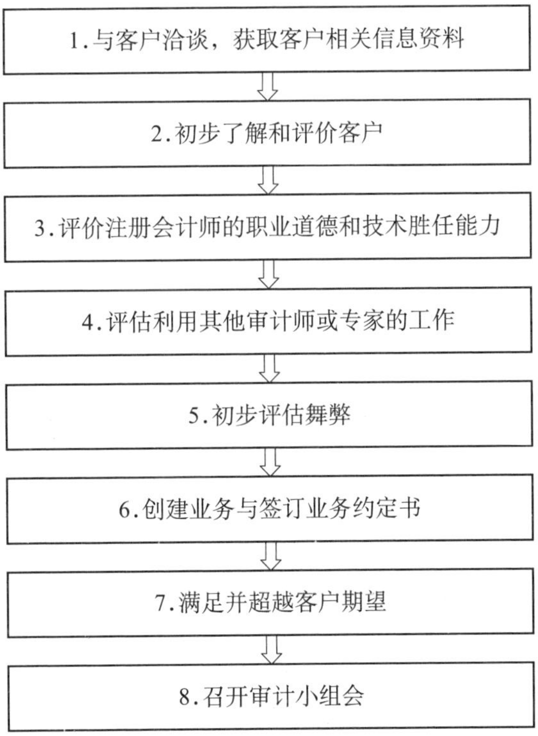

图 4－1　审计业务承接的实务流程图

二、初步业务活动

从会计师事务所与客户接触起，审计活动就已经开始，这时称为初步的业务活动。执行初步业务活动的目的，是保证注册会计师执行审计工作时具备执行业务所需要的独立性和专业胜任能力，不存在因管理层诚信问题而影响注册会计师保持该项业务意愿的情况，与被审计单位不存在对业务约定条款的误解。其主要内容有：

（一）针对保持客户关系和具体审计业务实施相应的质量控制程序

无论是连续审计还是首次接受审计委托，注册会计师均应当考虑下列主要事项，以确定保持客户关系和具体审计业务的结论是恰当的：

（1）被审计单位的主要股东、关键管理人员和治理层是否诚信；

（2）项目组是否具备执行审计业务的专业胜任能力以及必要的时间和资源；

（3）会计师事务所和项目组能否遵守职业道德规范。

（二）评价遵守职业道德规范的情况

虽然保持客户关系及具体审计业务和评价注册会计师职业道德的工作须贯穿审计业务的全过程，但这两项活动需要安排在其他审计工作之前，以确保注册会计师已具备执行业务所需要的独立性和专业胜任能力，且不存在因管理层诚信问题而影响注册会计师保持该项业务意愿等情况。在连续审计的业务中，这些初步业务活动通常在上期审计工作结束后不久或将要结束时就已开始。

（三）及时签订或修改审计业务约定书

在作出接受或保持客户关系及具体审计业务的决策后，注册会计师与被审计单位就审计业务约定条款达成一致意见，签订或修改审计业务约定书，以避免双方对审计业务的理解产生分歧。

【例4-1·单选题】

计划审计工作十分重要，对于任何一项审计业务，注册会计师在执行具体审计程序之前，都必须根据具体情况制订科学、合理的计划，使审计业务以有效的方式得到执行。以下说法中，正确的是（　　）。

A. 为保持一定的独立性，公司的相关人员不可以参与审计工作底稿的编制工作

B. 注册会计师如果不具备专业胜任能力，可以借助专家的工作

C. 在商定审计费用时，注册会计师可以按照审计后资产总额的一定比例确定本次审计费用

D. 在编制审计计划前，注册会计师需要开展初步业务活动

【分析】D。被审计单位的财会人员及相关人员在适当情况下可以为注册会计师提供必要的工作条件和协助，如代编某些工作底稿等，故选项A不正确；如果事务所所有的注册会计师均不具备专业胜任能力，应当拒绝接受委托，假如仅仅在某些特殊领域不了解，则可以借助专家的工作，故选项B不正确；在商定审计费用时，不可按审计后资产总额的一定比例确定审计费用，这属于或有收费，可按审计前资产总额的一定比例确定审计费用，故选项C不正确。

第二节　签订业务约定书

一、签订业务约定书前的工作

会计师事务所只有通过实施下列工作就执行审计工作的基础达成一致意见后，才能承接或保持审计业务：

（1）确定审计的前提条件；

（2）确认注册会计师与管理层和治理层（如适用）已就审计业务约定条款达成一致意见。

（一）审计的前提条件

管理层和治理层（如适用）认可与财务报表相关的责任，是注册会计师执行审计工作的前提，构成注册会计师按照审计准则的规定执行审计工作的基础。审计的前提条件是指管理层在编制财务报表时采用可接受的财务报告编制基础，以及管理层对注册会计师执行审计工作的前提的认同。

为了确定审计的前提条件是否存在，注册会计师应当：

（1）确定管理层在编制财务报表时采用的财务报告编制基础是不是可接受。注册会计师在确定财务报表所采用的财务报告编制基础的可接受性时，应当考虑的因素包括：1）被审计单位的性质（商业企业、公共部门实体还是非营利组织）；2）财务报表的目的（通用目的还是特殊目的）；3）财务报表的性质（整套财务报表还是单一财务报表）；4）法律法规是否规定了适用的财务报告编制基础。

如果财务报告准则由经授权或获得认可的准则制定机构遵循一套既定和透明的程序制定和发布，供某类实体使用，则认为财务报告准则对于这类实体编制通用目的财务报表是可接受的。这些财务报表准则包括国际会计准则理事会发布的《国际财务报告准则》、国际公共部门会计准则理事会发布的《国际公共部门会计准则》、某一国家或地区经授权或获得认可的准则制定机构遵循一套既定和透明的程序制定和发布的会计准则（如我国的《企业会计准则》）等。

（2）就管理层认可并理解其责任与管理层达成一致意见。管理层的责任包括：按照适用的财务报告编制基础编制财务报表，并使其实现公允反映（如适用）；设计、执行和维护必要的内部控制，以使财务报表不存在由于舞弊或错误导致的重大错报；向注册会计师提供必要的工作条件，包括允许注册会计师接触与编制财务报表相关的所有信息（如记录、文件和其他事项），向注册会计师提供审计所需要的其他的信息，允许注册会计师在获取审计证据时不受限制地接触其认为必要的内部人员和其他相关人员。

注册会计师需要获取针对管理层责任的书面声明、其他审计准则要求的书面声明，以及在必要时需要获取用于支持其他审计证据（用以支持财务报表或者一项或多项具体认定）的书面声明。

如果管理层不认可其责任，或不同意提供书面声明，注册会计师将不能获取充分、适当的审计证据。在这种情况下，注册会计师承接此类审计业务是不恰当的，除非法律法规另有规定。如果法律法规要求承接此类审计业务，注册会计师可能需要向管理层解释这种情况的重要性及其对审计报告的影响。

（二）充分沟通审计约定事项

签约前，注册会计师应当与委托人、被审计单位就审计业务约定相关条款进行充分沟通，并达成一致意见。沟通的主要约定事项包括：

（1）财务报表审计目标与范围；

（2）注册会计师的责任；

（3）管理当局的责任；

（4）编制财务报表所适用的财务报告编制基础；

（5）注册会计师拟出具审计报告的预期形式和内容；

（6）审计收费；

（7）审计进度及审计报告提交时间等。

【例4-2·多选题】

为确定审计的前提条件是否存在，下列各项中，注册会计师应当执行的工作有（　　）。

A. 确定管理层在编制财务报表时采用的财务报告编制基础是不是可接受

B. 确定被审计单位是否存在违反法律法规的行为

C. 确定被审计单位的内部控制是否有效

D. 确定管理层是否认可并理解其与财务报表相关的责任

【分析】AD。审计的前提条件是指管理层在编制财务报表时采用可接受的财务报告编制基础，以及管理层对注册会计师执行审计工作的前提的认同，故选项A和D正确。

二、签订审计业务约定书

（一）审计业务约定书的内容

审计业务约定书是指会计师事务所与被审计单位签订的，用以记录和确认审计业务的委托与受托关系、审计目标和范围、双方的责任以及报告的格式等事项的书面协议。

审计业务约定书的具体内容可能因被审计单位的不同而存在差异，但应当包括下列主要方面：

（1）财务报表审计的目标。财务报表审计的目标是注册会计师通过执行审计工作，对财务报表是否按照适用的会计准则和相关会计制度的规定编制，是否在所有重大方面公允反映被审计单位的财务状况、经营成果和现金流量发表审计意见。

（2）管理层对财务报表的责任。在被审计单位治理层的监督下，按照适用的会计准则和相关会计制度的规定编制财务报表是被审计单位管理层的责任。

(3) 管理层编制财务报表采用的会计准则和相关会计制度。

(4) 审计范围，包括指明在执行财务报表审计业务时遵守的审计准则。审计范围是指为实现财务报表审计目标，注册会计师根据审计准则和职业判断实施的恰当的审计程序的总和。

(5) 执行审计工作的安排，包括出具审计报告的时间要求。

(6) 审计报告格式和对审计结果的其他沟通形式。

(7) 由于测试的性质和审计的其他固有限制，以及内部控制的固有局限性，不可避免地存在着某些重大错报可能仍然未被发现的风险。

(8) 管理层为注册会计师提供必要的工作条件和协助。

(9) 注册会计师不受限制地接触任何与审计有关的记录、文件和所需要的其他信息。

(10) 管理层对其作出的与审计有关的声明予以书面确认。

(11) 注册会计师对执业过程中获知的信息保密。

(12) 审计收费，包括收费的计算基础和收费安排。在签订审计业务约定书前，注册会计师应当与委托人商定审计收费。在确定收费时，注册会计师应当考虑以下因素：审计服务所需的知识和技能；所需专业人员的数量、水平和经验；每一专业人员提供服务所需的时间；提供审计服务所需承担的责任；各地有关审计收费标准的规定。

(13) 违约责任。

(14) 解决争议的方法。

(15) 签约双方法定代表人或其授权代表的签字盖章，以及签约双方加盖的公章。

上述条款都是审计业务约定书的必备条款，在审计业务约定书中明确上述条款，有助于避免委托人对审计业务的目标和作用等产生误解。

如果情况需要，注册会计师应当考虑在审计业务约定书中列明下列内容：

(1) 在某些方面对利用其他注册会计师和专家工作的安排；

(2) 与审计涉及的内部审计师和被审计单位其他员工工作的协调；

(3) 预期向被审计单位提交的其他函件或报告；

(4) 与治理层整体直接沟通；

(5) 在首次接受审计委托时，对与前任审计师沟通的安排；

(6) 注册会计师与被审计单位之间需要达成进一步协议的事项。

【例 4-3·单选题】

下列关于审计业务约定书的表述，不正确的是（　　）。

A. 审计业务约定书是指会计师事务所与委托人共同签署的，据以确认审计业务的委托与受托关系，明确委托目的、审计范围及双方应负责任与义务等事项的书面合同

B. 审计业务约定书是注册会计师在承接业务时形成的审计工作底稿，不具有

法定约束力

C. 在签订审计业务约定书之前，注册会计师不仅应当了解被审计单位主要管理人员的品行，也要对自身的胜任能力和独立性进行评价

D. 如果会计师事务所首次接受业务委托，审计业务约定书中还应当涉及期初余额的审计责任和如何与前任注册会计师联系等事项

审计业务约定书参考格式（合同式）

【分析】 B。审计业务约定书虽然是注册会计师在承接业务时形成的审计工作底稿，但具有经济合同的性质，一经约定各方签字认可，就具有法定约束力，故选项B不正确。

（二）审计业务约定书的重签与变更

注册会计师可以与被审计单位签订长期审计业务约定书。但如果出现下列情况，应当考虑重新签订审计业务约定书：

（1）有迹象表明被审计单位误解审计目标和范围；

（2）需要修改约定条款或增加特别条款；

（3）高级管理人员、董事会或所有权结构近期发生变动；

（4）被审计单位业务的性质或规模发生重大变化；

（5）法律法规的规定；

（6）管理层编制财务报表采用的会计准则和相关会计制度发生变化；

（7）其他报告要求发生变化。

出现上述第（2）种情况时，注册会计师也可以与被审计单位签订补充协议，原审计业务约定书继续有效。

在完成审计业务前，如果被审计单位要求注册会计师将审计业务变更为保证程度较低的鉴证业务或相关服务，注册会计师应当考虑变更业务的适当性。

在实务中，可能导致被审计单位要求变更业务的原因有：

（1）情况变化对审计服务的需求产生影响；

（2）对原来要求的审计业务的性质存在误解；

（3）审计范围存在限制。

上述第（1）项和第（2）项通常被认为是变更业务的合理理由，但如果有迹象表明该变更要求与错误的、不完整的或者不能令人满意的信息有关，注册会计师不应认为该变更是合理的。

在同意将审计业务变更为其他服务前，注册会计师还应当考虑变更业务对法律责任或业务约定条款的影响。

如果变更业务引起业务约定条款变更，注册会计师应当与被审计单位就新条款达成一致意见。如果认为变更业务具有合理的理由，并且按照审计准则的规定已实施的审计工作也适用于变更后的业务，注册会计师可以根据修改后的业务约定条款出具报告。为避免引起报告使用者的误解，报告不应提及原审计业务和在原审计业务中已执行的程序。只有将审计业务变更为执行商定程序业务，注册会计师才可在报告中提及已执行的程序。

如果没有合理的理由，注册会计师不应当同意变更业务。如果不同意变更业

务，被审计单位又不允许继续执行原审计业务，注册会计师应当解除业务约定，并考虑是否有义务向被审计单位董事会或股东会等说明解除业务约定的理由。

【例 4－4·多选题】

下列被审计单位要求变更业务的情形，适当的有（　　）。

A. 企业为了公开发行股票需要进行审计，由于情况变化，该企业决定不再上市，因此要求将审计业务变更为保证程度较低的审阅业务

B. 某广告公司在与其客户就广告项目签约时，约定广告公司发生的与该项目有关的支出均由该客户承担。根据这一约定，广告公司聘请注册会计师对其财务报表进行审计。但在审计过程中，广告公司了解到注册会计师审计的目标是对财务报表整体的合法性和公允性发表意见，而不是对客户关心的事项进行特别报告。广告公司在与其客户沟通之后，提出将审计业务变更为对特定支出明细表执行商定程序业务

C. 在审计实施过程中，注册会计师无法通过函证等程序对应收账款期末余额获取充分、适当的审计证据。为避免注册会计师出具保留意见或无法表示意见的审计报告，被审计单位要求注册会计师将约定的审计业务变更为审阅业务

D. 在签订年度财务报表审计业务约定书后，注册会计师发现被审计单位缺乏会计规范，尚不存在会计账簿与报表，建议企业将约定的年度财务报表审计业务变更为提供代编财务报表的服务业务

【分析】 ABD。如果有迹象表明业务变更与错误的、不完整的或者不能令人满意的信息有关，则注册会计师不应认为该变更合理，故选项 C 不正确。

（三）签订业务约定书时的其他关注

如果相关部门对涉及财务会计的事项作出补充规定，注册会计师在承接审计业务时应当确定该补充规定是否与企业会计准则存在冲突。如果存在冲突，注册会计师应当与管理层沟通补充规定的性质，并就下列事项之一达成一致意见：（1）在财务报表中作出额外披露能否满足补充规定的要求；（2）对财务报表中关于适用的财务报告编制基础的描述是否可以作出相应修改。如果无法采取上述任何措施，注册会计师应当考虑是否有必要发表非无保留意见。

如果相关部门要求采用的财务报告编制基础不适用于被审计单位的具体情况，只有同时满足下列所有条件，注册会计师才能承接审计业务：（1）管理层同意在财务报表中作出额外披露，以避免财务报表产生误导。（2）在审计业务约定条款中明确，注册会计师按照《中国注册会计师审计准则第 1503 号——在审计报告中增加强调事项段和其他事项段》的规定，在审计报告中增加强调事项段，以提醒使用者关注额外披露；注册会计师在对财务报表发表的审计意见中不使用“财务报表在所有重大方面按照［适用的财务报告编制基础］编制，公允反映了……”等措辞，除非法律法规另有规定。

如果不具备以上两个条件，但相关部门要求注册会计师承接审计业务，注册会计师应当：（1）评价财务报表误导的性质对审计报告的影响；（2）在审计业务约定

条款中适当提及该事项。

如果相关部门规定的审计报告的结构或措辞与审计准则要求的明显不一致，在这种情况下，注册会计师应当评价：（1）使用者是否可能误解从财务报表审计中获取的保证；（2）如果可能存在误解，审计报告中作出的补充解释是否能够减轻这种误解。如果认为审计报告中作出的补充解释不能减轻可能的误解，除非法律法规另有规定，注册会计师不应承接该项审计业务。由于按照相关部门的规定执行的审计工作并不符合审计准则的要求，因此，注册会计师不应在审计报告中提及已按照审计准则的规定执行了审计工作。

第三节 总体审计策略与具体审计计划

一、计划审计工作的作用与具体安排

凡事预则立，不预则废，审计工作也不例外。注册会计师计划审计工作的作用在于：（1）有助于注册会计师适当关注重要的审计领域；（2）有助于注册会计师及时发现和解决潜在的问题；（3）有助于注册会计师恰当地组织和管理审计业务，以有效的方式执行审计业务；（4）有助于选择具备必要专业素质和胜任能力的项目组成员应对预期的风险，并有助于向项目组成员分配适当的工作；（5）有助于指导和监督项目组成员并复核其工作；（6）在适用的情况下，有助于协调组成部分注册会计师和专家的工作。

审计计划分为总体审计策略和具体审计计划两个层次。图4－2所示的是计划审计工作的两个层次。注册会计师应当针对总体审计策略中识别的不同事项，制订具体审计计划，并考虑通过有效利用审计资源实现审计目标。值得注意的是，虽然

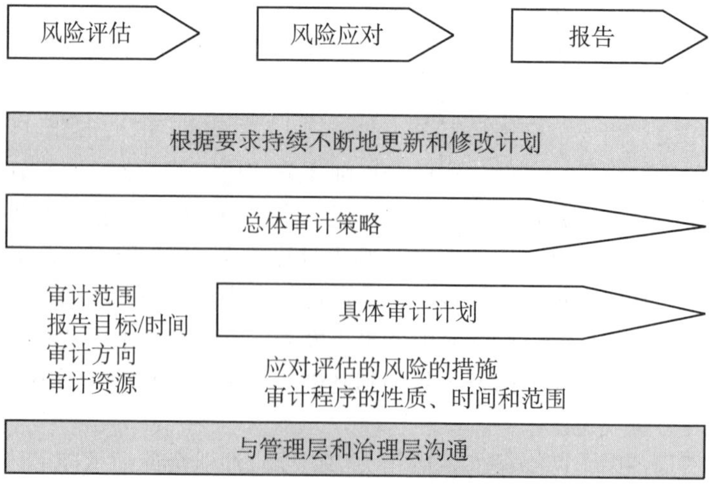

图4－2 计划审计工作的两个层次

制定总体审计策略的过程通常在具体审计计划之前，但是两项计划具有内在紧密联系，对其中一项的决定可能会影响甚至改变对另一项的决定。例如，注册会计师在了解被审计单位及其环境的过程中，注意到被审计单位对主要业务的处理依赖复杂的自动化信息系统，那么计算机信息系统的可靠性及有效性对其经营、管理、决策以及编制可靠的财务报告具有重大影响。对此，注册会计师可能会在具体审计计划中制定相应的审计程序，并相应调整总体审计策略的内容，作出利用信息风险管理专家的工作的决定。

在现实中，项目合伙人和项目组其他关键成员应当参与计划审计工作，包括参与项目组成员的讨论，可以利用其经验和见解，提高计划过程的效率和效果。计划审计工作包括考虑某些活动的时间安排以及在进一步审计程序开始前必须完成的审计程序。例如，在识别和评估重大错报风险前，注册会计师需要在计划审计工作时考虑的事项包括：

（1）用作风险评估程序的分析程序；

（2）对适用于被审计单位的法律法规框架以及被审计单位如何遵守该框架的总体了解；

（3）重要性的确定；

（4）专家的参与；

（5）实施的其他风险评估程序。

二、总体审计策略

（一）制定总体审计策略时考虑的事项

审计师应当为审计工作制定总体审计策略。总体审计策略是指注册会计师制定的用以确定审计范围、时间和方向，并指导制订具体审计计划的总体规划。在现实中可以单独形成总体审计策略工作底稿或以备忘录的形式体现。在制定总体审计策略时，注册会计师应当考虑以下主要事项：

1. 审计范围

注册会计师应当确定审计业务的特征，包括采用的会计准则和相关会计制度、特定行业的报告要求以及被审计单位组成部分的分布等，以确定审计范围。

具体来说，在确定审计范围时，注册会计师需要考虑下列事项：

（1）编制财务报表适用的会计准则和相关会计制度。

（2）特定行业的报告要求，如某些行业监管部门要求提交的报告。

（3）预期的审计工作涵盖范围，包括需审计的集团内组成部分的数量及所在地点。

（4）母公司和集团内其他组成部分之间存在的控制关系的性质，以确定如何编制合并财务报表。

（5）其他审计师参与组成部分审计的范围。

（6）需审计的业务分部性质，包括是否需要具备专门知识。

（7）外币业务的核算方法及外币财务报表折算和合并方法。

（8）除对合并财务报表审计之外，是否需要对组成部分的财务报表单独进行审计。

（9）内部审计工作的可利用性及对内部审计工作的拟信赖程度。

（10）被审计单位使用服务机构的情况，以及注册会计师如何取得有关服务机构内部控制设计和运行有效性的证据。

（11）拟利用在以前期间审计工作中获取的审计证据的程度，如获取的与风险评估程序和控制测试相关的审计证据。

（12）信息技术对审计程序的影响，包括数据的可获得性和预期使用计算机辅助审计技术的情况。

（13）根据中期财务信息审阅及在审阅中所获信息对审计的影响，相应调整审计涵盖范围和时间安排。

（14）与为被审计单位提供其他服务的会计师事务所人员讨论可能影响审计的事项。

（15）被审计单位人员和相关数据的可利用性。

2. 报告目标、时间安排及所需沟通

总体审计策略的制定应当包括明确审计业务的报告目标，以计划审计的时间安排和所需沟通的性质，包括提交审计报告（包括中期和最终审计报告）的时间要求、预期与管理层和治理层沟通的重要日期等。

为计划报告目标、时间安排和所需沟通的性质，注册会计师需要考虑下列事项：

（1）被审计单位的财务报告时间表。

（2）与管理层和治理层就审计工作的性质、范围和时间举行的会议的组织工作。

（3）与管理层和治理层讨论预期签发报告和其他沟通文件的类型及提交时间，如审计报告、管理建议书和与治理层沟通函等。

（4）就组成部分的报告及其他沟通文件的类型及提交时间与负责组成部分审计的注册会计师沟通。

（5）项目组成员之间预期沟通的性质和时间安排，包括项目组会议的性质和时间安排及复核工作的时间安排。

（6）是否需要与第三方沟通，包括与审计相关的法律法规规定和业务约定书约定的报告责任。

（7）与管理层讨论预期在整个审计过程中通报审计工作进展及审计结果的方式。

3. 审计方向

总体审计策略的制定应当考虑影响审计业务的重要因素，以确定项目组工作方向，包括确定适当的重要性水平，初步识别可能存在较高的重大错报风险的领域，初步识别重要的组成部分和账户余额，评价是否需要针对内部控制的有效性获取审计证据，识别被审计单位、所处行业、财务报告要求及其他相关方面最近发生的重大变化等。在确定审计方向时，注册会计师需要考虑下列事项：

（1）重要性方面。具体包括：1）在制订审计计划时确定的重要性水平；2）为组成部分确定重要性，并与组成部分的审计师沟通；3）在审计过程中重新考虑重要性水平；4）识别重要的组成部分和账户余额。

（2）重大错报风险较高的审计领域。

（3）评估的财务报表层次的重大错报风险对指导、监督及复核的影响。

（4）项目组成员的选择（在必要时包括项目质量复核人员）和工作分工，包括向重大错报风险较高的审计领域分派具备适当经验的人员。

（5）项目预算，包括考虑为重大错报风险可能较高的审计领域安排适当的工作时间。

（6）向项目组成员强调在收集和评价审计证据过程中保持职业怀疑必要性的方式。

（7）以往审计中对内部控制运行有效性评价的结果，包括所识别的控制缺陷的性质及应对措施。

（8）管理层重视设计和实施健全的内部控制的相关证据，包括这些内部控制得以适当记录的证据。

（9）业务交易量规模，以基于审计效率的考虑确定是否信赖内部控制。

（10）管理层对内部控制的重视程度。

（11）影响被审计单位经营的重大发展变化，包括信息技术和业务流程的变化，关键管理人员的变化，以及收购、兼并和分立。

（12）重大的行业发展情况，如行业法规变化和新的报告规定。

（13）会计准则及会计制度的变化。

（14）其他重大变化，如影响被审计单位的法律环境的变化。

（二）总体审计策略的具体内容

制定总体审计策略可以帮助注册会计师确定所执行审计业务的性质、时间、范围和所需资源。为此，注册会计师应当在总体审计策略中清楚地说明下列内容：

（1）向具体审计领域调配的资源，包括向高风险领域分派有适当经验的项目组成员，就复杂的问题利用专家工作等。

（2）向具体审计领域分配资源的数量，包括安排到重要存货存放地观察存货盘点的项目组成员的数量，对其他审计师工作的复核范围，对高风险领域安排的审计时间预算等。

（3）何时调配这些资源，包括是在期中审计阶段还是在关键的截止日期调配资源等。

（4）如何管理、指导、监督这些资源的利用，包括预期何时召开项目组预备会和总结会，预期项目负责人和经理如何进行复核，是否需要实施项目质量复核等。

【例 4－5・单选题】

下列关于计划审计工作的说法，正确的是（　　）。

A. 计划审计工作前需要充分了解被审计单位及其环境，一旦确定，无须进行修改

B. 计划审计工作通常由项目组中经验较多的人完成，项目负责人审核批准

C. 小型被审计单位无须制定总体审计策略

D. 项目负责人和项目组其他关键成员应当参与计划审计工作

【分析】D。了解被审计单位及其环境并非一经确定就不能改变，故选项A不正确；计划审计工作通常由项目负责人完成，事务所负责人审核批准，故选项B不正确；小型被审计单位的业务简单，可以考虑将总体审计策略和具体审计计划一同制定，而非不制定总体审计策略，故选项C不正确；项目负责人和项目组其他关键成员应当参与计划审计工作，以利用其经验和见解，提高计划过程的效率和效果，故选项D正确。

三、具体审计计划

（一）总体审计策略与具体审计计划的关系

总体审计策略一经制定，注册会计师应当针对总体审计策略中识别的不同事项，制订具体审计计划，并考虑通过有效利用审计资源实现审计目标。具体审计计划，也称审计方案（auditprogram），是指注册会计师为获取充分、适当的审计证据以将审计风险降至可接受的水平，依据总体审计策略，对项目组成员拟实施的审计程序的性质、时间和范围作出的具体安排。

值得注意的是，虽然制定总体审计策略的过程通常在具体审计计划之前，但是两项计划活动并不是孤立、不连续的过程，而是内在紧密联系的，对其中一项的决定可能会影响甚至改变对另一项的决定。对于小型被审计单位的审计，制定总体审计策略无须经过复杂和费时的过程，其详略程度随被审计单位的规模、审计业务的复杂程度及项目组大小的不同而不同。在实务中，注册会计师将制定总体审计策略和具体审计计划结合进行，可能会使计划审计工作更有效率及效果，并且注册会计师也可以采用将总体审计策略和具体审计计划合并为一份审计计划文件的方式，提高编制及复核工作的效率，增强其效果。

【例4-6·单选题】

审计计划包括总体审计策略和具体审计计划，下列关于总体审计策略和具体审计计划的说法，不正确的是（　　）。

A. 总体审计策略在具体审计计划之前，执行完前一项才可以更好地执行后一项工作

B. 注册会计师应当针对总体审计策略中识别的不同事项，制订具体审计计划，并考虑通过有效利用审计资源以实现审计目标

C. 具体审计计划包括风险评估程序、计划实施的进一步审计程序和其他审计程序

D. 进一步审计程序包括控制测试和实质性测试的程序

【分析】A。通常制定总体审计策略的过程在具体审计计划之前，但是两项计划活动并不是孤立、不连续的过程，而是内在紧密联系的，对其中一项的决定可

能会影响甚至改变对另一项的决定。在实务中，注册会计师将制定总体审计策略和具体审计计划结合进行，可能会使计划审计工作更有效率及效果，故选项A不正确。

（二）具体审计计划的内容

注册会计师应当为审计工作制订具体审计计划，以将审计风险降至可接受的水平。具体审计计划比总体审计策略更加详细，其内容包括为获取充分、适当的审计证据以将审计风险降至可接受的水平，项目组成员拟实施的审计程序的性质、时间和范围。注册会计师对具体审计计划的记录，应当能够反映下列内容：

（1）计划实施的风险评估程序的性质、时间和范围。

（2）针对评估的各类重大交易、账户余额和列报的认定层次重大错报风险，计划实施的进一步审计程序的性质、时间和范围。

（3）计划实施的其他审计程序的性质、时间和范围。

注册会计师对具体审计计划的记录可以使用标准的审计程序表或审计工作完成核对表，但应当根据具体审计业务的情况作出适当修改。

（三）审计过程中审计计划的变更

计划审计工作并非审计业务的一个孤立阶段，而是一个持续的、不断修正的过程，贯穿整个审计业务始终。在计划审计工作时，注册会计师需要考虑某些计划审计活动时间以及在下一步审计程序开始之前所必须完成的审计程序，但由于未预期事项、条件的变化或在实施审计程序中获取的审计证据等，注册会计师获取的信息可能会与其在制订审计计划时所获知的信息存在很大不同，在这种情况下，注册会计师会基于其对所有或某类交易、账户余额和列报认定层次的风险的重新考虑，重新评估原计划的审计程序，在审计过程中对总体审计策略和具体审计计划作出必要的更新和修改。

审计过程可以分为不同阶段，通常前一阶段的工作结果会对后一阶段的工作计划产生影响，而在后一阶段的工作过程中又可能发现需要对已制订的相关计划进行相应的更新和修改。通常，这些更新和修改涉及比较重要的事项。例如，对重要性水平的修改，对某类交易、账户余额和列报的重大错报风险的评估以及进一步审计程序（包括总体方案和拟实施的具体审计程序）的更新和修改等。一旦计划被更新和修改，审计工作也就应当进行相应修正。

在编制审计工作底稿时，注册会计师应当记录对总体审计策略和具体审计计划作出的重大更改及其理由，以及对导致此类更改的事项、条件或审计程序结果采取的应对措施。

【例4-7·单选题】

以下关于计划审计工作的记录的表述，不正确的是（　　）。

A. 注册会计师可以以备忘录的形式总结总体审计策略

B. 注册会计师对具体审计计划的记录可以使用标准的审计程序表或审计工作完成核对表，但应当根据具体审计业务的情况作出适当修改

C. 如果只是针对某一或某几方面更改审计计划，注册会计师可以保留原有的总体审计策略、具体审计计划，以及已经执行的审计程序的记录，并将对审计计划的重大修改情况记录在进一步审计程序表和重大事项概要中

D. 如果对计划的修改涉及整个计划的各个方面，以及多个类别的交易、账户余额和列报，注册会计师可以考虑重新编制总体审计策略和具体审计计划，删除原有的总体审计策略和具体审计计划

【分析】D。如果对计划的修改涉及整个计划的各个方面，以及多个类别的交易、账户余额和列报，注册会计师应当记录对总体审计策略和具体审计计划作出的重大更改及其理由，以及对导致此类更改的事项、条件或审计程序结果采取的应对措施。为使整套审计工作底稿内容、脉络更清楚，重新编制的总体审计策略和具体审计计划，以及原有的总体审计策略和具体审计计划都需要保留，故选项D不正确。

即测即评

扫描此码 在线做题

思考题

1. 进行业务承接的决策中，接受客户和为客户所接受有何不同？

2. 初步了解和评价客户的信息来源主要有哪些？就新业务来讲，哪个来源是最好的？为什么？

3. 影响承接客户委托的主要因素有哪些？哪些是注册会计师可控的因素，哪些是不可控的因素？

4. 结合资本市场中的会计丑闻和审计失败案例，说明注册会计师在承接业务时应关注哪些风险，以及如何才能在签约时规避这些风险。

5. 签订审计业务约定书时注册会计师应当关注什么？如何签订一个规范的审计业务约定书？

6. 执行初步业务活动的目的及步骤是什么？

7. 简述变更审计业务约定书时应注意的事项。

8. 注册会计师制定总体审计策略和具体审计计划分别主要解决什么问题？

9. 简述总体审计策略与具体审计计划的关系。

10. 为什么说计划审计工作贯穿审计全过程？

案例分析

是否应当承接ABC文化贸易公司年报审计业务?

20×4年6月3日，今明会计师事务所的注册会计师章凡接到妻子的电话，得知其弟弟李杰开办的专门从事古董字画买卖的ABC文化贸易公司，目前正计划向银行申请贷款信用额度，并需要注册会计师对其20×3年度财务报表出具一份审计报告。注册会计师章凡是今明会计师事务所的合伙人之一，业务专长是对工业企业，尤其是国有工业企业进行财务报表审计。一方面受妻弟所托，另一方面也是为事务所开拓新业务，章凡严格按照事务所承接新业务的规定走了一遍程序，并填写了“新业务承接风险评估表”，签字批准承接该业务。6月3日，他亲自带领审计小组前往ABC文化贸易公司开展审计工作。

ABC文化贸易公司属于民营企业，自开业5年来业务发展迅速，但在会计管理方面缺乏规范。每季度，李杰会将一些凭证交由代理记账公司派来的小王进行一次账务处理，每年也由小王帮助公司编制财务报表并纳税。值得注意的是，该公司的财务报表在此之前从未接受过注册会计师的审计。

【讨论分析】

今明会计师事务所是否应当承接ABC文化贸易公司年报审计业务？为什么？

线上MOOC学习

请登录 https://www.icourse163.org/course/CUFE-1003060002，课外学习国家精品课程“审计学”中“承接业务与计划审计工作”相关内容。

第五章 Chapter 5 审计风险与审计重要性

素养提升

坚持底线思维，提升防范和化解风险的能力。

思维导图

引 例

错报达到重要性水平意味着什么?

亚太（集团）会计师事务所（特殊普通合伙）（简称亚太所）因存在多项违法事实，于2021年12月6日受到中国证监会的行政处罚。具体违法事实包括：一是出具的审计报告存在虚假记载；二是在科融环境2017年度审计中未勤勉尽责；三是收入截止性测试未有效执行。基于这些违法事实，中国证监会决定没收亚太所业务收入60万元，并处以60万元罚款，同时对吴某权、周某华给予警告，并分别处以5万元罚款。

亚太所申辩称："其一，科融环境2017年年报错报系会计分期差错，业务交易真实，错报金额占企业所有者权益总额、营业收入总额、归属于母公司的净利润及归属于母公司所有者的综合收益总额等直接相关项目金额的比重较低；其二，审计测试依赖职业判断并具有抽样风险，亚太所执业无故意或重大过失，已合理关注企业舞弊和应对，已合理关注毛利高业务和年末销售……"因此，亚太所要求免于处罚。但中国证监会认为："第一，亚太所审计未能发现的科融环境2017年年报错报达到重要性水平。一是科融环境2017年年报存在错报。即使业务真实，也应该在相应年度予以记载。科融环境通过将21个项目调试报告日期由以前年度涂改为2017年，并在当年确认调试收入，虚增当年利润，导致2017年年报存在虚假记载。亚太所不能仅关注业务真实与否而忽略其错报之本质。二是亚太所在《科融环境审计策略备忘录》中列明的可容忍错报重要性金额为135万元，而2017年科融环境虚增利润7 178 800.95元，占当年利润总额的17.16%……”据此，中国证监会驳回了亚太所的申辩。

请问对于注册会计师而言，错报达到重要性水平意味着什么？

资料来源：中国证监会行政处罚决定书〔2021〕118号.

第一节 审计风险

一、经营风险与审计风险

（一）经营风险及其对审计的影响

随着社会经济日益国际化、信息化以及金融化，企业正面临着各种各样的风险。在现代市场经济中，任何企业都可能遇到各种对实现企业目标或执行企业战略产生不利影响的不确定因素，即经营风险。

经营风险是指可能对被审计单位实现目标和战略的能力产生不利影响的重大情况、事项、环境和行动，或被审计单位制定不恰当的目标和战略所导致的风险。不同的企业可能面临不同的经营风险，具体取决于企业经营的性质、所处行业、外部监管环境、企业的规模和业务复杂程度。企业管理层有责任识别和应对这些风险，如果企业管理层不能通过有效的内部控制来消除固有风险，这种风险就成为管理层的剩余风险，也可称为管理层的风险偏好或风险容忍度。

在审计实务中，注册会计师之所以关注经营风险，是因为经营风险与财务报表发生重大错报的风险密切相关。许多经营风险最终都会引发财务后果，影响到财务报表，进而对审计产生影响。

（二）经营风险与审计风险的转化

尽管企业经营风险最终可能会对财务报表产生影响，但不是每种经营风险都会直接转化为财务报表中的重大错报风险。经营风险如何转化为审计风险呢？我们可以通过图5-1进行分析：企业经营风险大，财务报告中出现错误的可能性（固有风险）就大。

如果企业缺乏内部控制或内部控制不能有效识别、发现和防范这些风险（企业管理层的目标不能实现），这些风险就会转化为财务报表中的重大错报风险。如果注册会计师执行审计程序时不能检查出这些进入报表的所有重大错报风险（注册会计师审计目标不能实现），经营风险就会转化为审计风险。

二、审计风险模型

基于企业风险导向的审计风险模型如下：

审计风险＝重大错报风险×检查风险

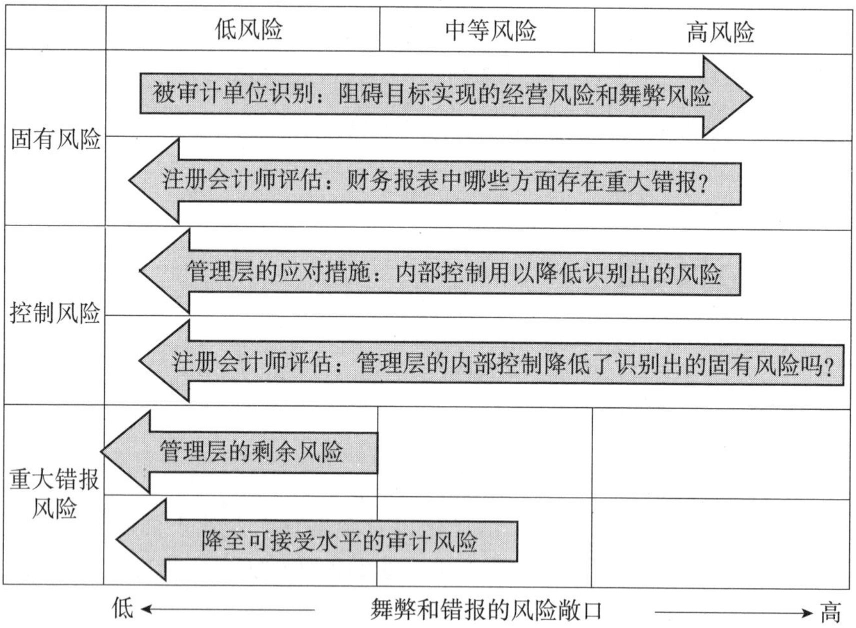

图 5－1　被审计单位、注册会计师与审计风险要素之间的关系

这里的审计风险是指财务报表存在重大错报而注册会计师发表不适当审计意见的可能性，不包括财务报表不存在重大错报，而注册会计师错误地认为财务报表存在重大错报的风险（这种风险通常可以忽略不计）。审计风险是一个与审计过程相关的技术术语，并不是指注册会计师的业务风险，如诉讼、负面宣传或其他与财务报表审计相关的事项导致损失的可能性。

重大错报风险是指财务报表在审计前存在重大错报的可能性。重大错报风险独立于财务报表审计而存在，与注册会计师是否审计财务报表无关。也就是说，无论注册会计师是否审计，财务报表重大错报风险都是存在的。注册会计师应当从财务报表及各类交易、账户余额和列报认定两个层次考虑财务报表重大错报风险。

财务报表层次重大错报风险是指与财务报表整体存在广泛联系并潜在影响多项认定的重大错报风险。此类风险通常与控制环境有关，如管理层缺乏诚信、治理层形同虚设而不能对管理层进行有效监督等；但也可能与其他因素有关，如经济萧条、企业所处行业处于衰退期。此类风险难以被界定于某类交易、账户余额、列报的具体认定，相反，此类风险增大了一个或多个不同认定发生重大错报的可能性，与由舞弊引起的风险特别相关。评估认定层次重大错报风险的目的是确定所需实施的进一步审计程序的性质、时间安排和范围，以获取充分、适当的审计证据。这种证据使注册会计师能够在审计风险处于可接受的低水平时对财务报表发表意见。认定层次重大错报风险又可以进一步细分为固有风险和控制风险。它们之间的关系用数学模型表示如下：

重大错报风险＝固有风险×控制风险

固有风险是指在考虑相关的内部控制之前，某类交易、账户余额或披露的某一认定易于发生错报（该错报单独或连同其他错报可能是重大的）的可能性。固有风险的高低受固有风险因素的影响。固有风险因素是指在不考虑控制的情况下，导致交易类别、账户余额和披露的某一认定易于发生错报（无论该错报是舞弊还是错误导致）的因素。固有风险因素既可以是定性的，也可以是定量的，包括事项或情况的复杂性、主观性、变化、不确定性，以及管理层偏向或其他舞弊风险因素。报表中某些类别的交易、账户余额、披露及其认定的固有风险较高，如复杂计算比简单计算更容易出错，受重大计量不确定性影响的会计估计发生错报的可能性更大。产生经营风险的外部因素也可能影响固有风险，如技术进步可能导致某种产品过时，进而使得存货易发生高估错报（计价认定）。除了上述与具体认定相关的风险外，被审计单位及其环境中的某些因素还可能与多个甚至所有类别的交易、账户余额、披露有关，进而影响多个认定的固有风险。这些因素包括维持经营的流动资金匮乏、被审计单位处于夕阳行业等。

对于识别的认定层次重大错报风险，固有风险因素会影响注册会计师对错报发生可能性和严重程度的评估。某类交易、账户余额或披露越容易发生错报，评估的固有风险可能越高。注册会计师通过考量固有风险因素在多大程度上增加了认定发生错报的可能性，能够更恰当地评估认定层次重大错报风险中的固有风险部分，并据此设计出更为精准的风险应对措施。在评估错报发生的可能性时，注册会计师会依据对固有风险因素的深入分析来判定错报发生的概率。而在评估错报的严重程度时，注册会计师则会从错报的定性和定量两个维度综合考虑。他们会根据错报的金额大小、性质或具体情境，来判断各类交易、账户余额或披露在认定层次上的错报是否可能构成重大错报。注册会计师使用错报发生的可能性和严重程度综合起来的影响程度确定评估的固有风险等级，即固有风险在风险区间中所处的位置。错报发生的可能性和严重程度综合起来的影响程度越大，评估的固有风险越高；反之，亦然。评估的固有风险等级较高，并不意味着错报发生的可能性和严重程度都较高。错报发生的可能性和严重程度在固有风险等级上的交集，确定了评估的固有风险在固有风险等级中是处于较高点还是较低点。评估的固有风险等级较高也可能是错报发生的可能性和严重程度的不同组合导致的，如较低的错报发生的可能性和极高的严重程度可能导致评估的固有风险等级较高。

控制风险是指某类交易、账户余额或披露的某一认定发生错报，该错报单独或连同其他错报可能是重大的，但没有被企业的内部控制及时防止、发现和纠正的可能性。控制风险取决于与财务报表编制有关的内部控制的设计和运行的有效性。管理层实施内部控制，旨在应对识别出的影响被审计单位实现与财务报表编制相关的目标的风险。然而，由于控制的固有局限性，无论内部控制的设计和运行如何有效，也只能降低而不能消除财务报表重大错报风险。内部控制的固有限制包括人为差错的可能性、因串通舞弊或管理层不适当地凌驾于控制之上而使内部控制被规避的可能性。因此，控制风险始终存在。

值得注意的是，固有风险和控制风险的综合水平决定了重大错报风险，这是企业客观存在的风险。注册会计师既可以对两者进行单独评估，也可以合并评估。具体的评估方法取决于会计师事务所偏好的审计技术和方法及实务上的考虑。此外，重大错报的评估结果既可以用定量的方式表述，如百分比，也可以用定性的方式表述，如“高”“中”“低”。在任何情况下，重要的是注册会计师得出适当的评估结果，而不是所采用的具体方法。

检查风险是指如果存在某一错报，该错报单独或连同其他错报可能是重大的，注册会计师为将审计风险降至可接受的低水平而实施程序后没有发现这种错报的风险。检查风险与注册会计师为将审计风险降至可接受的低水平而确定的审计程序的性质、时间安排和范围相关。因此，它取决于审计程序及其执行的有效性。在审计实务中，制订恰当的计划、为项目组分派合适的人员、保持职业怀疑、监督和复核已执行的审计工作等措施有助于提高审计程序及其执行的有效性，降低注册会计师选取不适当的审计程序、错误执行适当的审计程序或错误解释审计结果的可能性。在既定的审计风险水平下，可接受的检查风险与认定层次重大错报风险的评估结果成反向关系。注册会计师认为重大错报风险越高，可接受的检查风险越低，相应地，注册会计师需要获取更具有说服力的审计证据。

审计风险要素的属性及其确定如表5-1所示。

表5-1 审计风险要素的属性及其确定

项目		被审计单位	注册会计师	注册会计师如何确定或控制
审计风险		—	可接受水平	一般为3%～5%
重大错报风险	固有风险	具体情况	评估水平	风险评估（了解被审计单位基本情况）
	控制风险	内部控制缺陷	评估水平	风险评估（了解企业内部控制或执行穿行测试）
检查风险		—	没有查找出重大错报	执行进一步审计程序将检查风险降至可接受水平

【例5-1·单选题】

下列关于审计风险模型各个要素的说法，不正确的是（　　）。

A.（可接受的）审计风险是预先设定的

B. 检查风险取决于审计程序设计的合理性和执行的有效性

C. 审计风险取决于与财务报表编制有关的内部控制的设计和运行的有效性

D. 重大错报风险是财务报表在审计前存在重大错报的可能性

【分析】 C。在审计风险模型中，审计风险是一个可接受的低水平，是预先设定的，检查风险取决于审计程序设计的合理性和执行的有效性，重大错报风险是财务报表在审计前存在重大错报的可能性，故选项A、B、D正确；选项C描述的是控制风险而不是审计风险，故选项C不正确。

【例5-2·单选题】

下列关于固有风险等级的说法，不正确的是（　　）。

A. 在确定固有风险等级时，注册会计师应当考虑错报发生的可能性和重要程度

B. 评估的固有风险等级较高，意味着错报发生的可能性和重要程度都较高

C. 评估的固有风险等级接近或达到最高级时，识别的重大错报风险应确认为

特别风险

D. 拟不测试控制运行的有效性时，应将固有风险的评估结果作为重大错报风险的评估结果

【分析】 B。评估的固有风险等级较高，并不意味着评估的错报发生的可能性和重要程度都较高。

【例 5－3·多选题】

审计风险取决于重大错报风险和检查风险，下列表述中不正确的有（　　）。

A. 在既定的审计风险水平下，检查风险与重大错报风险成正向关系

B. 注册会计师应当合理设计审计程序的性质、时间和范围，并有效执行审计程序，以控制重大错报风险

C. 注册会计师应当合理设计审计程序的性质、时间和范围，并有效执行审计程序，以消除检查风险

D. 注册会计师应当获得认定层次充分、适当的审计证据，以便在完成审计工作时，能够以可接受的低审计风险对财务报表整体发表意见

【分析】 ABC。由于在既定的审计风险水平下，可接受的检查风险水平与认定层次重大错报风险的评估结果成反向关系，评估的重大错报风险越高，可接受的检查风险越低，故选项 A 不正确；由于重大错报风险是由被审计单位财务报表反映情况决定的，独立于财务报表审计而存在，不是实施审计程序可以控制的，故选项 B 不正确；由于注册会计师应当合理设计审计程序的性质、时间和范围，并有效执行审计程序，以控制检查风险，检查风险只能控制而不能消除，故选项 C 不正确。

第二节　审计重要性

一、重要性的含义

审计重要性是审计学中的一个重要概念。国际会计准则委员会（IASC）对重要性的定义为："如果信息的错报或漏报会影响使用者根据财务报表采取的经济决策，信息就具有重要性。据此，重要性是与财务报表使用者的决策相关的一个关键概念。重要性并不是一个简单的'开端或截止点'，而是与信息的相关性和可靠性密切相关的一个核心质量特征。"美国财务会计准则委员会（FASB）将重要性定义为："一项会计信息的错报或漏报是重要的，指在特定环境下，一个理性的人依赖该信息所作的决策可能因为这一错报或漏报得以变化或修正。"《中国注册会计师审计准则第 1221 号——计划和执行审计工作时的重要性》第三条规定："对重要性的判断是根据具体环境作出的，并受错报的金额或性质的影响，或受两者共同作用的影响。"我们认为审计重要性水平是审计人员从财务报表使用者角度，运用职业判断确定的一个可接受的重要性数量标准。财务报表整体重要性可以用一个临界值表

示，该临界值就是一项错报（或全部错报的汇总数）重要到足以改变或影响报表使用者的决策。凡低于该临界值的错报通常被认为不重要，高于临界值的错报说明存在重大错报。

我们可从以下方面对重要性作出进一步理解：

（1）重要性概念中的错报包含漏报。财务报表错报包括财务报表金额的错报和财务报表披露的错报。

（2）重要性受错报的金额或性质的影响，或受两者共同作用的影响。

（3）判断某事项对财务报表使用者是否重大，是在考虑财务报表使用者整体共同的财务信息需求的基础上作出的。由于不同财务报表使用者对财务信息的需求可能差异很大，因此不考虑错报对个别财务报表使用者可能产生的影响。注册会计师的责任是将财务报表中未更正和未识别的错报的汇总数超过财务报表整体重要性的可能性降至低水平，为此注册会计师往往对重要性水平要从严制定，以便收集更多的审计证据，降低审计风险。

（4）重要性的确定离不开具体环境。由于不同被审计单位面临不同的环境，不同报表使用者有不同的信息需求，因此注册会计师确定的重要性也不相同。

（5）对重要性的评估需要注册会计师运用职业判断。注册会计师运用职业判断来合理评估重要性时，对财务报表使用者作出的下列假定是合理的：1）拥有经营、经济活动和会计方面的适当知识，并有意愿认真研究财务报表中的信息；2）理解财务报表是在运用重要性水平基础上编制、列报和审计的；3）认可建立在对估计和判断的应用以及对未来事项的考虑的基础上的会计计量具有固有的不确定性。

（6）在制定总体审计策略时，注册会计师应当确定财务报表整体重要性，同时，根据被审计单位的特定情况，如果存在一个或多个特定类别的交易、账户余额或披露，其发生的错报金额虽然低于财务报表整体重要性，但合理预期可能影响财务报表使用者依据财务报表作出的经济决策，注册会计师还应当确定适用于这些交易、账户余额或披露的一个或多个重要性水平。另外，在具体执行审计工作时，注册会计师应当确定实际执行的重要性，以评估重大错报风险并确定进一步审计程序的性质、时间和范围。

（7）在计划和执行审计工作过程中，评价识别出的错报对审计的影响，以及未更正错报对财务报表和审计意见的影响时，注册会计师需要运用重要性概念。

近年来，重要性概念常被滥用。例如，注册会计师依赖任意设定的重要性水平，根据被审计单位特意调小的错报低于这一水平就将被审计单位行为评价为合理，从而不披露财务报表中存在的重大错报。因此，一些监管机构已采取措施，明确禁止注册会计师将重要性作为迎合管理层而采取某些行动的借口。

【例5-4·多选题】

下列关于重要性的表述，恰当的有（　　）。

A. 如果合理预期错报可能影响财务报表使用者依据财务报表作出的经济决策，则通常认为错报是重大的

B. 判断某事项对财务报表使用者是否重大时，应考虑错报对个别财务报表使

用者的影响

C. 较小金额错报的累计结果可能对财务报表产生重大影响

D. 对重要性的判断受具体环境下错报的金额或性质的影响或受两者共同作用的影响

【分析】ACD。由于不同财务报表使用者对财务信息的需求可能差异很大，判断某事项对财务报表使用者是否重大，是在考虑财务报表使用者整体共同的财务信息需求的基础上作出的，因此不考虑错报对个别财务报表使用者可能产生的影响，故选项 B 不恰当。

二、重要性、审计风险与审计证据的关系

从本质上讲，重要性和审计风险是同一事物的两个方面，两者之间存在反向变动关系。也就是说，重要性水平越高，审计风险越低；反之，重要性水平越低，审计风险越高。这里的重要性水平高低指的是金额的大小。一般来说，4 000 元的重要性水平比 2 000 元的重要性水平高。在理解两者之间的关系时，必须注意，重要性水平是注册会计师从财务报表使用者的角度进行判断的结果。如果重要性水平是 4 000元，则意味着低于 4 000 元的错报不会影响财务报表使用者的决策，注册会计师仅仅需要通过执行有关审计程序合理保证查出高于 4 000 元的错报；如果重要性水平是 2 000 元，则 2 000～4 000 元之间的错报也会影响财务报表使用者的决策，注册会计师还需要通过执行有关审计程序合理保证查出金额在 2 000～4 000 元之间的错报。显然，重要性水平为 2 000 元时查不出重大错报的可能性即审计风险要比重要性水平为 4 000 元时高。审计风险越高，注册会计师就需要收集更多、更有效的审计证据，以将审计风险降至可接受的水平。由此可见，重要性与审计证据之间也存在反向变动关系。

注册会计师应当保持应有的职业关注，合理确定重要性水平。由于重要性与审计风险之间存在反向变动关系，如果原本 4 000 元的错报才会影响财务报表使用者的决策，但注册会计师将重要性水平确定为 2 000 元，这时注册会计师就会扩大审计程序的范围或追加审计程序，从而出现审计过度，浪费审计资源，而实际上并无必要。如果原本 2 000 元的错报就会影响财务报表使用者的判断或决策，但注册会计师将重要性水平确定为 4 000 元，这时注册会计师所执行的审计程序要比原本应当执行的审计程序少，审计范围也会缩小，必然会导致审计不足，进而得出错误的审计结论。因此，重要性水平偏高或偏低均对注册会计师不利，注册会计师应当保持应有的职业关注，合理确定重要性水平。重要性与审计风险之间的关系如图 5－2 所示。

审计风险和重要性都会对注册会计师在执行审计业务时可能需要收集的证据数量产生影响，具体表现在：

（1）对重要性作出初步判断的目的是帮助注册会计师计划所要收集的适当的审计证据。如果注册会计师确定的重要性水平低，就需要收集比这一金额更多的证据，以降低审计风险。

图5-2 重要性与审计风险之间的关系

（2）高风险的重大错报暗示需要收集更多的审计证据；较低的审计风险和检查风险往往是通过高强度的审计工作，即收集更多的审计证据来实现的。

【例5-5·单选题】

下列关于重要性、审计风险和审计证据之间关系的说法，不正确的是（　　）。

A. 重要性与审计风险之间存在反向变动关系

B. 重要性与审计证据之间存在反向变动关系

C. 重要性与审计风险之间存在正向变动关系

D. 审计风险与审计证据之间存在反向变动关系

【分析】C。重要性水平设定得越低，所需的审计证据越多，以便将现实的高风险降至可接受的低水平（剩余风险即可接受的最低审计风险水平）。这一过程中，“落差”越大，意味着审计师在执业中需更加谨慎，付出的努力也更多，因此，选项C不正确。

三、计划审计工作时确定重要性

在计划审计工作时，注册会计师应当确定财务报表整体的重要性（整体层面），为判断以下方面提供基础：确定风险评估程序的性质、时间安排和范围；识别和评估重大错报风险；确定进一步审计程序的性质、时间安排和范围。对重要性的判断是根据具体环境作出的，并受错报的金额和性质的影响，或受两者共同作用的影响。

（一）从数量方面确定整体重要性

判断某事项对财务报表使用者是否重大，是在考虑财务报表使用者整体共同的财务信息需求的基础上作出的。由于不同财务报表使用者的需求可能差异很大，因此不考虑错报对个别财务报表使用者可能产生的影响。注册会计师确定的财务报表整体重要性与财务报表编制者使用的金额相同。通过运用职业判断，注册会计师可能会将不影响财务报表使用者决策的错报的最高金额设定为重要性。财务报表整体重要性水平计算公式如下：

$$\text{财务报表整体重要性水平}=\text{判断基础（关于被审计单位的函数）}\times\text{百分比（关于审计风险的经验数据）}$$

在选择适当的判断基础时，注册会计师应当考虑的因素包括：

（1）财务报表的要素（如资产、负债、所有者权益、收入和费用等）、适用的会计准则和相关会计制度所定义的财务报表指标（如财务状况、经营成果和现金流量），以及适用的会计准则和相关会计制度提出的其他具体要求。

（2）对某被审计单位而言，是否存在财务报表使用者特别关注的报表项目，如为了评价财务业绩，使用者可能更关注利润、收入或净资产。

（3）被审计单位的性质、所处的生命周期阶段以及所处行业和经济环境。

（4）被审计单位的规模、所有权结构以及融资方式。如果被审计单位仅通过债务而不是权益进行融资，财务报表使用者可能更关注资产及资产的索偿权，而不是被审计单位的收益。

不同的审计目的、不同的审计对象、不同的报表使用者，其判断基础的选择不同，表 5-2 所示的是常见的确定财务报表整体重要性的判断标准。

表 5-2　常见的确定财务报表整体重要性的判断标准

被审计单位情况	可供选择的基准
企业的盈利水平保持稳定	经常性业务的税前利润
企业经营状况大幅波动，盈利或亏损交替发生；由正常盈利变为微利或亏损；税前利润出现意外的增加或减少	过去 3～5 年经常性业务的平均税前利润或亏损（取绝对值）或其他基准，如营业收入
新设立企业处于开业期，尚未开业经营，正在建造厂房或购买机器设备	总资产
新兴行业，目前侧重于抢占市场份额，扩大企业知名度和影响力	营业收入
开放式基金，致力于优化投资组合，提高基金净值，为基金持有者提高价值	净资产
国际企业集团的研发中心，主要为集团下属企业提供研发服务，并以成本加成方式收取相关费用	成本与费用总额
公益性的基金会	捐赠收入或支出总额

另外，如果编制审计计划时，被审计单位财务报表尚未编制完成，注册会计师可根据中期报表或对上年财务报表作出适当调整后，推算年度财务报表整体重要性水平。

为选定的基准确定百分比需要运用职业判断。百分比与选定的基准之间存在一定的联系，无论百分比是高一些还是低一些，只要符合具体情况，都是适当的。注册会计师通常会运用职业判断合理选择百分比（包括固定比率和变动比率两种）。

表5－3列示了在审计实务中可供选择的重要性的固定比率（经验数值）。

表5－3 可供选择的重要性的固定比率（经验数值）

被审计单位	经验百分比
以营利为目的的实体	通常不超过税前利润的5％
非营利组织	通常不超过费用总额或营业收入的1％或不超过资产总额的0.5％
基金	通常不超过净资产的0.5％
以资产总额为基准的实体	通常不超过资产总额的1％

各个会计师事务所根据经验提炼出不同的变动比率（企业规模越大，允许的错报金额比率越小），但一般是根据资产总额或营业收入总额来确定企业规模，以两者中较大一项确定一个变动百分比，以体现谨慎性原则。表5－4所示的是一家会计师事务所建立的重要性水平的变动比率。

表5－4 重要性水平的变动比率

资产总额或营业收入中较大一项（元）	百分比（％）
≤2 500 000	4
2 500 001～25 000 000	2
25 000 001～75 000 000	1.5
75 000 001～125 000 000	1
＞125 000 000	0.7

在实务中，除了考虑被审计单位是否为上市公司或公众利益实体外，其他因素也会影响注册会计师对百分比的选择。这些因素包括但不限于：（1）财务报表使用者的范围，是否分发给广大范围的使用者；（2）被审计单位是否由集团内部关联方提供融资或是否有大额对外融资（如债券或银行贷款等）；（3）财务报表使用者是否对基准数据特别敏感（如具有特殊目的的财务报表使用者）。对于大型企业或集团，经验百分比可适当降低。如以亏损额作为基准，通常适用的经验百分比可能不适用，应考虑报表使用者所关注的内容以及相关的风险，如持续经营风险、与银行或其他债权人签署的贷款条款的影响等，在此情况下可能更适宜使用更小的经验百分比。

如果同一期间各财务报表的重要性水平不同，注册会计师应当取其最低者作为财务报表层次的重要性水平。注册会计师首先应当为每张财务报表确定一个重要性水平。例如，将利润表的重要性水平确定为100万元，资产负债表的重要性水平确定为200万元。但由于财务报表之间相互关联，并且许多审计程序经常涉及两张以上的报表，比如对年底赊销是否在适当期间正确记录实施的审计程序，不仅为资产负债表中的应收账款提供了审计证据，还为利润表中的销售收入提供了审计证据，因此，在制定总体审计策略时，应使用财务报表中最小的可容忍错报总体水平，也就是说，注册会计师应当选择最低的重要性水平作为财务报表层次的重要性水平。这样做比较稳妥，因为重要性水平越低，所需获取的审计证据就越多，审计风险也就越小。如果重大错报风险评估为高水平，注册会计师有时更倾向于调低整体重要性的金额。但是，如果整体重要性能够满足财务报表使用者的需求且不涉及审计风险水平，这种做法就是不恰当的。

（二）从性质方面考虑重要性

即使某些错报低于财务报表整体重要性，但在将与这些错报相关的某些情况单独或连同在审计过程中累积的其他错报一并考虑时，注册会计师也可能将这些错报评价为重大错报。在实务中，金额较小但性质重要的错报可能包括(不限于)：

（1）舞弊导致的错报；

（2）试图掩盖收益或其他趋势变化的错报；

（3）为了迎合大多数分析师等对企业的期望而隐瞒经营失败的错报；

（4）使被审计单位扭亏为盈或者由盈利变为亏损的错报；

（5）涉及被审计单位在经营能力和盈利能力上操纵指标的错报；

（6）影响被审计单位达到监管要求或申请资格要求的错报；

（7）影响被审计单位达到贷款合同或其他合同要求的错报；

（8）影响管理层报酬，如为了满足奖金或其他激励性奖励要求的错报；

（9）涉及隐瞒非法交易的错报。

（三）确定特定类别的交易、账户余额或披露的重要性水平

在制定总体审计策略时，注册会计师应当确定财务报表整体的重要性。根据被审计单位的特定情况，如果存在一个或多个特定类别的交易、账户余额或披露，其发生的错报金额虽然低于财务报表整体的重要性，但合理预期可能影响财务报表使用者依据财务报表作出的经济决策，注册会计师还应当确定适用于这些交易、账户余额或披露的一个或多个重要性水平（具体层面），以确定在审计过程中应收集的证据数量。各类交易、账户余额、列报认定层次的重要性水平称为“可容忍错报”。可容忍错报是指在不导致财务报表存在重大错报的情况下，注册会计师对各类交易、账户余额、列报确定的可接受的最大错报。

在确定各类交易、账户余额、列报认定层次的重要性水平时，注册会计师应当考虑以下主要因素：各类交易、账户余额、列报的性质及错报的可能性；各类交易、账户余额、列报的重要性水平与财务报表层次重要性水平的关系。

在实务中，注册会计师可以将财务报表层次的重要性水平依据资产负债表账户进行分配，分配时要考虑每个账户的会计属性及其风险。无论如何分配，在审计结束时，注册会计师都必须确保所有账户的错报汇总金额小于或等于财务报表层次的重要性水平。

以下举例说明各类交易、账户余额、列报认定层次的重要性水平的确定方法。

1. 分配的方法

案例分析 5－1

假设注册会计师初步判断财务报表层次的重要性水平是资产总额的 1%，即 140 万元，这意味着资产账户可容忍的错报为 140 万元。注册会计师将这一重要性水平分配给各资产账户，结果如表5-5所示。

表5-5　重要性水平的分配　　单位：万元

账户名称	金额	甲方案	乙方案
银行存款	700	7	3.6
应收账款	2 100	21	25.2
存货	4 200	42	70
固定资产	7 000	70	42
总计	14 000	140	140.8

【分析】在表5-5中，甲方案是按1%进行同比例分配的。一般来说，这种分配方式并不可行，注册会计师必须根据各个账户的性质及其风险特征对其进行调整。由于银行存款涉及面广，因此注册会计师需要更加详细地追查，应调低该账户的重要性水平。由于应收账款和存货发生错报的可能性较大，可以为其分配较高的重要性水平以节省审计成本。假定在审计存货后，仅发现40万元的错报，且注册会计师认为所实施的审计程序已经足够，则可将剩下的30万元再分配给应收账款。由于固定资产占比较大，对资产和报表的影响大，因此注册会计师需要更加详细地查证，应调低分配到该账户的重要性水平。

2. 不分配的方法

这里介绍大型会计师事务所常用的两种不分配的方法。

一种方法是假设财务报表层次的重要性水平为100万元，则可根据各类交易、账户余额、列报的性质及错报的可能性等因素，将各类交易、账户余额、列报认定层次的重要性水平设定为财务报表层次重要性水平的20%～50%。审计时，只要发现某认定的错报超过这一水平，就建议被审计单位进行调整。最后，编制未调整事项汇总表，若未调整的错报超过100万元，再要求被审计单位进一步调整。

另一种方法是确定各类交易、账户余额、列报认定层次的重要性水平为财务报表层次的重要性水平的1/6～1/3。假设财务报表层次的重要性水平为90万元，应收账款的重要性水平可设为这一金额的1/4，存货为1/5，应付账款为1/5，则其重要性水平分别为22.5万元、18万元和18万元。

必须指出的是，在实际工作中，往往很难预测哪些账户可能发生错报，也无法事先确定审计成本的大小，所以，重要性水平的确定是一个非常困难的职业判断过程。

四、实际执行的重要性

（一）实际执行的重要性的含义

实际执行的重要性是指注册会计师确定的低于财务报表整体重要性的一个或多个金额，旨在将未更正和未发现错报的汇总数超过财务报表整体重要性的可能性降至适当的低水平。如果适用，实际执行的重要性还指注册会计师确定的低于特定类别的交易、账户余额或披露的重要性水平的一个或多个金额。确定财务报表实际执行的重要性（整体层面），旨在将财务报表中未更正和未发现错报的汇总数超过财务报表整体重要性的可能性降至适当的低水平。确定与特定类别的交易、账户余额或披露相关的实际执行的重要性（具体层面），旨在将这些交易、账户余额或披露中未更正与未发现错报的汇总数超过这些交易、账户余额或披露的重要性水平的可能性降至适当的低水平。

【例5-6·单选题】

下列关于特定类别交易、账户余额或披露的重要性水平的说法，不正确的是（　　）。

A. 只有在适用的情况下，才需确定特定类别的交易、账户余额或披露的重要性水平

B. 确定特定类别的交易、账户余额或披露的重要性水平时，可将与被审计单位所处行业相关的关键性披露作为一项考虑因素

C. 特定类别的交易、账户余额或披露的重要性水平应低于财务报表整体的重要性

D. 不需确定特定类别的交易、账户余额或披露的实际执行的重要性

【分析】 D。与确定特定类别的交易、账户余额或披露的重要性水平相关的实际执行的重要性，旨在将这些交易、账户余额或披露中未更正与未发现错报的汇总数超过这些交易、账户余额或披露的重要性水平的可能性降至适当的低水平，所以，在适用的情况下需确定特定类别交易、账户余额或披露的重要性水平时，对应需要确定特定类别交易、账户余额或披露的实际执行的重要性。因此，选项D不正确。

（二）实务中如何确定实际执行的重要性

确定实际执行的重要性并非简单机械地计算，而是需要注册会计师运用职业判断，并考虑下列因素的影响：

（1）对被审计单位的了解（这些了解在实施风险评估程序的过程中得到更新）；

（2）前期审计工作中识别出的错报的性质和范围；

（3）根据前期识别出的错报对本期错报作出的预期。

在实务中，对于审计风险较高的项目，需要确定较低的实际执行的重要性水平。实际执行的重要性水平通常为财务报表整体/具体重要性水平的50%～75%。详细情况总结如表5-6所示。

表5-6　不同情况下的实际执行的重要性

接近财务报表整体重要性水平50%的情况	接近财务报表整体重要性水平75%的情况
● 首次接受委托的审计项目 ● 经常性审计，以前年度审计调整较多 ● 项目总体风险较高（如处于高风险行业、面临较大市场竞争或业绩压力、管理能力欠缺） ● 存在或预期存在内部控制缺陷	● 经常性审计，以前年度审计调整较少 ● 项目总体风险较低或中等（如处于低风险行业，市场压力较小） ● 以前期间的经验表明内部控制运行有效

审计准则要求注册会计师确定低于财务报表整体重要性的一个或多个金额作为实际执行的重要性，注册会计师无须通过将财务报表整体重要性水平平均分配或按比例分配至各个报表项目的方法来确定实际执行的重要性水平，而是应当根据对财务报表项目风险评估的结果，确定一个或多个实际执行的重要性水平，并把确定实际执行的重要性水平的依据记录在审计工作底稿中。

（三）在审计中修改重要性

实际执行的重要性与计划的重要性之所以不同，是由于在审计过程中，随着审计工作的推进，注册会计师会更加了解被审计单位，具体环境也会改变，这时注册会计师需要进一步获取信息，修正计划的重要性，进而修改进一步审计程序的性质、时间和范围：

（1）审计过程中情况发生重大变化，如决定处置被审计单位的一个重要组成部分，或者被审计单位业务发生预期外的重大衰退。

（2）获取新信息，如发现重大审计调整影响被审计单位的利润。

（3）通过实施进一步审计程序，注册会计师对被审计单位及其经营的了解发生变化。

在确定审计程序后，如果注册会计师决定接受更低的重要性水平，审计风险将增加。注册会计师应当选用下列方法将审计风险降至可接受的水平：

（1）如有可能，通过扩大控制测试范围或实施追加的控制测试，降低评估的重大错报风险，并支持降低后的重大错报风险水平。

（2）通过修改计划实施的实质性程序的性质、时间和范围，降低检查风险。

（四）不同重要性确定及其修改的关系

在开始审计时，注册会计师需要对可能被认为是重大错报的金额和性质作出判断，这包括确定下列重要性的金额：

1. 整体重要性

整体重要性与财务报表整体有关，它是基于合理预期什么样的错报可能影响财务报表使用者依据财务报表作出的经济决策确定的。如果在审计过程中获知某信息，而该信息可能导致注册会计师确定与原来不同的一个或多个金额，则需要修改整体重要性。

2. 整体实际执行的重要性

整体实际执行的重要性的金额比整体重要性的金额设定得更低。实际执行的重要性有助于注册会计师应对特定的风险评估（而不改变整体重要性），并且将未更正和未发现错报的汇总数超过财务报表整体重要性的可能性降至适当的水平。实际执行的重要性可能因审计发现（如在修改风险评估结果时）而被修改。

3. 具体重要性（计划数）

具体重要性是针对各类交易、账户余额或披露确定的，这些项目存在金额低于整体重要性的错报，但合理预期可能影响财务报表使用者依据财务报表作出的经济决策。

4. 具体实际执行的重要性

具体实际执行的重要性的金额比具体重要性的金额设定得更低。它有助于注册会计师应对特定项目的风险评估，并且为可能存在的未发现错报以及汇总起来达到重大金额的非重大错报留有余地。

实际执行的重要性有助于注册会计师根据整体重要性确定重要性金额，但其应当设定为较低的金额，以反映无法发现错报的风险以及风险评估的结果。这些较低的金额，旨在为确定测试的性质和范围的重要性（即实际执行的重要性）与整体重要性之间提供一个安全缓冲。对实际执行的重要性设定一个恰当的金额，有助于确保实施更多的工作，以提升识别出错报（如存在）的可能性。假设整体重要性为200万元，并且设计了旨在发现所有超过200万元错报的审计程序，那么80万元的错报很可能不会被发现。如果存在三个这样的错报，合计240万元，则财务报表存在重大错报。但是，如果实际执行的重要性确定为120万元，极有可能发现一个或全部的80万元的错报，即使三个错报中仅有一个被识别和更正，剩余的160万元错报也低于整体重要性，则财务报表整体不存在重大错报。实际执行的重要性，无论是整体的还是具体账户余额、交易和披露的，都可能在审计过程中随时被修改（不影响整体重要性），以反映修正的风险评估结果、审计发现以及获取的新信息。

【例5-7·多选题】

下列关于实际执行的重要性的理解，不正确的有（　　）。

A. 运用实际执行的重要性的目的是将未更正和未发现错报的汇总数超过财务报表整体重要性或特定类别的交易、账户余额或披露的重要性水平（如适用）的可能性降至适当的低水平

B. 针对财务报表整体重要性只需确定一个实际执行的重要性，而针对交易、账户余额或披露的重要性水平应确定一个或多个实际执行的重要性水平

C. 以前年度审计调整越多，评估的项目总体风险越高，实际执行的重要性越接近财务报表整体重要性

D. 如果会计师事务所要求实际执行的重要性定义在财务报表整体重要性的50%～75%，当注册会计师首次承接审计项目时，应按财务报表整体重要性的75%确定实际执行的重要性

【分析】BCD。实际执行的重要性是指低于财务报表整体重要性的一个或多个金额，实际执行的重要性既包括财务报表层次的，也包括认定层次的，所以无论是什么层次的实际执行的重要性都是一个或多个，故选项B不正确；由于对审计风险较高的项目，需要确定较低的实际执行的重要性水平，当以前年度审计调整越多、注册会计师首次承接审计项目时，应当制定较低的实际执行的重要性水平，通常按财务报表整体重要性的50%确定实际执行的重要性，故选项C和D都不正确。

五、审计重要性的运用

在整个审计过程中，注册会计师的责任是将财务报表中未更正和未识别错报的汇总数超过财务报表整体重要性的可能性降至适当的低水平。运用审计重要性评价审计过程中识别出的错报，主要目标有两个：一是评价识别出的错报对审计的影

响；二是评价未更正错报对财务报表的影响。在审计工作结束时，财务报表整体重要性将被用于评价识别出的错报对财务报表的影响以及审计意见的恰当性。例如，假设财务报表整体重要性被设定为200万元。在执行审计程序后，可能出现下列情形：一是没有识别出错报，出具无保留意见的审计报告；二是识别出一些明显微小且未更正的错报，出具无保留意见的审计报告；三是发现超过重要性水平（200万元）的未更正错报且管理层不愿作出必要的调整，出具保留或否定意见的审计报告；四是财务报表存在超过重要性水平（200万元）的未更正错报但未被发现，可能会出具不适当的无保留意见的审计报告。

（一）在审计过程中对识别错报的考虑

错报是指某一财务报表项目的金额、分类、列报或披露，与按照适用的财务报告编制基础应当列示的金额、分类、列报或披露之间存在的差异；或根据注册会计师的判断，为使财务报表在所有重大方面实现公允反映，需要对金额、分类、列报或披露作出的必要调整。错报可能是由于舞弊或错误导致的。

错报可能由下列事项导致：收集或处理用以编制财务报表的数据时出现错误；遗漏某些金额或披露；由于疏忽或明显误解有关事实而作出不正确的会计估计；注册会计师认为管理层对会计估计作出不合理的判断或对会计政策作出不恰当的选择和运用。

为了帮助注册会计师评价审计过程中累积的错报的影响以及与管理层和治理层沟通错报事项，将错报分为如下几种：

（1）事实错报，是指毋庸置疑的错报。例如，注册会计师在审计测试中发现最近购入存货的实际价值为15 000元，账面记录的金额却为10 000元。因此，存货和应付账款分别被低估了5 000元，这里被低估的5 000元就是已识别的对事实的具体错报。

（2）判断错报，是指注册会计师认为管理层对会计估计作出不合理的判断或对会计政策作出不恰当的选择和运用而导致的差异。

（3）推断错报，也称推断误差、可能误差，是指注册会计师对总体存在的错报作出的最佳估计数，涉及根据在审计样本中识别出的错报来推断总体的错报。推断误差通常包括：

1）通过测试样本估计出的总体错报减去在测试中发现的已经识别的具体错报。例如，应收账款年末余额为2 000万元，注册会计师抽查10%的样本，发现金额有100万元的高估，高估部分为账面金额的20%，据此注册会计师推断总体的错报金额为400万元（2 000×20%），那么上述100万元就是已识别的具体错报，其余300万元即推断误差。

2）通过实质性分析程序推断出的估计错报。例如，注册会计师根据客户的预算资料及行业趋势等要素，对客户年度销售费用独立作出估计，并与客户账面金额比较，发现两者间有50%的差异。考虑到估计的精确性有限，注册会计师根据经验认为10%的差异通常是可接受的，而剩余的40%的差异需要有合理解释并取得佐证。假定注册会计师对于其中10%的差异无法得到合理解释或不能取得佐证，则该部分差异金额即推断误差。

（4）以前年度识别出的对财务报表有影响但未更正的错报。

在审计实务中，注册会计师应当累积审计过程中识别出的错报，除非是明显微小的错报，并把审计中发现的所有错报与被审计单位沟通。注册会计师在考虑识别出的累积错报时应当注意：

第一，错报可能不是孤立发生的，一项错报的发生还可能表明存在其他错报，尤其是当注册会计师识别出由被审计单位内部控制失效导致的错报，或者被审计单位广泛运用不恰当的假设或评估方法导致的错报时，均表明还存在其他错报。

第二，如果在审计过程中获知了某项信息，而该信息可能导致注册会计师确定与原来不同的财务报表整体重要性或者特定类别交易、账户余额或披露的一个或多个重要性水平（如适用），注册会计师应当修改重要性水平。如果出现下列情况之一，注册会计师应当确定是否需要修改总体审计策略和具体审计计划：1）识别出的错报的性质以及错报发生的环境表明可能存在其他错报，并且可能存在的其他错报与审计过程中累积的错报合计起来可能是重大的；2）审计过程中累积错报的合计数接近重要性水平。

如果注册会计师对重要性或重要性水平（如适用）进行的重新评估导致需要确定较低的金额，则应重新考虑实际执行的重要性和进一步审计程序的性质、时间安排及范围的适当性，以获取充分、适当的审计证据，作为发表审计意见的基础。

第三，注册会计师应当考虑每一项与金额相关的错报，以评价其对相关类别的交易、账户余额或披露的影响，包括评价该项错报是否超过特定类别的交易、账户余额或披露的重要性水平（如适用）。如果注册会计师认为某一项错报是重大的，则该项错报不太可能被其他错报抵销。也就是说，累积错报时注册会计师应注意：将资产类科目与债务类科目或收入类科目与费用类科目的未更正错报相互抵销通常是不恰当的，但将同一账户余额或同一类别的交易内部的错报抵销则是适当的。然而，在得出抵销错报（即使是非重大错报）是适当的这一结论之前，需要考虑可能存在其他未被发现的错报的风险。

抽样风险和非抽样风险可能导致某些错报未被发现，如果审计过程中累积错报的汇总数接近已确定的重要性，则表明存在比可接受的低风险水平更大的风险，即未被发现的错报连同审计过程中累积错报的汇总数可能超过重要性。

第四，无论错报是否超过重要性水平，注册会计师均应当及时与适当层级的管理者沟通错报事项，除非法律法规限制注册会计师向管理层或被审计单位内部的其他人员通报某些错报。一般来说，为了保持会计账簿和记录的准确性，降低与本期相关的、非重大的且尚未更正的错报的累积影响导致的未来期间财务报表出现重大错报的风险，管理层应当评价这些事项是否为错报，并更正所有的错报。如果管理层有异议，则告知注册会计师，注册会计师应当了解管理层不更正错报的理由，并在评价财务报表是否不存在重大错报时考虑该理由。注册会计师在考虑根据相关情况判断出的错报金额、性质及可能对未来期间财务报表产生的影响后，可能需要与治理层讨论错报未得到更正的原因及其影响。

（二）确定明显微小错报的临界值

注册会计师可能将低于某一金额的错报界定为明显微小错报，对这类错报不需要累积。因为这些明显微小错报无论单独还是汇总，无论从规模、性质还是发生环境来考虑，都不会对财务报表产生重大影响，是微不足道的。明显微小错报不等同于非重大错报。非重大错报有两种情形：如果针对某一交易、账户余额或披露认定层次，非重大错报是指低于对应的实际执行的重要性的错报；如果针对判断审计意见类型，非重大错报是指低于财务报表整体重要性的错报。

注册会计师需要在制订审计计划时预先设定明显微小错报的临界值，这需要运用职业判断。注册会计师需要考虑的因素有：

（1）以前年度审计中识别的错报（包括更正和未更正的错报）的数量和金额；

（2）重大错报风险的评估结果；

（3）被审计单位治理层和管理层对注册会计师与其沟通错报的期望；

（4）被审计单位财务指标是否勉强达到监管机构的要求或投资者的预期。

注册会计师考虑以上因素，实际上就是为了确定审计过程对错报的过滤程度。注册会计师的目标是确定不累积的错报（即低于临界值的错报）连同累积的未更正错报不会汇总成重大错报。如果注册会计师预期被审计单位存在数量较多、金额较小的错报，则可能考虑采用较低的临界值，以避免大量低于临界值的错报积少成多构成重大错报。如果注册会计师预期被审计单位错报数量较少，则可能采用较高的临界值。注册会计师可以将明显微小错报的临界值确定为财务报表整体重要性的3%～5%，也可以低一些或高一些，通常不超过财务报表整体重要性的10%，除非注册会计师认为有必要单独为重分类错报确定一个更高的临界值。

【例5-8·多选题】

下列关于明显微小错报的说法，恰当的是（　　）。

A. 如果预期被审计单位存在数量较多、金额较小的错报，注册会计师可能采用较低的临界值

B. 如果一项错报性质上不重要且错报金额低于重要性水平，注册会计师就可以认定该项错报不属于重大错报

C. 明显微小错报的临界值可以确定为财务报表整体重要性的4%

D. 明显微小错报即不重大，不需要累积

【分析】AC。由于注册会计师的目标是确定不累积的错报（即低于临界值的错报）连同累积的未更正错报不会汇总成重大错报，所以当预期被审计单位存在数量较多、金额较小的错报时，注册会计师应当更加谨慎，可采用较低的临界值，故选项A恰当；一项性质上不重要且金额低于重要性水平的错报，可能是非重大错报，只有当这项错报连同其他错报汇总起来未超过重要性水平时，该项错报才不是重大错报，当该项错报单独或汇总起来超过重要性水平时，该项错报依然是重大错报，故选项B不恰当；明显微小错报的临界值一般为财务报表整体重要性的3%～5%，故选项C恰当；“明显微小”不等同于“不重大”且可以不累积，故选项D不恰当。

（三）评价未更正错报的汇总数的影响

未更正错报是指注册会计师在审计过程中累积的且被审计单位未予更正的错报。在审计实务中，注册会计师应当确定未更正错报单独或汇总起来是否重大。在确定时，注册会计师应当考虑：

（1）相对特定类别的交易、账户余额或披露以及财务报表整体而言，错报对财务报表整体的影响；

（2）与前期相关的未更正错报对相关类别的交易、账户余额或披露以及财务报表的影响。

当注册会计师在审计过程中识别出错报时，首先应要求管理层更正所有未更正错报。如果管理层决定不更正某些错报，注册会计师必须与治理层沟通以下事项：

（1）未更正错报细节以及这些错报单独或汇总起来可能对审计意见产生的影响（法律法规禁止的除外）；

（2）个别的重大未更正错报；

（3）与前期相关的未更正错报对相关类别的交易、账户余额或披露以及财务报表整体的影响。

未更正错报汇总数与财务报表层次重要性水平相比，可能出现以下几种情况：

（1）未更正错报汇总数远远低于重要性水平，对财务报表的影响不重大，注册会计师可以发表无保留意见的审计报告。

（2）未更正错报汇总数超过了重要性水平，对财务报表的影响可能是重大的，注册会计师应当考虑通过扩大审计程序的范围或要求管理层调整财务报表以降低审计风险。除非错报金额非常小且性质不严重，注册会计师都应当要求管理层就已识别的错报调整财务报表。如果管理层拒绝调整财务报表，并且扩大审计程序范围的结果不能使注册会计师认为未更正错报的汇总数不重大，注册会计师应当考虑出具非无保留意见的审计报告。

（3）已识别但未更正错报的汇总数略低于重要性水平，注册会计师应当考虑该汇总数连同尚未发现的错报是否可能超过重要性水平，并考虑通过实施追加的审计程序，或要求管理层调整财务报表以降低审计风险。

（4）即使某些错报低于财务报表整体重要性，但由于这些错报相关的某些情况，在将其单独或连同在审计过程中累积的其他错报一并考虑时，注册会计师也可能将这些错报评价为重大错报。这些错报可能包括：

1）掩盖未能达到市场分析人士预期的事实；

2）与财务报表主表、关键财务指标或财务报表其他方面（如披露）相关；

3）与特定账户的错误分类有关（如影响营业收入和营业外收入）；

4）涉及隐瞒不合法的交易（如向管理层提供非法贷款）；

5）隐瞒偿付能力或持续经营能力方面的问题或可能影响分红能力；

6）属于有系统化倾向的错报；

7）显示管理层的相关动机（如管理层一直不愿纠正财务报告过程中的缺陷而造成的错报）。

在评价审计程序结果时，注册会计师确定的重要性和审计风险可能与计划审计工作时评估的重要性和审计风险存在差异。在这种情况下，注册会计师应当考虑实施的审计程序是否充分。

【例 5-9·多选题】

下列关于未更正错报的说法，注册会计师认为恰当的有（　　）。

A. 每一项未更正错报的金额不得超过明显微小错报的临界值

B. 在评价未更正错报的影响之前，注册会计师应当重新评估确定的重要性，以根据被审计单位的实际财务结果确认其是否仍然适当

C. 注册会计师应当要求管理层更正审计过程中发现的超过明显微小错报临界值的错报

D. 除非法律法规禁止，注册会计师应当与治理层沟通未更正错报

【分析】BCD。由于未更正错报是指注册会计师在审计过程中累积的且被审计单位未予更正的错报，其可能是重大的，也可能是不重大的，因此，未更正错报的金额不一定超过明显微小错报的临界值。

（四）运用实际执行的重要性

（1）注册会计师在计划审计工作时，可能根据实际执行的重要性确定需要对哪些类型的交易、账户和披露实施进一步的审计程序，通常选取金额超过实际执行的重要性的被审计单位财务报表项目。但这并不代表注册会计师对所有金额低于实际执行的重要性的项目都不实施进一步审计程序。这是由于：

1）单个金额低于实际执行的重要性的被审计单位财务报表项目汇总起来可能金额重大，注册会计师应当考虑汇总后潜在的错报风险；

2）对于存在低估风险的财务报表项目，不能仅仅因其金额低于实际执行的重要性而不实施进一步审计程序；

3）对于识别出存在舞弊风险的财务报表项目，不能仅仅因其金额低于实际执行的重要性而不实施进一步审计程序。

（2）运用实际执行的重要性确定进一步审计程序的性质、时间和范围。如在实施实质性分析程序时，注册会计师确定的已记录金额与预期值之间的可接受差异通常不超过实际执行的重要性。在运用审计抽样进行细节测试时，注册会计师可将可容忍误差的金额设定为等于或低于实际执行的重要性水平。

六、对重要性的总结

重要性水平与实际执行的重要性的对比如表 5-7 所示。整体重要性不会经常变化，但随着注册会计师获得新的信息或对被审计单位及其经营的了解发生变化，可能需要对整体重要性进行修改。如果确实需要进行某些修改，注册会计师应当确保告知项目组并评估对审计计划的影响。

新的风险因素或审计发现可能对整体重要性没有影响，但会使实际执行的重要性发生变化。实际执行的重要性的变化会导致注册会计师对审计程序的性质、时间

安排和范围进行修改。当然，如果整体重要性发生变化，实际执行的重要性很可能需要进行相应的修改。

表 5-7 重要性水平与实际执行的重要性的对比

项目	整体重要性	具体重要性	实际执行的重要性
目的	确定一个据以确认财务报表是否存在重大错报（无论是错误还是舞弊）的界限	当可以合理预期金额小于财务报表整体重要性的错报会影响报表使用者的经济决策时，确定一个或多个小于整体重要性的界限，将其运用于特定类别的交易、账户余额或披露	确定一个或多个小于整体或具体重要性的界限，以确保识别出非重大错报（小于整体或具体重要性的错报），并为注册会计师提供安全缓冲
计算基础	报表使用者能够容忍财务报表中错报达到的水平	在特定类别的交易、账户余额或披露的特殊环境下，可以合理预期何种错报水平会影响报表使用者的经济决策	实现下列目标需要多少审计工作： （1）识别低于整体或具体重要性的错报； （2）为未发现的错报留出充分的缓冲
实用方法	财务报表整体重要性水平＝判断基础（关于被审计单位的函数）×百分比（关于审计风险的经验数据）	为特殊或敏感的财务报表领域确定一个较低的具体重要性金额	通常为财务报表整体/具体重要性水平的50%～75%
在审计中的运用	确定未更正错报单独或汇总起来是否超过整体重要性	确定未更正错报单独或汇总起来是否超过具体重要性	（1）评估重大错报风险； （2）针对评估的风险设计进一步的审计程序
在审计过程中的修改	（1）在审计过程中情况发生变化，如出售部分业务等； （2）获得新信息； （3）通过实施进一步审计程序，注册会计师对被审计单位及其经营的了解发生变化	具体情况发生变化	（1）评估风险发生变化； （2）实施进一步的审计程序所发现错报的性质和内容发生变化； （3）对被审计单位的了解发生变化

案例分析 5-2

华兴公司 20×3 年财务报表编报的利润为 65 万元。20×2 年使用的财务报表层次重要性水平为 300 万元。在计划重要性水平时，注册会计师根据 20×3 年华兴公司的具体情况认为错报金额达到 250 万元会对企业利润表产生影响，但错报总额达到 350 万元才会对资产负债表产生影响。根据以往经验，应收账款重要性水平为具体重要性水平的1/4，存货为1/5，财务费用为1/6。

初步估计20×3年财务报表整体重要性水平后，注册会计师制定了总体审计策略并计划了具体审计程序的性质、时间安排和范围。

在实施审计程序的过程中，审计组发现了以下事项：

（1）注册会计师A抽取样本对存货计价进行测试时，发现存货A少计了20万元，存货B多计了15万元。据此，其推断出存货总体的错报为95万元，并在审计工作底稿中建议华兴公司对此进行调整。

（2）注册会计师B测试应收账款时，发现20×3年华兴公司与其子公司进行了债务重组，重组后应收子公司的款项按1年内计提坏账准备。注册会计师建议华兴公司对该应收账款按实际可收回性计提坏账准备，华兴公司需要补提70万元坏账准备。

（3）注册会计师C按照华兴公司20×3年的贷款规模及其年化利息率，推算出华兴公司20×3年的财务费用应当为100万元，但华兴公司20×3年编报的财务费用仅为60万元，注册会计师推断财务费用少计了40万元。

（4）在20×2年的审计中，注册会计师发现华兴公司财务报表中的在建工程少计了40万元，并建议华兴公司进行调整。华兴公司当时答应调整，但从20×3年财务报表来看实际上没有调整。

除以上几个事项外，20×2年华兴公司财务报表中其他事项处理均符合会计准则。

【分析】

（1）华兴公司20×3年财务报表整体重要性水平应为250万元。原因是基于谨慎性原则，只有选择最低可容忍误差，才能保证查找出所有财务报表中的重大错报。

（2）针对事项（1），注册会计师推断存货总体的错报为95万元，其中未查证的部分有60万元推断错报。由于这60万元推断错报超过了存货项目的重要性水平（50万元），即使被审计单位调整了已经查出的35万元事实错报，存货项目仍存在重大错报，注册会计师对存货的审计取证没有实现审计目标，因此，应当考虑扩大审计抽样样本进行测试，直到查证出存货的所有重大错报。相反，如果存货推断错报远远低于存货项目的重要性水平（50万元），则意味着对存货的审计取证已经完成，这时被审计单位调整所有已经查出的事实错报后，才可以认为存货项目不存在重大错报。

（3）针对事项（2），注册会计师B审计中发现判断误差为70万元。从对资产的影响来看，调低应收账款（计提坏账准备）的金额（70万元）高于应收账款项目的重要性水平（62.5万元），因此属于重大错报。对于此类单笔重大错报，应当建议被审计单位进行调整。从对利润的影响来看，补提坏账准备70万元可能会使华兴公司20×3年由盈转亏。如果华兴公司不接受该调整建议，该单笔重大错报足以导致注册会计师发表否定意见的审计报告。

（4）针对事项（3），注册会计师C在审计中发现推断错报为40万元。由于推断错报40万元略低于财务费用项目的重要性水平（250×1/6≈42万元），注册会计师仍应当考虑是否追加审计程序，以查证出财务报表中所有财务费用的重大错报。

(5) 在汇总20×3年华兴公司财务报表的重大错报时，应当包括20×2年查出但未调整的重大错报。这些错报应按照资产、负债、所有者权益和损益类四大类进行汇总，并且采用绝对值相加的方式，不能进行正负抵销。建议被审计单位调整的错报，应当是注册会计师查证并有证据支持的事实错报、判断错报以及上年未调整错报，不应包括推断错报。对于存在的推断错报，应将其与该项目的重要性水平进行对比评价，以决定进一步查证的方向以及范围。如果推断错报远远低于该项目的重要性水平，也可以视为该项目的审计取证达到了其审计目标。

即测即评

扫描此码 在线做题

思考题

1. 简述审计风险与经营风险之间的关系。

2. 简述审计风险模型中各个要素之间的关系。

3. 简述确定财务报表整体重要性，特定类别的交易、账户余额或披露的重要性，以及实际执行的重要性的目的。

4. 在审计实务中如何确定财务报表层次重要性，特定类别的交易、账户余额或披露的重要性，以及实际执行的重要性?

5. 举例阐述审计重要性、审计风险与审计证据之间的关系。

6. 简述错报的内涵，并讨论如何累积错报。

7. 简述明显微小错报的临界值的含义及其确定的目的。

8. 如何对未更正错报进行定性和定量评价?

案例分析

如何制定和运用重要性水平?

甲上市公司是今明会计师事务所的常年审计客户，注册会计师张芳负责审计甲公司20×3年度财务报表。在制订审计计划、实施风险评估时，审计工作底稿中相关部分内容摘录如表5-8所示。

表5-8 审计工作底稿相关部分内容

金额单位：万元

项目	20×3年度	20×2年度	备注
营业收入	18 000 （未审数）	15 000 （已审数）	20×3年度，竞争对手推出新产品以抢占市场，甲公司通过降价和增加广告投放进行促销
税前利润	50 （未审数）	2 000 （已审数）	20×3年度，降价及销售费用增长导致盈利大幅下降
财务报表整体重要性	80	100	
实际执行的重要性	60	75	
明显微小错报的临界值	0	5%	

（1）20×2年度财务报表整体重要性以税前利润的5%计算。20×3年，由于甲公司处于盈亏临界点，注册会计师张芳以过去三年税前利润的平均值作为基准来确定财务报表整体重要性。

（2）在确定财务报表整体重要性水平时，注册会计师张芳特别考虑了甲公司最大股东的决策需求，以确保金额在重要性水平以下的错报不影响财务报表使用者的决策。

（3）由于财务报表含有高度不确定性的大额估计，注册会计师张芳认为应该确定一个比不含有该估计的财务报表整体重要性水平更低的重要性。

（4）由于20×2年度审计中提出的多项审计调整建议金额均不重大，注册会计师张芳将20×3年度实际执行的重要性设定为财务报表整体重要性的75%。

（5）20×3年，治理层提出希望知悉审计过程中发现的所有错报，因此，注册会计师张芳将20×3年度明显微小错报的临界值设定为0。

（6）在确定实际执行的重要性时，注册会计师张芳选取金额超过实际执行的重要性的财务报表项目实施进一步审计程序，而对低于实际执行的重要性的财务报表项目不实施进一步审计程序。

（7）保持客户关系及具体审计业务和评价职业道德的工作贯穿审计业务的全过程。为了确保注册会计师具备执行业务所需的独立性和专业胜任能力，且不存在因管理层诚信问题而影响注册会计师保持该项业务意愿等情况，这两项工作应与其他审计工作一并进行。

（8）在了解甲公司及其环境的过程中，注册会计师张芳注意到20×3年度甲公司对主要业务的处理高度依赖复杂的自动化信息系统，因此，计算机信息系统的可靠性及有效性对甲公司的经营、管理、决策以及编制可靠的财务报告具有重大影响。为此，注册会计师张芳在具体审计计划中作出了利用信息风险管理专家工作的安排。

（9）注册会计师张芳对计划的重要性水平作出了修改，并通过修改计划实施的实质性程序的性质、时间安排和范围来降低重大错报风险。

【讨论分析】

请逐一考虑上述各项，指出注册会计师张芳的观点或做法是否恰当。如不恰当，请简要说明理由。

线上 MOOC 学习

请登录 https://www.icourse163.org/course/CUFE-1003060002，课外学习国家精品课程“审计学”中“审计风险与审计重要性”相关内容。

第六章

Chapter 6 审计证据与审计工作底稿

素养提升

知行合一，提升动手操作能力。

思维导图

引 例

什么样的审计证据能支持审计报告?

2023 年华兴公司收购了晋美公司，收购价格主要是以晋美公司 2022 年经审计的财务报表为基础确定的。然而，收购完成后，华兴公司发现晋美公司 2022 年的财务报表存在资产不实、收入虚假等问题，这给华兴公司造成了很大损失。于是，华兴公司在提出收购赔偿的诉讼时，将负责审计晋美公司 2022 年财务报表的今明会计师事务所追加为被告。律师调阅了晋美公司 2022 年的审计工作底稿，并向该审计项目的项目经理李浩进行了询问和取证，发现：

(1) 归档保管的晋美公司 2022 年审计工作底稿多数是晋美公司的原始凭证和记账凭证的复印件。即便是注册会计师自行编制的审计工作底稿，也主要以数字为主，文字描述少，不能通过审计工作底稿看出注册会计师当时做过的工作。

(2) 对于 2022 年晋美公司资产和收入的审计，注册会计师仅执行了一些常规的审计程序来获取审计证据。很多证据是注册会计师从晋美公司获取后直接归入审计工作底稿的，没有进一步查证。此外，一些审计工作底稿有矛盾和不相符之处，也未发现注册会计师对此进行了进一步追查。

今明会计师事务所在其审计工作底稿上所提供的审计证据能否支持其出具的审计报告并赢得公众的信任? 支持审计报告的审计工作底稿和审计证据应当具有什么特征?

第一节　审计证据

一、证据与审计证据

在经济生活中，人们对证据的认识主要来源于法律案件和科学实验。在法律案件中，律师遵循严格的证据规则以保护无罪之人；在科学实验中，科学家通过获取证据来验证实验假设等。审计师与律师、科学家相似，同样凭借证据来得出结论，但这些职业所依赖的证据类型、运用证据的环境和方式各不相同。表 6-1 所示的是科学实验、法律案件和财务报表审计中证据的不同特征。

表 6-1　科学实验、法律案件和财务报表审计中证据的不同特征

比较基础	科学实验	法律案件	财务报表审计
证据用途	确定提出的假设	确定被告是否有罪	确定财务报表是否公允表达
所用证据的特征	反复实验的结果	直接证据和证人及有关各方的证词	由审计师、第三方和客户形成的各类审计证据
评价证据的单位和个人	科学家	陪审团和法官	审计师
根据证据所得出结论的肯定程度	从不肯定到接近肯定	排除合理怀疑来定罪	高水平保证
结论的特征	研究结论是否正确	当事人有罪或无罪	出具某种类型的审计报告
根据证据得出错误结论的典型后果	研究结论与现实不符	罪犯没有受到惩罚或无辜者被判有罪	财务报表使用者作出错误决策，审计师可能被起诉

《中华人民共和国国家审计准则》第八十二条规定："审计证据是指审计人员获取的能够为审计结论提供合理基础的全部事实，包括审计人员调查了解被审计单位及其相关情况和对确定的审计事项进行审查所获取的证据。"《第 2103 号内部审计具体准则——审计证据》第二条规定："本准则所称审计证据，是指内部审计人员在实施内部审计业务中，通过实施审计程序所获取的，用以证实审计事项，支持审计结论、意见和建议的各种事实依据。"《中国注册会计师审计准则第 1301 号——审计证据》第四条规定："审计证据，是指注册会计师为了得出审计结论和形成审计意见而使用的信息。审计证据包括构成财务报表基础的会计记录所含有的信息和从其他来源获取的信息。"审计证据对于支持审计意见和出具审计报告至关重要。审计证据在性质上具有累积性，主要是在审计过程中通过实施审计程序获取的，也可能包括从其他来源获取的信息，如以前审计（前提是注册会计师已确定被审计单位及其环境自以前审计后是否已发生变化，进而可能影响这些信息对本期审计的相关性）或会计师事务所在接受与保持客户时实施质量控制程序获取的信息。除从被

审计单位内部和外部其他来源获取的信息外，会计记录也是重要的审计证据来源。可以用作审计证据的信息也可能在编制过程中利用了管理层的专家的工作。审计证据既包括支持和佐证管理层认定的信息，也包括与这些认定相矛盾的信息。在某些情况下，信息的缺乏（如管理层拒绝提供注册会计师要求的声明）本身也构成审计证据，可以被注册会计师利用。

（一）会计记录含有的信息

依据会计记录编制财务报表是被审计单位管理层的责任，注册会计师应当测试会计记录以获取审计证据。会计记录主要包括原始凭证、记账凭证、总分类账和明细分类账、未在记账凭证中反映的对财务报表的其他调整，以及支持成本分配、计算、调节和披露的手工计算表和电子数据表。上述会计记录构成了编制财务报表的基础，也是注册会计师执行财务报表审计业务所需获取的审计证据的重要部分。这些会计记录通常是电子数据，因而要求注册会计师对内部控制予以充分关注，以获取这些记录的真实性、准确性和完整性信息。值得注意的是，电子形式的会计记录可能只能在特定期间获取，如果不存在备份文件，则在特定期间之后有可能无法再获取这些记录。

会计记录取决于相关交易的性质，它既包括被审计单位内部生成的手工或电子形式的凭证，也包括从与被审计单位进行交易的其他企业收到的凭证。除此之外，会计记录还可能包括：

（1）销售发运单和发票、顾客对账单以及顾客的汇款通知单；

（2）附有验货单的订购单、购货发票和对账单；

（3）考勤卡和其他工时记录、工薪单、个别支付记录和人事档案；

（4）支票存根、电子转移支付记录、银行存款单和银行对账单；

（5）合同记录，如租赁合同和分期付款销售协议；

（6）记账凭证；

（7）分类账账户调节表。

将这些会计记录作为审计证据时，其来源和被审计单位内部控制的相关强度（对内部生成的证据而言）都会影响注册会计师对这些原始凭证的信赖程度。

（二）其他信息

会计记录含有的信息本身并不足以提供充分的审计证据以作为对财务报表发表审计意见的基础，注册会计师还应当获取用作审计证据的其他信息。可用作审计证据的其他信息包括：

（1）注册会计师从被审计单位内部或外部获取的会计记录以外的信息，如被审计单位会议记录、内部控制手册、询证函的回函、分析师的报告、与竞争者的比较数据等；

（2）通过询问、观察和检查等审计程序获取的信息，如通过检查存货获取存货存在性的证据等；

（3）注册会计师自己编制或获取的可以通过合理推断得出结论的信息，如注册会计师编制的各种计算表、分析表等。

财务报表依据的会计记录包含的信息和其他信息共同构成了审计证据，两者缺一不可。如果没有前者，审计工作将无法进行；如果没有后者，可能无法识别重大错报风险。只有将两者结合在一起，才能将审计风险降至可接受的水平，为注册会计师发表审计意见提供合理基础。

必要审计证据的性质与范围取决于注册会计师对何种证据与实现审计目标相关作出的职业判断。这种判断受到重要性评估水平、与特定认定相关的审计风险、总体规模以及影响账户余额的各类经常性或非经常性交易的影响。

注册会计师在审计过程中可以获取不同来源和不同性质的审计证据，不过，审计证据很少是绝对的，从性质上看反而是说服性的，并能佐证会计记录中所记录信息的合理性。因此，在确定报表是否公允表达时，注册会计师最终评价的正是一环扣一环的审计证据链条。注册会计师将不同来源和不同性质的审计证据综合起来考虑，只有当不同证据反映出一致的结果时，才能佐证会计记录中记录的信息；如果审计证据不一致，而且这种不一致可能是重大的，注册会计师应当扩大审计程序的范围，以便获取更多的审计证据查证事实的来龙去脉，解释和说明财务报表的信息。

【例 6－1·判断题】

会计记录含有的信息本身并不足以提供充分的审计证据以作为对财务报表发表审计意见的基础，注册会计师还应当获取用作审计证据的其他信息。（　　）

【分析】正确。审计证据包括构成财务报表基础的会计记录含有的信息和其他信息。

二、审计证据的充分性与适当性

在形成审计意见的过程中，注册会计师应当保持职业怀疑态度，运用职业判断，评价审计证据的充分性和适当性。

（一）审计证据的充分性

审计证据的充分性是对审计证据数量的衡量。注册会计师在审计过程中需要获取的审计证据的数量主要由以下因素决定：

1. 注册会计师对重大错报风险评估的影响

当被审计单位财务报表的重要性水平为 20 000 元而不是 50 000 元时，注册会计师需要更多的审计证据。类似地，重要账户余额或交易如果包含一定数量的错报，则需要比那些错报和舞弊风险较小且没有发现错误的账户更多的实质性证据。因此，错报风险越大，需要的审计证据可能越多。具体来说，在可接受的审计风险水平一定的情况下，重大错报风险越大，注册会计师就应实施越多的测试工作，将检查风险降至可接受的水平，以将审计风险控制在可接受的低水平范围内。

2. 审计证据质量的影响

注册会计师需要获取的审计证据数量也受审计证据质量的影响。审计证据质量越高，需要的审计证据数量可能越少。例如，当被审计单位内部控制健全时，生成的审计证据更可靠，注册会计师只需获取适量的审计证据，就可以为发表审计意见提供合理的基础。

（二）审计证据的适当性

审计证据的适当性是对审计证据质量的衡量，即审计证据在支持各类交易、账户余额、列报的相关认定，或发现其中存在错报方面具有相关性和可靠性。相关性和可靠性是审计证据适当性的核心内容，只有相关且可靠的审计证据才是高质量的。

1. 审计证据的相关性

审计证据的相关性是指审计证据的信息与审计程序的目的和所考虑的相关认定之间的逻辑关系。用作审计证据的信息的相关性可能受测试方向的影响。例如，如果注册会计师在审计过程中怀疑被审计单位发出存货却没有给顾客开具发票，审计目标是“确认销售是否完整”，则他会从发货单中选取样本，将每张发货单与相应的销售发票副本相核对，以确定是否每张发货单均已开具发票；如果注册会计师怀疑被审计单位销售虚假，审计目标是“确认销售是否真实发生”，则他会从销售发票副本中选取样本，追查至与每张发票相应的发货单，以确认是否真正有货物发出，由此所获得的证据与销售真实性目标相关，而与完整性不相关。

审计证据是否相关必须结合具体审计目标来考虑。在确定审计证据的相关性时，注册会计师应当考虑：

（1）特定的审计程序可能只为某些认定提供相关的审计证据，而与其他认定无关。例如，检查期后应收账款收回的记录和文件可以提供有关存在和计价的审计证据，但不一定与期末截止是否适当相关。

（2）针对同一项认定可以从不同来源获取审计证据或获取不同性质的审计证据。例如，注册会计师可以分析应收账款的账龄和应收账款的期后收款情况，以获取与坏账准备计价有关的审计证据。

（3）只与特定认定相关的审计证据并不能替代与其他认定相关的审计证据。例如，有关存货实物存在的审计证据并不能够替代与存货计价相关的审计证据。

2. 审计证据的可靠性

审计证据的可靠性是指证据的可信程度。它受审计证据来源和性质的影响，并取决于获取审计证据的具体环境，包括与编制和维持该信息相关的控制。注册会计师在判断审计证据的可靠性时，通常会考虑下列因素：

（1）提供者的独立性。从外部独立来源获取的审计证据比从其他来源获取的审计证据更可靠。从外部独立来源获取的审计证据未经被审计单位有关人员之手，从而减少了伪造、更改凭证或业务记录的可能性，因而其证明力最强。此类证据包括询证函回函、保险公司等机构出具的证明等。相反，从其他来源获取的审计证据，由于证据提供者与被审计单位存在经济或行政关系等，其可靠性可能受到质疑，如被审计单位内部的会计记录、会议记录等。

（2）提供者的资质。如果审计证据是由不知情者或不具备资格者提供的，即使是从独立的外部来源获得的，也可能是不可靠的。同样，如果注册会计师不具备评价证据的专业能力，那么即使是直接获取的证据，也可能不可靠。但对于管理层聘请的专家，如精算师、评估师等，注册会计师不仅要评价这些专家的胜任能力、专业素质和客观性，还要评价其独立性，以判断审计证据的可靠性。

（3）生成信息的内部控制。一般来说，内部控制有效时内部生成的审计证据比内部控制薄弱时内部生成的审计证据更可靠。如果被审计单位的内部控制设计合理且运行有效，则会计记录的可信赖程度将会提高。如果被审计单位的内部控制薄弱甚至不存在，则被审计单位内部凭证记录的可靠性会大幅降低。

（4）信息获取方式。一般来说，直接获取的审计证据比间接获取或推论得出的审计证据更可靠；客观证据比需要经过大量主观判断才能确定其是否正确的证据更可靠。例如，注册会计师通过观察某项内部控制的运行得到的证据比询问被审计单位某项内部控制的运行得到的证据更可靠。间接获取的证据有被涂改及伪造的可能性，因此其可信赖程度降低。推论得出的审计证据主观性较强、人为因素较多，可信赖程度也会受到影响。

（5）信息存在形式。首先，以文件、记录形式（无论是纸质、电子或其他介质）存在的审计证据比口头形式的审计证据更可靠。例如，会议的同步书面记录比对讨论事项事后的口头表述更可靠。口头证据本身并不足以证明事实的真相，而只是提供一些重要线索，为进一步调查确认所用。一般情况下，口头证据往往需要得到其他相应证据的支持。其次，从原件获取的审计证据比从传真、复印或通过拍摄、数字化或其他方式转化成电子形式的文件获取的审计证据更可靠，后者的可靠性可能取决于与编制和维护信息相关的控制。注册会计师可审查原件是否有被涂改或伪造的迹象，排除伪证，提高证据的可信赖程度。而传真件或复印件等的可靠性取决于与编制和维护信息相关的控制。

（6）及时性。审计证据的及时性既指收集证据的时间，也指审计工作开展的期间。对于资产负债表账户而言，证据的获取越接近资产负债表日，通常越可靠。对于利润表账户而言，从被审计的整个会计期间选取样本所获得的证据，比仅从其中一段期间选取样本获得的证据更可靠。

【例 6-2·单选题】

关于注册会计师在确定审计证据时的相关性，下列表述中错误的是（　　）。

A. 特定的审计程序可能只为某些认定提供相关的审计证据，而与其他认定无关

B. 针对某项认定从不同来源获取的审计证据存在矛盾，表明审计证据不存在说服力

C. 只与特定认定相关的审计证据并不能替代与其他认定相关的审计证据

D. 针对同一项认定可以从不同来源获取审计证据或获取不同性质的审计证据

【分析】 B。选项 A，C，D 都属于与审计证据的相关性有关的描述，选项 B 属于与审计证据的可靠性有关的描述。

（三）增加审计证据说服力的综合考虑

只有在综合考虑审计证据的充分性和适当性，以及对其产生影响的各种因素的实际影响后，注册会计师才能对审计证据的说服力作出评价。审计证据的充分性和适当性两者缺一不可，只有充分且适当的审计证据才具有证明力。

审计证据的充分性和适当性相互关联。审计证据的适当性会影响审计证据的充分性，审计证据质量越高，需要的审计证据数量可能越少，但如果审计证据的质量存在缺陷，注册会计师仅靠获取更多的审计证据可能无法弥补其质量缺陷。如果注册会计师获取的证据不可靠，那么证据数量再多也难以起到证明作用。

因此，增加审计证据说服力的审计证据决策应通过实施审计程序，获取充分、适当的审计证据，以满足注册会计师对财务报表发表意见的需要。注册会计师利用审计程序获取审计证据涉及以下四个方面的决策：一是选用何种审计程序；二是对选定的审计程序，应当选取多大的样本规模；三是从总体中选取哪些项目；四是何时执行这些程序。

（四）评价充分性和适当性时的特殊考虑

1. 对文件记录可靠性的考虑

审计工作通常不涉及鉴定文件记录的真伪，注册会计师也不是鉴定文件记录真伪的专家，但应当考虑用作审计证据的信息的可靠性，并考虑与这些信息生成和维护相关的控制的有效性。

如果在审计过程中识别出的情况使其认为文件记录可能是伪造的，或文件记录中的某些条款已发生变动，注册会计师应当进一步调查，包括直接向第三方询证，或考虑利用专家的工作以评价文件记录的真伪。

2. 使用被审计单位生成信息时的考虑

如果在实施审计程序时使用被审计单位生成的信息，注册会计师应当就这些信息的准确性和完整性获取审计证据。在某些情况下，注册会计师可能需要确定实施额外的审计程序，如利用计算机辅助审计技术（CAAT）来重新计算这些信息，测试与信息生成有关的控制等。

3. 证据相互矛盾时的考虑

如果针对某项认定从不同来源获取的审计证据或获取的不同性质的审计证据能够相互印证，与该项认定相关的审计证据则具有更强的说服力。但如果从不同来源获取的审计证据或获取的不同性质的审计证据不一致，表明某项审计证据可能不可靠，注册会计师应当追加必要的审计程序。

4. 获取审计证据时对成本的考虑

注册会计师可以考虑获取审计证据的成本与所获取信息的有用性之间的关系，但不应以获取审计证据的困难和成本为由减少不可替代的审计程序。

注册会计师在进行审计证据的决策时，必须同时考虑审计证据的说服力和成本。一般来说，注册会计师的审计证据决策目标是，以尽可能低的总成本，获取充分、适当的证据。尽管控制审计成本也是会计师事务所增强竞争能力和获利能力所必需的，但为了保证得出的审计结论、形成的审计意见是恰当的，注册会计师不应将获取审计证据的成本高低和难易程度作为减少不可替代的审计程序的理由。

案例分析 6－1

注册会计师 A 在甲公司年度财务报表审计中收集到下列几组审计证据：

(1) 销货发票副本与购货发票。
(2) 审计助理人员盘点存货的记录与客户自行编制的存货盘点表。
(3) 审计人员收回的应收账款函证回函与询问客户应收账款负责人的记录。
(4) 银行存款余额调节表与银行对账单。
(5) 内部控制制度具有严重缺陷的管理层声明书与外部律师提供的声明书。
(6) 已结转存货明细表与询问企业仓库管理员关于已销售存货的口头证据。
(7) 应收账款询证函原件与传真件。
(8) 银行对账单与银行询证函回函。

要求：请分析各项审计证据的可靠性。

【分析】

(1) 购货发票比销货发票副本可靠。因为购货发票是外部证据，销货发票是内部证据，外部证据比内部证据可靠。如果该销货发票副本与向购货单位函证结果一致，则其可靠性高一些。

(2) 审计助理人员盘点存货的记录比客户自行编制的存货盘点表可靠。因为注册会计师自行获得的证据比由被审计单位提供的证据可靠。

(3) 审计人员收回的应收账款函证回函比询问客户应收账款负责人的记录可靠。因为书面证据比口头证据可靠，且外部证据比内部证据可靠。

(4) 银行对账单比银行存款余额调节表可靠。因为外部证据比内部证据可靠。

(5) 外部律师提供的声明书比内部控制制度具有严重缺陷的管理层声明书可靠。因为律师声明书属于被审计单位外部人员提供的审计证据，在内部控制有严重缺陷的情况下，其证明力相对较强。被审计单位管理层声明书是一种可靠性较低的证据。在内部控制制度具有严重缺陷时，它的可靠性更低。

(6) 已结转存货明细表比询问企业仓库管理员关于已销售存货的口头证据可靠。因为书面证据比口头证据可靠。

(7) 应收账款询证函原件比传真件可靠。因为传真件容易被篡改和伪造。

(8) 银行询证函回函比银行对账单可靠。虽然同样是外部证据，但银行对账单往往经被审计单位内部人员之手，而银行询证函回函是注册会计师直接从第三方获取的。

第二节　获取审计证据的审计程序

审计程序是指注册会计师在审计过程中的某个时间，对将要获取的某类审计证据如何进行收集的详细指令。

一、按审计目标划分的审计程序

(一) 风险评估程序

风险评估程序是指注册会计师为了解被审计单位及其环境（包括内部控制），

以识别和评估财务报表层次和认定层次的重大错报风险（这些错报可能由于舞弊或错误导致）而实施的审计程序。

风险评估程序并不能识别出所有的重大错报风险，虽然它可作为评估财务报表层次和认定层次重大错报风险的基础，但并不能为发表审计意见提供充分、适当的审计证据。为了获取充分、适当的审计证据，注册会计师还需要实施进一步的审计程序，包括实施控制测试（必要时或决定测试时）和实质性程序。

（二）控制测试程序

控制测试是指用于评价内部控制在防止或发现并纠正认定层次重大错报方面的运行有效性的审计程序。当存在下列情形之一时，控制测试是必要的：

（1）在评估认定层次重大错报风险时，若预期控制的运行是有效的，注册会计师应当实施控制测试以支持评估结果。

（2）仅实施实质性程序不足以提供有关认定层次的充分、适当的审计证据时，注册会计师应当实施控制测试，以获取内部控制运行有效性的审计证据。

实施控制测试的目的是测试内部控制在防止或发现并纠正认定层次重大错报方面的运行有效性，从而支持或修正重大错报风险的评估结果，并据以确定实质性程序的性质、时间和范围。

（三）实质性程序

实质性程序是指用于发现认定层次重大错报的审计程序。实质性程序包括对各类交易、账户余额、列报的细节测试以及实质性分析程序。

二、审计程序的种类

在审计过程中，注册会计师可根据需要单独或综合运用以下审计程序，以获取充分、适当的审计证据。

（一）检查

检查是指注册会计师对被审计单位记录内部或外部生成的，以纸质、电子或其他介质形式存在的记录或文件进行审查，或对资产进行实物审查。检查程序具有方向性，顺查法是指审计的取证顺序与反映经济业务的信息形成过程相一致的方法，逆查法是指审计的取证顺序与反映经济业务的信息形成过程相反的方法。

（1）检查记录或文件，其目的是对财务报表所包含或应包含的信息进行验证。通常将注册会计师利用凭证或文件检查来验证已记录交易或金额的过程称为“核对”。

检查记录或文件可提供可靠程度不同的审计证据，审计证据的可靠性取决于记录或文件的来源和性质。外部记录或文件通常被认为比内部记录或文件可靠，因为外部凭证经被审计单位的客户出具，又经被审计单位认可，表明交易双方对凭证上记录的信息和条款达成一致意见。另外，某些外部凭证编制过程非常谨慎，通常由律师或其他有资格的专家进行复核，因而具有较高的可靠性，如土地使用权证、保险单、契约和合同等文件。

（2）检查有形资产，主要适用于存货和现金，也适用于有价证券、应收票据和固定资产等。检查有形资产可为其存在认定提供可靠的审计证据，但不一定能够为权利和义务或计价认定提供可靠的审计证据。在某些情况下，它还是评价资产状况和质量的一种有用方法。但是，要验证存在的资产确实为客户所拥有，仅靠检查实物证据是不够的，并且在许多情况下，注册会计师也没有能力准确判断资产的质量状况。

（二）观察

观察是指注册会计师查看相关人员正在从事的活动或执行的程序。例如，对客户执行的存货盘点或控制活动进行观察。

观察提供的审计证据仅限于观察发生的时点，并且在相关人员已知被观察时，相关人员从事活动或执行程序可能与日常的做法不同，从而会影响注册会计师对真实情况的了解。因此，注册会计师有必要获取其他类型的佐证证据。

（三）询问

询问是指注册会计师以书面或口头方式，向被审计单位内部或外部的知情人员获取财务信息和非财务信息，并对答复进行评价的过程。

知情人员对询问的答复可能为注册会计师提供尚未获悉的信息或佐证证据，也可能提供与已获悉信息存在重大差异的信息，注册会计师应当根据询问结果考虑修改审计程序或实施追加的审计程序。尽管询问可以提供重要的审计证据，甚至可以提供某项错报的证据，但询问本身通常并不能为认定层次不存在重大错报和内部控制运行的有效性提供充分的审计证据。针对某些事项，注册会计师可能认为有必要向管理层和治理层（如适用）获取书面声明，以证实对口头询问的答复。

【例 6－3·单选题】

下列有关询问程序的说法，错误的是（　　）。

A. 询问适用于风险评估、控制测试和实质性程序

B. 询问可以口头或书面方式进行

C. 注册会计师应当就管理层对询问作出的口头答复获取书面声明

D. 询问是指注册会计师向被审计单位内部或外部的知情人员获取财务信息和非财务信息，并对答复进行评价的过程

【分析】 C。针对某些事项，注册会计师可能认为有必要向管理层和治理层获取书面声明，以证实对口头询问的答复，并非对所有口头答复均需获取书面声明，故选项 C 错误。

（四）函证

函证是指注册会计师直接从第三方（被询证者）获取书面答复以作为审计证据的过程。书面答复可以采用纸质、电子或其他介质等形式。由于函证来自独立于被审计单位的第三方，因而是受到高度重视和经常使用的证据类型。但是，获取函证的成本相对较高，并有可能给提供者带来某些不便，因此，并不是在每一种情况下都使用函证。

函证的内容一般涉及下列账户余额或其他信息（包括但不限于发生额、可用余额、重要合同信息、重要交易信息等）：（1）银行存款；（2）交易性金融资产；（3）应收账款；（4）应收票据；（5）其他应收款；（6）预付账款；（7）由其他单位代为保管、加工或销售的存货；（8）分类到其他流动资产的金融资产（如一年内到期的委托贷款等）；（9）债权投资（含一年以上到期的委托贷款等）；（10）其他债权投资；（11）长期应收款；（12）长期股权投资；（13）其他权益工具投资；（14）其他非流动金融资产；（15）短期借款；（16）交易性金融负债；（17）应付账款；（18）应付票据；（19）预收账款；（20）其他应付款；（21）长期借款；（22）保证、抵押或质押；（23）或有事项；（24）关联方交易；（25）重大或异常的交易等。

常用的函证类型有两种：积极式函证和消极式函证。积极式函证要求被询证者在任何情况下都必须回函，当注册会计师没有收到积极式函证的回函时，一般会发出第二封、第三封函件；如果注册会计师没有收到积极式函证的回函，且其他措施失败或者成本太高，注册会计师要执行替代程序。消极式函证只在函证中的信息不正确时，才要求收件人回函，当注册会计师没有收到消极式函证的回函时，不需要做任何进一步的测试。因此，消极式函证的可靠性低于积极式函证，在审计过程中注册会计师通常把两者结合起来使用。

【例6-4·单选题】

当应收账款的余额由少量的大额应收账款和大量的小额应收账款构成时，以下函证方法中，最恰当的是（　　）。

A. 所有的大额应收账款进行积极式函证，抽取的小额应收账款样本进行消极式函证

B. 所有的大额应收账款进行积极式函证，所有的小额应收账款进行消极式函证

C. 所有的应收账款均进行积极式函证

D. 用系统抽样法抽取一部分进行积极式函证，再抽取另一部分进行消极式函证

【分析】A。当应收账款的余额是由少量的大额应收账款和大量的小额应收账款构成时，最好采用积极式和消极式函证相结合的方法进行函证，具体的实施方案是对所有的大额应收账款进行积极式函证，抽取的小额应收账款样本进行消极式函证。

函证的方式一般包括邮寄、跟函、电子形式函证（包括传真、电子邮件、直接访问网站等）。向银行进行函证时，应当按照《关于加快推进银行函证规范化、集约化、数字化建设的通知》（财会〔2022〕39号）的要求实现集中处理。具体来说：银行业金融机构应当在其总行或总部网站、微信公众号等公开渠道，就办理函证相关事项进行公示；中国注册会计师协会负责公示邮寄发函和接受函证回函的会计师事务所的地址和联系方式；会计师事务所应当按照函证业务需求，及时更新在注册会计师行业统一监管平台中填报的信息。

1. 邮寄方式

为避免询证函被拦截、篡改等舞弊风险，在邮寄询证函时，审计人员必须在核

实被审计单位提供的被询证方的联系方式后，独立寄发询证函，并确保回函直接寄到审计人员所在会计师事务所办公地址。例如，审计人员直接在邮局投递或独立使用快递公司服务，不应由被审计单位人员代发函证，也不应使用被审计单位的邮递设施、系统等发出函证。

2. 跟函方式

跟函是指审计人员独自或在被审计单位员工的陪同下亲自将询证函送交被询证者，在被询证者核对并确认回函后，亲自将回函带回的方式。如果审计人员认为跟函的方式能够获取更可靠的信息，可以采取该方式发送并收回询证函。需要注意的是，如果被询证者要求审计人员跟函时需有被审计单位员工陪同，注册会计师需要在整个过程中保持对询证函的控制，递交函证、交流信息、取得回函等环节不得由被审计单位员工替代执行，同时，对被审计单位和被询证者之间串通舞弊的风险保持警觉。

3. 电子形式函证

如果审计人员根据具体情况选择通过电子形式发送询证函，在发函前可以基于对特定询证方式所存在风险的评估，考虑相应的控制措施。审计人员发送电子形式函证时，被询证人员应是与被审计单位业务往来密切的人员。审计人员可以查询到被询证人员与被审计单位的业务往来邮件，以确认其身份的真实性，并核实被询证人员邮箱后缀等信息与其所在单位是否存在关联。此外，应要求被询证人员必须使用与被审计单位有日常业务往来的邮箱将回函邮件直接回复给审计人员等。

出于审计证据可靠性的考虑，注册会计师应当对包括选择函证样本、编写函证、发函收函、评价函证等整个过程实施控制，否则函证证据的可靠性会因此削弱。无论采用哪种函证方式，审计人员均应将反映控制函证收发全过程的相关工作记录和外部证据完整地保存于审计工作底稿中。

（五）重新计算

重新计算是指注册会计师以手工方式或使用计算机辅助审计技术，对记录或文件中的数据计算的准确性进行核对。重新计算通常包括计算销售发票和存货的总金额、加总日记账和明细账、检查折旧费用和预付费用的计算、检查应纳税额的计算等。

（六）重新执行

重新执行是指注册会计师独立执行原本作为被审计单位内部控制组成部分的程序或控制，即注册会计师完全按照被审计单位的内部控制流程独立地执行一遍，再与被审计单位的执行结果相比较，以确定被审计单位内部控制是否得到有效运行。这一过程并不是简单地检查已有的凭证或记录，而是会生成新的证据。比如，注册会计师按照被审计单位相关内部控制制度的规定，重新编制银行存款余额调节表，以验证相应的内部控制是否有效运行。

重新执行与穿行测试不同。穿行测试是指注册会计师追踪交易在财务报告信息系统中的处理过程，通过选取一笔或很少几笔交易了解其如何生成、记录、处理和报告。它是集询问、观察、检查于一体的综合程序，主要用于了解被审计单位的内部控制情况。

（七）分析程序

分析程序是指注册会计师通过分析不同财务数据之间以及财务数据与非财务数据之间的内在关系，对财务信息作出评价。分析程序还包括在必要时对识别出的与其他相关信息不一致或与预期值差异重大的波动或关系进行调查。

随着计算机计算能力的增强，分析程序在审计中的应用越来越显著，在审计计划阶段和完成阶段都必须执行分析程序。注册会计师实施分析程序的目的包括：（1）用作风险评估程序，以了解被审计单位及其环境；（2）当使用分析程序比细节测试能更有效地将认定层次的检查风险降至可接受的水平时，分析程序可以用作实质性程序；（3）在审计结束或临近结束时对财务报表进行总体复核。

在实施分析程序时，注册会计师需要考虑将被审计单位的财务信息与下列信息进行比较：（1）以前期间的可比信息；（2）被审计单位的预期结果，如预算或预测等，或注册会计师的预期数据，如折旧的估计值；（3）可比的行业信息，如将被审计单位的应收账款周转率（销售收入/应收账款平均余额）与行业平均水平或与同行业中规模相近的其他单位的可比信息进行比较。

在实施分析程序时，还需要考虑下列关系：（1）财务信息要素之间的关系（根据被审计单位的经验，预期这种关系符合某种可预测的规律）；（2）财务信息与相关非财务信息之间的关系，如工资成本与员工人数的关系等。

注册会计师可以使用各种不同的方法实施分析程序。实务中常用的方法主要有趋势分析法、比率分析法、合理性测试法和回归分析法。

上述审计程序单独或组合起来，可用作风险评估程序、控制测试和实质性程序。

【例6-5·多选题】

研究（　　）的内在关系是注册会计师运用分析程序的基础。

A. 可预期数据与不可预期数据之间

B. 财务数据与非财务数据之间

C. 财务数据与财务数据之间

D. 非财务数据与非财务数据之间

【分析】 BC。分析程序是指注册会计师通过分析不同财务数据之间以及财务数据与非财务数据之间的内在关系，对财务信息作出评价。

三、选用审计程序时的考虑

在审计过程中选用不同的审计程序，主要是为了在保证审计质量的前提下，降低审计成本并提高审计效率。为此，在选择审计程序时应当考虑以下因素：

（一）审计程序的固有限制

注册会计师获取审计证据的能力受到实务和法律上的限制。

（1）管理层或其他人员可能有意或无意地不提供与财务报表编制相关的或注册

会计师要求的全部信息。因此，即使实施了旨在保证获取所有相关信息的审计程序，注册会计师也不能保证信息的完整性。

（2）舞弊可能涉及精心策划和蓄意实施以进行隐瞒。因此，用以收集审计证据的审计程序可能对于发现舞弊是无效的。例如，舞弊导致的错报涉及串通伪造文件，使得注册会计师误以为有效的证据实际上是无效的。注册会计师没有接受文件真伪鉴定方面的培训，不应被期望成为鉴定文件真伪的专家。

（3）审计不是对涉嫌违法行为的官方调查。因此，注册会计师没有被授予特定的法律权力（如搜查权），而这种权力对于官方调查是必要的。

（二）针对不同审计目标实施审计程序的方向不同

对于同一审计程序，如果执行审计程序的方向不同，获取的审计证据与审计目标的相关性也会不同。例如，在检查与销售相关的凭证时，以销售发票、货运凭证等为起点检查到收入明细账或总账获取的审计证据，与销售“完整性”审计目标最相关，但从收入明细账或总账追查至销售发票或货运凭证等获取的审计证据，则与销售的“真实性”审计目标最相关。

（三）同一审计测试可以运用不同的审计程序获取证据

针对某一种审计测试，可以运用多种审计程序来获取证据，如表 6－2 所示。

表 6－2 某一种审计测试可运用的审计程序

审计测试	审计程序							
	实物检查	函证	文件检查	观察	询问	重新执行	分析程序	重新计算
风险评估			√	√	√		√	
控制测试			√	√	√	√		
交易实质性测试			√		√	√		√
实质性分析程序					√		√	
余额细节测试	√	√	√		√	√		√

注：表中的“√”表示该审计程序适用于对应的审计测试类型。

（四）执行审计程序获取审计证据的成本不同

从审计过程来看，风险评估程序、控制测试程序和实质性程序的执行成本越来越高，因此，如果审计决策选择多执行风险评估程序、控制测试程序来减少实质性程序的审计方案，可以降低审计的综合成本。

从审计证据的类型来看，实物检查和函证的成本较高，因为这些审计程序需要注册会计师亲自参与，并对全过程实施严格的质量控制；文件检查、分析程序和重新执行的成本居中；观察、询问和重新计算的成本较低。

在选择最佳的某种类型或某些类型的证据之前，注册会计师必须综合考虑各种审计程序获取的审计证据的支持性和成本。注册会计师的目标是以尽可能低的总审计成本获取充分数量的、有支持力的、适当的审计证据。但是，成本永远不能成为省去必要的审计程序或缩减充分的样本规模的理由。为了在合理的时间内以合理的成本对财务报表发表审计意见，注册会计师有必要：

（1）计划审计工作，以使审计工作以有效的方式得到执行；

（2）将审计资源投向最可能存在重大错报风险的领域，并相应地在其他领域减少审计资源；

（3）运用测试和其他方法检查总体中存在的错报。

第三节 审计工作底稿

审计准则规定，注册会计师应当记录审计过程中所选用的审计程序、获得的审计证据以及得出的审计结论，用以证明注册会计师执行了充分的审计程序以支持审计报告。尽管目前审计记录越来越多地以电子文件的形式保存，但人们仍习惯将审计记录称为审计工作底稿。审计工作底稿是指注册会计师对制订的审计计划、实施的审计程序、获取的相关审计证据以及得出的审计结论作出的记录。审计工作底稿是审计证据的载体，是注册会计师在审计过程中形成的审计工作记录和获取的资料。它形成于审计过程，也反映了整个审计过程。

一、审计工作底稿及其作用

（一）审计工作底稿的存在形式

审计工作底稿可以纸质、电子或其他介质形式存在。为了便于复核，注册会计师可以将以电子或其他介质形式存在的审计工作底稿通过打印等方式，转换成纸质形式的审计工作底稿，并与其他纸质形式的审计工作底稿一并归档。单独保存以电子或其他介质形式存在的审计工作底稿。

随着信息技术的广泛运用，审计工作底稿从传统的纸质形式扩展到电子或其他介质形式。但无论审计工作底稿以哪种形式存在，注册会计师都应当针对审计工作底稿设计和实施适当的控制，目的是：

（1）保障审计工作底稿清晰地显示其生成、修改及复核的时间和人员。

（2）在审计业务的所有阶段，尤其是在项目组成员共享信息或通过互联网将信息传递给其他人员时，保护信息的完整性和安全性。

（3）防止未经授权改动审计工作底稿。

（4）允许项目组和其他经授权的人员为适当履行职责而接触审计工作底稿。

（二）审计工作底稿的基本要素

通常，审计工作底稿包括下列全部或部分要素。

1. 审计工作底稿表头

审计工作底稿表头包括：审计工作底稿的标题；编制者姓名及编制日期；复核者姓名及复核日期；索引号及编号。

（1）审计工作底稿的标题。每张底稿应当包括被审计单位的名称、审计项目的名称以及资产负债表日或底稿覆盖的会计期间（如果与交易相关）。

（2）编制者和复核者姓名及执行日期。为了明确责任，编制者和复核者在完成各自与特定工作底稿相关的任务之后，均应在工作底稿上签名并注明编制日期和复核日期。在需要项目质量复核的情况下，还需要注明项目质量复核者姓名及复核日期。

在实务中，如果若干页的审计工作底稿记录同一性质的具体审计程序或事项，并且编制在同一个索引号下，可以仅在审计工作底稿的第一页上记录审计工作的执行人员和复核人员姓名并注明日期。例如，应收账款函证核对表的索引号为 L3－1－1/21，相对应的询证函回函共有 20 份，每份应收账款询证函回函索引号依次为 L3－1－2/21，L3－1－3/21，…，L3－1－21/21，对于这种情况，可以仅在应收账款函证核对表上记录审计工作的执行人员和复核人员姓名并注明日期。

（3）索引号及编号。审计工作底稿通常借助索引系统形成逻辑性的工作分类。每份审计工作底稿在创建时，会被赋予一个独特的编号，以与总体文件索引直接关联，如 A1、D6 等，用以说明其在审计工作底稿中的位置。工作底稿中每张表所包含的信息都应当与另一张表中的相关信息进行交叉索引，如现金盘点表应与列示所有现金余额的审定表或导引表进行交叉索引。审计工作底稿的交叉索引用于指明信息的来源或去向。利用计算机编制工作底稿时，可以采用电子索引和链接。随着审计工作的推进，链接表还可以自动更新。例如，审计调整表可以链接到工作试算平衡表，当新的调整分录编制完成后，计算机会自动更新工作试算平衡表，并为相关调整分录插入索引号。同样，在评估固有风险或控制风险时，可以与针对特定风险领域设计的相关审计计划程序进行交叉索引。

在实务中，注册会计师可以按照所记录的审计工作的内容层次进行编号。例如，固定资产汇总表的编号为 C1，按类别列示的固定资产明细表的编号为 C1－1，房屋建筑物的编号为 C1－1－1，机器设备的编号为 C1－1－2，运输工具的编号为 C1－1－3，其他设备的编号为 C1－1－4。在相互引用时，需要在审计工作底稿中交叉注明索引号。

审计过程中使用标准的索引方法有助于快速找出特定工作底稿并在审计组成员之间进行分享，也有助于复核人员对档案进行复核，还有助于执行质量控制工作并保持审计档案的一致性。

2. 审计过程记录及其审计标识

在记录审计过程时，应当特别注意以下几个重要方面：

（1）特定项目或事项的识别特征。在记录实施审计程序的性质、时间和范围时，注册会计师应当记录测试的特定项目或事项的识别特征。

识别特征是指被测试的项目或事项表现出的征象或标志。识别特征因审计程序的性质和所测试的项目或事项不同而不同：用于细节测试的日期和唯一的交易编号；所使用程序和总体的范围（特定期间内分录簿中的所有会计分录）；系统抽样的来源、起点和抽样间隔；用于询问程序的被询问人的姓名、岗位名称、询问日期等；用于观察程序的观察过程或事项、相关人员及其各自的责任以及观察的地点和时间等。对于一个具体项目或事项而言，其识别特征通常具有唯一性，这种特性可以使其他人员根据识别特征在总体中识别该项目或事项并重新执行该测试。

【例6-6·多选题】

由于注册会计师实施的审计程序的性质和所测试的项目或事项不同，底稿中记录的具体项目或事项的识别特征也不同。下列对于不同测试项目或事项的识别特征的表述，恰当的有（　　）。

A. 审计工作底稿中记录的应收账款信用授权控制活动以债务人名称、销售业务发生的时间为主要识别特征

B. 审计工作底稿中记录的销售合同和协议以合同编号为主要识别特征

C. 审计工作底稿中记录的销售发运单以顺序编号为主要识别特征

D. 审计工作底稿中记录的询问管理层存货出库控制执行情况以询问时间为主要识别特征

【分析】ABC。由于对一个具体项目或事项而言，其识别特征通常具有唯一性，这种特性可以使其他人员根据识别特征在总体中识别该项目或事项并重新执行该测试。选项D中的询问时间不具有唯一性，故选项D不恰当。

（2）重大事项。注册会计师应当根据具体情况判断某一事项是否属于重大事项。重大事项通常包括：引起特别风险的事项；实施审计程序的结果，该结果表明财务信息可能存在重大错报，或需要修正以前对重大错报风险的评估和针对这些风险拟采取的应对措施；导致注册会计师难以实施必要审计程序的情形；导致注册会计师出具非标准审计报告的事项。

注册会计师应当及时记录与管理层、治理层和其他人员对重大事项的讨论，包括讨论的内容、时间、地点和参加人员。

有关重大事项的记录可能分散在审计工作底稿的不同部分。将这些分散在审计工作底稿中的有关重大事项的记录汇总在重大事项概要中，不仅有助于注册会计师集中考虑重大事项对审计工作的影响，还便于复核人员全面、快速地了解重大事项，从而提高复核工作的效率。对于大型、复杂的审计项目，重大事项概要的作用尤为重要。

重大事项概要包括审计过程中识别出的重大事项及其如何得到解决，或对其他支持性审计工作底稿的交叉索引。

（3）针对重大事项如何处理矛盾或不一致的情况。如果识别出的信息与针对某重大事项得出的最终结论相矛盾或不一致，注册会计师应当记录形成最终结论时如何处理该矛盾或不一致的情况，包括但不限于注册会计师针对该信息执行的审计程序、项目组成员对某事项的职业判断不同而向专业技术部门的咨询情况，以及项目组成员和被咨询人员不同意见（如项目组与专业技术部门的不同意见）的解决情况。

记录如何处理识别出的信息与针对重大事项得出的结论相矛盾或不一致的情况是非常必要的，它有助于注册会计师关注这些矛盾或不一致，并对此执行必要的审计程序以恰当地解决这些矛盾或不一致。但是，对如何解决这些矛盾或不一致的记录要求并不意味着注册会计师需要保留不正确的或被取代的资料。对于某些信息初

步显示与针对某重大事项得出的最终结论相矛盾或不一致，如果注册会计师发现这些信息是错误的或不完整的，并且初步显示的矛盾或不一致可以通过获取正确或完整的信息得到满意的解决，则注册会计师无须保留这些错误的或不完整的信息。此外，对于职业判断的差异，若初步的判断意见是基于不完整的资料或数据，则注册会计师也无须保留这些初步的判断意见。

(4) 审计标识及其说明。审计标识是注册会计师用以表达各种审计含义的书面符号。适当运用审计标识可以缩短工作时间，提高工作效率（但也应防止过度使用）。审计标识一览表应事先说明其确切含义，在审计过程中应当保持其前后一致性和不同标识的唯一性。以下列示了注册会计师在审计工作底稿中常用的标识及其含义，供参考。在实务中，注册会计师也可以依据实际情况运用更多的审计标识。

Λ：纵加核对

<：横加核对

B：与上年结转数核对一致

T：与原始凭证核对一致

G：与总分类账核对一致

S：与明细账核对一致

T/B：与试算平衡表核对一致

C：已发询证函

C\：已收回询证函

N/B：无此情况，不适用

3. 审计结论

审计工作的每一部分都应包含与已实施审计程序的结果及其是否实现既定审计目标相关的结论，还应包括审计程序识别出的例外情况和重大事项如何得到解决的结论。注册会计师恰当地记录审计结论非常重要。注册会计师需要根据所实施的审计程序及获取的审计证据得出结论，并以此作为对财务报表发表审计意见的基础。在记录审计结论时需注意，在审计工作底稿中记录的审计程序和审计证据是否足以支持所得出的审计结论。一般表述为：××内部控制有效（××内部控制存在重大缺陷）；原编报××可以确认（经调整××可以确认）。

（三）审计工作底稿的作用

编制审计工作底稿的总体目标是帮助注册会计师按照审计准则执行充分审计提供合理保证。具体作用包括：

(1) 为计划审计工作提供基础。审计工作底稿中包括的关于内部控制的描述性信息、具体审计领域的时间预算、审计方案以及上一年度审计结果等内容，是注册会计师充分计划本年度审计工作必要的参考资料。同时，本年度的审计工作底稿也为以后的审计提供了相关资料。

(2) 提供充分、适当的记录以支持审计报告。注册会计师在审计过程中获取的一环扣一环的审计证据形成的审计链条记载在审计工作底稿上，以此支持注册会计师得出适当的审计结论，出具审计报告，提高审计质量。

（3）提供证据，证明注册会计师按照审计准则的规定执行了审计工作。审计工作底稿是证明注册会计师已按照审计准则执行了充分、适当审计的主要记录。在必要时，注册会计师据此能够向监管机构或法庭证明：审计是经过周密计划和充分监督的；所收集的证据是充分、适当的；考虑到已获得的审计证据及其结论，审计报告是适当的。

（4）为检查人员、督导人员和合伙人的复核提供基础。无论是审计组内部的督导人员详细复核助理人员的工作，还是合伙人按照审计质量控制要求进行复核，抑或是外部检查人员按照相关法律法规规定对注册会计师执业进行质量检查，审计工作底稿都是他们履行职能的基础和着力点。

（5）保留对未来审计工作持续产生重大影响的事项的记录。

二、审计工作底稿的编制与复核

（一）确定审计工作底稿格式、要素和范围应当考虑的因素

在确定审计工作底稿的格式、要素和范围时，注册会计师应当考虑下列因素：

（1）实施审计程序的性质。不同的审计程序会使注册会计师获取不同性质的审计证据，由此注册会计师可能会编制不同的审计工作底稿。

（2）已识别的重大错报风险。识别和评估的重大错报风险水平的不同可能会导致注册会计师实施的审计程序和获取的审计证据不尽相同。一般来说，存在重大错报风险可能导致注册会计师编制更多的审计工作底稿。

（3）在执行审计工作和评价审计结果时需要作出判断的程度。审计程序的选择和实施及审计结果的评价通常需要不同程度的职业判断，注册会计师在作出职业判断时所考虑的因素越多、范围越广，形成的审计工作底稿越丰富。

（4）已获取审计证据的重要程度。注册会计师通过执行多项审计程序可能会获取不同的审计证据。如果证据之间不能相互支持甚至矛盾，或者证据不能支持结论发表，则要进一步追加审计程序，此时审计工作底稿可能更加详细和多层次。

（5）已识别的例外事项的性质和范围。注册会计师在执行审计程序时可能会发现例外事项，需要记录识别的例外事项及其进一步追加的审计程序，此时审计工作底稿可能更加详细和多层次。

（6）当从已执行审计工作或获取审计证据的记录中不易确定结论或结论的基础时，记录结论或结论基础的必要性。在某些情况下，特别是在涉及复杂的事项时，注册会计师仅将已执行的审计工作或获取的审计证据记录下来，并不容易使其他有经验的注册会计师通过合理的分析得出审计结论或结论的基础。此时，注册会计师应当考虑是否需要进一步说明并记录得出结论的基础（即得出结论的过程）及该事项的结论。

（7）使用的审计方法和工具。使用的审计方法和工具可能影响审计工作底稿的格式、内容和范围。例如，如果使用计算机辅助审计技术对应收账款的账龄进行重新计算，通常可以针对总体进行测试，而采用人工方式重新计算时，则可能会针对样本进行测试，由此形成的审计工作底稿会在格式、内容和范围方面有所不同。

考虑以上因素有助于注册会计师确定审计工作底稿的格式、内容和范围是否恰当。注册会计师在考虑以上因素时需注意，根据不同情况确定审计工作底稿的格式、内容和范围均是为了达到执业准则中所述的编制审计工作底稿的目的，特别是提供证据的目的。例如，细节测试和实质性分析程序的审计工作底稿所记录的审计程序有所不同，但两类审计工作底稿都应当充分、适当地反映注册会计师执行的审计程序。

（二）编制审计工作底稿的要求

注册会计师编制的审计工作底稿应当使未曾接触该项审计工作的有经验的专业人士清楚地了解：

（1）按照审计准则的规定实施的审计程序的性质、时间和范围；

（2）实施审计程序的结果和获取的审计证据；

（3）就重大事项得出的结论。

有经验的专业人士是指对下列方面有合理了解的人士：

（1）审计过程；

（2）相关法律法规和审计准则的规定；

（3）被审计单位所处的经营环境；

（4）与被审计单位所处行业相关的会计和审计问题。

（三）审计工作底稿的层次和关系

在整个审计过程中，风险评估底稿影响着控制测试底稿的范围和繁简程度，控制测试底稿影响着实质性测试底稿的范围和繁简程度。一般来说，风险评估底稿详细记录的重大风险都应当有对应的控制测试和实质性测试底稿来揭示被审计单位和注册会计师是如何控制该风险的。

审计工作底稿承载着审计过程中获取的一环扣一环的审计证据，因此，对某一交易或账户的审计形成的进一步测试的工作底稿具有不同层次。

1. 控制测试形成的不同层次的审计工作底稿

（1）控制测试审计程序表，为控制测试如何执行作出详细规划；

（2）控制测试汇总表，统领和汇总所有控制测试情况；

（3）控制测试过程表，详细记录控制测试过程及其结论，支持控制测试汇总表；

（4）控制测试支持性的底稿，如某一穿行测试的底稿、调查问卷等，支持控制测试过程表。

2. 实质性测试形成的不同层次的审计工作底稿

（1）实质性测试审计程序表，为该项实质性测试如何执行作出详细规划；

（2）××科目的审定表或导引表，统领和汇总××科目所有明细检查以及细节测试的情况；

（3）××科目的明细检查表，详细记录××科目所有明细检查情况，支持××科目的审定表或导引表；

（4）××科目细节测试的支持性底稿，如函证汇总表、监盘备忘录、分析程序表等，支持××科目的明细检查表。

另外，基于交易的关联性和复式记账原则，不同交易或账户的审计工作底稿之间也存在一定的勾稽关系，这为复核人员高效复核提供了思路。

（四）审计工作底稿的复核

对审计工作底稿应当建立多级复核制度，主要包括：

1. 项目组成员实施的复核

每一个注册会计师的工作都需要安排项目组内部详细复核，一般由项目组内经验较多的人员（包括项目负责人）复核经验较少人员的工作，如项目负责人对注册会计师的复核、注册会计师对助理审计人员的复核等。为了监督审计业务的进程，并评估助理人员是否具备足够的专业技能和胜任能力以执行分派的审计工作，了解审计指令及按照总体审计计划和具体审计计划开展工作，有必要对执行业务的助理人员进行适当的督导和复核。

复核人员应当知悉并解决重大的会计和审计问题，考虑其重要程度并适当修改总体审计策略和具体审计计划。此外，项目组成员与客户的专业判断分歧应当得到解决，必要时，应考虑寻求恰当的咨询。复核工作应当由至少具备同等专业胜任能力的人员完成，复核时应考虑：

（1）审计工作是否已按照法律法规、职业道德规范和审计准则的规定执行；

（2）重大事项是否已提请进一步考虑；

（3）相关事项是否已进行适当咨询，由此形成的结论是否得到记录和执行；

（4）是否需要修改已执行审计工作的性质、时间和范围；

（5）已执行的审计工作是否支持形成的结论，并已得到适当记录；

（6）获取的审计证据是否充分、适当，足以支持审计报告；

（7）审计程序的目标是否已经实现。

复核范围因审计规模、审计复杂程度以及工作安排的不同而存在显著差异。但对工作底稿实施的复核必须留下证据，一般由复核人员在相关审计工作底稿上签名并注明日期。

2. 项目质量复核

注册会计师在出具审计报告前，应专门指定项目组成员之外的机构或人员对审计项目组执行的审计实施项目质量复核。

项目负责人有责任与项目质量复核人员讨论在审计过程中遇到的重大事项，包括项目质量复核中识别的重大事项。在项目质量复核完成后，注册会计师才能出具审计报告。

项目质量复核应当客观评价下列事项：

（1）项目组作出的重大判断；

（2）在准备审计报告时得出的结论。

三、审计工作底稿的归档管理

（一）审计工作底稿归档工作的性质

在出具审计报告前，注册会计师应完成所有必要的审计程序，取得充分、适当的审计证据并得出适当的审计结论。因此，在审计报告日后将审计工作底稿归整为最终审计档案是一项事务性工作，不涉及实施新的审计程序或得出新的结论。

如果在归档期间对审计工作底稿作出的变动属于事务性的，注册会计师可以作出变动，主要包括：

（1）删除或废弃被取代的审计工作底稿；

（2）对审计工作底稿进行分类、整理和交叉索引；

（3）对审计档案归整工作的完成核对表签字认可；

（4）记录在审计报告日前获取的与审计项目组相关成员进行讨论并取得一致意见的审计证据。

（二）审计档案的结构

对于每项具体的审计业务，注册会计师应当将审计工作底稿归整为审计档案。审计档案是指一个或多个文件夹或其他存储介质，以实物或电子形式存储构成某项具体业务的审计工作底稿的记录。

在实务中，审计档案可以分为永久性档案和当期档案。这主要是基于具体实务中对审计档案使用的时间来划分的。

1. 永久性档案

永久性档案是指记录内容相对稳定，具有长期使用价值，并对以后审计工作具有重要影响和直接作用的审计档案。例如，被审计单位的组织结构、批准证书、营业执照、章程、重要资产的所有权或使用权的证明文件复印件等。若永久性档案中的某些内容已发生变化，注册会计师应当及时予以更新。为了保持资料的完整性以便满足日后查阅历史资料的需要，永久性档案中被替换的资料一般也需保留。例如，被审计单位因增加注册资本而变更营业执照等法律文件时，被替换的旧营业执照等文件可以汇总在一起，与其他有效的资料分开，作为单独的部分归整在永久性档案中。

2. 当期档案

当期档案是指记录内容经常变化，主要供当期和下期审计使用的审计档案。例如，总体审计策略和具体审计计划。

目前，一些大型国际会计师事务所不再区分永久性档案和当期档案，主要是以电子形式保留审计工作底稿。

（三）审计工作底稿归档和保存的期限

1. 归档期限

注册会计师应当按照质量控制政策和程序的规定，及时将审计工作底稿归整为最终审计档案。审计工作底稿的归档期限为审计报告日后 60 天内。如果注册会计师未能完成审计业务，审计工作底稿的归档期限为审计业务中止后的 60 天内。

如果针对客户的同一财务信息执行不同的委托业务，并出具两个或多个不同的报告，应当将其视为不同的业务，根据会计师事务所内部制定的政策和程序，在规定的归档期限内分别将审计工作底稿归整为最终审计档案。

2. 保存年限

会计师事务所应当自审计报告日起，对审计工作底稿至少保存 10 年。如果注册会计师未能完成审计业务，会计师事务所应当自审计业务中止日起，对审计工作底稿至少保存 10 年。

对于连续审计的情况，当期归整的永久性档案可能包括以前年度获得的资料（甚至可能是 10 年以前），但由于其作为本期档案的一部分，并作为支持审计结论的基础，因此，注册会计师对于这些对当期有效的档案，应视为当期取得。如果这些资料在某一审计期间被替换（如被审计单位因增加注册资本而变更了营业执照），则被替换资料应从被替换的年度起保存 10 年。

【例 6－7·多选题】

下列关于注册会计师对甲公司 20×3 年度财务报表审计工作底稿归档日期的说法，不正确的有（　　）。

A. 注册会计师于 20×4 年 2 月 28 日完成审计工作并出具了对甲公司 20×3 年度财务报表的审计报告，所形成的审计工作底稿于 20×4 年 5 月 30 日归档

B. 注册会计师于 20×4 年 2 月 28 日完成了对甲公司 20×3 年度财务报表的审计工作，并于 3 月 6 日出具了否定意见的审计报告。3 月 9 日，会计师事务所根据新的重大情况撤销了审计报告并不再实施进一步审计工作，相关的审计工作底稿已于 20×4 年 5 月 1 日归档

C. 按照时间预算的规划，审计项目组应于 20×4 年 3 月 1—10 日实施对甲公司 20×3 年度财务报表的审计工作。3 月 6 日，因发现甲公司存在重大舞弊事项，会计师事务所决定终止该项审计业务，此时，将已形成的审计工作底稿全部作废

D. 20×4 年 2 月 2 日注册会计师将其负责的甲公司 20×3 年度财务报表审计工作底稿整理归档，于 1 月 25 日完成审计工作并出具了审计报告

【分析】AC。在出具了审计报告的情况下，审计工作底稿应在审计报告日后 60 天内归档，选项 A 的归档时间超出了 60 天，故选项 A 不正确；如果完成了部分审计工作但未能出具审计报告，归档期限为审计业务中止后的 60 天内，不能作废不归档，故选项 C 不正确。

（四）审计工作底稿归档后的变动

归档的审计工作底稿通常不包括已被取代的审计工作底稿的草稿或财务报表的草稿、对不全面或初步思考的记录、存在印刷错误或其他错误而作废的文本，以及重复的文件记录等。在完成最终审计档案的归整工作后，注册会计师不得在规定的保存期限届满前删除或废弃审计工作底稿。删除主要是指删除整张原审计工作底稿，或以涂改、覆盖等方式删减原审计工作底稿中的全部或部分记录内容。废弃主要是指将原审计工作底稿从审计档案中抽取出来，使审计档案中不再包含原来的底稿。

1. 需要变动审计工作底稿的情形

一般情况下，在审计工作底稿归档之后不需要对审计工作底稿进行修改或增加，但当出现以下情形时，注册会计师可以考虑修改现有审计工作底稿或增加新的审计工作底稿：

（1）注册会计师已实施必要的审计程序，取得了充分、适当的审计证据并得出了恰当的审计结论，但审计工作底稿的记录不够充分；

（2）审计报告日后，发现例外情况要求注册会计师实施新的或追加的审计程序，或导致注册会计师得出新的结论。例如，注册会计师在审计报告日后才获知法院在审计报告日前已对被审计单位的诉讼、索赔事项作出最终判决结果，则注册会计师应对例外事项实施新的或追加的审计程序。

2. 变动审计工作底稿时的记录要求

在完成最终审计档案的归整工作后，如果发现有必要修改现有审计工作底稿或增加新的审计工作底稿，无论修改或增加的性质如何，注册会计师均应当记录下列事项：

（1）修改或增加审计工作底稿的时间和人员，以及复核的时间和人员；

（2）修改或增加审计工作底稿的具体理由；

（3）修改或增加审计工作底稿对审计结论产生的影响。

【例 6-8·多选题】

注册会计师 F 在归档审计工作底稿时，作出了下列处理，其中正确的有（　　）。

A. 对编制的固定资产折旧分析表中存在涂改和写错之处，注册会计师 F 安排助理人员重新抄写一份，并将原分析表销毁

B. 对于审计工作中需要复核但未签字的工作底稿，注册会计师 F 统一代签

C. 对审计档案归档工作的完成核对表，注册会计师 F 签字认可

D. 补记在审计报告日前已经获取的审计证据

【分析】 ACD。选项 A，C，D 均属于审计工作底稿归档的事务性工作；选项 B 中由注册会计师 F 统一代签的做法是错误的，因为签名改变会导致责任发生变动。正确的做法是由具体进行审计工作底稿复核的人员补签字。

案例分析 6-2

甲公司是 ABC 会计师事务所的常年审计客户。注册会计师 A 负责审计甲公司 20×3 年度财务报表。审计工作底稿中部分内容摘录如下：

（1）由于在审计过程中识别出重大错报并提出审计调整建议，注册会计师 A 重新评估并修改了重要性，并将记录计划阶段评估重要性的工作底稿删除，替换为记录重新评估后重要性的工作底稿。

（2）对于询问被审计单位特定人员的程序，注册会计师 A 在形成审计工作底稿时，以询问的时间、被询问人的姓名和岗位名称作为识别特征。

（3）注册会计师 A 在审计过程中无法就关联方关系及交易获取充分、适当的审计证据，因此出具了保留意见的审计报告，并将该事项作为重大事项记录在审计工作底稿中。

（4）甲公司所处行业 20×3 年度市场需求显著下降。注册会计师 A 在实施风险评估程序时，以 20×2 年财务报表已审数为预期值，将 20×3 年财务报表中波动

较大的项目评估为存在重大错报风险的领域。

(5) 注册会计师A在对甲公司可能存在的舞弊事项进行审计时，对初步思考的执行方案进行了记录，而后经过对被审计单位及其环境的深入思考，又形成了一份更全面的方案。在最终整理工作底稿时，注册会计师A将两份方案均予以归档。

(6) 20×4年5月20日，注册会计师A得知甲公司20×3年12月20日销售的一批货物于20×4年2月10日发生了退回，此前未获知该信息。注册会计师A及时提请甲公司管理层进行了调整，并将该调整事项补记在审计工作底稿中，除此之外并没有做任何其他记录。

(7) 注册会计师A对运输费用实施了实质性分析程序，确认已记录金额与预期值之间可接受的差异额为150万元，但实际差异为350万元。注册会计师A就超出可接受差异额的200万元询问了管理层，并对其答复获取了充分、适当的审计证据。

(8) 注册会计师A在审计过程中未提出审计调整建议，已审财务报表与未审财务报表一致。因此，注册会计师A认为无须在临近审计结束时运用分析程序对财务报表进行总体复核。

(9) 审计报告日期为20×4年4月18日。注册会计师A于20×4年4月20日将审计报告提交给甲公司管理层，并于20×4年8月19日完成了审计工作底稿的归档工作。

(10) 注册会计师A在审计工作底稿归档之后收到了一份银行询证函回函原件，于是用原件替换了审计档案中的回函传真件。

要求： 请逐一考虑上述各项，指出注册会计师A的做法是否恰当。如不恰当，请简要说明理由。

【分析】 对注册会计师A做法的分析如表6-3所示。

表6-3 对注册会计师A做法的分析

事项	是否恰当	原因
(1)	否	应当记录对重要性作出的修改以及理由，因此应当保留原重要性和重新评估的重要性之间的修改痕迹
(2)	是	
(3)	是	
(4)	否	应当根据20×3年度的变化情况设定预期值
(5)	否	审计工作底稿通常不包括反映不全面或初步思考的记录，因此初步思考的执行方案不应当归入审计工作底稿
(6)	否	在归整审计档案后，如果有必要修改或增加底稿，应记录修改或增加底稿的时间和人员，以及复核的时间和人员；记录修改或增加底稿的理由
(7)	否	应当针对350万元的差异进行调查
(8)	否	在临近审计结束时，应当运用分析程序对财务报表进行总体复核；总体复核分析程序是必要程序

续表

事项	是否恰当	原因
(9)	否	应当在审计报告日后60天内将工作底稿归档，即20×4年6月17日前归档
(10)	否	在完成归档后，回函传真件、回函原件都是审计留下的轨迹证据，其中回函传真件不属于草稿，不应在规定的保管期限届满前删除或废弃任何审计工作底稿

即测即评

扫描此码 在线做题

思考题

1. 在现代审计中，注册会计师应当从哪些领域获取审计证据？

2. 简述审计证据的充分性和适当性。

3. 人们一般会实施哪些审计程序来获取审计证据？不同的审计程序如何影响审计证据的可靠性？

4. 在审计实务中，完善的审计工作底稿应当具备哪些要素？

5. 如何对审计工作底稿进行复核？

6. 简述审计工作底稿编制、归档保管时应当注意的问题。

案例分析

审计工作底稿存在的问题

某审计组负责审计甲公司20×3年度财务报表。与审计工作底稿相关的部分事项如下：

(1) 注册会计师A在具体审计计划中记录拟对固定资产采购与付款循环采用综合性方案，但因在测试控制时发现相关控制运行无效，故将其改为实质性方案，并重新编制了具体审计计划工作底稿以替代原工作底稿。

(2) 注册会计师B拟利用20×2年度审计中获取的有关存货和成本循环的控制

运行有效性的审计证据，将信赖这些控制的理由和结论记录于审计工作底稿中。

（3）注册会计师C在对销售发票进行细节测试时，将相关销售发票上所载明的发票日期以及商品的名称、规格和数量作为识别特征记录于审计工作底稿。

（4）注册会计师D编制的现金监盘表显示现金盘点数与账面记录相差34.5元。由于该差异远远低于库存现金的重要性水平，故注册会计师D没有进一步追查和说明。

（5）注册会计师E在编制无形资产审定表时，追查了“无形资产——药品批号”320万元的原始凭证。然而，药品批号文件显示该药品批号实际归甲公司的母公司——晋美公司所有。

（6）审计报告日后，注册会计师对在审计报告日前收到的应付账款询证函回函中存在的差异进行了调查，确认其金额和性质均不重大，并将这些情况详细记录于审计工作底稿。

（7）在归整审计档案时，注册会计师A删除了固定资产减值测试审计工作底稿初稿。

（8）在完成审计档案归整工作后，注册会计师B收到了一份应收账款询证函回函，其结果显示无差异。注册会计师B将其归入审计档案，并删除了在审计过程中实施的相关替代程序的审计工作底稿。

【讨论分析】

请逐一考虑上述各项，指出注册会计师的做法是否恰当。如不恰当，请简要说明理由。

线上MOOC学习

请登录 https://www.icourse163.org/course/CUFE-1003060002，课外学习国家精品课程“审计学”中“审计证据与审计工作底稿”相关内容。

第七章

Chapter 7 审计的技术方法

素养提升

"坚持科技强审，加强审计信息化建设。"① 促进审计技术方法创新，运用现代信息技术提高审计质量和效率。

思维导图

引 例

审计抽样程序执行不到位

2022 年 10 月 24 日，海南证监局发布公告，对中审众环会计师事务所（特殊普通合伙）及李某、董某磊、卢某、陈某采取出具警示函的监管措施。这主要是由于中审众环在对 ST 凯撒年报进行审计的过程中存在多个问题，其中涉及审计抽样的问题如下：

注册会计师评估营业收入重大错报风险为高水平，但在执行营业收入审计抽样程序时，未对抽样总体、样本规模、抽样标准等进行记录和说明，也未评价抽取的样本规模是否足以将抽样风险降至可接受的低水平。

证据如下：

(1) 审计抽样执行不规范，如在 2020 年北京凯撒国际旅行社有限责任公司（简称北京凯撒）的营业收入底稿中，存在重复抽样的情形。

(2) 2021 年度索引号为 4100-5 的"货币资金截止性测试表"中，审计底稿未对抽样总体、样本规模、抽样标准、选取测试项目方法等进行记录和说明。

在审计实务中，如何规范执行审计抽样呢？请进一步思考，在信息化背景下，全样本审计成为可能，审计抽样仍需要广泛运用吗？

---

① 习近平．加强党对审计工作的领导 更好发挥审计在党和国家监督体系中的重要作用．人民日报，2018-05-24.

第一节 审计中选择测试项目的方法

随着企业规模的扩大和经营复杂程度的不断上升，越来越多的企业建立了完善的内部控制系统，这使得对每一笔交易进行审计既不可能也无必要。然而，注册会计师仍然必须获取充分、适当的审计证据，以便对财务报表发表审计意见。因此，在设计审计程序时，注册会计师应采用适当的方法选取测试项目，以确定实施审计程序的范围。选取测试项目的方法包括审计抽样、选取全部项目测试和选取特定项目测试。注册会计师可以根据与所测试认定有关的重大错报风险和对审计效率的要求，单独或综合使用这些方法，以获取充分、适当的审计证据，实现审计程序的目标。

一、审计抽样及其种类

（一）审计抽样的定义及适用情形

审计抽样是指注册会计师对具有审计相关性的总体中低于百分之百的项目实施审计程序，使所有抽样单元都有被选取的机会，为注册会计师针对整个总体得出结论提供合理基础。其中，总体是指注册会计师从中选取样本并期望据此得出结论的整个数据集合。在控制测试中，具有审计相关性的总体是指与某一认定相关的控制活动（运行是否有效）。在细节测试中，具有审计相关性的总体是指某一认定（财务报表项目某一认定）是否存在重大错报。抽样单元是指构成总体的个体项目。

审计抽样应当具备三个基本特征：(1) 对某类交易或账户余额中低于百分之百的项目实施审计程序；(2) 所有抽样单元都有被选取的机会；(3) 可以根据样本项目的测试结果推断出有关抽样总体的结论。如果注册会计师从某类交易或账户余额中选取低于百分之百的项目实施审计程序，却不准备据此推断总体的特征，例如，注册会计师仅挑选几笔交易，追查其在被审计单位会计系统中的运行轨迹，以获取对被审计单位内部控制的总体了解（穿行测试），而不是评价该类交易的整体特征，则不属于审计抽样。

如果注册会计师对需要测试的某些账户余额或交易类型缺乏特别的了解，审计抽样就特别有用。随着被审计单位规模的扩大和经营复杂程度的不断上升，为了控制审计成本、提高审计效率和保证审计效果，注册会计师在审计业务中使用审计抽样的做法愈加普遍。

审计抽样并非在所有审计程序中都可使用。审计抽样可以在逆查、顺查和函证中广泛运用，但通常不用于询问、观察和分析程序。注册会计师拟实施的审计程序将对是否使用审计抽样产生重要影响：

(1) 风险评估程序通常不涉及使用审计抽样和其他选取测试项目的方法。如果注册会计师在了解控制的设计和确定其是否得到执行的同时计划和实施控制测试，则可能会涉及审计抽样，但此时的审计抽样仅适用于控制测试，而不是针对风险评估程序。

（2）当控制的运行留下轨迹时，注册会计师可以考虑使用审计抽样实施控制测试。对于未留下运行轨迹的控制实施测试时，注册会计师通常实施询问、观察等审计程序，以获取有关控制运行有效性的审计证据，此时不宜使用审计抽样。

（3）实质性程序包括对各类交易、账户余额、披露的细节测试，以及实质性分析程序。在实施细节测试时，注册会计师可以使用审计抽样的方法来获取审计证据，但在实施实质性分析程序时，注册会计师不宜使用审计抽样。

【例 7-1·多选题】

下列审计程序中，可以使用审计抽样的有（　　）。

A. 应收账款函证　　B. 实质性分析程序

C. 存货计价测试　　D. 风险评估程序

【分析】 AC。审计抽样适用于：控制测试中控制的运行留下轨迹的情况；实质性程序中实施的细节测试。在风险评估程序、对未留下运行轨迹的控制实施的控制测试程序、实质性分析程序中，不宜使用审计抽样。

（二）审计抽样的种类

1. 统计抽样和非统计抽样

在对某类交易或账户余额使用审计抽样时，注册会计师可以使用统计抽样方法，也可以使用非统计抽样方法。统计抽样是指同时具备下列特征的抽样方法：（1）随机选取样本；（2）运用概率论评价样本结果，包括计量抽样风险。统计抽样的样本必须同时具备上述两个特征，不同时具备上述两个特征的抽样方法为非统计抽样。一方面，即使注册会计师严格按照随机原则选取样本，但如果没有对样本结果进行统计评估，也不能认为使用了统计抽样；另一方面，基于非随机选样的统计评估也是无效的。

注册会计师应当根据具体情况并运用职业判断，确定使用统计抽样还是非统计抽样方法，以最有效率地获取审计证据。例如，在控制测试中，与仅仅对偏差的发生进行定量分析相比，对偏差的性质和原因进行定性分析通常更为重要。在这种情况下，使用非统计抽样可能更为合适。

注册会计师在统计抽样与非统计抽样方法之间进行选择时主要考虑成本效益。无论统计抽样还是非统计抽样，都要求注册会计师在设计、实施和评价样本时运用职业判断。另外，对选取的样本项目实施的审计程序通常与使用的抽样方法无关，也不会影响获取单个证据的适当性，以及对样本错误的反应。统计抽样与非统计抽样的优缺点及相同点如表 7-1 所示。

表 7-1　统计抽样与非统计抽样的优缺点及相同点

比较内容	统计抽样	非统计抽样
优点	（1）客观地计量和精确地控制抽样风险； （2）高效设计样本； （3）衡量已获得的审计证据的充分性； （4）定量评价样本的结果	（1）操作简单、使用成本低； （2）适合定性分析

续表

比较内容	统计抽样	非统计抽样
缺点	(1) 需要特殊的专业技能，增加培训注册会计师的成本； (2) 单个样本项目需符合统计要求，增加额外费用	无法量化抽样风险
相同点	(1) 在设计、实施和评价样本时都离不开职业判断； (2) 都是通过样本中发现的错报或偏差率推断总体的特征； (3) 运用得当都可以收集到充分且适当的审计证据； (4) 都可以通过扩大样本规模来降低抽样风险	

2. 统计抽样的种类

按审计抽样所了解总体特征的不同，统计抽样可以进一步分为属性抽样和变量抽样。属性抽样是一种用来对总体中某一事件发生率得出结论的统计抽样方法。属性抽样在审计中最常见的用途是测试某一设定控制的偏差率，以支持注册会计师评估的控制有效性。在属性抽样中，设定控制的每一次发生或偏离都被赋予同样的权重，而无论交易的金额大小。变量抽样是一种用来对总体金额得出结论的统计抽样方法。变量抽样通常用于回答下列问题：金额是多少？账户是否存在错报？变量抽样在审计中的主要用途是进行细节测试，以确定记录的金额是否合理。

一般而言，属性抽样得出的结论与总体发生率有关，而变量抽样得出的结论与总体的金额有关。但有一个例外，即统计抽样中的概率比例规模抽样（PPS抽样），它运用属性抽样的原理却得出以金额表示的结论。属性抽样与变量抽样的比较如表7-2所示。

表7-2 属性抽样与变量抽样的比较

项目	属性抽样	变量抽样
测试环节	控制测试	实质性程序
测试特征	估计总体既定控制的偏差率（次数）	估计总体总金额或总体中的错误金额
内容	内部控制	报表项目
评价	定性	定量
目的	确定实质性程序	确定财务报表是否公允表达
方法	固定样本量抽样 停走抽样 发现抽样	均值估计 差异估计 比率估计
适用范围	控制测试中运用的抽样技术	实质性程序中运用的抽样技术，可用于确定：金额是多少；账户是否存在重大误差。其通常用于往来款项、存货、薪酬和交易授权等的审计

【例7-2·多选题】

下列关于统计抽样和非统计抽样的说法，错误的有（　　）。

A. 注册会计师应当根据具体情况并运用职业判断，确定使用统计抽样还是非

统计抽样方法，以最有效率地获取审计证据

B. 注册会计师在使用非统计抽样时，无须考虑抽样风险

C. 统计抽样方法比非统计抽样方法更有效

D. 如果注册会计师严格按照随机原则选取样本，即使没有对样本结果进行统计评估，也视为使用了统计抽样

【分析】BCD。注册会计师使用非统计抽样时，也必须考虑抽样风险并将其降至可接受的水平，但其无法精确地测定出抽样风险，故选项B不正确；非统计抽样方法与统计抽样方法在设计适当的情况下能提供同样有效的结果，故选项C不正确；即使注册会计师严格按照随机原则选取样本，但如果没有对样本结果进行统计评估，也不能认为使用了统计抽样，故选项D不正确。

二、审计抽样的风险及流程

（一）抽样风险和非抽样风险

抽样风险和非抽样风险通过影响重大错报风险的评估和检查风险的确定而影响审计风险。

1. 抽样风险

抽样风险是指抽出的样本不能代表总体的可能性，即注册会计师根据样本得出的结论，可能不同于如果对整个总体实施与样本同样的审计程序得出的结论的风险。只要使用了抽样就会存在抽样风险，且抽样风险与样本量成反向关系。控制抽样风险的唯一途径就是控制样本规模。抽样风险可以量化，只能控制，不能消除。

控制测试中的抽样风险包括信赖过度风险和信赖不足风险。

（1）信赖过度风险是指推断的控制有效性高于其实际有效性的风险，也可以说，尽管样本结果支持注册会计师计划信赖内部控制的程度，但实际偏差率不支持该信赖程度的风险。信赖过度风险与审计效果有关，对于注册会计师而言，信赖过度风险更容易导致其发表不恰当的审计意见，因而更应予以关注。

案例分析 7-1

实施控制测试时，注册会计师在100个样本项目中发现2个偏差，样本偏差率为2%，假设可容忍偏差率为7%，并由此认为控制运行有效。但实际上，该总体的实际偏差率为8%，注册会计师本该得出控制未有效运行的结论，从而出现了信赖过度风险，影响了审计效果。

（2）信赖不足风险是指推断的控制有效性低于其实际有效性的风险，也可以说，尽管样本结果不支持注册会计师计划信赖内部控制的程度，但实际偏差率支持该信赖程度的风险。信赖不足风险与审计效率有关，它可能导致注册会计师增加不必要的实质性程序，从而降低审计效率。

案例分析 7-2

实施控制测试时，注册会计师在100个样本项目中发现8个偏差，样本偏差率为8%，假设可容忍偏差率为7%，并由此认为控制未有效运行。但实际上，该总体的实际偏差率为2%，注册会计师本该得出控制有效运行的结论，却得出了控制未有效运行的结论，从而出现了信赖不足风险，影响了审计效率。

（1）误受风险是指注册会计师推断某一重大错报不存在而实际上存在的风险。如果账面金额实际上存在重大错报而注册会计师认为其不存在重大错报，注册会计师通常会停止对该账面金额继续进行测试，并根据样本结果得出账面金额无重大错报的结论。误受风险会影响审计效果，容易导致注册会计师发表不恰当的审计意见，因此，注册会计师更应予以关注。

（2）误拒风险是指注册会计师推断某一重大错报存在而实际上不存在的风险。与信赖不足风险类似，误拒风险会影响审计效率。如果账面金额不存在重大错报而注册会计师认为其存在重大错报，注册会计师会扩大细节测试的范围并考虑获取其他审计证据，最终注册会计师会得出恰当的结论。

也就是说，无论是在控制测试还是在细节测试中，抽样风险都可以分为两种类型：一类是影响审计效果的抽样风险，包括控制测试中的信赖过度风险和细节测试中的误受风险；另一类是影响审计效率的抽样风险，包括控制测试中的信赖不足风险和细节测试中的误拒风险。

对于特定样本而言，抽样风险与样本规模呈反方向变动：样本规模越小，抽样风险越大；样本规模越大，抽样风险越小。

无论是控制测试还是细节测试，注册会计师都可以通过扩大样本规模来降低抽样风险。如果对总体中的所有项目都进行检查，就不存在抽样风险，此时审计风险完全由非抽样风险构成。

【例 7-3·多选题】

下列有关抽样风险的说法，正确的有（　　）。

A. 误受风险和信赖不足风险影响审计效果

B. 误受风险和信赖过度风险影响审计效果

C. 误拒风险和信赖过度风险影响审计效率

D. 误拒风险和信赖不足风险影响审计效率

【分析】 BD。误受风险和信赖过度风险影响审计效果，误拒风险和信赖不足风险影响审计效率，故选项B和D正确。

2. 非抽样风险

非抽样风险是指由于某些与样本规模无关的因素而导致注册会计师得出错误结论的可能性。在审计过程中，可能导致非抽样风险的原因包括下列情况：

（1）注册会计师选择的总体不适合于测试目标。例如，在测试销售收入完整性时，细节测试的方向错误，选择将主营业务收入日记账作为总体。

（2）注册会计师未能适当地定义误差（包括控制偏差或错报），导致注册会计师未能发现样本中存在的偏差或错报。例如，注册会计师在测试现金支付授权控制的有效性时，未将签字人未得到适当授权的情况界定为控制偏差。

（3）注册会计师选择了不适于实现特定目标的审计程序。例如，注册会计师依赖应收账款函证来揭露未入账的应收账款。

（4）注册会计师未能适当地评价审计发现的情况。例如，注册会计师错误解读审计证据导致没有发现误差，或对所发现误差的重要性的判断有误，从而忽略了性质十分重要的误差，也可能导致得出不恰当的结论。

（5）其他原因。

在任何抽样方法中，注册会计师都不能量化非抽样风险。非抽样风险既可能影响审计效果，也可能影响审计效率。非抽样风险是由人为错误造成的，它虽然不能量化，但可以降低，甚至消除。

通过采取适当的质量控制政策和程序，对审计工作进行适当的指导、监督和复核，以及对注册会计师实务进行适当的改进，可以将非抽样风险降至可接受的水平。此外，注册会计师也可以通过精心设计审计程序尽量降低非抽样风险。

【例 7-4·单选题】

下列事项中，不会产生非抽样风险的是（　　）。

A. 总体不适合于测试目标　　B. 未能适当地定义误差

C. 未能恰当地评价审计发现的情况　　D. 选取了不恰当的抽样方法

【分析】 D。选项 D 产生的是抽样风险。

（二）审计抽样的流程

注册会计师在控制测试和实质性细节测试中使用审计抽样方法时，需分为三个阶段进行：第一阶段是样本设计阶段，旨在根据测试的目标和抽样总体制订选取样本的计划；第二阶段是选取样本阶段，旨在按照适当的方法从相应的抽样总体中选取所需的样本；第三阶段是评价样本结果阶段，旨在根据对误差的性质和原因的分析，将样本结果推至总体，形成对总体的结论。

1. 样本设计阶段

审计抽样中样本设计阶段的主要工作步骤如下：

（1）确定测试目标。审计抽样必须紧紧围绕审计测试的目标展开，因此，确定测试目标是样本设计阶段的第一项工作。一般而言，控制测试的目标是获取关于某项控制的设计或运行是否有效的证据；细节测试的目标是确定某类交易或账户余额的金额是否正确，以获取与存在的错报有关的证据。

（2）定义总体与抽样单元。

1）定义总体。总体可以包括构成某类交易或账户余额的所有项目，也可以只包括某类交易或账户余额中的部分项目。注册会计师应当确保总体的适当性和完整性，也就是说，注册会计师所定义的总体应具备下列两个特征：

①适当性。注册会计师应确定总体适合于特定的审计目标，包括适合于测试的方向。例如，在测试用以保证所有发运商品都已开单的控制是否有效运行时，注册

会计师应将所有已发运的项目作为总体；在测试应付账款是否高估时，注册会计师应将应付账款清单定义为总体；在测试应付账款是否低估时，注册会计师应将后来支付的证明、未付款的发票、供货商的对账单、无销售发票对应的收货报告，或能提供低估应付账款的审计证据的其他总体定义为总体，而不是将应付账款清单定义为总体。

②完整性。在实施审计抽样时，注册会计师需要实施审计程序，以获取有关总体的完整性的审计证据。注册会计师应当从总体项目内容和涉及时间等方面确定总体的完整性。例如，从总体项目内容来看，若从档案中选取付款证明，除非能确信所有的付款证明都已归档，否则注册会计师不能对该期间的所有付款证明作出结论。从总体项目涉及时间来看，如果对某一控制活动在财务报告期间是否有效运行作出结论，总体应包括来自整个报告期间的所有相关项目。如果对一年中前10个月的控制活动使用审计抽样作出结论，而对剩余的2个月则使用替代审计程序或单独选取样本，注册会计师通常会从代表总体的实物中选取样本项目。此时，注册会计师必须详细了解代表总体的实物，以确定代表总体的实物是否包括整个总体。例如，如果将特定日期的所有应收账款余额定义为总体，代表总体的实物就是打印的该日客户应收账款余额明细表；如果将某一测试期间的销售收入定义为总体，代表总体的实物就可能是销售明细账中的销售交易记录，也可能是销售发票。如果认为代表总体的实物遗漏了应包含在最终评价中的总体项目，注册会计师应选择新的实物，或对被排除在实物之外的项目实施替代审计程序。

2）定义抽样单元。在定义抽样单元时，注册会计师应使其与审计测试目标保持一致。注册会计师在定义总体时，通常已指明了适当的抽样单元。在控制测试中，抽样单元通常是指能够提供控制运行证据的资料；而在细节测试中，抽样单元可能是一个账户余额、一笔交易或交易中的一项记录，甚至为每个货币单位。

（3）分层。如果总体项目存在重大的变异性，注册会计师应当考虑分层。分层是指将一个总体划分为多个子总体的过程，每个子总体由一组具有相同特征（通常为货币金额）的抽样单元组成。例如，在函证应收账款时，可以按应收账款账户金额大小将其分为三层：金额在10 000元以上的应收账款账户全部函证；金额在5 000～10 000元的应收账款账户作为一个子总体选取样本进行函证；金额在5 000元以下的应收账款账户作为一个子总体选取样本进行函证。分层可以降低每一层中项目的变异性，从而在抽样风险没有成比例增加的前提下减小样本规模。

在实施细节测试时，注册会计师通常按照货币金额对某类交易或账户余额进行分层，这使注册会计师能将更多的审计资源投向较大的项目，而这些项目最有可能包含高估错报。同样，注册会计师也可以根据表明更高错报风险的特定特征对总体进行分层。例如，在测试应收账款计价中的坏账准备时，注册会计师可以根据账龄对应收账款进行分层。

分层后的每一层构成一个子总体且可以单独进行检查。对某一层中的样本项目实施审计程序的结果，只能用于推断构成该层的项目。如果对整个总体作出结论，注册会计师应当考虑与构成整个总体的其他层有关的重大错报风险。如果注册会计师将某类交易或账户余额分成不同层，并需要对每一层分别推断错报，则在考虑错报对该类别的所有交易或账户余额的可能影响时，注册会计师需要综合考虑每一层的推断错报。

（4）定义误差构成条件。注册会计师在定义误差构成条件时，要考虑审计程序的目标。在控制测试中，误差是指控制偏差；在细节测试中，误差是指错报。

（5）确定审计程序。注册会计师必须确定能够最好地实现测试目标的审计程序组合。

2. 选取样本阶段

（1）确定样本规模。样本规模是指从总体中选取样本项目的数量。注册会计师应当确定足够的样本规模，以将抽样风险降至可接受的低水平。样本规模过小不能反映审计对象的总体特征，会加大抽样风险；样本规模过大虽然可能减少抽样风险，但会严重影响审计效率。

影响样本规模的因素主要包括：

1）可接受的抽样风险。可接受的抽样风险与样本规模成反比：可接受的风险水平越低，需要的样本规模越大；注册会计师愿意接受的抽样风险越高，样本规模越小。

2）可容忍误差。可容忍误差是指注册会计师在认为测试目标已实现的情况下准备接受的总体最大误差。在控制测试中，它是指可容忍偏差率，即注册会计师设定的偏离规定的内部控制程序的比率，注册会计师试图对总体中的实际偏差率不超过该比率获取适当水平的保证。在细节测试中，它是指可容忍错报，即注册会计师设定的货币金额，注册会计师试图对总体中的实际错报不超过该货币金额获取适当水平的保证。可容忍误差越小，为实现同样的保证程度所需的样本规模越大。

3）预计总体误差。预计总体误差是指注册会计师根据以前对被审计单位的经验或实施风险评估程序的结果而估计总体中可能存在的误差。预计总体误差越大，可容忍误差也应当越大，但预计总体误差不应超过可容忍误差。在既定的可容忍误差下，当预计总体误差增大时，所需的样本规模也会增大。

4）总体变异性。总体变异性是指总体的某一特征（如金额）在各项目之间的差异程度。在控制测试中，注册会计师在确定样本规模时一般不考虑总体变异性。在细节测试中，注册会计师在确定适当的样本规模时要考虑特征的变异性，总体项目的变异性越低，通常样本规模越小，注册会计师可以通过分层，将总体分为相对同质的组，以尽可能降低每一组中变异性的影响，从而减小样本规模。

5）总体规模。除非总体非常小，一般而言总体规模对样本规模的影响几乎为零。

注册会计师通常将抽样单元超过5 000个的总体视为大规模总体。对于大规模总体而言，总体的实际容量对样本规模几乎没有影响；对于小规模总体而言，审计抽样比其他选择测试项目的方法的效率低。影响样本规模的因素如表7-3所示。

表7-3 影响样本规模的因素

影响因素	控制测试	细节测试	与样本规模的关系
可接受的抽样风险	可接受的信赖过度风险	可接受的误受风险	反向变动
可容忍误差	可容忍偏差率	可容忍错报	反向变动
预计总体误差	预计总体偏差率	预计总体错报	同向变动
总体变异性	—	总体变异性	同向变动
总体规模	总体规模	总体规模	影响很小

【例7-5·多选题】

下列有关样本规模的说法，正确的有（　　）。

A. 在控制测试中，注册会计师确定的总体项目的变异性越低，样本规模越小

B. 注册会计师愿意接受的抽样风险越低，样本规模越大

C. 在可容忍误差一定的情况下，预计总体误差越大，样本规模越大

D. 对于小规模总体而言，总体规模越大，所需选取的样本越多

【分析】BCD。在控制测试中，注册会计师在确定样本规模时一般不考虑总体变异性；在细节测试中，总体项目的变异性越低，样本规模越小，故选项A不正确。

（2）选取样本。无论使用统计抽样还是非统计抽样，在选取样本项目时，注册会计师都应当使总体中的所有抽样单元均有被选取的机会。使所有抽样单元都有被选取的机会是审计抽样的基本特征之一，否则，就无法根据样本结果推断总体。

选取样本的基本方法，包括使用随机数表或计算机辅助审计技术选样、系统选样、随意选样和整群选样。

1）使用随机数表或计算机辅助审计技术选样。使用随机数表或计算机辅助审计技术选样又称随机数选样。使用随机数选样需以总体中的每个项目都有不同的编号为前提。注册会计师可以使用计算机生成的随机数，如电子表格程序、随机数码生成程序、通用审计软件程序等计算机程序产生的随机数，也可以使用随机数表获得所需的随机数。

随机数是一组从长期来看出现概率相同的数码，且不会产生可识别的模式。随机数表也称乱数表，它由随机生成的从0～9共10个数字所组成，每个数字在表中出现的次数是大致相同的，且出现在表上的顺序是随机的。表7-4是5位随机数表的一部分。

表7-4 随机数表（部分）

	1	2	3	4	5	6	7	8	9	10
1	32044	69037	29655	92114	81034	40582	01584	77184	85762	46505
2	23821	96070	82592	81642	08971	07411	09037	81530	56195	98425
3	82383	94987	66441	28677	95961	78346	37916	09416	42438	48432

续表

	1	2	3	4	5	6	7	8	9	10
4	68310	21792	71635	86089	38157	95620	96718	79554	50209	17705
5	94856	76940	22165	01414	01413	37231	05509	37489	56459	52983
6	95000	61958	83430	98250	70030	05436	74814	45978	09277	13827
7	20764	64638	11359	32556	89822	02713	81293	52970	25080	33555
8	71401	17964	50940	95753	34905	93566	36318	79530	51105	26952
9	38464	75707	16750	61371	01523	69205	32122	03436	14489	02086
10	59442	59247	74955	82835	98378	83513	47870	20795	01352	89906

应用随机数表选样的步骤如下：

①对总体项目进行编号，建立总体中的项目与表中数字的一一对应关系。一般情况下，编号可利用总体项目中原有的某些编号，如凭证号、支票号、发票号等。在没有事先编号的情况下，注册会计师需按一定的方法进行编号。例如，对于40页、每页50行组成的应收账款明细表，可采用4位数字编号，前两位由01～40的整数组成，表示该记录在明细表中的页数；后两位数字由01～50的整数组成，表示该记录的行次，如编号0534就表示第5页第34行的记录。所需使用的随机数的位数，一般由总体项目数或编号位数决定，如前例中可采用4位随机数表，也可以使用5位随机数表的前4位数字或后4位数字。

②确定连续选取随机数的方法。即从随机数表中选择一个随机起点和一个选号路线，随机起点和选号路线可以任意选择，一经选定就不得改变。从随机数表中任选一行或任选一栏开始，按照一定的方向（上下左右均可）依次查找，符合总体项目编号要求的数字即为选中的号码，与此号码相对应的总体项目即为选取的样本项目，一直到选足所需的样本量为止。例如，从前述应收账款明细表的2 000个记录中选择10个样本，总体编号规则如前所述，即前两位数字不能超过40，后两位数字不能超过50。若从表7-4第1行第1列开始，使用前4位随机数逐行向右查找，则选中的样本为编号是3204，0741，0903，0941，3815，2216，0141，3723，0550，3748的10个记录。

随机数选样不仅使总体中每个抽样单元被选取的概率相等，还使相同数量的抽样单元组成的每种组合被选取的概率相等。这种方法在统计抽样和非统计抽样中均适用。由于统计抽样要求注册会计师能够计量实际样本被选取的概率，因此这种方法尤其适合统计抽样。

2）系统选样。系统选样也称等距选样，是指按照相同的间隔从审计对象总体中等距离地选取样本的一种选样方法。采用系统选样法时，首先要计算选样间距，确定选样起点，再根据间距顺序地选取样本。选样间距的计算公式如下：

选样间距＝总体规模÷样本规模

例如，如果销售发票的总体范围是652～3 151，设定的样本量是125，那么选样间距为20［(3 152－652)÷125］。注册会计师必须从0～19中选取一个随机数作为抽样起点。如果随机选择的数码是9，那么第一个样本项目是发票号码为661（652＋9）的那一张，其余的124个项目依次是681(661＋20)，701(681＋20)，…，以此类推直至第3141号。

系统选样的主要优点是使用方便，比其他选样方法节省时间，并可用于无限总体。此外，使用这种方法时，对总体中的项目不需要编号，注册会计师只要简单数出每一个间距即可。但是，使用系统选样方法要求总体必须是随机排列的，否则容易产生较大的偏差，得到非随机的、不具代表性的样本。如果测试项目的特征在总体内的分布具有某种规律性，则选择样本的代表性可能较差。例如，应收账款明细表每页的记录均以账龄的长短按先后次序排列，则选中的200个样本可能多数是账龄相同的记录。

为克服系统选样的这一缺点，可采用两种办法：一是增加随机起点的个数；二是在确定选样方法之前对总体特征的分布进行观察，若发现总体特征的分布呈随机分布，则采用系统选样，否则可考虑使用其他选样方法。

系统选样可以在非统计抽样中使用，在总体随机分布时也适用于统计抽样。

【例7-6·单选题】

注册会计师采用系统选样从10 000张凭证中选取200张作为样本。确定随机起点为凭证编号的第35号，则抽取的第5张凭证的编号为（　　）。

A. 155　　B. 195　　C. 200　　D. 235

【分析】 D。抽样间隔（区间）为10 000÷200＝50，抽取的前5张凭证的编号应为：35，85，135，185，235，即抽取的第5张凭证的编号应为235。如果不仅要求写出第5张凭证的编号，还要求写出抽取的第191张凭证的编号，则要用以下公式计算：35＋(191－1)×50＝9 535，即注册会计师抽取的第191张凭证的编号为9535。

3）随意选样。随意选样也称任意选样，是指注册会计师不带任何偏见地选取样本，即注册会计师不考虑样本项目的性质、大小、外观、位置或其他特征而选取总体项目。随意选样的主要缺点在于很难完全无偏见地选取样本项目，即这种方法难以彻底排除注册会计师的个人偏好对选取样本的影响，因而很可能使样本失去代表性。由于文化背景和所受训练等的不同，每个注册会计师都可能无意识地带有某种偏好。例如，从发票柜中抽取发票时，某些注册会计师可能倾向于抽取柜子中间位置的发票，这样就会使柜子上面部分和下面部分的发票缺乏相等的被选取机会。因此，在运用随意选样时，注册会计师要避免任何有意识的偏向或可预见性，从而保证总体中的所有项目都有被选中的机会，使所选取的样本具有代表性。

随意选样仅适用于非统计抽样。由于注册会计师无法量化选取样本的概率，因此在统计抽样中，运用随意选样是不恰当的。

【例7-7·多选题】

下列抽样方法中可以在统计抽样中使用的有（　　）。

A. 随机数表选样　　B. 系统选样

C. 计算机辅助审计技术选择　　　　D. 随意选择

【分析】ABC。随意选择虽然也可以选出有代表性的样本，但它属于非随机基础选择方法，不能在统计抽样中使用，只能在非统计抽样中使用。

4）整群选样。整群选样又称聚类选样，是指将总体中各单位归并成若干个互不交叉、互不重复的集合，称之为群，然后以群为抽样单位抽取样本的一种抽样方式。在使用这种方法时，注册会计师会从总体中选取一群（或多群）连续的项目作为样本。例如，总体为 20×4 年的所有付款单据，注册会计师会从中选取 2 月 3 日、5 月 17 日和 7 月 19 日这三天的所有付款单据作为样本。

整群选样通常不能在审计抽样中使用，因为大部分总体的结构使得连续的项目之间可能具有相同的特征，但与总体中其他项目的特征不同。虽然在有些情况下，注册会计师检查一群项目可能是适当的审计程序，但当注册会计师希望根据样本作出有关整个总体的有效推断时，极少将整群选样作为适当的选样方法。

（3）对样本实施审计程序。

1）注册会计师应当针对选取的每个项目，实施适合于具体审计目标的审计程序。对选取的样本项目实施审计程序旨在发现并记录样本中存在的误差。

2）如果选取的项目不适合实施审计程序，注册会计师通常使用替代项目。例如，在测试付款授权时选取了一张作废的支票，并确信该支票已经按照适当程序作废因而不构成偏差，注册会计师需要适当选择一个替代项目进行检查。

3）注册会计师可能无法对选取的抽样单元实施计划的审计程序（如原始单据丢失等原因）。注册会计师对未检查项目的处理取决于未检查项目对评价样本结果的影响：

①如果注册会计师对样本结果的评价不会因为未检查项目可能存在错报而改变，就不需对这些项目进行检查。

②如果未检查项目可能存在的错报会导致该类交易或账户余额存在重大错报，注册会计师就要考虑实施替代程序，为形成结论提供充分的证据。例如，对应收账款的积极式函证没有收到回函时，注册会计师必须审查期后收款的情况，以证实应收账款的余额。

注册会计师也要考虑无法对这些项目实施检查的原因是否会影响计划的重大错报风险评估水平或对舞弊风险的评估。如果注册会计师无法或者没有执行替代审计程序，则应将该项目视为一项误差。

【例 7-8·单选题】

在使用审计抽样实施控制测试时，下列情形中，注册会计师不能另外选取替代样本的是（　　）。

A. 单据丢失　　　　B. 单据不适用

C. 单据无效　　　　D. 单据未使用

【分析】A。在控制测试中，当注册会计师针对所选取的样本实施审计程序时，应当分析选取的样本是否构成偏差。如果不构成偏差，注册会计师可以另外选取替代样本进行测试，包括无效单据、未使用的单据和不适用的单据。如果注册会计师所选取样本对应的单据丢失，则应当追查单据丢失的原因，不能简单地另外选取替代样本。

3. 评价样本结果阶段

注册会计师应当评价样本结果，以确定对总体相关特征的评估是否得到证实或需要修正。推断总体误差的计算公式如下所示：

推断总体误差＝推断误差＋已发现的误差

（1）控制测试中的样本结果评价。

1）统计抽样。如果注册会计师采用的是统计抽样，则评价的标准是"总体偏差率上限与可容忍偏差率的关系"，具体来说二者的关系可能是：

①总体偏差率上限低于可容忍偏差率，抽样结果可以接受。这时注册会计师对总体作出结论，样本结果支持计划评估的控制有效性，从而支持计划的重大错报风险评估水平。

②总体偏差率上限高于或等于可容忍偏差率，抽样结果不能接受。这时注册会计师对总体作出结论，样本结果不支持计划评估的控制有效性，从而不支持计划的重大错报风险评估水平。此时注册会计师应当修正重大错报风险评估水平，并增加实质性程序的数量。注册会计师也可以对影响重大错报风险评估水平的其他控制进行测试，以支持计划的重大错报风险评估水平。

③总体偏差率上限低于但接近可容忍偏差率，注册会计师需考虑是否接受总体，并考虑是否扩大测试范围。

2）非统计抽样。如果注册会计师采用的是非统计抽样，则评价的标准是"样本偏差率与可容忍偏差率的关系"，注册会计师应根据经验和职业判断采用更加谨慎的态度评价抽样结果，具体来说二者的关系可能是：

①样本偏差率高于可容忍偏差率，抽样结果不能接受。

②样本偏差率大大低于可容忍偏差率，抽样结果可以接受。

③样本偏差率低于但接近可容忍偏差率，则考虑是否扩大样本规模。

（2）细节测试中的样本结果评价。在细节测试中，注册会计师首先必须根据样本中发现的实际错报要求被审计单位调整账面记录金额。将被审计单位已更正的错报从推断的总体错报金额中减掉后，注册会计师应当将调整后的推断总体错报与该类交易或账户余额的可容忍错报相比较，同时必须考虑抽样风险。

1）统计抽样。如果注册会计师采用的是统计抽样，则依据下列原则进行判断：

①总体错报上限低于可容忍错报，不存在重大错报，抽样结果可以接受。这时注册会计师对总体作出结论，所测试的交易或账户余额不存在重大错报。

②总体错报上限高于或等于可容忍错报，存在重大错报，抽样结果不可以接受。这时注册会计师对总体作出结论，所测试的交易或账户余额存在重大错报。在评价财务报表整体是否存在重大错报时，注册会计师应将该类交易或账户余额的错报与其他审计证据一起考虑。通常，注册会计师会建议被审计单位对错报进行调查，且在必要时调整账面记录。

2）非统计抽样。如果注册会计师采用的是非统计抽样，则依据下列原则进行判断（根据经验和职业判断，要求更加谨慎）：

①调整后的总体错报高于可容忍错报，存在重大错报，抽样结果不能接受。

②调整后的总体错报低于但接近可容忍错报，则考虑抽样结果能否接受，并考虑是否扩大细节测试范围。

③调整后的总体错报大大低于可容忍错报，不存在重大错报，抽样结果可以接受。

案例分析 7-3

为应对甲公司采购交易发生认定的重大错报风险，注册会计师 A 拟运用统计抽样方法对甲公司 20×3 年度与原材料采购业务相关的内部控制进行测试。确定的可容忍偏差率为 5%。

(1) 为控制抽样风险以合理保证审计的效果，注册会计师 A 确定的信赖不足风险为 10%。

(2) 甲公司 20×3 年 8 月下旬引进自动化控制系统，将部分环节的人工控制改为信息技术控制。注册会计师 A 将 20×3 年度发生的全部采购交易界定为抽样总体。

(3) 注册会计师预期全年发生采购交易 6 000 笔，确定的样本规模为 55，并随机选取了 55 个有效号码。但由于实际发生的采购交易低于预期数，5 个随机号码无法与实际业务对应，因此注册会计师 A 将抽样规模改为 50。

(4) 实施控制测试时，注册会计师 A 发现抽取的一笔原材料采购业务没有验收单。验收人员的解释是，由于生产急需，经主管批准后由供应商直接交付生产部门。注册会计师 A 检查了供应商发票和材料明细账，没有发现异常，因此认为不构成控制缺陷。

(5) 注册会计师 A 发现 9 月份发生的一笔采购交易因信息系统自动控制缺陷导致应付账款产生错报，于是拟扩大样本规模，以进一步收集证据。

(6) 根据样本偏差率为 5%，注册会计师 A 认为不能作出接受或拒绝总体的结论。

请逐项分析注册会计师 A 的做法是否正确。

【分析】

事项 (1) 不恰当。实施属性抽样时通常控制的不是信赖不足风险，而是信赖过度风险。

事项 (2) 不恰当。人工控制与信息技术控制属于不同性质的控制，将两者包含在同一总体中不符合总体的同质性要求。

事项 (3) 不恰当。应从实际发生且未被抽取的采购业务中随机补抽 5 笔。

事项 (4) 不恰当。检查供应商发票和材料明细账不能证明采购交易的真实发生，注册会计师应当认为所述情况构成控制缺陷。

事项 (5) 不恰当。如果确定控制偏差是系统偏差，扩大样本规模通常无效，应当考虑是否需要测试其他替代性控制，或是否需要使用实质性程序应对潜在的重大错报风险。

事项（6）不恰当。如果样本偏差率为5%，则总体偏差率点估计为5%，总体偏差率上限必然高于5%，从而高于5%的可容忍偏差率，应拒绝接受总体。

三、其他选择测试项目的方法

注册会计师通常知道某些账户余额和交易类型更可能发生错报，并会在计划审计程序时加以考虑。对于这些账户余额或交易类型，注册会计师可以选取全部项目测试或选取特定项目测试。

（一）选取全部项目测试

选取全部项目测试是指对总体中的全部项目进行检查。总体是指注册会计师从中选取样本并希望对其得出结论的整套数据。某类交易中的所有项目（如全年薪酬）、某个（或某组）账户余额（如期末应收账款账户余额）均可以构成一个总体。总体可分为多个层或子总体，每一层或子总体可分别予以检查。“总体”包含了“层”的概念。对全部项目进行检查，通常更适用于细节测试，而不适用于控制测试。在实施细节测试时，在某些情况下，基于重要性水平或风险的考虑，注册会计师可能认为需要测试总体中的全部项目。总体可以包括构成某类交易或账户余额的所有项目，也可以是其中的一层，同一层中的项目具有某一共同特征。例如，在截止测试中，注册会计师通常对截止日前后一段时期的所有交易进行检查。

当存在下列情形之一时，注册会计师应当考虑选取全部项目进行测试：

（1）总体由少量的大额项目构成。某类交易或账户余额中每个项目的金额都较大时，注册会计师可能需要测试所有项目。

（2）存在特别风险且其他方法未提供充分、适当的审计证据。如果某类交易或账户余额中每个项目虽然金额不大但存在特别风险，注册会计师也可能需要测试所有项目。存在特别风险的项目主要包括：1）管理层高度参与的，或错报可能性较大的交易事项或账户余额；2）非常规的交易事项或账户余额，特别是与关联方有关的交易或余额；3）长期不变的账户余额，如滞销的存货余额或账龄较长的应收账款余额；4）可疑的或非正常的项目，或明显不规范的项目；5）以前发生过错误的项目；6）期末人为调整的项目；7）其他存在特别风险的项目。

（3）由于信息系统自动执行的计算或其他程序具有重复性，对全部项目进行检查符合成本效益原则。注册会计师通常使用计算机辅助审计技术选取全部项目进行测试。

（二）选取特定项目测试

选取特定项目测试是指对总体中的特定项目进行针对性测试。根据对被审计单位的了解、重大错报风险评估结果以及所测试总体的特征等，注册会计师可以从总体中选取特定项目进行测试。选取的特定项目通常包括：大额或关键项目；超过某一金额的全部项目；用于获取某些信息的项目；用于测试控制活动的项目。

在选取特定项目时，注册会计师只对审计对象总体中的部分项目进行测试。注册会计师通常按照覆盖率或风险因素选取测试项目，或将这两种方法结合使用。按照覆盖率选取测试项目是指注册会计师选取少量金额较大的项目进行测试，从而使测试项目的金额占审计对象总体金额的百分比很大。例如，如果 8 个大额项目占审计对象总体金额的 85%，那么测试这 8 个项目就可对审计对象总体的存在和准确性获得较高程度的保证。注册会计师也可以选取超过某一设定金额的所有项目，从而验证某类交易或账户余额的大部分金额。按照风险因素选取测试项目是指注册会计师选取具有某种较高风险特征的项目进行测试，如可疑的项目、异常的项目、特别具有风险倾向的项目，或者以前发生过错误的项目等。

有时，注册会计师可能会选择部分项目进行检查，以获取与被审计单位的性质、交易的性质以及内部控制等事项有关的信息，或确定某一控制活动是否得到执行。对这些项目进行测试实际上属于风险评估程序，主要目的是获取与被审计单位及其环境有关的信息。

选取特定项目测试通常是获取审计证据的有效手段，但它并不构成审计抽样。在这种方法下，对选取项目实施审计程序的结果不能推断至整个总体。其原因在于，虽然选取特定项目测试只对某类交易或账户余额中的部分项目实施审计程序，但它与审计抽样不同，因为并非所有抽样单元（抽样单元是指构成总体的个体项目）都有被选取的机会，不符合注册会计师选择标准的项目将没有机会被选取。因为选取的特定项目不能代表审计对象总体（或某一子总体）中全部项目的特征，所以，与审计抽样不同，选取特定项目测试不能根据所测试项目中发现的误差推断审计对象总体的误差。当然，选取特定项目不属于随意选样。

第二节 信息技术下的审计技术方法

一、信息技术对审计的影响

信息技术在企业中的应用不会改变注册会计师制定审计目标、进行风险评估和了解内部控制的原则性要求，审计准则和财务报表审计目标在任何情况下都适用。然而，注册会计师必须更加深入地了解企业的信息技术应用范围和性质，因为系统的设计和运行对审计风险的评价、业务流程和控制的了解、审计工作的执行以及需要收集的审计证据的性质都有直接的影响。

（一）审计范围的拓展

随着企业信息化程度的提高，审计范围从传统的纸质账簿和财务报表扩展到整个信息系统。除了财务数据，还包括非财务数据，如业务流程数据、客户信息、供应链数据等。例如，在电子商务企业中，审计人员需要审查网站交易记录、客户评价数据、物流信息等诸多方面，以全面评估企业的运营状况和风险。信息技术使得企业的数据存储和处理跨越了地域限制。对于跨国公司而言，审计范围可能涉及分布在全球各地的分支机构的数据中心和信息系统，这就要求审计人员能够克服地域障碍，对这些广泛分布的数据和系统进行审计。

（二）审计证据的变化

传统审计证据主要是纸质文件，如发票、合同、账簿等。在信息技术环境下，审计证据更多地以电子数据形式存在，如数据库记录、电子文档、系统日志等。这些电子证据具有易修改、易删除，且修改或删除不易被察觉等特点。例如，电子发票可以通过图像处理软件进行篡改，这就对审计证据的真实性和完整性提出了更高的要求。审计人员获取证据的方式也发生了变化。他们需要掌握从信息系统中提取、分析电子证据的技术，如使用数据查询语言从数据库中获取交易记录，利用专门的电子取证工具来恢复被删除或修改的文件。

（三）审计风险的改变

信息技术带来了新的风险类型。例如，信息系统的安全性风险，包括黑客攻击、病毒感染、数据泄露等。如果企业的客户信息数据库被黑客攻击，导致客户隐私泄露，这将给企业带来巨大的声誉损失和法律责任。审计人员需要评估这些信息安全风险对财务报表和企业运营的潜在影响。由于信息系统的复杂性和自动化程度高，系统错误或程序缺陷可能导致数据处理错误。比如，一个存在逻辑漏洞的财务软件可能会错误地计算成本或收入，这种错误可能在短时间内影响大量交易记录，从而增加了审计风险。审计人员需要关注信息系统的可靠性和准确性，以降低这种因系统问题导致的审计风险。

【例7-9·单选题】

下列关于信息技术对审计的影响的说法，错误的是（　　）。

A. 被审计单位对信息技术的运用不会改变注册会计师制定审计目标、进行风险评估和了解内部控制的原则性要求

B. 被审计单位对信息技术的运用影响注册会计师需要获取的审计证据的性质

C. 被审计单位对信息技术的运用影响审计内容

D. 被审计单位对信息技术的运用不影响注册会计师需要获取的审计证据的数量

【分析】D。被审计单位对信息技术的运用影响注册会计师需要获取的审计证据的数量。

二、信息技术审计范围的确定

如果注册会计师计划依赖自动控制或自动信息系统生成的信息，就需要适当扩大信息技术审计的范围。

注册会计师需要结合被审计单位业务流程复杂程度、信息系统复杂程度、系统生成的交易数量和业务对系统的依赖程度、信息和复杂计算的数量、信息技术环境的规模和复杂度五个方面，对信息技术审计范围进行适当考虑。

1. 被审计单位业务流程复杂程度

这包括业务流程是否涉及过多人员及部门，相关人员及部门之间的关系是否复杂且界限不清；流程是否涉及大量操作及决策活动；数据处理过程是否涉及复杂的公式和大量的数据录入操作；流程是否需要对信息进行人工处理；对系统生成报告的依赖程度。

2. 信息系统复杂程度

评估信息系统的复杂程度时，需要考虑系统类型（商业软件或自行研发系统）的影响。对于商业软件，需要考虑系统复杂程度、系统实施和运行所需的参数设置范围，以及客制化程度。对于自行研发系统，需要考虑系统复杂程度、距离上一次系统架构重大变更的时间、系统变更对财务系统的影响结果，以及系统变更后的系统运行情况及运行期间。

3. 系统生成的交易数量和业务对系统的依赖程度

这包括被审计单位是否存在大量交易数据，以至于用户无法识别并更正数据处理错误；数据是否通过网络传输，如 EDI；是否使用特殊系统，如电子商务系统。

4. 信息和复杂计算的数量

这涉及系统生成的交易数量、信息和复杂计算的数量，包括被审计单位是否存在大量交易数据，以至于用户无法识别并更正数据处理错误。

5. 信息技术环境的规模和复杂度

在评估信息技术环境的规模和复杂度时，主要应当考虑产生财务数据的信息系统数量、信息系统接口及数据传输方式、信息部门的结构与规模、网络规模、用户数量、外包及访问方式（如本地登录或远程登录）。然而，信息技术环境复杂并不一定意味着信息系统是复杂的，反之亦然。

信息技术审计的范围与被审计单位在业务流程及信息系统相关方面的复杂度成正比。

三、信息技术一般控制和信息处理控制测试

（一）信息技术一般控制与信息处理控制

信息技术一般控制是指为了保证信息系统的安全，对整个信息系统以及外部各种环境要素实施的，对所有的应用或控制模块具有普遍影响的控制措施。

信息技术一般控制通常会对实现部分或全部财务报表认定作出间接贡献。在某些情况下，信息技术一般控制也可能对实现信息处理目标和财务报表认定作出直接贡献。信息技术一般控制是基础，其有效性直接关系到信息处理控制的有效性。

信息处理控制是指设计在计算机应用系统中，有助于达到信息处理目标的控制。信息处理控制既包括人工控制，也包括自动化控制。信息处理控制一般要经过输入、处理及输出等环节。系统自动化控制关注的要素包括完整性（系统处理数据的完整性）、准确性（系统运算逻辑的准确性）、存在和发生（信息系统相关的逻辑校验控制）等。

（二）控制测试

无论被审计单位运用信息技术的程度如何，注册会计师均需了解与审计相关的信息技术一般控制和信息处理控制。如果计划依赖自动化信息处理控制或系统生成的信息等，则需要对信息技术一般控制进行测试，并确认信息处理控制是否得到有效执行。

（1）确定是否测试应对认定层次重大错报风险的控制运行的有效性。例如，如果信息技术一般控制的设计无效，或未得到适当地执行以应对运用信息技术导致的风险（如控制不能适当地防止或发现未经授权的程序修改或信息技术应用程序访问），这可能影响注册会计师是否依赖信息技术应用程序中受影响的自动化控制的决策。

（2）对认定层次控制风险的评估。例如，信息处理控制持续运行的有效性可能取决于特定的信息技术一般控制，这些一般控制用于防止或发现对信息技术应用中的信息处理控制进行的未经授权的程序修改，即对相关信息技术应用程序的程序修改控制。在这种情况下，对信息技术一般控制运行的有效性（或缺乏有效性）的预期，可能影响注册会计师对控制风险的评估。具体而言，如果预期这些信息技术一般控制无效，或者注册会计师不打算测试信息技术一般控制，则控制风险可能较高。

（3）测试由被审计单位信息技术应用程序生成或涉及信息技术应用程序生成的信息。例如，如果拟作为审计证据的被审计单位生成的信息是信息技术应用程序生成的，则注册会计师可能会决定测试与系统生成的报告相关的控制，包括识别和测试信息技术一般控制。这些一般控制用于应对不适当或未经授权的程序修改或对报告数据进行直接修改的风险。

（4）对认定层次固有风险的评估。例如，如果被审计单位为了应对新的或修订的财务报告编制基础而进行了重大或广泛的信息技术应用程序修改，可能表明新要求及其对被审计单位财务报表的影响较为复杂。如果发生了这类广泛的程序或数据修改，信息技术应用程序也可能面临运用信息技术导致的风险。

（5）设计进一步审计程序。例如，如果信息处理控制的有效性取决于信息技术一般控制，注册会计师可能决定测试信息技术一般控制运行的有效性，从而针对此类信息技术一般控制设计控制测试。如果注册会计师决定不测试信息技术一般控制运行的有效性，或者预期信息技术一般控制无效，则可能需要设计实质性程序来应对运用信息技术导致的相关风险。然而，如果运用信息技术导致的风险与仅实施实质性程序不能获取充分、适当的审计证据的风险相关，注册会计师可能无法应对这些风险。在这种情况下，注册会计师需要考虑对审计意见的影响。

在评估信息处理控制对控制风险和实质性程序的影响时，注册会计师需要将控制与具体的审计目标相联系。如果针对某一具体审计目标，注册会计师能够识别出有效的信息处理控制，则在通过测试确定其运行有效后，注册会计师可以减少实质性程序。

【例7-10·单选题】

下列情形中，注册会计师应当测试信息技术一般控制和信息处理控制的是（　　）。

A. 不信赖人工控制或自动化控制，采用实质性方案

B. 仅信赖人工控制，且此类人工控制不依赖系统所生成的信息或报告

C. 仅信赖人工控制，且此类人工控制依赖系统所生成的信息或报告，注册会计师通过控制测试来验证控制有效性

D. 信赖自动化控制

【分析】D。既然信赖自动化控制，注册会计师就要对信息技术一般控制和信息处理控制进行测试。

四、计算机辅助审计技术和电子表格的运用

计算机辅助审计技术是指利用计算机和软件使审计测试工作实现自动化的技术。计算机辅助审计工具是指使用计算机辅助审计技术的工具，如 Excel、Access 等。

（一）计算机辅助审计技术分类

（1）面向系统的计算机辅助审计技术，主要用于测试程序或系统，如平行模拟法、测试数据法、嵌入审计模块法、程序编码审查、程序代码比较和跟踪、快照等。

（2）面向数据的计算机辅助审计技术，主要用于分析电子数据，如数据查询、账表分析、审计抽样、统计分析、数值分析等。

（二）计算机辅助审计技术应用

（1）计算机辅助审计技术在实质性程序中的应用最为广泛，特别是在分析程序方面。计算机辅助审计技术使对系统中的每一笔交易进行测试成为可能，在交易样本量很大的情况下，可以有效替代手工测试。

（2）计算机辅助审计技术同样适用于控制测试，可以选择少量的交易并在系统中进行穿行测试，或者开发一套集成的测试工具来测试系统中的某些交易。在控制测试中使用计算机辅助审计技术的优势是，可以对每一笔交易进行测试（包括主文件和交易文件），从而准确判断是否存在控制失效的情况。

（3）计算机辅助审计技术能够高效、详尽地审查海量数据，可用于辅助舞弊检查工作，如审计非正常的日记账。

（三）电子表格

电子表格是指利用计算机作为表格处理工具，以实现制表、计算以及表格结果保存的综合电子化软件，如 Excel 等。电子表格面临的固有风险和错误包括输入错误、逻辑错误、接口错误和其他错误等。

注册会计师应当了解评估范围内重要的流程和账户，并识别用来支持这些流程和账户的相关电子表格或工具及其控制，包括：

（1）对电子表格执行的、类似于信息系统一般控制的控制；

（2）内嵌在电子表格中的控制（类似于一个自动化信息处理控制）；

（3）针对电子表格数据输入和输出的人工控制。

五、数据分析

数据分析是指注册会计师在计划和执行审计工作时，通过对内部或外部数据进行分析、建模或可视化处理，发现其中隐藏的模式、偏差或不一致，从而揭示对审计有用的信息的方法。

（一）数据分析的作用

1. 作为常规分析工具可以提供审计证据

数据分析是通过基础数据中的字段来提取数据，而不是通过数据记录的格式。作为常规分析工具，它可以为注册会计师提供有力的审计证据。

2. 为判断提供支撑并提供见解

数据分析工具可用于风险分析、交易和控制测试、分析性程序，为判断提供支撑并提供见解。更高级的数据分析工具能够助力风险分析，以便有效发现问题；而更详细的分析则有助于明确审计重点，提供审计证据和洞察力。

3. 可以提高审计质量

数据分析能够帮助注册会计师以快速、低成本的方式实现对被审计单位整套完整数据（而非运用抽样技术抽出的样本数据）进行检查。这一方法不仅能够在很大程度上改善审计的效率和效果，还有助于注册会计师从全局的角度更好地把握被审计单位交易和事项的经济实质，从而提高审计质量。

（二）数据分析的工具

数据分析的工具多种多样，且随着信息技术的发展而不断创新。下面仅介绍以数据挖掘技术为基础的数据分析方法。

数据挖掘是指从大量数据中提取隐含的、事先未知但潜在有用的信息、知识的过程。它是在对数据集全面且深刻认识的基础上，对数据内在和本质的高度抽象和概括，也是对数据从理性认识到感性认识的升华。常用的数据挖掘方法包括聚类、分类、回归、关联分析、时间序列预测等（见表7-5）。不同数据挖掘方法各具特色，不同的方法应用于不同的领域和对象。审计师在实践中需要根据具体问题选择合适的方法。

表7-5 常见的数据挖掘方法

数据挖掘方法	概念	详细分类
聚类	依据样本特征将事例划分到多个族中，使同一族中的事例“相似”，而与其他族中的事例“不相似”	*K*均值、自组织图、层次聚类、谱聚类等
分类	将数据映射到给定的类型，特点是根据数据的某些属性来估计其特定属性的值	朴素贝叶斯、决策树、*K*最近邻、神经网络分类、支持向量机等
回归	研究一个随机变量 y 与另一个变量 x 或一组变量之间的依存关系，在数据挖掘中常用来进行预测	单线性回归、多项式回归、多元线性回归、多变量回归、Logistic回归、泊松回归、非线性回归等

续表

数据挖掘方法	概念	详细分类
关联分析	从大量数据中发现项与项之间的关联关系	Apriori、FP-Tree 等
时间序列预测	根据历史的和当前的事件推测未来的事件	移动平均法、趋势外推法、自回归滑动平均模型等
其他方法		神经网络和遗传算法

以数据挖掘技术为基础的审计方法是针对日益庞大的电子数据应运而生的一种新型信息处理技术。它一般会排除人为因素，通过自动化的方式从大量数据中发现数据模式，从而预测趋势和行为。该技术能够挖掘数据间潜在的联系，发现用户可能忽略的信息，并为审计师作出前瞻性的、基于知识的决策提供帮助，因而实现的是发现型分析，有助于审计由“验证性”向“发掘性”转变。

【例 7－11·单选题】

下列有关数据分析的说法，正确的是（　　）。

A. 数据分析仅应用于审计业务

B. 数据分析的应用受被审计单位的信息技术一般控制和信息处理控制的影响

C. 数据分析主要可以提升审计效率，而非审计效果

D. 数据分析工具可以用于分析性程序，但不能用于控制测试

【分析】 B。数据分析可以应用到审计以及其他鉴证业务中，故选项 A 错误；数据分析能够帮助注册会计师以快速、低成本的方式实现对被审计单位整套完整数据的检查，不仅能够在很大程度上提高审计的效率和效果，也有助于注册会计师从全局的角度更好地把握被审计单位交易和事项的经济实质，从而有助于提高审计质量，故选项 C 错误；数据分析工具可用于风险分析、交易和控制测试、分析性程序，故选项 D 错误。

即测即评

扫描此码　在线做题

思考题

1. 什么是抽样风险？在非统计抽样、PPS 抽样、属性抽样和变量抽样中是否

存在抽样风险？请解释其原因。

2. 影响可接受的误受风险的主要审计因素有哪些？

3. 简述信息技术对审计的影响。

4. 简述信息技术审计范围的影响因素。

5. 简述信息技术一般控制与信息处理控制之间的关系。

6. 简述计算机辅助审计技术的运用。

7. 什么是数据分析？简述数据分析在审计中的运用。

案例分析

审计抽样

精美会计师事务所的注册会计师甲和乙接受委派，对A公司20×3年度财务报表进行审计，确定了财务报表可容忍错报为10 000元。在实质性程序中，注册会计师甲和乙运用了统计抽样的方法，发现一些样本存在误差。在分析样本误差时，他们执行了以下程序：

(1) 对于无法执行或没有执行替代审计程序的项目，将其视为一项误差。

(2) 对于某些具有共同特征的样本误差项目，将其视为一个整体，并实施了相应的审计程序。随后，根据审计结果对这些误差项目进行了单独的评价。

(3) 在分析抽样中发现的误差时，同时考虑误差的质的方面，包括误差的性质、原因及其对其他相关审计工作的影响。

【讨论分析】

1. 根据样本误差推断的总体错报上限如果低于、高于或等于可容忍错报，注册会计师甲和乙应分别如何处理？

2. 注册会计师甲和乙在分析样本误差时执行的程序是否恰当？

线上MOOC学习

请登录https://www.icourse163.org/course/CUFE－1003060002，课外学习国家精品课程“审计学”中“审计的技术方法”相关内容。

第八章

Chapter 8 风险评估

素养提升

提升风险防范能力。“要强化风险意识，常观大势、常思大局，科学预见形势发展走势和隐藏其中的风险挑战，做到未雨绸缪”①。

思维导图

引　例

注册会计师在执业中如何进行风险导向审计?

在国际上，安达信是较早提出并运用风险导向审计理念的会计师事务所，并在业内赢得了较高的声誉。然而，2001 年安然公司的会计丑闻表明，安达信因未能正确评估安然公司的风险，且对审计师未视为风险的领域未实施必要的审计程序而导致审计失败，进而引发了拥有百年历史的安达信会计师事务所的倒闭。在国内，中天勤曾是当时国内数一数二的大型会计师事务所，但 2001 年银广夏会计丑闻同样显示，中天勤由于缺乏风险意识，机械地执行审计程序，导致了审计失败，中天勤会计师事务所也因此不复存在。

国内外这两个典型的案例均向人们警示：注册会计师在执业中缺乏风险导向审计理念不可行，但错误地运用风险导向审计的理念和方法同样不可行。那么，注册会计师在执业中应如何进行风险导向审计呢?

---

① 习近平．提高防控能力着力防范化解重大风险 保持经济持续健康发展社会大局稳定。人民日报，2019-01-22.

第一节 风险评估及其流程

一、风险评估的作用及其机理

（一）风险评估的作用

风险评估程序是指注册会计师为了解被审计单位及其环境（包括内部控制），以识别和评估财务报表层次和认定层次的重大错报风险（无论该错报是由于舞弊还是错误导致）而实施的审计程序。在实务中，注册会计师通过了解被审计单位及其环境，识别和评估财务报表层次和认定层次的重大错报风险，从而为设计和实施针对评估的重大错报风险采取的应对措施提供基础，但是，风险评估程序本身并不能为形成审计意见提供充分、适当的审计证据。风险评估的主要作用有：

（1）评估重大错报风险；

（2）确定重要性水平，并随着审计工作的进程评估对重要性水平的判断是否仍然适当；

（3）考虑选择和运用会计政策的恰当性，以及财务报表披露的充分性；

（4）识别需要特别考虑的领域，包括关联方交易、管理层运用持续经营假设的合理性，或交易是否具有合理的商业目的等；

（5）确定在实施分析程序时使用的预期值；

（6）应对评估的重大错报风险，包括设计和实施进一步审计程序，以获取充分、适当的审计证据；

（7）评价已获取审计证据的充分性和适当性。

了解被审计单位及其环境是一个连续和动态地收集、更新与分析信息的过程，贯穿整个审计过程的始终。注册会计师应当运用职业判断来确定需要了解被审计单位及其环境的程度。

评价对被审计单位及其环境了解的程度是否恰当，关键是看注册会计师对被审计单位及其环境的了解是否足以识别和评估财务报表的重大错报风险。如果通过了解被审计单位及其环境获得的信息足以识别和评估财务报表的重大错报风险，并设计和实施进一步审计程序，那么了解的程度就是恰当的。当然，注册会计师对被审计单位及其环境了解的程度要低于管理层为经营管理企业而对被审计单位及其环境需要了解的程度。

（二）风险评估作用机理

风险评估贯穿整个审计过程的始终，其主要作用机理如下。

1. 识别风险

注册会计师通过了解被审计单位及其环境，包括与风险相关的控制，以及考虑某类交易、账户余额和财务报表的列报来识别风险。注册会计师可以从最初承接客户或续约过程中获得信息，尤其是通过了解被审计单位的经营状况及其所在行业的状况来识别风险。注册会计师还可以考虑使用财务基准，将被审计单位与行业统计数据、同行或竞争者进行比较。尤其重要的是，要考虑在了解被审计单位的经营目标和相关风险评估过程中发现的经营风险对审计的影响。

2. 将识别的风险与财务报表认定层次可能出现的错报联系起来

财务报表认定层次的错报应与识别出的风险相关联，如引入新产品 B 造成产品 A 的销售下降，从而导致产品 A 积压，产品 A 的减值就会影响存货的计价认定。严重的经济不景气可能会从以下几个方面影响金融服务类公司：坏账准备的提取可能会影响贷款额的计价；除非被审计单位对利率、商品价格或外汇汇率等相关信息的主文件有有效控制，否则这些信息的波动可能会导致错报；因终止员工合同而计提的准备金可能会被低估；如果财务状况恶化，可能出现违反某些监管规定的问题。

3. 评估风险的重大性是否会导致财务报表发生重大错报，考虑风险导致财务报表发生重大错报的可能性

在考虑风险发生的可能性时，注册会计师可以结合自身对被审计单位的业务、所处行业、风险和控制的了解，以及积累的审计知识和经验。具体可以考虑以下因素：

（1）注册会计师积累的审计知识和经验可以帮助了解经常发生审计调整的领域，这些领域可能会预示存在某些重大错报风险。

（2）被审计单位的经营性质：注册会计师应考虑被审计单位所处行业的特点是否使被审计单位的存货容易过时，或其客户的财务状况不稳定。例如，如果被审计单位处于高科技行业、时尚行业或食品行业，那么存货减值就有可能是导致重大错报的领域。

4. 修正风险评估结果

注册会计师对认定层次重大错报风险的评估应以获取的审计证据为基础，并可能随着不断获取审计证据而作出相应的变化。

注册会计师对重大错报风险的评估可能基于预期控制运行有效这一判断，即相关控制可以防止或发现并纠正认定层次的重大错报。但在测试控制运行的有效性时，注册会计师获取的证据可能表明相关控制在被审计期间并未有效运行。同样，在实施实质性程序后，注册会计师可能发现错报的金额和频率比在风险评估时预计的金额和频率要高。因此，如果通过实施进一步审计程序获取的审计证据与初始评估获取的审计证据相矛盾，注册会计师应当修正风险评估结果，并相应修改原计划实施的进一步审计程序。

风险评估是一个需要审计项目组所有成员参与的，连续和动态地收集、更新与分析信息的过程，其贯穿整个审计过程的始终。在审计过程中，注册会计师可能会发现改变审计风险初始评估结果的新证据。例如，在审计过程中收集到的信息可能与初始评估风险时收集到的信息有明显的差异。遇到这种情况时，审计项目组成员应集体讨论，并在必要时针对更新的风险评估结果修订审计程序。

在得出审计结论、发表审计意见之前，注册会计师应该考虑初始的风险评估结果是否被实施的控制测试和实质性程序所证实。如果风险评估结果发生变化，注册会计师需要运用职业判断来确定新识别的审计风险是否已经降至可接受的水平，是否能够充分支持其得出的审计结论。

（三）风险评估信息来源

风险评估过程的第一步是尽可能多地收集（或更新）与被审计单位相关的信息。可能的信息来源主要包括：

1. 内部资源

注册会计师获取内部信息的来源包括：

（1）财务信息来源，如财务报表、预算资料、各种管理报告、绩效考核资料、纳税申报资料、使用的会计政策以及会计估计等资料。

（2）非财务信息来源，如企业的愿景、价值观、目标和战略，组织架构，岗位说明书，人力资源文件，绩效指标，政策和程序手册等。

2. 外部资源

注册会计师获取外部信息的来源包括：

（1）财务信息来源，如网上信息、行业信息、竞争情报、信用评级机构、债权人、政府机构、媒体和其他外部机构。

（2）非财务信息来源，如网上信息、行业协会数据、行业预算、政府机构、媒体评论等。

注册会计师应当检查从内部获取的信息与从外部获取的信息是否一致。

二、风险评估流程

注册会计师为了解被审计单位及其环境，以识别和评估财务报表层次和认定层次的重大错报风险而实施的程序称为风险评估程序。注册会计师执行风险评估程序的流程如图8-1所示。

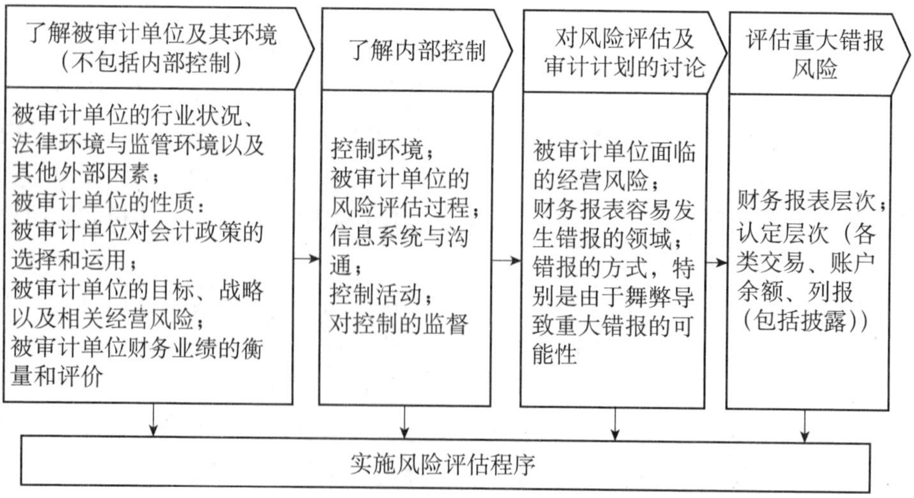

图8-1　执行风险评估程序的流程

注册会计师从下列方面了解被审计单位及其环境：

(1) 行业状况、法律环境与监管环境以及其他外部因素；

(2) 被审计单位的性质；

(3) 被审计单位对会计政策的选择和运用；

(4) 被审计单位的目标、战略以及相关经营风险；

(5) 被审计单位财务业绩的衡量和评价；

(6) 被审计单位的内部控制。

上述第 (1) 项是被审计单位的外部因素，第 (2)(3)(4)(6) 项是被审计单位的内部因素，第 (5) 项则既有外部因素也有内部因素。值得注意的是，被审计单位及其环境的各个方面可能会相互影响。例如，被审计单位的行业状况、法律环境与监管环境以及其他外部因素可能影响被审计单位的目标、战略以及相关经营风险，而被审计单位的性质、目标、战略以及相关经营风险可能影响被审计单位对会计政策的选择和运用，以及内部控制的设计和执行。因此，注册会计师在对被审计单位及其环境的各个方面进行了解和评估时，应当考虑各因素之间的相互关系。

注册会计师针对上述六个方面实施的风险评估程序的性质、时间和范围取决于审计业务的具体情况，如被审计单位的规模和复杂程度，以及注册会计师的相关审计经验，包括以前对被审计单位提供审计和相关服务的经验以及对类似行业、类似企业的审计经验。此外，识别被审计单位及其环境在上述各个方面与以前期间相比发生的重大变化，对于充分了解被审计单位及其环境、识别和评估重大错报风险尤为重要。

第二节　风险评估具体程序及其内容

注册会计师应当实施下列风险评估程序，为识别和评估财务报表层次和认定层次的重大错报风险提供基础。

一、询问被审计单位管理层和内部其他相关人员

注册会计师通过询问获取的大部分信息来自管理层和负责财务报告的人员。注册会计师也可以通过询问内部审计人员（如有）或被审计单位的其他人员获取信息。

在实务中，注册会计师可以考虑向管理层和财务负责人询问的事项有：

(1) 管理层关注的主要问题，如新的竞争对手、主要客户和供应商的流失、新的税收法规的实施以及经营目标或战略的变化等。

(2) 被审计单位的财务状况和最近的经营成果、现金流量。

(3) 可能影响财务报告的交易和事项，或者目前发生的重大会计处理问题，如重大的购并事宜等。

（4）被审计单位发生的其他重要变化，如所有权结构、组织结构的变化，以及内部控制的变化等。

另外，注册会计师除了询问管理层和对财务报告负有责任的人员外，还应当考虑询问内部审计师、采购人员、生产人员、销售人员等其他人员，并考虑询问不同级别的员工，以获取对识别重大错报风险有用的信息。注册会计师要根据其识别和评估重大错报风险的不同需要，询问不同的人员：

（1）询问治理层，有助于注册会计师理解财务报表编制的环境以及可能增加重大错报风险的战略方面的问题。

（2）询问内部审计师，有助于注册会计师了解其针对被审计单位内部控制设计和运行有效性所实施的工作，以及管理层对内部审计发现的问题是否采取适当的行动。无论是否期望利用内部审计的工作以修改拟实施审计程序的性质、时间安排或缩小其范围，注册会计师均需询问适当的内部审计人员，如内部审计负责人或其他相关人员（取决于具体情况），有时注册会计师还可能与这些人员进行定期会谈。特别相关的询问可能是关于内部审计已向治理层提出的事项，以及内部审计风险评估结果。由于内部审计发现的问题可能与被审计单位的财务报告和审计相关，必要时，注册会计师可能阅读内部审计的相关报告。

（3）询问参与生成、处理或记录复杂或异常交易的员工，有助于注册会计师评估被审计单位选择和运用某项会计政策的适当性。

（4）询问内部法律顾问，有助于注册会计师了解有关诉讼情况、法律法规的遵循情况、影响被审计单位的舞弊或涉嫌舞弊事件、产品保证和售后责任、与业务合作伙伴的安排（如合营企业），以及合同条款的含义。

（5）询问风险管理职能部门（或担任该角色的人员），有助于注册会计师了解可能影响财务报告的运营和监管风险。

（6）询问营销或销售人员，有助于注册会计师了解被审计单位的营销策略及其变化、销售趋势以及与其客户的合同安排。

（7）询问采购人员和生产人员，有助于注册会计师了解被审计单位的原材料采购和产品生产等情况。

（8）询问仓库人员，有助于注册会计师了解原材料、产成品等存货的进出、保管和盘点等情况。

（9）询问信息系统人员，有助于注册会计师了解系统变更、控制失效情况，或与系统相关的其他风险。

由于了解被审计单位及其环境是一个连续和动态的过程，注册会计师的询问可能贯穿整个审计过程的始终。

二、分析程序

注册会计师将分析程序用作风险评估程序，有助于识别未注意到的被审计单位的情况、异常的交易或事项，以及对财务报表和审计产生影响的金额、比率和趋势。这可以帮助注册会计师识别重大错报风险，特别是由于舞弊导致的重大错报风险，从而为针对评估的风险设计和实施应对措施提供基础。实施分析程序的具体步骤如表 8－1 所示。

表 8－1 实施分析程序的具体步骤

做什么	怎么做
识别数据间的内在关系	对不同类型信息之间合理预计可能存在的内在关系作出预期。如有可能，尽量使用独立来源的信息。 财务和非财务信息可能包括： （1）以前可比期间的财务报表； （2）预算、预测和推断，包括根据中期或年度数据作出的推断； （3）有关被审计单位所处行业以及当前经济状况的信息。
比较	将被审计单位的数据与相关信息进行比较。
评价结果	评价比较结果，如果发现异常或未预期到的关系，考虑潜在的重大错报风险。

注册会计师无须在了解被审计单位及其环境、适用的财务报告编制基础和内部控制体系各要素的每一方面时都实施分析程序。例如，在对内部控制的了解中，注册会计师一般不会运用分析程序。

当分析程序使用了高度汇总的数据时，实施分析程序的结果仅可能初步显示财务报表存在重大错报风险，在这种情况下，将分析结果连同识别重大错报风险时获取的其他信息一并考虑，可以帮助注册会计师了解并评价分析程序的结果。

【例 8－1·多选题】

某注册会计师负责审计甲公司 20×3 年度财务报表。关于注册会计师在风险评估程序中运用分析程序的表达，恰当的有（　　）。

A. 注册会计师可以将分析程序与函证和监盘程序结合运用，以获取对甲公司及其环境的了解，识别和评估财务报表层次及认定层次的重大错报风险

B. 在运用分析程序时，注册会计师应重点关注关键的账户余额、趋势和财务比率关系等方面，对其形成合理的预期，并与甲公司记录的金额、依据记录金额计算的比率或趋势相比较

C. 如果分析程序的结果显示的比率、比例或趋势与注册会计师对甲公司及其环境的了解不一致，注册会计师应当考虑其是否表明甲公司的财务报表存在重大错报风险

D. 注册会计师无须在了解甲公司及其环境的每一方面都实施分析程序

【分析】 BCD。选项 A 不恰当，这是由于在风险评估程序中运用分析程序时，不会将其与函证和监盘等程序结合使用，其常常与询问、检查和观察程序结合运用，以识别重大错报风险。

三、观察和检查

观察和检查程序可以验证对管理层和其他相关人员的询问结果，并提供有关被审计单位及其环境的额外信息。注册会计师应当实施下列观察和检查程序：

（1）观察被审计单位的生产经营活动，如观察被审计单位人员正在从事的生产活动和内部控制活动等。

（2）检查文件、记录和内部控制手册，如检查被审计单位的章程，与其他单位签订的合同、协议，股东大会、董事会会议、高级管理层会议的会议记录或纪要，各业务流程操作指引和内部控制手册，各种会计资料、内部凭证和单据等。

（3）阅读管理层和治理层编制的报告，如阅读被审计单位年度和中期财务报告、管理层的讨论和分析资料、经营计划和战略、对重要经营环节和外部因素的评价、被审计单位内部管理报告以及其他特殊目的报告（如新投资项目的可行性分析报告）。

（4）实地查看被审计单位的生产经营场所和设备。

（5）追踪交易在财务报告信息系统中的处理过程（穿行测试）。这是注册会计师了解被审计单位业务流程及其内部控制时常用的审计程序。通过追踪某笔或某几笔交易在业务流程中如何生成、记录、处理和报告，以及相关内部控制如何执行，注册会计师可以确定被审计单位的交易流程和内部控制是否与之前通过其他程序所获得的了解一致，并确定内部控制是否得到执行。

四、项目组内部讨论

项目组成员应当对财务报表存在重大错报的可能性进行讨论。项目组内部成员讨论的目标是：

（1）帮助项目组成员更好地了解在各自分工负责的领域中潜在的财务报表重大错报，并了解各自实施的审计程序的结果可能影响审计的其他方面，包括对确定进一步审计程序的性质、时间安排和范围的影响；

（2）为更有经验的成员提供分享其根据对被审计单位的了解形成见解的机会；

（3）使项目组成员能够讨论被审计单位面临的经营风险、财务报表容易发生错报的领域以及错报的方式，特别是由于舞弊或错误导致重大错报的可能性；

（4）为项目组成员交流和分享在审计过程中获取的可能影响重大错报风险评估结果或应对这些风险的审计程序的新信息提供基础。

注册会计师运用职业判断确定参与项目组内部讨论的成员、会议举行的时间和方式。项目组可能讨论的事项包括：

（1）财务报告要求的变化，该变化可能导致作出重大的新披露或对现有披露作出重大修改；

（2）被审计单位所处的环境、财务状况或经营活动的变化，该变化可能导致作出重大的新披露或对现有披露作出重大修改，如审计期间发生的重大企业合并；

（3）以前审计中难以获取充分、适当的审计证据的披露；

（4）关于复杂事项的披露，包括管理层对披露信息内容的重大判断。

项目组的讨论可能修改审计策略和拟实施的审计程序，或者进一步审计程序的性质、时间和范围。注册会计师应当记录项目组讨论的由于舞弊或错误导致财务报表重大错报的可能性，以及达成的重要结论，包括为了应对所评估的风险拟实施的进一步审计程序。

在实务中，并非所有成员都要参与讨论，也并非要将讨论中作出的全部决定告知项目组所有成员。项目合伙人可以与项目组关键成员（包括专家和负责组成部分审计的人员，如认为适当）进行讨论，而在考虑整个项目组中必要的沟通范围后，可以委派代表与其他人员进行讨论。在这种情况下，经项目合伙人同意的沟通计划可能是有用的。

【例 8-2·单选题】

下列关于项目组内部的讨论的说法，错误的是（　　）。

A. 拥有信息技术或其他特殊技能的专家参与项目组的讨论

B. 项目组的关键成员每次都应当参与项目组的讨论

C. 经验较为丰富的专家参与项目组的讨论

D. 项目经理确定向未参与项目组讨论的人员通报哪些事项

【分析】 D。项目合伙人应当确定向未参与讨论的项目组成员通报哪些事项。

五、利用以前期间获取的信息

注册会计师以往与被审计单位交往的经验以及在以前审计中实施的审计程序可以为注册会计师提供以下事项的信息：

（1）以前的错报情况以及错报是否及时得到更正；

（2）被审计单位及其环境、被审计单位的内部控制（包括内部控制缺陷）；

（3）自上期以来被审计单位或其经营活动可能发生的重大变化，这些变化可以帮助注册会计师对被审计单位获取充分的了解，以识别和评估重大错报风险；

（4）特定类型的交易、其他事项或账户余额（包括相关披露），注册会计师在对其实施必要的审计程序时遇到的困难（如由于其复杂性而遇到的困难）。

如果拟将以前期间获取的信息用于本期审计，注册会计师应当评价这些信息是否仍然相关，并对已经变化的信息追加审计程序（如询问、穿行测试等）予以查证。

【例 8-3·单选题】

在进行风险评估时，注册会计师通常采用的审计程序是（　　）。

A. 将财务报表与其所依据的会计记录相核对

B. 实施分析程序以识别异常的交易或事项，以及对财务报表和审计产生影响的金额、比率和趋势

C. 对应收账款进行函证

D. 以人工方式或使用计算机辅助审计技术，对记录或文件中的数据计算准确性进行核对

【分析】 B。风险评估程序包括询问被审计单位管理层和内部其他相关人员、分析程序、观察和检查。选项 A，C，D 都属于实质性测试的程序，很少用于风险评

估，而分析程序既可用作风险评估程序和实质性程序，也可用于对财务报表的总体复核，故选项B正确。

第三节　了解被审计单位及其环境

了解被审计单位及其环境是一个连续和动态地收集、更新与分析信息的过程，贯穿整个审计过程的始终。了解被审计单位是必要程序，特别是为下列关键环节的职业判断提供了重要基础：

（1）评估重大错报风险；

（2）确定重要性；

（3）考虑选择和运用会计政策的恰当性及财务报表披露的充分性；

（4）识别与财务报表中金额或披露相关的需要特别考虑的领域，如关联方交易、管理层对被审计单位持续经营能力的评估或交易是否具有合理的商业目的；

（5）确定在实施分析程序时使用的预期值；

（6）应对评估的重大错报风险，包括设计和实施进一步审计程序以获取充分、适当的审计证据；

（7）评价已获取审计证据的充分性和适当性，如假设的适当性以及管理层口头声明和书面声明的适当性。

一、行业状况、法律环境与监管环境以及其他外部因素

（一）行业状况

了解行业状况有助于注册会计师识别与被审计单位所处行业有关的重大错报风险。

注册会计师应当了解被审计单位的行业状况，主要包括：所处行业的市场供求与竞争；生产经营的季节性和周期性；产品生产技术的变化；能源供应与成本；行业的关键指标和统计数据。具体而言，注册会计师可能需要了解以下情况：

（1）被审计单位所处行业的总体发展趋势是什么？

（2）该行业处于哪个发展阶段，如起步、快速成长、成熟还是衰退阶段？

（3）所处市场的需求、市场容量和价格竞争如何？

（4）该行业是否受经济周期波动的影响，以及采取了什么行动使波动产生的影响最小？

（5）该行业受技术发展影响的程度如何？

（6）该行业是否开发了新的技术？

（7）能源消耗在成本中所占比重为多少？能源价格的变化对成本的影响是什么？

（8）谁是被审计单位最重要的竞争者？它们各自所占的市场份额是多少？

（9）被审计单位与其竞争者相比主要的竞争优势是什么？

（10）被审计单位业务的增长率和财务业绩与行业的平均水平及主要竞争者相比如何？存在重大差异的原因是什么？

（11）竞争者是否采取了某些行动，如并购活动、降低销售价格、开发新技术等，从而对被审计单位的经营活动产生影响？

（二）法律环境与监管环境

了解法律环境与监管环境的主要原因在于：某些法律法规或监管要求可能对被审计单位经营活动有重大影响，如不遵守则导致停业等严重后果；某些法律法规或监管要求（如环保法规等）规定了被审计单位在某些方面的责任和义务；某些法律法规或监管要求决定了被审计单位需要遵循的行业惯例和核算要求。

注册会计师应当了解被审计单位所处的法律环境与监管环境，主要包括：会计原则和行业特定惯例；受管制行业的法律框架；对经营活动产生重大影响的法律法规及监管活动；对开展业务产生重大影响的政府政策，包括货币、财政、税收和贸易等政策；与被审计单位所处行业和所从事经营活动相关的环保要求。具体而言，注册会计师可能需要了解以下情况：

（1）国家对某一行业是否有特殊的监管要求（如对银行、保险等行业的特殊监管要求）？

（2）是否存在新出台的法律法规（如新出台的有关产品责任、劳动安全或环境保护的法律法规等）？这些法律法规对被审计单位有何影响？

（3）国家在货币、财政、税收和贸易等方面政策的变化是否会对被审计单位的经营活动产生影响？

（4）与被审计单位相关的税务法规是否发生变化？

（三）其他外部因素

注册会计师应当了解影响被审计单位经营的其他外部因素，主要包括：宏观经济的景气度、利率和资金供求状况、通货膨胀水平及币值变动、国际经济环境和汇率变动。具体而言，注册会计师可能需要了解以下情况：

（1）当前的宏观经济状况以及未来的发展趋势如何？

（2）目前国内或本地区的经济状况（如增长率、通货膨胀率、失业率、利率等）如何影响被审计单位的经营活动？

（3）被审计单位的经营活动是否受到汇率波动或全球市场力量的影响？

（四）了解的重点和程度

注册会计师对行业状况、法律环境与监管环境以及其他外部因素了解的范围和程度会因被审计单位所处行业、规模以及其他因素（如在市场中的地位）的不同而不同。例如，对于从事计算机硬件制造的被审计单位，注册会计师可能更关心市场和竞争以及技术进步的情况；对于金融机构，注册会计师可能更关心宏观经济走势以及货币、财政等方面的宏观经济政策；对于化工等产生污染的行业，注册会计师可能更关心相关环保法规。注册会计师应当考虑将了解的重点放在可能对被审计单位的经营活动产生重要影响的关键外部因素以及与前期相比发生的重大变化上。

注册会计师应当考虑被审计单位所处行业的业务性质或监管程度是否可能导致特定的重大错报风险，考虑项目组是否配备了具有相关知识和经验的成员。例如，建筑行业长期合同涉及收入和成本的重大估计，可能导致重大错报风险；银行监管机构对商业银行的资本充足率有专门规定，不能满足这一监管要求的商业银行可能有操纵财务报表的动机和压力。

二、被审计单位的性质

（一）所有权结构

对被审计单位所有权结构的了解有助于注册会计师识别关联方关系并了解被审计单位的决策过程。注册会计师应当了解所有权结构以及所有者与其他人员或单位之间的关系，考虑关联方关系是否已经得到识别，以及关联方交易是否得到恰当核算。例如，注册会计师应当了解被审计单位是国有企业、外商投资企业、民营企业，还是其他类型的企业，还应当了解其直接控股母公司、间接控股母公司、最终控股母公司和其他股东的构成，以及所有者与其他人员或单位（如控股母公司控制的其他企业）之间的关系。注册会计师应当按照《中国注册会计师审计准则第1323号——关联方》的规定，了解被审计单位识别关联方的程序，获取被审计单位提供的所有关联方信息，并考虑关联方关系是否已经得到识别，关联方交易是否得到恰当记录和充分披露。

同时，注册会计师可能需要对其控股母公司（股东）的情况作进一步的了解，包括：控股母公司的所有权性质、管理风格及其对被审计单位经营活动及财务报表可能产生的影响；控股母公司与被审计单位在资产、业务、人员、机构、财务等方面是否独立，是否存在占用资金等情况；控股母公司是否施加压力，要求被审计单位达到其设定的财务业绩目标。

（二）治理结构

良好的治理结构可以对被审计单位的经营和财务运作实施有效的监督，从而降低财务报表发生重大错报的风险。注册会计师应当了解被审计单位的治理结构，如董事会的构成情况、董事会内部是否有独立董事、治理结构中是否设有审计委员会或监事会及其运作情况。注册会计师还应当考虑治理层是否能够在独立于管理层的情况下对被审计单位事务（包括财务报告）作出客观判断。

（三）组织结构

复杂的组织结构可能导致某些特定的重大错报风险。注册会计师应当了解被审计单位的组织结构，考虑复杂组织结构可能导致的重大错报风险，包括财务报表合并、商誉减值以及长期股权投资核算等问题。例如，对于在多个地区拥有子公司、合营企业、联营企业或其他成员机构，或者存在多个业务分部和地区分部的被审计单位，不仅编制合并财务报表的难度增加，还存在其他可能导致重大错报风险的复杂事项，包括：对子公司、合营企业、联营企业和其他股权投资类别的判断及其会计处理；商誉在不同业务分部间的减值等。

（四）经营活动

了解被审计单位的经营活动有助于注册会计师识别预期在财务报表中反映的主要交易类别、重要账户余额和列报。注册会计师应当了解被审计单位的经营活动，主要包括：

（1）主营业务的性质。例如，主营业务是制造业还是商品批发与零售，是银行、保险还是其他金融服务，是公用事业、交通运输还是提供技术产品和服务等。

（2）与生产产品或提供劳务相关的市场信息。例如，主要客户和合同、付款条件、利润率、市场份额、竞争者、出口、定价政策、产品声誉、质量保证、营销策略和目标等。

（3）业务的开展情况。例如，业务分部的设立情况、产品和服务的交付情况、衰退或扩展的经营活动的详情等。

（4）联盟、合营与外包情况。

（5）从事电子商务的情况。例如，是否通过互联网销售产品和提供服务以及从事营销活动。

（6）地区与行业分布。例如，是否涉及跨地区经营和多元化经营、各个地区和各行业分布的相对规模，以及相互之间是否存在依赖关系。

（7）生产设施、仓库的地理位置及办公地点。

（8）关键客户。例如，销售对象是少量的大客户还是众多的小客户；是否有高度依赖的特定客户（如超过销售总额10%的客户）；是否有造成高回收风险的若干客户或客户类别（如正处在一个衰退市场中的客户）；是否与某些客户订立了不寻常的销售条款或条件。

（9）重要供应商。例如，是否签订长期供应合同、原材料供应的可靠性和稳定性、付款条件，以及原材料是否受重大价格变动的影响。

（10）劳动用工情况。例如，分地区用工情况、劳动力供应情况、薪资水平、退休金和其他福利、股权激励或其他奖金安排，以及与劳动用工事项相关的政府法规。

（11）研究与开发活动及其支出。

（12）关联方交易。例如，客户或供应商是否为关联方、对关联方和非关联方是否采用不同的销售和采购条款，此外还存在哪些关联方交易、对这些交易采用怎样的定价政策。

（五）投资活动

了解被审计单位投资活动有助于注册会计师关注被审计单位在经营策略和方向上的重大变化。注册会计师应当了解被审计单位的投资活动，主要包括：

（1）近期拟实施或已实施的并购活动与资产处置情况，包括业务重组或某些业务的终止。注册会计师应当了解并购活动如何与被审计单位目前的经营业务相协调，并考虑是否会引发进一步的经营风险。例如，被审计单位并购了一个新的业务部门，注册会计师需要了解管理层如何管理这一新业务，新业务如何与现有业务相结合并发挥协同优势，以及如何解决原有经营业务与新业务在信息系统、企业文化等各方面的不一致问题。

（2）证券投资、委托贷款的发生与处置。

（3）资本性投资活动，包括固定资产和无形资产投资、近期或计划发生的变动，以及重大的资本承诺等。

（4）不纳入合并范围的投资。例如，联营、合营或其他投资，包括近期计划的投资项目。

（六）筹资活动

了解被审计单位筹资活动有助于注册会计师评估被审计单位在融资方面的压力，进一步考虑被审计单位在可预见未来的持续经营能力。注册会计师应当了解被审计单位的筹资活动，主要包括：

（1）债务结构和相关条款，包括担保情况及表外融资。例如，获得的信贷额度是否可以满足营运需要；得到的融资条件及利率是否与竞争对手相似，如不相似，原因何在；是否存在违反借款合同中限制性条款的情况；是否承受重大的汇率与利率风险。

（2）固定资产的租赁，包括通过融资租赁方式进行的筹资活动。

（3）关联方融资。例如，关联方融资的特殊条款。

（4）实际受益股东。例如，实际受益股东是来自国内还是来自国外，其商业声誉和经验可能对被审计单位产生的影响。

（5）衍生金融工具的运用。例如，衍生金融工具是用于交易目的还是套期保值目的，以及种类、范围和交易对手等。

【例8－4·多选题】

注册会计师了解被审计单位的性质，包括对被审计单位经营活动的了解，为此应当了解的内容有（　　）。

A. 劳动用工情况以及与生产产品或提供劳务相关的市场信息

B. 主营业务的性质，生产设施、仓库的地理位置及办公地点

C. 从事电子商务的情况、技术研究与产品开发活动及其支出

D. 联合经营与业务外包、地区与行业分布、固定资产计划发生的变动

【分析】ABC。由于“固定资产计划发生的变动”属于被审计单位的投资活动而非经营活动，故选项D不正确。

三、被审计单位对会计政策的选择和运用

（一）重要项目的会计政策和行业惯例

重要项目的会计政策包括收入确认方法，存货的计价方法，投资的核算方法，固定资产的折旧方法，坏账准备、存货跌价准备和其他资产减值准备的确定，借款费用的资本化方法，合并财务报表的编制方法等。除会计政策以外，某些行业可能还存在一些行业惯例，注册会计师应当熟悉这些行业惯例。当被审计单位采用与行业惯例不同的会计处理方法时，注册会计师应当了解其原因，并考虑采用与行业惯

例不同的会计处理方法是否适当。

（二）重大和异常交易的会计处理方法

例如，本期发生的企业合并的会计处理方法。某些被审计单位可能存在与其所处行业相关的重大交易，如银行向客户发放贷款、证券公司对外投资、医药企业的研究与开发活动等。注册会计师应当考虑这些重大的和不经常发生的交易的会计处理方法是否适当。

（三）在新领域和缺乏权威性标准或共识的领域采用重要会计政策产生的影响

在新领域和缺乏权威性标准或共识的领域，注册会计师应当关注被审计单位选用了哪些会计政策、为什么选用这些会计政策，以及选用这些会计政策产生的影响。

（四）会计政策的变更

如果被审计单位变更了重要的会计政策，注册会计师应当考虑变更的原因及其适当性，即考虑：

（1）会计政策变更是不是法律、行政法规或者适用的会计准则和相关会计制度要求的变更；

（2）会计政策变更是否能够提供更可靠、更相关的会计信息。

除此之外，注册会计师还应当关注会计政策的变更是否得到充分披露。

（五）被审计单位何时以及如何采用新颁布的会计准则和相关会计制度

针对新颁布的企业会计准则，注册会计师应考虑被审计单位是否已按照新会计准则的要求，做好衔接调整工作，并收集执行新会计准则需要的信息资料。

除上述与会计政策的选择和运用相关的事项外，注册会计师还应对被审计单位下列与会计政策运用相关的情况予以关注：

（1）是否采用激进的会计政策、方法、估计和判断；

（2）财会人员是否拥有足够的运用会计准则的知识、经验和能力；

（3）是否拥有足够的资源支持会计政策的运用，如人力资源及培训、信息技术的使用、数据和信息的采集等。

注册会计师应当考虑，被审计单位是否按照适用的会计准则和相关会计制度的规定进行了恰当的列报，并披露了重要事项。列报和披露的主要内容包括：财务报表及其附注的格式、结构安排、内容，财务报表项目使用的术语，披露信息的明细程度，项目在财务报表中的分类以及列报信息的来源等。注册会计师应当考虑被审计单位是否已对特定事项作了适当的列报和披露。

四、被审计单位的目标、战略以及相关经营风险

（一）目标、战略与经营风险概述

目标是企业经营活动的指针。企业管理层或治理层一般会根据企业面临的外部环境和内部各种因素，制定合理可行的经营目标。战略是企业管理层为实现经营目标采用的总体层面的策略和方法。为了实现某一既定的经营目标，企业可能有多个

可行战略。例如，如果目标是在某一特定期间内进入一个新的市场，那么可行的战略可能包括收购该市场内的现有企业、与该市场内的其他企业合资经营或自行开发进入该市场。随着外部环境的变化，企业应对目标和战略作出相应的调整。

经营风险源于对被审计单位实现目标和战略产生不利影响的重大情况、事项、环境和行动，或源于不恰当的目标和战略。不同的企业可能面临不同的经营风险，这取决于企业的性质、所处行业、外部监管环境、规模和复杂程度。管理层有责任识别和应对这些风险。

不能随环境的变化而作出相应的调整固然可能产生经营风险，但调整的过程也可能导致经营风险。例如，为应对消费者需求的变化，企业开发了新产品。然而，新产品可能会存在开发失败的风险；即使开发成功，也可能由于市场需求没有充分挖掘而产生产品营销风险；产品的缺陷还可能导致企业遭受声誉风险和承担产品赔偿责任的风险。

注册会计师应当了解被审计单位是否存在与下列方面有关的目标和战略，并考虑相应的经营风险：

（1）行业发展及其可能导致的被审计单位不具备足以应对行业变化的人力资源和业务专长等风险；

（2）开发新产品或提供新服务及其可能导致的被审计单位产品责任增加等风险；

（3）业务扩张及其可能导致的被审计单位对市场需求的估计不准确等风险；

（4）新颁布的会计法规及其可能导致的被审计单位执行法规不当或不完整，或会计处理成本增加等风险；

（5）监管要求及其可能导致的被审计单位法律责任增加等风险；

（6）本期及未来的融资条件及其可能导致的被审计单位由于无法满足融资条件而失去融资机会等风险；

（7）信息技术的运用及其可能导致的被审计单位信息系统与业务流程难以融合等风险。

（二）经营风险对重大错报风险的影响

经营风险与财务报表重大错报风险是既有联系又相互区别的两个概念，前者比后者范围更广。注册会计师了解被审计单位的经营风险有助于识别财务报表重大错报风险。但并非所有的经营风险都与财务报表相关，注册会计师没有责任识别或评估对财务报表没有影响的经营风险。

多数经营风险最终都会产生财务后果，从而影响财务报表。但并非所有的经营风险都会导致重大错报风险。经营风险可能对各类交易、账户余额以及列报认定层次或财务报表层次产生直接影响。例如，企业合并导致银行客户群减少，使银行信贷风险集中，由此产生的经营风险可能增加与贷款计价认定有关的重大错报风险。同样的风险在经济紧缩时可能造成更长期的后果，注册会计师在评估持续经营假设的适当性时需要考虑这一问题。注册会计师应当根据被审计单位的具体情况，考虑经营风险是否可能导致财务报表发生重大错报。

目标、战略、经营风险和重大错报风险之间的相互联系可举一例予以说明。例如，企业当前的目标是在某一特定期间内进入某一新的海外市场，选择的战略是在当地成立合资公司。从该战略本身来看，企业可以实现这一目标。但是，成立合资公司可能会带来很多经营风险，包括企业如何与当地合资方在经营活动、企业文化等各方面协调，如何在合资公司中获得控制权或共同控制权，当地市场情况是否会发生变化，当地对合资公司的税收和外汇管理方面的政策是否稳定，合资公司的利润是否可以汇回，是否存在汇率风险等。这些经营风险反映到财务报表中，可能会因合资公司是属于子公司、合营企业还是联营企业的判断问题，投资核算问题，包括是否存在减值问题、对当地税收规定的理解，以及外币折算等问题而导致财务报表出现重大错报风险。

（三）被审计单位的风险评估过程

管理层通常制定识别和应对经营风险的策略，注册会计师应当了解被审计单位的风险评估过程。此类风险评估过程是被审计单位内部控制的组成部分。

（四）对小型被审计单位的考虑

小型被审计单位通常没有正式的计划和程序来确定其目标、战略并管理经营风险。注册会计师应当通过询问管理层或观察小型被审计单位如何应对这些事项，以获取了解，并评估重大错报风险。

【例 8－5・多选题】

注册会计师应当了解被审计单位是否存在与下列方面有关的目标和战略，并考虑相应的经营风险，包括（　　）。

A. 行业发展及其可能导致的被审计单位不具备足以应对行业变化的人力资源和业务专长等风险

B. 开发新产品或提供新服务及其可能导致的被审计单位产品责任增加等风险

C. 新颁布的会计法规及其可能导致的被审计单位执行法规不当或不完整，或会计处理成本增加等风险

D. 本期及未来的融资条件及其可能导致的被审计单位由于无法满足融资条件而失去融资机会等风险

【分析】ABCD。这四项均属于与企业目标和战略相关的经营风险。

五、被审计单位财务业绩的衡量和评价

被审计单位管理层经常会衡量和评价关键业绩指标（包括财务和非财务的），进行预算及差异分析，编制分部信息和分支机构、部门或其他层次的业绩报告，以及与竞争对手的业绩比较。此外，外部机构也会衡量和评价被审计单位的财务业绩，如分析师的报告和信用评级机构的报告。

（一）了解的主要方面

在了解被审计单位财务业绩衡量和评价情况时，注册会计师应当关注下列

信息：

（1）关键业绩指标；

（2）业绩趋势；

（3）预测、预算和差异分析；

（4）管理层和员工业绩考核与激励性报酬政策；

（5）分部信息与不同层次部门的业绩报告；

（6）与竞争对手的业绩比较；

（7）外部机构提出的报告。

（二）关注内部财务业绩衡量的结果

内部财务业绩衡量可能显示未预期到的结果或趋势。在这种情况下，管理层通常会进行调查并采取纠正措施。与内部财务业绩衡量相关的信息可能显示财务报表存在错报风险，例如，内部财务业绩衡量可能显示被审计单位与同行业其他单位相比具有异常高的增长率或盈利水平，此类信息如果与业绩奖金或激励性报酬等因素结合起来考虑，可能显示管理层在编制财务报表时存在某种倾向的错报风险。因此，注册会计师应当关注被审计单位内部财务业绩衡量所显示的未预期到的结果或趋势、管理层的调查结果和纠正措施，以及相关信息是否显示财务报表可能存在重大错报。

（三）考虑财务业绩衡量指标的可靠性

如果拟利用被审计单位内部信息系统生成的财务业绩衡量指标，注册会计师应当考虑相关信息是否可靠，以及利用这些信息是否足以实现审计目标。许多财务业绩衡量中使用的信息可能由被审计单位的信息系统生成。如果被审计单位管理层在没有合理基础的情况下，认为内部生成的衡量财务业绩的信息是准确的，而实际上信息有误，那么根据有误的信息得出的结论也可能是错误的。如果注册会计师计划在审计中（如在实施分析程序时）利用财务业绩指标，应当考虑相关信息是否可靠，以及在实施审计程序时利用这些信息是否足以发现重大错报。

（四）对小型被审计单位的考虑

小型被审计单位通常没有正式的财务业绩衡量和评价程序，管理层往往将某些关键指标作为评价财务业绩和采取适当行动的基础，注册会计师应当了解管理层使用的关键指标。

需要强调的是，注册会计师了解被审计单位财务业绩的衡量与评价，是为了考虑管理层是否面临实现某些关键财务业绩指标的压力。此外，了解管理层认为重要的关键业绩指标，有助于注册会计师深入了解被审计单位的目标和战略。这些压力既可能源于需要达到市场分析师或股东的预期，也可能产生于达到获得股票期权或管理层和员工奖金的目标。受压力影响的人员可能是高级管理人员（包括董事会成员），也可能是可以操纵财务报表的其他经理人员，如子公司或分支机构管理人员可能为达到奖金目标而操纵财务报表。

在评价管理层是否存在歪曲财务报表的动机和压力时，注册会计师还应当考虑可能存在的其他情形。例如，企业或企业的一个主要组成部分是否有可能被出售；

管理层是否为了维持或提高企业的股价或盈利走势而热衷于采用过度激进的会计处理方法；基于纳税的考虑，股东或管理层是否有意采取不适当的方法使盈利最小化；企业是否持续增长并接近财务资源的最大限度；企业的业绩是否急剧下降，可能存在终止上市的风险；企业是否具备足够的可分配利润或现金流量以维持目前的利润分配水平；如果公布欠佳的财务业绩，对重大未决交易（如企业合并或新业务合同的签订）是否可能产生不利影响；企业是否过度依赖银行借款，而财务业绩又可能达不到借款合同对财务指标的要求。这些情况都显示管理层在面临重大压力时可能粉饰财务业绩，从而发生舞弊风险。

第四节 了解被审计单位的内部控制

一、内部控制及其局限性

（一）内部控制

财政部、证监会、审计署、银监会、保监会五部委联合制定的《企业内部控制基本规范》（财会〔2008〕7号）规定，内部控制是由企业董事会、监事会、经理层和全体员工实施的、旨在实现控制目标的过程。内部控制的目标是合理保证企业经营管理合法合规、资产安全、财务报告及相关信息真实完整，提高经营效率和效果，促进企业实现发展战略。COSO① 报告指出，内部控制是一个过程，受企业董事会、管理当局和其他员工影响，旨在保证财务报告的可靠性、经营的效果和效率以及现行法规的遵循。

我们可以从以下几方面理解内部控制。

其一，内部控制的目标是合理保证：（1）财务报告的可靠性，这一目标与管理层履行财务报告编制责任密切相关；（2）经营的效率和效果，即经济有效地使用企业资源，以最优方式实现企业的目标；（3）在所有经营活动中遵守法律法规的要求，即在法律法规的框架下从事经营活动；（4）资产的安全性，即保护企业所有财产的安全；（5）企业战略目标，即企业不断增加价值的战略目标。

其二，设计和实施内部控制的责任主体是治理层、管理层和其他人员，组织中的每个人都对内部控制负有责任。

其三，实现内部控制目标的手段是设计和执行控制政策及程序。

① COSO（Committee of Sponsoring Organizations of the Treadway Commission）是一个由美国五个职业团体于1985年联合发起设立的民间组织，其成立的主要目的是资助全美反舞弊性财务报告委员会。全美反舞弊性财务报告委员会负责研究导致财务报告舞弊的因素，并向公众公司、会计师事务所、证券交易委员会及其他监管机构提出建议。该委员会的首任主席由James S. Treadway担任，因此又被称为“Treadway委员会”。这五个职业团体分别是美国会计学会、美国注册会计师协会、财务经理人协会、国际内部审计师协会和美国管理会计师协会。目前，COSO倡导通过良好的企业道德以及有效的内部控制和公司治理来提升财务报告的质量。

其四，内部控制包括下列要素：（1）控制环境；（2）风险评估过程；（3）信息系统与沟通；（4）控制活动；（5）对控制的监督。内部控制包括上述五项要素；控制包括上述一项或多项要素，或要素表现出来的各个方面。

对内部控制要素的分类提供了了解内部控制的框架，但无论对内部控制要素如何分类，注册会计师都应当重点考虑被审计单位某项控制是否能够以及如何防止或发现并纠正各类交易、账户余额、列报中存在的重大错报。也就是说，在了解和评价内部控制时，采用的具体分析框架及控制要素的分类可能并不唯一，重要的是能否实现控制目标。注册会计师可以使用不同的框架和术语描述内部控制的不同方面，但必须涵盖上述内部控制五个要素所涉及的各个方面。

被审计单位设计和执行内部控制的具体方式因被审计单位的规模和复杂程度的不同而不同。小型被审计单位通常采用非正式和简单的内部控制实现其目标，参与日常经营管理的业主（简称业主）可能承担多项职能，内部控制要素可能没有得到清晰区分。在这种情况下，注册会计师应当综合考虑小型被审计单位内部控制要素能否实现其目标。

（二）内部控制的固有局限性

内部控制存在固有局限性，无论如何设计和执行，都只能对财务报告的可靠性提供合理保证。内部控制的固有局限性包括：

（1）在决策时，人为判断可能出现错误或失误，从而导致内部控制失效。例如，被审计单位的信息技术工作人员没有完全理解系统如何处理销售交易，为使系统能够处理新型产品的销售，可能错误地对系统进行更改；或者虽然对系统的更改是正确的，但是程序人员未能将此次更改转化为正确的程序代码。

（2）内部控制可能由于两个或更多的人员进行串通或管理层凌驾于内部控制之上而被规避。例如，管理层可能与客户私下签订协议，对标准的销售合同作出变动，从而导致收入确认发生错误。再如，软件中的编辑控制旨在发现和报告超过赊销信用额度的交易，但这一控制可能被逾越或规避。

（3）在设计和执行控制时，管理层可能会对选择执行的控制的性质和范围及选择承担的风险的性质和程度作出判断。

此外，如果被审计单位内部行使控制职能的人员素质不符合岗位要求，也会影响内部控制功能的正常发挥。被审计单位实施内部控制的成本效益问题也会影响其效能，当实施某项控制的成本大于控制效果而产生损失时，就没有必要设置控制环节或控制措施。内部控制一般都是针对经常重复发生的业务而设置的，如果出现不经常发生或未预计到的业务，原有控制就可能不适用。

小型被审计单位的员工通常较少，这限制了其职责分离的程度，业主凌驾于内部控制之上的可能性较大。注册会计师应当考虑一些关键领域是否存在有效的内部控制。

二、内部控制的分类

（一）财务报告内部控制和非财务报告内部控制

内部控制的目标包括合理保证财务报告及相关信息的可靠性、资产的安全完整、遵守法律法规、提高经营的效率和效果、促进实现企业的发展战略等诸多方面。注册会计师审计的目标是对财务报表是否不存在重大错报发表审计意见，尽管要求注册会计师在财务报表审计中考虑与财务报表编制相关的内部控制，但目的并非对被审计单位内部控制的有效性发表意见。因此，注册会计师需要了解和评价的只是能够合理保证财务报告可靠性的内部控制，即财务报告的内部控制，并非被审计单位所有的内部控制。

1. 财务报告内部控制

财务报告内部控制是指企业为了合理保证财务报告及相关信息真实完整而设计和运行的内部控制，以及用于保护资产安全的内部控制中与财务报告可靠性目标相关的控制。主要包括下列方面的政策和程序：

（1）保存充分、适当的记录，准确、公允地反映企业的交易和事项；

（2）合理保证按照企业会计准则的规定编制财务报表；

（3）合理保证收入和支出的发生以及资产的取得、使用或处置经过适当授权；

（4）合理保证及时防止或发现并纠正未经授权的、对财务报表有重大影响的交易和事项。

需要特别指出的是，财务报告内部控制同样包括控制环境（内部环境）、风险评估过程、信息系统与沟通、控制活动、对控制的监督等五个要素。

2. 非财务报告内部控制

非财务报告内部控制是指除财务报告内部控制之外的其他控制，通常是为了合理保证除财务报告及相关信息可靠、资产安全完整外的其他控制目标的实现而设计和运行的内部控制。

这些控制可能与企业的经营效率、合规性、战略目标等相关，但并不直接关联财务报告的真实性和完整性。

在区分财务报告内部控制和非财务报告内部控制时，注册会计师主要依据控制目标进行判断。与财务报告可靠性目标相关的控制属于财务报告内部控制，而其他控制则属于非财务报告内部控制。

（二）人工控制和自动化控制

尽管信息技术得到广泛应用，企业内部控制系统中的人工因素仍然存在。内部控制既包括人工成分，也包括自动化成分。不同的被审计单位采用的控制系统中，人工控制和自动化控制的比例是不同的。

内部控制采用人工系统还是自动化系统，将影响交易生成、记录、处理和报告的方式。在以人工为主的系统中，内部控制一般包括批准和复核业务活动、编制调节表并对调节项目进行跟踪。当采用信息技术系统生成、记录、处理和报告交易时，交易的记录形式（如订购单、发票、装运单及相关的会计记录）可能是电子文档而不是纸质文件。

即便在信息技术系统中，控制也既有自动控制（如嵌入计算机程序的控制），也有人工控制。人工控制可能独立于信息技术系统，利用信息技术系统生成的信息，也可能用于监督信息技术系统和自动化控制的有效运行或者处理例外事项。如果采用信息技术系统处理交易和其他数据，系统和程序中可能包括与财务报表重大账户认定相关的控制，也可能包括为了使人工控制有效发挥作用而设计的控制。

人工控制与自动化控制的适用范围与风险对比如表8-2所示。

表8-2　人工控制与自动化控制的适用范围与风险对比

项目	人工控制	自动化控制
适用范围	1. 存在大额、异常或偶发的交易； 2. 存在难以界定、预计或预测的错误的情况； 3. 应对情况的变化，需要对现有的自动化控制进行调整； 4. 监督自动化控制的有效性。	1. 需要处理大量的交易或数据时； 2. 提高信息的及时性、可获得性、准确性； 3. 对信息的深入分析； 4. 降低控制被规避的风险； 5. 实施安全控制，使不相容职务分离，提高有效性； 6. 提高对经营业绩以及政策和程序执行情况的监督能力等。
风险	1. 人工控制可能更容易被规避、忽视或凌驾； 2. 人工控制可能不具有一贯性； 3. 人工控制可能更容易产生简单错误或失误。	1. 不正确地处理了数据或处理了不正确的数据； 2. 未经授权访问数据，使数据出现问题； 3. 越权访问，破坏系统的应有职责分工； 4. 未经授权改变数据、系统或程序； 5. 未能对系统或程序作出必要的修改； 6. 不恰当的人为干预。

内部控制风险的程度和性质受被审计单位信息系统的性质和特征的影响，因此，在了解内部控制时，注册会计师应当考虑被审计单位是否通过建立有效的控制，恰当应对由于使用信息技术系统或人工系统而产生的风险。在进行风险评估以及设计和实施进一步审计程序时，注册会计师应当考虑内部控制的人工和自动化特征及其影响。

【例8-6·多选题】

下列有关内部控制的人工和自动化成分的相关表述，正确的有（　　）。

A. 被审计单位的内部控制系统既包含人工成分，也包含自动化成分。人工或自动化成分的特征，与注册会计师的风险评估以及在此基础上实施的进一步审计程序相关

B. 内部控制中采用的人工成分和自动化成分，将影响交易生成、记录、处理和报告的方式

C. 如果被审计单位信息技术健全，则内部控制不用再设人工控制

D. 人工控制可能独立于信息技术系统，利用信息技术系统生成的信息，也可能用于监督信息技术系统和自动化控制的有效运行或者处理例外事项

【分析】ABD。即使信息技术得到广泛应用，人工因素也仍然会存在，故选项C不正确。

（三）直接控制和间接控制

与财务报表审计相关的内部控制，按照其对防止、发现或纠正认定层次错报发

挥作用的方式，可分为直接控制和间接控制。

1. 直接控制

直接控制是指足以精准防止、发现或纠正认定层次错报的内部控制。信息系统与沟通以及控制活动要素中的控制主要为直接控制。

2. 间接控制

间接控制是指不足以精准防止、发现或纠正认定层次错报的内部控制，即对防止、发现或纠正认定层次错报产生间接影响的控制。内部环境、风险评估和内部监督中的控制主要是间接控制。内部环境为内部控制体系其他要素的运行奠定了总体基础，它虽不能直接防止、发现并纠正错报，但可能影响内部控制体系其他要素中控制的有效性。由于内部环境、风险评估和内部监督是被审计单位内部控制体系的基础，其运行中的任何缺陷都可能对财务报表的编制产生广泛的影响。

三、了解与审计相关的内部控制

（一）总要求

注册会计师需要了解和评价的内部控制，仅限于与财务报表审计相关的内部控制，并非被审计单位所有的内部控制。虽然大部分与审计相关的控制可能与财务报告相关，但并非所有与财务报告相关的控制都与审计相关。确定一项控制单独或连同其他控制是否与审计相关，需要注册会计师作出职业判断。

虽然内部控制应用于整个被审计单位或所有经营部门或业务流程，但并非每个经营部门和业务流程中的内部控制都与审计相关。被审计单位的目标和控制与财务报告、经营及合规有关，但这些目标和控制并非都与注册会计师的风险评估相关。如果与经营和合规目标相关的控制与注册会计师实施审计程序时评价或使用的数据相关，则这些控制也可能与审计相关。如果在设计和实施进一步审计程序时拟利用被审计单位内部生成的信息，则针对该信息完整性和准确性的控制可能与审计相关。

用于防止未经授权购买、使用或处置资产的内部控制，可能包括与财务报告和经营目标相关的控制。注册会计师对这些控制的考虑，通常仅限于与财务报告可靠性相关的控制。

被审计单位通常有一些与目标相关但与审计无关的控制，注册会计师无须对其加以考虑。

（二）判断与审计相关控制时考虑的事项

判断一项控制单独或连同其他控制是否与审计相关属于注册会计师的专业判断，判断时需要考虑以下因素：

（1）重要性；

（2）相关风险的重要程度；

（3）被审计单位的规模；

（4）被审计单位业务的性质；

（5）被审计单位经营的多样性和复杂性；

（6）适用的法律法规；

（7）内部控制的情况和适用的要素；

（8）作为内部控制组成部分的系统（包括使用服务机构）的性质和复杂性；

（9）一项特定控制（单独或连同其他控制）是否能够以及如何防止或发现并纠正重大错报。

四、对内部控制了解的深度

在财务报表审计中，注册会计师对企业内部控制的关注已有近百年。美国1917年发布的审计标准就提到了内部核对（internal check）① 与检查范围的关系。美国1939年发布的《审计程序公告第1号——审计程序的扩展》要求注册会计师了解内部控制并在审计报告的“范围段”中提及“内部控制”。1941年修订的美国证券交易委员会的规定开始要求注册会计师在计划审计工作时考虑企业的内部控制。该规定指出，在确定审计测试范围时，注册会计师应当适当考虑企业的内部检查和控制。

对内部控制了解的深度是指在了解被审计单位及其环境时对内部控制了解的程度，包括评价控制的设计，并确定其是否得到执行，但不包括对控制是否得到一贯执行的测试。

（一）评价控制的设计

注册会计师在了解内部控制时，应当评价控制的设计，并确定其是否得到执行。评价控制的设计是指考虑一项控制单独或连同其他控制是否能够有效防止或发现并纠正重大错报。控制得到执行是指某项控制存在且被审计单位正在使用。如果控制设计不当，则可能表明内部控制存在重大缺陷，注册会计师在确定是否考虑控制得到执行时，应当首先考虑控制的设计。如果控制设计不当，就不需要再考虑控制是否得到执行。

（二）获取控制设计和执行的审计证据

注册会计师通常实施下列风险评估程序，以获取有关控制设计和执行的审计证据：

（1）询问被审计单位的人员；

（2）观察特定控制的运用；

（3）检查文件和报告；

（4）追踪交易在财务报告信息系统中的处理过程（穿行测试）。

这些程序是风险评估程序在了解被审计单位内部控制方面的具体运用。

询问本身并不足以评价控制的设计以及确定其是否得到执行，注册会计师应当

① 据该审计标准的主要起草者Thornton的解释，“internal check”是指对员工的职责和工作进行合理分工，以达到这样的效果，即一位员工因错误或疏忽导致账目出现问题，进而引起另一位员工的注意，除非错误得以纠正，否则账目将不能保持准确。

将询问与其他风险评估程序结合使用。

（三）了解内部控制的记录方法

注册会计师一般采用文字表述、流程图和调查问卷等方法来记录对内部控制的了解情况。

1. 文字表述法

文字表述法是对客户的流程和控制的书面说明。对财务报表体系及其控制的文字表述至少应包括：

（1）每一份凭证和记录的来源；

（2）发生的全部处理过程；

（3）每一份凭证和记录的处置；

（4）与评价控制风险相关的控制指标，如职责分离、授权与批准、内部稽核等。

2. 流程图法

流程图法是对客户的凭证及其内部有序流动过程设计一种符号和图形表达。流程图法的优点在于它能够简洁地概括组织的内部控制体系，帮助注册会计师识别控制及其缺陷，便于阅读和更新。

3. 调查问卷法

调查问卷法是就某一流程中应实施的控制活动设计一系列问题（通常回答“是”或“否”即可）。“否”表示内部控制可能存在缺陷。调查问卷法的优点在于它能在审计一开始就比较迅速地涉及每个审计领域，缺陷在于它只能对客户内部控制的构成部分进行单个审查，而不能提供整体概况。此外，标准的调查问卷对于一些客户不适用，尤其是小型客户。

（四）了解内部控制与控制测试的关系

了解内部控制与控制测试之间存在较高程度的重叠，两者都包括询问、文件检查和观察等程序，但两者也存在差异：

（1）除非存在某些可以使控制得到一贯执行的自动化控制，注册会计师对控制的了解并不能够代替对控制运行有效性的测试。例如，获取某一人工控制在某一时点得到执行的审计证据，并不能证明该控制在所审计期间内的其他时点也有效运行。

（2）了解内部控制的程序只对一项或几项交易进行，或者在某一时点上作出观察。控制测试则需要测试较大样本量的交易，并且观察要在多个时点上进行。

五、了解控制环境

（一）控制环境及其构成要素

控制环境包括治理职能和管理职能，以及治理层和管理层对内部控制及其重要性的态度、认识和措施。控制环境奠定了被审计单位的内部控制基调，影响员工对内部控制的认识和态度。良好的控制环境是实施有效内部控制的基础。防止或发现并纠正舞弊和错误是被审计单位治理层和管理层的责任。在评价控制环境的设计和实施情况时，注册会计师应当了解管理层在治理层的监督下，是否营造并保持了诚实守信和合乎道德的文化，以及是否建立了防止或发现并纠正舞弊和错误的恰当控制。实际上，在审计业务承接阶段，注册会计师就需要对控制环境作出初步了解和评价。

【例8-7·单选题】

下列有关控制环境的说法，错误的是（　　）。

A. 控制环境对重大错报风险的评估具有广泛影响

B. 财务报表层次重大错报风险很可能源于控制环境存在的缺陷

C. 有效的控制环境本身可以防止或发现并纠正各类交易、账户余额和披露认定层次的重大错报

D. 有效的控制环境可以降低舞弊发生的风险

【分析】 C。控制环境本身并不能防止或发现并纠正各类交易、账户余额和披露认定层次的重大错报。注册会计师在评估重大错报风险时，应当将控制环境连同其他内部控制要素产生的影响一并考虑，故选项C错误。

在评价控制环境的设计时，注册会计师应当考虑构成控制环境的下列要素，以及这些要素如何纳入被审计单位业务流程。

1. 对诚信和道德价值观念的沟通与落实

诚信和道德价值观念是控制环境的重要组成部分，影响到重要业务流程的设计和运行。内部控制的有效性直接依赖于负责创建、管理和监控内部控制的人员的诚信和道德价值观念。被审计单位是否存在道德行为规范，以及这些规范如何在被审计单位内部沟通和落实，决定了是否能产生诚信和道德的行为。对诚信和道德价值观念的沟通与落实既包括管理层如何处理不诚实、非法或不道德行为，也包括在被审计单位内部，通过行为规范以及高层管理人员的身体力行，对诚信和道德价值观念的营造和保持。

注册会计师在了解和评估被审计单位诚信和道德价值观念的沟通与落实时，考虑的主要因素包括：

（1）被审计单位是否有书面的行为规范并向所有员工传达；

（2）被审计单位的企业文化是否强调诚信和道德价值观念的重要性；

（3）管理层是否身体力行，高层管理人员是否起表率作用；

（4）对违反有关政策和行为规范的情况，管理层是否采取适当的惩罚措施。

2. 对胜任能力的重视

胜任能力是指具备完成某一职位的工作所应有的知识和能力。管理层对胜任能力的重视包括对于特定工作所需的胜任能力水平的设定，以及对达到该水平所必需的知识和能力的要求。注册会计师应当考虑主要管理人员和其他相关人员是否能够胜任承担的工作和职责，例如，财会人员是否对编报财务报表所适用的会计准则和相关会计制度有足够的了解并能正确运用。

注册会计师在就被审计单位对胜任能力的重视情况进行了解和评估时，考虑的主要因素包括：

（1）财会人员以及信息管理人员是否具备与被审计单位业务性质和复杂程度相称的足够的胜任能力和培训；在发生错误时，被审计单位是否通过调整人员或系统来加以处理。

（2）管理层是否配备足够的财会人员以适应业务发展和有关方面的需要。

（3）财会人员是否具备理解和运用会计准则所需的技能。

3. 治理层的参与程度

被审计单位的控制环境在很大程度上受治理层的影响。治理层的职责应在被审计单位的章程和政策中予以规定。治理层（董事会）通常通过其自身的活动，并在审计委员会或类似机构的支持下，监督被审计单位的财务报告政策和程序。因此，董事会、审计委员会或类似机构应关注被审计单位的财务报告，并监督被审计单位的会计政策以及内部、外部的审计工作和结果。治理层的职责还包括监督用于复核内部控制有效性的政策和程序设计是否合理，执行是否有效。

治理层对控制环境影响的要素有：治理层相对于管理层的独立性、成员的经验和品德、对被审计单位业务活动的参与程度、治理层行为的适当性、治理层获得的信息、管理层对治理层提出问题的追踪程度，以及治理层与内部审计人员和注册会计师的联系程度等。

注册会计师在对被审计单位治理层的参与程度进行了解和评估时，考虑的主要因素包括：

（1）董事会是否建立了审计委员会或类似机构；

（2）董事会、审计委员会或类似机构是否与内部审计人员以及注册会计师有联系和沟通，联系和沟通的性质以及频率是否与被审计单位的规模和业务复杂程度相匹配；

（3）董事会、审计委员会或类似机构的成员是否具备适当的经验和资历；

（4）董事会、审计委员会或类似机构是否独立于管理层；

（5）审计委员会或类似机构会议的数量和时间是否与被审计单位的规模和业务复杂程度相匹配；

（6）董事会、审计委员会或类似机构是否充分地参与了监督编制财务报告的过程；

（7）董事会、审计委员会或类似机构是否对经营风险的监控有足够的关注，进而影响被审计单位和管理层的风险评估过程；

（8）董事会成员是否保持相对的稳定性。

4. 管理层的理念和经营风格

管理层负责企业的运作以及经营策略和程序的制定、执行与监督。控制环境的每个方面在很大程度上都受管理层采取的措施和作出的决策影响，或在某些情况下受管理层不采取某些措施或不作出某种决策影响。在有效的控制环境中，管理层的理念和经营风格可以创造一个积极的氛围，促进业务流程和内部控制的有效运行，同时减少错报发生的可能性。在管理层以一个或少数几个人为主时，管理层的理念和经营风格对内部控制的影响尤为突出。

管理层的理念包括管理层对内部控制的理念，即管理层对内部控制以及具体控制实施环境的重视程度。管理层对内部控制的重视有助于控制的有效执行，并减少特定控制被忽视或规避的可能性。控制理念反映在管理层制定的政策、程序及采取的措施中，而不是反映在形式上。因此，要使控制理念成为控制环境的一个重要特质，管理层必须告知员工内部控制的重要性。同时，只有建立适当的管理层控制机制，控制理念才能产生预期的效果。

衡量管理层对内部控制重视程度的重要标准是管理层收到有关内部控制缺陷及违规事件的报告时是否作出适当反应。如果管理层及时下达纠弊措施，则表明他们对内部控制给予了足够的重视，这也有利于增强企业内部的控制意识。

此外，了解管理层的经营风格也很有必要，因为管理层的经营风格可以反映出管理层所能接受的业务风险水平。例如，管理层是否经常投资于风险特别高的领域，或者在接受风险方面极为保守，不敢越雷池一步。注册会计师应考虑的问题包括管理层是否谨慎从事，是否只有在对方案的风险和潜在利益进行仔细研究分析后才进一步采取措施。了解管理层的经营风格有助于注册会计师判断哪些因素影响管理层对于内部控制的态度，哪些因素影响管理层在编制财务报表时所作的判断，特别是在作出会计估计以及选用会计政策时。这种了解也有助于注册会计师进一步认识管理层的能力和经营动机。注册会计师对管理层的能力和诚信越有信心，就越有理由信赖管理层提供的信息和作出的解释及声明。相反，如果对管理层经营风格的了解加重了注册会计师的怀疑，注册会计师就会加大职业怀疑的程度，从而对管理层的各种声明产生疑问。因此，了解管理层的经营风格对注册会计师评估重大错报风险有着重要的意义。

注册会计师在了解和评估被审计单位管理层的理念和经营风格时，考虑的主要因素包括：

（1）管理层是否对内部控制，包括信息技术的控制，给予了适当的关注；

（2）管理层是否由一个或几个人控制，董事会、审计委员会或类似机构对其是否实施有效监督；

（3）管理层在承担和监控经营风险方面是风险偏好者还是风险规避者；

（4）管理层在选择会计政策和作出会计估计时是倾向于激进还是保守；

（5）管理层对于信息管理人员以及财会人员是否给予了适当关注；

（6）对于重大的内部控制和会计事项，管理层是否征询注册会计师的意见，或者是否经常在这些方面与注册会计师存在不同意见。

5. 组织结构及职权与责任的分配

被审计单位的组织结构为计划、运作、控制及监督经营活动提供了一个整体框架。通过集权或分权决策，被审计单位可在不同部门间进行适当的职责划分，建立适当层次的报告体系。组织结构将影响权力、责任和工作任务在组织成员中的分配。被审计单位的组织结构在一定程度上取决于被审计单位的规模和经营活动的性质。

注册会计师应当考虑被审计单位组织结构中是否采用向个人或小组分配控制职责的方法，是否建立了执行特定职能（包括交易授权）的授权机制，是否确保每个人都清楚地了解报告关系和责任。注册会计师还需审查对分散经营活动的监督是否充分。有效的权责分配制度有助于形成整体的控制意识。

注册会计师应当关注组织结构及权责分配方法的实质，而不是仅仅关注其形式。相应地，注册会计师应当考虑相关人员对政策与程序的整体认识水平和遵守程度，以及管理层对其实施监督的程度。

注册会计师对组织结构的审查有助于确定被审计单位的职责划分应该达到何种程度，也有助于评价被审计单位在这方面的不足会对整体审计策略产生的影响。

信息系统处理环境是注册会计师对组织结构及权责分配方法进行审查的一个重要方面。注册会计师应当考虑信息系统职能部门的结构安排是否明确了职责分配，授权和批准系统变化的职责分配，以及是否明确了程序开发、运行及使用者之间的职责划分。

注册会计师在对被审计单位组织结构和职权与责任的分配进行了解和评估时，考虑的主要因素包括：

（1）在被审计单位内部是否有明确的职责划分，是否将业务授权、业务记录、资产保管和维护，以及业务执行的责任尽可能地分离；

（2）数据的所有权划分是否合理；

（3）是否已针对授权交易建立适当的政策和程序。

6. 人力资源政策与实务

政策与程序（包括内部控制）的有效性通常取决于执行人。因此，被审计单位员工的能力与诚信是控制环境中不可缺少的因素。人力资源政策与实务涉及雇用、培训、考核、晋升和工薪等方面。被审计单位是否有能力雇用并保留一定数量既有能力又有责任心的员工在很大程度上取决于其人事政策与实务。例如，如果录用标准要求录用最合适的员工，包括强调员工的学历、经验、诚信和道德，这表明被审计单位希望录用有能力并值得信赖的人员。被审计单位有关培训方面的政策应显示员工应达到的工作表现和业绩水准。定期考核的晋升政策表明被审计单位希望具备相应资格的人员承担更多的职责。

注册会计师在对被审计单位人力资源政策与实务进行了解和评估时，考虑的主要因素包括：

（1）被审计单位在雇用、培训、考核、晋升、工薪、调动和辞退员工方面是否有适当的政策和程序（特别是在会计、财务和信息系统方面）；

（2）是否有书面的员工岗位职责手册，或者在没有书面文件的情况下，对工作职责和期望是否作了适当的沟通和交流；

（3）人力资源政策与程序是否清晰，并且定期发布和更新；

（4）是否设定适当的程序，对分散在各地区和海外的经营人员建立和沟通人力资源政策与程序。

（二）了解控制环境的程序

（1）在评价控制环境的各个要素时，注册会计师应当考虑控制环境的各个要素是否得到执行。

（2）在确定构成控制环境的要素是否得到执行时，注册会计师应当考虑将询问与其他风险评估程序相结合以获取审计证据。例如，通过观察和检查文件记录印证询问获取的审计证据；通过询问管理层和员工，注册会计师可能了解管理层如何就业务规程和道德价值观念与员工进行沟通；通过观察和检查，注册会计师可能了解管理层是否建立正式的行为守则、在日常工作中行为守则是否得到遵守，以及管理层如何处理违反行为守则的情形。

（3）关注控制环境对重大错报风险的评估具有的广泛影响。控制环境本身并不能防止或发现并纠正各类交易、账户余额、列报认定层次的重大错报，注册会计师在评估重大错报风险时，应当将控制环境连同其他内部控制要素产生的影响一并考虑。例如，将控制环境与对控制的监督和具体控制活动一并考虑。另外，注册会计师在进行风险评估时，如果认为被审计单位控制环境薄弱，则很难认定某一流程的控制是有效的。

（4）对小企业的特殊考虑。在小型被审计单位，可能无法获取以文件形式存在的有关控制环境要素的审计证据。例如，小型被审计单位管理层与其他人员之间的沟通可能不够正式，却十分有效；小型被审计单位可能没有书面的行为守则，管理层对道德价值观念和专业胜任能力的推崇，通常通过管理层在经营管理过程中展示的行为和态度得以体现。因此，注册会计师应当重点了解管理层对内部控制设计的态度、认识和措施。如果没有其他所有者，治理层的职能通常由参与管理的业主承担。

【例8-8·多选题】

在了解控制环境时，注册会计师应当关注的内容有（　　）。

A. 公司治理层相对于管理层的独立性

B. 公司管理层的理念和经营风格

C. 公司员工整体的道德价值观

D. 公司对控制的监督

【分析】ABC。选项D属于内部控制五要素之一，与控制环境处于同一层次，故选项D不正确。

六、了解风险评估过程

（一）被审计单位风险评估过程

任何经济组织在经营活动中都会面临各种各样的风险，这些风险会对其生存和竞争能力产生影响。虽然很多风险并不为经济组织所控制，但管理层应当确定可以承受的风险水平，识别这些风险并采取一定的应对措施。

可能产生风险的事项和情形包括：

（1）监管及经营环境变化。监管及经营环境的变化会导致竞争压力的变化以及重大的相关风险。

（2）新员工加入。新员工可能对内部控制有不同的认识和关注点。

（3）使用新信息系统或对原系统进行升级。信息系统的重大变化会改变与内部控制相关的风险。

（4）业务快速发展。快速的业务扩张可能会使内部控制难以应对，从而增加内部控制失效的可能性。

（5）新技术。将新技术运用于生产过程和信息系统可能改变与内部控制相关的风险。

（6）新生产型号、产品和业务活动。进入新的业务领域和发生新的交易可能带来新的与内部控制相关的风险。

（7）企业重组。重组可能导致裁员以及管理职责的重新划分，将影响与内部控制相关的风险。

（8）发展海外经营。海外扩张或收购会带来新的并且往往是特殊的风险，进而可能影响内部控制，如外币交易的风险。

（9）新的会计准则。采用新的或变化了的会计准则可能会增大财务报告发生重大错报的风险。

风险评估过程的作用是识别、评估和管理影响被审计单位实现经营目标能力的各种风险。而针对财务报告目标的风险评估过程则包括识别与财务报告相关的经营风险、评估风险的重大性和发生的可能性，以及采取措施管理这些风险。例如，风险评估可能会涉及被审计单位如何考虑对某些交易未予记录的可能性，或者识别和分析财务报告中的重大会计估计发生错报的可能性。与财务报告相关的风险也可能与特定事项和交易有关。

被审计单位的风险评估过程包括识别与财务报告相关的经营风险，以及针对这些风险所采取的措施。注册会计师应当了解被审计单位的风险评估过程和结果。

（二）对风险评估过程的了解

在评价被审计单位风险评估过程的设计和执行时，注册会计师应当确定管理层如何识别与财务报告相关的经营风险、如何估计该风险的重要性、如何评估风险发生的可能性，以及如何采取措施管理这些风险。如果被审计单位的风险评估过程符合其具体情况，则了解被审计单位的风险评估过程和结果有助于注册会计师识别财务报告中的重大错报风险。

注册会计师在对被审计单位整体层面的风险评估过程进行了解和评估时，考虑的主要因素可能包括：

（1）被审计单位是否已建立并沟通其整体目标，并辅以具体策略和业务流程层面的计划；

（2）被审计单位是否已建立风险评估过程，包括识别风险、估计风险的重大性、评估风险发生的可能性，以及确定需要采取的应对措施；

（3）被审计单位是否已建立某种机制，识别和应对可能对被审计单位产生重大且普遍影响的变化，如在金融机构中建立资产负债管理委员会、在制造企业中建立期货交易风险管理组等；

（4）会计部门是否已建立某种流程，以识别会计准则的重大变化；

（5）当被审计单位业务操作发生变化并影响交易记录的流程时，是否存在沟通渠道以通知会计部门；

（6）风险管理部门是否已建立某种流程，以识别经营环境包括监管环境发生的重大变化。

注册会计师可以通过了解被审计单位及其环境的其他方面信息，评价被审计单位风险评估过程的有效性。例如，在了解被审计单位的业务情况时，发现了某些经营风险，注册会计师应当了解管理层是否也意识到了这些风险以及如何应对。在对业务流程的了解中，注册会计师还可能进一步获得被审计单位有关业务流程的风险评估过程的信息。例如，在销售循环中，如果发现了销售的截止性错报的风险，注册会计师应当考虑管理层是否也识别了该错报风险以及如何应对该风险。

注册会计师应当询问管理层识别出的经营风险，并考虑这些风险是否可能导致重大错报。

在审计过程中，如果发现与财务报表有关的风险因素，注册会计师可通过向管理层询问和检查有关文件以确定被审计单位的风险评估过程是否也发现了该风险。在审计过程中，如果识别出管理层未能识别的重大错报风险，注册会计师应当考虑被审计单位的风险评估过程为何没有识别出这些风险，以及该评估过程是否适合具体环境。

在小型被审计单位，管理层可能没有正式的风险评估过程，注册会计师应当与管理层讨论如何识别经营风险以及如何应对这些风险。

七、了解信息系统与沟通

（一）与财务报告相关的信息系统

与财务报告相关的信息系统包括用以生成、记录、处理和报告交易、事项和情况，对相关资产、负债和所有者权益履行经营管理责任的程序和记录。交易可能通过人工或自动化程序生成。记录包括识别和收集与交易、事项有关的信息。处理包括编辑、核对、计量、估价、汇总和调节等活动，可由人工或自动化程序来执行。报告是指用电子或书面形式编制财务报告和其他信息，供被审计单位用于衡量和考核财务及其他方面的业绩。

与财务报告相关的信息系统应当与业务流程相适应。业务流程是指被审计单位开发、采购、生产、销售、发送产品和提供服务、保证遵守法律法规、记录信息等一系列活动。与财务报告相关的信息系统所生成信息的质量对管理层能否作出恰当的经营管理决策以及编制可靠的财务报告具有重大影响。

与财务报告相关的信息系统通常包括下列职能：

（1）识别与记录所有的有效交易；

（2）及时、详细地描述交易，以便在财务报告中对交易作出恰当分类；

（3）恰当计量交易，以便在财务报告中对交易的金额作出准确记录；

（4）恰当确定交易生成的会计期间；

（5）在财务报表中恰当列报交易。

（二）对与财务报告相关的信息系统的了解

注册会计师应当从下列方面了解与财务报告相关的信息系统：

（1）在被审计单位经营过程中，对财务报表具有重大影响的各类交易。

（2）在信息技术和人工系统中，交易生成、记录、处理和报告的程序。在获取了解时，注册会计师应当同时考虑被审计单位将交易处理系统中的数据过入总分类账和财务报告的程序。

（3）与交易生成、记录、处理和报告有关的会计记录、支持性信息和财务报表中的特定项目。企业信息系统通常包括使用标准的会计分录，以记录销售、购货和现金付款等重复发生的交易，或记录管理层定期作出的会计估计，如应收账款可回收金额的变化。信息系统还包括使用非标准的会计分录，以记录不重复发生的、异常的交易或调整事项，如企业合并、资产减值等。

（4）信息系统如何获取除各类交易之外的对财务报表具有重大影响的事项和情况的信息，如对固定资产和无形资产计提折旧或摊销、对应收账款计提坏账准备等。

（5）被审计单位编制财务报告的过程，包括作出的重大会计估计和披露。编制财务报告的程序应当同时确保适用的会计准则和相关会计制度要求披露的信息得以收集、记录、处理和汇总，并在财务报告中得到充分披露。

（6）管理层凌驾于账户记录控制之上的风险。在了解与财务报告相关的信息系统时，注册会计师应当特别关注由于管理层凌驾于账户记录控制之上，或规避控制行为而产生的重大错报风险，并考虑被审计单位如何纠正不正确的交易处理。

自动化程序和控制可能降低发生无意错误的风险，但并不能消除个人凌驾于账户记录控制之上的风险，如某些高层管理人员可能篡改自动过入总分类账和财务报告系统的数据金额。当被审计单位运用信息技术进行数据的传递时，篡改可能不会留下痕迹或证据。

（三）与财务报告相关的沟通

与财务报告相关的沟通包括使员工了解各自在与财务报告有关的内部控制方面的角色和职责、员工之间的工作联系，以及向适当级别的管理层报告例外事项的方式。

公开的沟通渠道有助于确保例外情况得到报告和处理。沟通可以采用政策手册、会计和财务报告手册及备忘录等形式进行，也可以通过发送电子邮件、口头沟通和管理层的行动来进行。

（四）对与财务报告相关的沟通的了解

注册会计师应当了解被审计单位内部如何对财务报告的岗位职责，以及与财务报告相关的重大事项进行沟通。注册会计师还应当了解管理层与治理层（特别是审计委员会）之间的沟通，以及被审计单位与外部（包括监管部门）的沟通。具体包括：

（1）管理层就员工的职责和控制责任是否进行了有效沟通；

（2）管理层针对可疑的不恰当事项和行为是否建立了沟通渠道；

（3）组织内部沟通的充分性是否能够使人员有效地履行职责；

（4）对于与客户、供应商、监管者和其他外部人士的沟通，管理层是否及时采取了适当的进一步行动；

（5）被审计单位是否受到某些监管机构发布的监管要求的约束；

（6）外部人士如客户和供应商在多大程度上获知被审计单位的行为守则。

（五）对小型被审计单位的考虑

在小型被审计单位，与财务报告相关的信息系统和沟通可能不如大型被审计单位正式和复杂。管理层可能会更多地参与日常经营管理活动和财务报告活动，不需要很多的书面政策和程序指引，也没有复杂的信息系统和会计流程。由于小型被审计单位的规模较小、报告层次较少，因此，小型被审计单位可能比大型被审计单位更容易实现有效的沟通。注册会计师应当考虑这些特征对评估重大错报风险的影响。

八、了解控制活动

（一）相关的控制活动

控制活动是指有助于确保管理层的指令得以执行的政策和程序，包括与授权、业绩评价、信息处理、实物控制和职责分离等相关的活动。

1. 授权

注册会计师应当了解与授权有关的控制活动，包括一般授权和特别授权。

授权的目的在于保证交易在管理层授权范围内进行。一般授权是指管理层制定的要求组织内部遵守的普遍适用于某类交易或活动的政策。特别授权是指管理层针对特定类别的交易或活动逐一设置的授权，如重大资本支出和股票发行等。特别授权也可能用于超过一般授权限制的常规交易。例如，由于某些特别原因，管理层同意对某个不符合一般信用条件的客户赊销商品。

2. 业绩评价

注册会计师应当了解与业绩评价有关的控制活动，主要包括被审计单位分析评价实际业绩与预算（或预测、前期业绩）的差异，综合分析财务数据与经营数据的内在关系，将内部数据与外部信息相比较，评价职能部门、分支机构或项目活动的业绩（如银行客户信贷经理复核各分行、地区和各种贷款类型的审批和收回），以及对发现的异常差异或关系采取必要的调查与纠正措施。

通过调查非预期的结果和非正常的趋势，管理层可以识别可能影响经营目标实现的情形。管理层对业绩信息的使用（如将这些信息用于经营决策，还是同时用于对财务报告系统报告的非预期结果进行追踪），决定了业绩指标的分析是只用于经营目的，还是同时用于财务报告目的。

3. 信息处理

注册会计师应当了解与信息处理有关的控制活动。信息处理控制活动涉及对财务信息和其他重要数据的收集、处理、存储和报告的控制。这包括确保数据的准确性、完整性和及时性，以及防止数据被篡改或丢失的控制措施。例如，数据输入的验证、数据备份和恢复程序、信息系统的访问控制等。

4. 实物控制

注册会计师应当了解实物控制，实物控制主要包括：保证资产的实物安全，包括恰当的安全保护措施，如针对接触资产和记录的安全设施；对接触计算机程序和数据文档设置授权；定期盘点并将盘点记录与控制记录相核对（如将会计记录与现金、有价证券和存货的定期盘点结果相比较）。

旨在防止资产盗窃的实物控制与财务报表编制的可靠性及审计相关，相关的程度取决于资产被侵占的风险。

5. 职责分离

注册会计师应当了解职责分离，主要包括了解被审计单位如何将交易授权、交易记录以及资产保管等职责分配给不同员工，以防范同一员工在履行多项职责时可能发生的舞弊或错误。当信息技术运用于信息系统时，职责分离可以通过设置安全控制来实现。

（二）对控制活动的了解

在了解控制活动时，注册会计师应当重点考虑一项控制活动单独或连同其他控制活动，是否能够以及如何防止或发现并纠正各类交易、账户余额、列报中存在的重大错报。注册会计师的工作重点是识别和了解针对重大错报可能发生领域的控制活动。如果多项控制活动能够实现同一目标，则注册会计师不必了解与该目标相关的每项控制活动。

注册会计师在对被审计单位整体层面的控制活动进行了解和评估时，主要是针对被审计单位的一般控制活动，特别是信息技术的一般控制。在了解和评估一般控制活动时考虑的主要因素包括：

（1）被审计单位的主要经营活动是否都有必要的控制政策和程序；

（2）管理层在预算、利润和其他财务及经营业绩方面是否都有清晰的目标，在被审计单位内部，是否对这些目标加以清晰的记录和沟通，并且积极地对其进行监控；

（3）被审计单位是否存在计划和报告系统，以识别与目标业绩的差异，并向适当层次的管理层报告该差异；

（4）被审计单位是否由适当层次的管理层对差异进行调查，并及时采取适当的纠正措施；

（5）不同人员的职责应在何种程度上相分离，以降低舞弊和不当行为发生的风险；

（6）会计系统中的数据是否与实物资产定期核对；

（7）被审计单位是否建立了适当的保护措施，以防止未经授权接触文件、记录和资产；

（8）被审计单位是否存在信息安全职能部门负责监控信息安全政策和程序。

（三）对小型被审计单位的考虑

小型被审计单位的控制活动可能不如大型被审计单位正式和复杂，并且某些控制活动可能直接由小型被审计单位中的管理层执行。例如，由管理层批准销售的信用额度、重大的采购等可能就不再需要更具体的控制活动。小型被审计单位通常难以实施适当的职责分离，注册会计师应当考虑小型被审计单位采取的控制活动（特别是职责分离）能否有效实现控制目标。

【例 8－9·多选题】

公司下列控制活动中，属于经营业绩评价方面的有（　　）。

A. 由内部审计部门定期对内部控制的设计效果和执行效果进行评价

B. 定期与客户对账并对发现的差异进行调查

C. 对照预算、预测和前期实际结果，对公司的业绩进行复核和评价

D. 综合分析财务数据与经营数据之间的内在关系

【分析】CD。由于注册会计师了解与业绩评价有关的控制活动主要包括被审计单位分析评价实际业绩与预算的差异，综合分析财务数据与经营数据的内在关系，将内部数据与外部信息来源相比较，评价职能部门、分支机构或项目活动的业绩，以及对发现的异常差异或关系采取必要的调查与纠正措施，故选项C和D正确。

九、了解对控制的监督

（一）对控制的监督

管理层的重要职责之一是建立和维护控制并保证其持续有效运行，对控制的监督可以实现这一目标。监督是由适当的人员，在适当、及时的基础上，评估控制的设计和运行情况的过程。对控制的监督是指被审计单位评价内部控制在一段时间内运行有效性的过程，该过程包括及时评价控制的设计和运行，以及根据情况的变化采取必要的纠正措施。例如，管理层对是否定期编制银行存款余额调节表进行复核，内部审计人员评价销售人员是否遵守公司关于销售合同条款的政策，法律部门定期监控公司的道德规范和商务行为准则是否得到遵循等。监督对于控制的持续有效运行十分重要。如果没有对银行存款余额调节表是否得到及时和准确的编制进行监督，则该项控制可能无法得到持续的运行。

通常，被审计单位通过持续的监督活动、专门的评价活动或两者相结合的方式，实现对控制的监督。持续的监督活动通常贯穿于被审计单位的日常经营活动与常规管理工作。例如，管理层在执行其日常管理活动时，会获取关于内部控制是否持续有效运行的信息。当业务报告、财务报告与他们获取的信息有较大差异时，他们会对有重大差异的报告提出疑问，并作必要的追踪调查和处理。

被审计单位可能使用内部审计人员或具有类似职能的人员对内部控制的设计和运行进行专门的评价，以找出内部控制的优点和不足，并提出改进建议。被审计单位也可能利用与外部有关各方沟通或交流所获取的信息监督相关的控制活动。在某些情况下，外部信息可能显示内部控制存在的问题和需要改进之处。例如，客户通过付款来表示其认可发票金额，或者认为发票金额有误而不付款。监管机构（如银行监管机构）可能会就影响内部控制运行的问题与被审计单位沟通。管理层可能也会考虑与注册会计师就内部控制进行沟通，通过与外部的沟通，可以发现内部控制

存在的问题，采取纠正措施。

值得注意的是，上述用于监督活动的很多信息都由被审计单位的信息系统产生，这些信息可能会存在错报，从而导致管理层从监督活动中得出错误的结论。因此，注册会计师应当了解与被审计单位监督活动相关的信息来源，以及管理层认为信息具有可靠性的依据。如果拟利用被审计单位监督活动使用的信息（包括内部审计报告），注册会计师应当考虑该信息是否具有可靠的基础，是否足以实现审计目标。

（二）了解对内部控制的监督

注册会计师在对被审计单位整体层面的监督进行了解和评估时，考虑的主要因素包括：

（1）被审计单位是否定期评价内部控制。

（2）被审计单位人员在履行正常职责时，能够在多大程度上获得内部控制是否有效运行的证据。

（3）与外部的沟通能够在多大程度上证实内部产生的信息或者指出存在的问题。

（4）管理层是否采纳内部审计人员和注册会计师有关内部控制的建议。

（5）管理层是否及时纠正控制运行中的偏差。

（6）管理层根据监管机构的报告及建议是否及时采取纠正措施。

（7）被审计单位是否存在协助管理层监督内部控制的职能部门（如内部审计部门）。如存在，对内部审计职能需进一步考虑的因素包括：1）独立性和权威性；2）向谁报告，例如，直接向董事会、审计委员会或类似机构报告，对接触董事会、审计委员会或类似机构是否有限制；3）是否有足够的人员、培训和特殊技能，例如，对于复杂的高度自动化的环境应使用有经验的信息系统审计人员；4）是否坚持适用的专业准则；5）活动的范围，例如，财务审计与经营审计工作的平衡，在分散经营情况下内部审计的覆盖程度和轮换程度；6）计划、风险评估和执行工作的记录和形成结论的适当性；7）是否不承担经营管理责任。

（三）对小型被审计单位的考虑

小型被审计单位通常没有正式的持续监督活动，且持续的监督活动与日常管理工作难以明确区分。业主往往通过其对经营活动的密切参与来识别财务数据中的重大差异和错报，并对控制活动采取纠正措施。注册会计师应当考虑业主对经营活动的密切参与能否有效实现其对控制的监督目标。

十、在整体层面了解内部控制

在整体层面对被审计单位内部控制的了解和评估，通常由项目组中对被审计单位情况比较了解且较有经验的成员负责，同时需要项目组其他成员的参与和配合。对于连续审计，注册会计师可以重点关注整体层面内部控制的变化情况，包括被审计单位及其环境的变化导致内部控制发生的变化以及采取的对策。注册会计师还需要特别考虑因舞弊而导致重大错报的可能性及其影响。财务报表层次的重大错报风险很可能源于薄弱的控制环境，因此，注册会计师在评估财务报表层次的重大错报风险时，应当将被审计单位整体层面的内部控制状况和了解到的被审计单位及其环境其他方面的情况结合起来考虑。

被审计单位整体层面的内部控制是否有效将直接影响重要业务流程层面控制的有效性，进而影响注册会计师拟实施的进一步审计程序的性质、时间和范围。在被审计单位整体层面了解和评价内部控制的工作包括：

（1）了解被审计单位整体层面内部控制的设计，并记录所获得的了解；

（2）针对被审计单位整体层面内部控制的控制目标，记录相关的控制活动；

（3）执行询问、观察和检查程序，评价控制的执行情况；

（4）记录在了解和评价整体层面内部控制的设计和执行过程中存在的缺陷以及拟采取的应对措施。

十一、在业务流程层面了解内部控制

在初步计划审计工作时，注册会计师需要确定被审计单位财务报表中可能存在重大错报风险的重大账户及其相关认定。为实现此目的，在实务中，注册会计师通常采取下列步骤从业务流程层面了解内部控制。

（一）确定被审计单位的重要业务流程和重要交易类别

在实务中，将被审计单位的整个经营活动划分为几个重要的业务循环有助于注册会计师更有效地了解和评估重要业务流程及相关控制。不同企业的业务循环划分不同，如对于制造企业，可以划分为销售与收款循环、采购与付款循环、生产与存货循环、人力资源与工薪循环、投资与筹资循环等；对于银行，则没有存货与仓储循环，而有发放贷款循环、吸收存款循环；对于某些被审计单位，如果固定资产的采购和维护很重要，也可以将固定资产单独作为一个业务循环。重要交易类别是指可能对被审计单位财务报表产生重大影响的各类交易。重要交易类别应与相关账户及其认定相联系。

（二）了解重要交易流程，并记录获得的了解

交易流程通常包括一系列工作：核准与修订输入数据，分类与合并数据，进行计算，更新账簿资料和客户信息记录，生成新的交易，归集数据，列报数据。而与注册会计师了解重要交易相关的流程通常包括生成、记录、处理和报告交易等活动。例如，在销售循环中，这些活动包括输入销售订单、编制货运单据和发票、更新应收账款信息记录等。相关的处理程序包括通过编制调整分录，修改并再次处理以前被拒绝的交易，以及修改被错误记录的交易。

注册会计师可以通过下列方法获得对重要交易流程的了解：

（1）检查被审计单位的手册和其他书面指引；

（2）询问被审计单位的适当人员；

（3）观察所运用的处理方法和程序；

（4）穿行测试。

在执行上述步骤之前，注册会计师需要考虑以下事项：

（1）该类交易影响的重大账户及其认定；

（2）注册会计师已经识别的有关这些重大账户及其认定的经营风险和财务报表重大错报风险；

（3）重要交易类别生成、记录、处理和报告所涉及的业务流程以及相关的信息技术处理系统。

注册会计师通常只是针对每一年的变化修改记录流程的工作底稿，除非被审计单位的交易流程发生重大改变。然而，无论业务流程与以前年度相比是否有变化，注册会计师每年都需要考虑上述注意事项，以确保对被审计单位的了解是最新的，并且包括被审计单位交易流程中相关的重大变化。

（三）确定可能发生错报的环节

注册会计师需要确认和了解被审计单位应在哪些环节设置控制，以防止或发现并纠正各重要业务流程可能发生的错报。注册会计师关注的是那些能通过防止错报发生，或者通过发现和纠正已有错报，确保每个流程中的业务活动具体流程（从交易的发生到记录）能够顺利运转的人工或自动化控制程序。

（四）识别和了解相关控制

通过对被审计单位的了解，包括在被审计单位整体层面对内部控制各要素的了解，以及对重要业务流程的了解，注册会计师可以确定是否有必要进一步了解在业务流程层面的控制。在某些情况下，注册会计师之前的了解可能表明被审计单位在业务流程层面针对某些重要交易流程所设计的控制是无效的，或者注册会计师并不打算信赖控制，这时注册会计师没有必要进一步了解在业务流程层面的控制。特别需要注意的是，如果认为仅通过实质性程序无法将认定层次的检查风险降至可接受的水平，或者针对特别风险，则注册会计师应当了解和评估相关的控制活动。

1. 控制的类型

控制包括被审计单位使用并依赖的、用以在交易流程中防止错报的发生或在发生错报后发现与纠正错报的所有政策和程序。有效的控制应与错报发生的环节相关，并能降低错报风险。通常将业务流程中的控制划分为预防性控制和检查性控制。

（1）预防性控制。预防性控制通常用于正常业务流程的每一项交易，以防止错报的发生。在流程中防止错报是信息系统的重要目标。缺少有效的预防性控制增加了数据发生错报的可能性，特别是在相关账户及其认定存在较高的重大错报风险时更是如此。

对于处理大量业务的复杂业务流程，被审计单位通常使用程序修改控制和访问控制，来确保自动控制的持续有效。

实施程序修改控制，是为了确保所有对计算机程序的修改在实施前都经过适当的授权、测试以及核准。

实施访问控制，是为了确保只有经过授权的人员和程序才有权访问数据，且只有在预先授权情况下才能处理数据（如查询、执行和更新）。

程序修改控制和访问控制通常不能直接防止错报，但对于确保自动控制在整个拟信赖期间内的有效性有着十分重要的作用。

（2）检查性控制。建立检查性控制的目的是发现流程中可能发生的错报（尽管有预防性控制还是会发生的错报）。被审计单位通过检查性控制，监督其流程和相应的预防性控制能否有效发挥作用。检查性控制通常是管理层用来监督实现流程目标的控制。检查性控制可以由人工执行，也可以由信息系统自动执行。

检查性控制通常不适用于业务流程中的所有交易，而是适用于一般业务流程以外的已经处理或部分处理的某类交易，可能一年只运行几次，如每月将应收账款明细账与总账比较，也可能每周运行，甚至一天运行几次。

与预防性控制相比，不同被审计单位之间的检查性控制差别很大。许多检查性控制取决于被审计单位的性质，执行人员的能力、习惯和偏好。检查性控制可能是正式建立的程序，如编制银行存款余额调节表，并追查调节项目或异常项目，也可能是非正式的程序。

有些检查性控制虽然没有正式设定，但员工会有规律地执行并做记录，这些控制也是被审计单位内部控制的有机组成部分。例如，财务总监复核月度毛利率的合理性；信用管理部经理可能有一本记录每月到期应收款的备查簿，以确定这些应收款是否收到，并追查挂账的项目；财务总监实施特定的分析程序来确定某些费用与销售的关系是否与经验数据相符，如果不符，调查不符的原因并纠正其中的错报等。

需要注意的是，对控制的分类取决于控制运用的目的和方式，以及被审计单位和注册会计师对控制的认识。从根本上看，控制被归为哪类并不重要，重要的是它是否有效，以及注册会计师能否测试其有效性。业务流程中重要交易类别的有效控制应同时包括预防性控制和检查性控制，因为没有相应的预防性控制，检查性控制也不能充分发挥作用。

【例8-10·单选题】

下列控制活动中，属于检查性控制的是（　　）。

A. 信用部根据人事部提供的员工岗位职责表在系统中设定权限

B. 仓库管理员根据经批准的发货单办理出库

C. 财务部于每月月末与客户进行对账并调查差异

D. 采购部对新增供应商进行背景调查

【分析】 C。预防性控制通常用于正常业务流程的每一项交易，以防止错报的发生，而检查性控制的目的是发现流程中可能发生的错报（尽管有预防性控制还是会发生的错报），因此，选项A，B，D属于预防性控制，选项C属于检查性控制。

2. 记录相关控制

在被审计单位已设置的控制中，如果有可以对应“哪个环节需设置控制”问题的，注册会计师应将其记录于审计工作底稿，同时记录由谁执行该控制。注册会计师可以通过备忘录、笔记或复印被审计单位相关资料的方式，逐步使信息趋于完整。

如果注册会计师对重要业务流程的记录符合下列条件，可以认为其是充分的：

（1）该记录识别了所有重要交易类别；

（2）该记录指出了在业务处理流程中“在什么环节可能出错”，即在什么环节需要控制；

（3）该记录描述了针对“在什么环节可能出错”建立的预防性控制与检查性控制，并且指出这些控制由谁执行以及如何执行。

（五）执行穿行测试，证实对交易流程和相关控制的了解

为了解各类重要交易在业务流程中发生、处理和记录的过程，注册会计师通常每年都执行穿行测试。执行穿行测试可获得下列方面的证据：

（1）确认对业务流程的了解；

（2）确认对重要交易的了解是完整的，即在交易流程中所有与财务报表认定相关的可能发生错报的环节都已识别；

（3）确认所获取的有关流程中的预防性控制和检查性控制信息的准确性；

（4）评估控制设计的有效性；

（5）确认控制是否得到执行；

（6）确认之前所做的书面记录的准确性。

需要注意的是，如果不打算信赖控制，注册会计师仍需要执行穿行测试以确认以前对业务流程及可能发生错报环节的了解的准确性和完整性。

对于重要的业务流程，不管是人工控制还是自动化控制，注册会计师都要对整个流程执行穿行测试，涵盖交易从发生到记账的整个过程。当某重要业务流程有显著变化时，注册会计师应当根据变化的性质及其对相关账户发生重大错报的影响程度，考虑是否需要对变化前后的业务都执行穿行测试。

注册会计师应将对业务流程和相关控制的穿行测试情况，记录于审计工作底稿。记录的内容包括穿行测试中查阅的文件、穿行测试的程序以及注册会计师的发现和结论。

【例 8-11·单选题】

注册会计师执行穿行测试的主要目的不是确认（　　）。

A. 是否正确了解了内部控制并且书面记录准确

B. 识别交易流程中与财务报表有关的可能发生错报的环节

C. 所获取的有关流程中的预防性控制和检查性控制信息的准确性

D. 评估控制设计的有效性并确认控制运行的有效性

【分析】 D。执行穿行测试主要用来证实注册会计师对交易流程和相关控制的了解是否正确。通过执行穿行测试，注册会计师可了解控制是否能够识别可能发生错报的环节和控制信息的准确性。控制运行的有效性是在控制测试完成后评价的，了解内部控制只能做到确认控制是否得到执行。

（六）进行初步评价和风险评估

在识别和了解控制后，根据执行上述程序及获取的审计证据，注册会计师需要评价控制设计的合理性并确定其是否得到执行。

注册会计师对控制的评价结论可能是：

（1）所设计的控制单独或连同其他控制能够防止或发现并纠正重大错报，并得到执行；

（2）控制本身的设计是合理的，但没有得到执行；

（3）控制本身的设计就是无效的或缺乏必要的控制。

由于对控制的了解和评价是在穿行测试完成后，但在测试控制运行有效性之前进行的，因此，上述评价结论只是初步结论，仍可能随控制测试后实施实质性程序的结果而发生变化。

【例8-12·多选题】

在了解公司内部控制时，注册会计师通常采用的程序有（　　）。

A. 查阅内部控制手册

B. 追踪交易在财务报告信息系统中的处理过程

C. 重新执行某项控制

D. 现场观察某项控制的运行

【分析】 ABD。选项C属于控制测试的程序。

第五节　评估重大错报风险

评估重大错报风险是风险评估阶段的最后一个步骤。获取的关于风险因素和抵消控制风险的信息（通过实施风险评估程序），将全部用于评估财务报表层次以及各类交易、账户余额和列报认定层次的重大错报风险。该评估结果将作为确定进一步审计程序的性质、范围和时间的基础，以应对识别的风险。

一、评估财务报表层次和认定层次的重大错报风险

（一）评估重大错报风险时考虑的因素

表8-3列示了风险评估时考虑的部分风险因素。

表8-3　风险评估时考虑的部分风险因素

1. 已识别的风险是什么？	
财务报表层次	（1）源于薄弱的被审计单位层次内部控制或信息技术一般控制； （2）特别风险； （3）与管理层凌驾和舞弊相关的风险因素； （4）管理层愿意接受的风险，如小企业缺乏职责分工导致的风险。
认定层次	（1）与完整性、准确性、存在或计价相关的特定风险： 1）收入、费用和其他交易； 2）账户余额； 3）财务报表披露。 （2）可能产生多重错报的风险。

续表

相关内部控制程序	（1）特别风险； （2）用于预防、发现或减轻已识别风险的恰当设计并执行的内部控制程序； （3）仅通过执行控制测试应对的风险。
2. 错报（金额影响）可能发生的规模有多大？	
财务报表层次	什么事项可能导致财务报表重大错报？考虑管理层凌驾、舞弊、未预期事件和以往经验。
认定层次	考虑： （1）交易、账户余额或披露的固有性质； （2）日常和例外事件； （3）以往经验。
3. 事件（风险）发生的可能性有多大？	
财务报表层次	考虑： （1）“来自高层的声音”； （2）管理层风险管理的方法； （3）采用的政策和程序； （4）以往经验。
认定层次	考虑： （1）相关的内部控制活动； （2）以往经验。
相关内部控制程序	识别对于降低事件发生可能性非常关键的管理层风险应对要素。

【例 8-13·单选题】

下列各项中，与丙公司财务报表层次重大错报风险评估最相关的是（　　）。

A. 丙公司应收账款周转率呈明显下降趋势

B. 丙公司持有大量高价值且易被盗窃的资产

C. 丙公司的生产成本计算过程相当复杂

D. 丙公司控制环境薄弱

【分析】 D。内部控制的好坏是影响财务报表层次重大错报风险评估的直接因素，选项 A，B，C 都是相对具体的，有一定关系，但不是最相关的。

（二）评估重大错报风险的审计程序

在评估重大错报风险时，注册会计师应当实施下列审计程序：

（1）在了解被审计单位及其环境的整个过程中识别风险，并考虑各类交易、账户余额、列报。例如，被审计单位因相关环境保护法规的实施需要更新设备，可能面临原有设备闲置或贬值的风险；宏观经济的低迷可能预示应收账款的回收存在问题；竞争者开发的新产品上市，可能导致被审计单位的主要产品在短期内过时，预示将出现存货跌价和长期资产（如固定资产等）的减值。

（2）将识别的风险与认定层次可能发生错报的领域相联系。例如，销售困难使产品的市场价格下降，可能导致年末存货成本高于其可变现净值而需要计提存货跌价准备，这显示存货的计价认定可能发生错报。

（3）考虑识别的风险是否重大。风险是否重大是根据风险造成后果的严重程度确定的。上例中，除考虑产品市场价格下降因素外，注册会计师还应当考虑产品市场价格下降的幅度、该产品在被审计单位产品中的比重等，以确定识别的风险对财务报表的影响是否重大。假如产品市场价格大幅下降，导致产品销售收入不能补偿成本，毛利率为负，那么年末存货跌价问题严重，存货计价认定发生错报的风险重大；假如价格下降的产品在被审计单位销售收入中所占比例很小，被审计单位其他产品销售毛利率很高，尽管该产品的毛利率为负，但可能不会使年末存货发生重大跌价问题。

（4）考虑识别的风险导致财务报表发生重大错报的可能性。例如，考虑存货的账面余额是否重大，是否已适当计提存货跌价准备等。在某些情况下，尽管识别的风险重大，但仍不至于导致财务报表发生重大错报。例如，被审计单位对存货跌价准备的计提实施了比较有效的内部控制，管理层已根据存货的可变现净值，计提了相应的跌价准备。在这种情况下，财务报表发生重大错报的可能性将相应降低。

注册会计师应当将实施风险评估程序获取的信息，包括在评价控制设计和确定其是否得到执行时获取的审计证据，作为支持风险评估结果的审计证据。注册会计师应当根据风险评估结果，确定实施进一步审计程序的性质、时间和范围。

（三）识别两个层次的重大错报风险

在对重大错报风险进行识别和评估后，注册会计师应当确定识别的重大错报风险是与特定的某类交易、账户余额、列报的认定相关，还是与财务报表整体广泛相关，进而影响多项认定。

某些重大错报风险可能与特定的某类交易、账户余额、列报的认定相关。例如，被审计单位存在复杂的联营或合资，这一事项表明长期股权投资账户的认定可能存在重大错报风险。又如，被审计单位存在重大的关联方交易，该事项表明关联方及关联方交易的披露认定可能存在重大错报风险。

财务报表层次重大错报风险是指与财务报表整体广泛相关，并潜在地影响多项认定的风险。这种性质的风险不一定局限于某类交易、账户余额或披露层次的特定认定的风险，而在一定程度上代表了可能增加认定层次重大错报风险的情况，例如，在经济不稳定的国家和地区开展业务、资产的流动性出现问题、重要客户流失、融资能力受到限制等，可能导致注册会计师对被审计单位的持续经营能力产生重大疑虑。又如，管理层缺乏诚信或承受异常的压力以及管理层凌驾于内部控制之上可能引发舞弊风险，这些风险与财务报表整体相关。

（四）控制环境对评估财务报表层次重大错报风险的影响

财务报表层次重大错报风险很可能源于薄弱的控制环境。薄弱的控制环境带来的风险可能对财务报表产生广泛影响，难以局限在某类交易、账户余额、列报上，注册会计师应当采取总体应对措施。例如，被审计单位治理层、管理层对内部控制的重要性缺乏认识，没有建立必要的制度和程序，或管理层的经营理念过于激进，又缺乏实现激进目标的人力资源等，这些缺陷均源于薄弱的控制环境，可能对财务报表产生广泛影响，需要注册会计师采取总体应对措施。

（五）控制对评估认定层次重大错报风险的影响

在评估重大错报风险时，注册会计师应当将所了解的控制与特定认定相联系。

这是由于控制有助于防止或发现并纠正认定层次的重大错报。在评估重大错报发生的可能性时，除了考虑可能的风险外，还要考虑控制对风险的抵消和遏制作用。有效的控制会减少错报发生的可能性，而控制不当或缺乏控制，错报就会由可能变成现实。

控制可能与某一认定直接相关，也可能与某一认定间接相关。关系越间接，控制防止或发现并纠正认定层次错报的作用越小。例如，销售经理对分地区的销售网点的销售情况进行复核，与销售收入完整性的认定只是间接相关。相应地，该项控制在降低销售收入完整性认定中的错报风险方面的效果，要比与该认定直接相关的控制（如将发货单与开具的销售发票相核对）的效果差。

注册会计师可能识别出有助于防止或发现并纠正特定认定发生重大错报的控制。在确定这些控制是否能够实现上述目标时，注册会计师应当将控制活动和其他要素综合考虑。如将销售和收款的控制置于其所在的流程和系统中考虑，以确定其能否实现控制目标。因为单一的控制活动（如将发货单与销售发票相核对）本身并不足以控制重大错报风险，只有多种控制活动和内部控制的其他要素综合作用才足以控制重大错报风险。

当然，也有某些控制活动可能是专门针对某类交易或账户余额的个别认定。例如，被审计单位建立的以确保盘点工作人员能够正确地盘点和记录存货的控制活动，直接与存货账户余额的存在性和完整性认定相关。注册会计师只需要对盘点过程和程序进行了解，就可以确定该控制是否能够实现目标。

注册会计师应当考虑对识别的各类交易、账户余额和列报认定层次的重大错报风险予以汇总和评估，以确定进一步审计程序的性质、时间和范围。

（六）考虑财务报表的可审计性

注册会计师在了解被审计单位内部控制后，可能对被审计单位财务报表的可审计性产生怀疑。例如，对被审计单位会计记录的可靠性和状况的担心可能会使注册会计师认为可能很难获取充分、适当的审计证据，以支持对财务报表发表意见。再如，管理层严重缺乏诚信，注册会计师认为管理层在财务报表中作出虚假陈述的风险高到无法进行审计的程度。因此，如果通过对内部控制的了解发现下列情况，并对财务报表局部或整体的可审计性产生疑问，注册会计师应当考虑出具保留意见或无法表示意见的审计报告：

（1）被审计单位会计记录的状况和可靠性存在重大问题，不能获取充分、适当的审计证据以发表无保留意见；

（2）对管理层的诚信存在严重疑虑。

必要时，注册会计师应当考虑解除业务约定。

二、需要特别考虑的重大错报风险

（一）特别风险

特别风险是指注册会计师识别出的符合下列特征之一的重大错报风险：一是根据固有风险因素对错报发生的可能性和错报的严重程度的影响，注册会计师将固有风险评估为达到或接近固有风险等级的最高级；二是根据审计准则的规定，注册会计师应当将其作为特别风险。特别风险通常与重大的非常规交易和判断事项有关。

非常规交易是指由于金额或性质异常而不经常发生的交易，如企业购并、债务重组、重大或有事项等。由于非常规交易具有下列特征，与重大非常规交易相关的特别风险可能导致更高的重大错报风险：

（1）管理层更多地介入会计处理；

（2）数据收集和处理涉及更多的人工成分；

（3）复杂的计算或会计处理方法；

（4）非常规交易的性质可能使被审计单位难以对由此产生的特别风险实施有效控制。

判断事项通常包括作出的会计估计，如资产减值准备金额的估计、需要运用复杂估值技术确定的公允价值计量等。由于下列原因，与重大判断事项相关的特别风险可能导致更高的重大错报风险：

（1）对涉及会计估计、收入确认等方面的会计原则存在不同的理解；

（2）所要求的判断可能是主观和复杂的，或需要对未来事项作出假设。

（二）确定特别风险时应考虑的事项

在确定哪些风险是特别风险时，注册会计师应当在考虑识别出的控制对相关风险的抵消效果前，根据风险的性质、潜在错报的重要程度（包括该风险是否可能导致多项错报）和发生的可能性，判断风险是否属于特别风险。

以下事项可能导致注册会计师评估认为重大错报风险具有较高的固有风险等级，进而将其确定为特别风险：

（1）交易具有多种可接受的会计处理，因此涉及主观性；

（2）会计估计具有高度不确定性或模型复杂；

（3）支持账户余额的数据收集和处理较为复杂；

（4）账户余额或定量披露涉及复杂的计算；

（5）对会计政策存在不同的理解；

（6）被审计单位业务的变化涉及会计处理发生变化，如合并和收购。

在判断哪些风险是特别风险时，注册会计师不应考虑识别出的控制对相关风险的抵消效果。

（三）考虑与特别风险相关的控制

了解与特别风险相关的控制，有助于注册会计师制定有效的审计方案予以应对。对于特别风险，注册会计师应当评价相关控制的设计情况，并确定其是否已经得到执行。由于与重大非常规交易或判断事项相关的风险很少受到日常控制的约束，注册会计师应当了解被审计单位是否针对该特别风险设计和实施了控制，管理层采取的应对措施可能包括：

（1）控制活动，如高级管理人员或专家对假设进行检查；

（2）对估计流程作出记录；

（3）治理层作出批准。

如果管理层未能实施控制以恰当应对特别风险，注册会计师应当认为内部控制存在重大缺陷，并考虑其对风险评估的影响。在此情况下，注册会计师应当就此类事项与治理层沟通。

此外，如果计划测试旨在减轻特别风险的控制运行的有效性，注册会计师不应依赖以前审计获取的关于内部控制运行有效性的审计证据。注册会计师应当专门针对识别的风险实施实质性程序，但由于实质性分析程序并不能单独应对特别风险，注册会计师应当实施细节测试，或将实质性分析程序与细节测试相结合。

【例 8 - 14 · 单选题】

下列有关注册会计师评估特别风险的说法，正确的是（　　）。

A. 注册会计师应当将具有高度估计不确定性的会计估计评估为存在特别风险

B. 注册会计师应当将涉及重大管理层判断和重大审计判断的事项评估为存在特别风险

C. 注册会计师应当将管理层凌驾于控制之上的风险作为特别风险

D. 注册会计师应当将重大非常规交易评估为存在特别风险

【分析】 C。应当直接评估为特别风险的事项包括：（1）舞弊导致的重大错报风险；（2）管理层凌驾于控制之上的风险；（3）超出被审计单位正常经营过程的重大关联方交易导致的风险。其余的事项都需要进一步评估才能确定是否存在特别风险。

三、仅通过实质性程序无法应对的重大错报风险

作为风险评估的一部分，如果认为仅通过实质性程序获取的审计证据无法将认定层次的重大错报风险降至可接受的水平，注册会计师应当评价被审计单位针对这些风险设计的控制，并确定其执行情况。

在被审计单位对日常交易采用高度自动化处理的情况下，审计证据可能仅以电子形式存在，其充分性和适当性通常取决于自动化信息系统相关控制的有效性，注册会计师应当考虑仅通过实施实质性程序不能获取充分、适当的审计证据的可能性。例如，某企业通过高度自动化的系统确定采购品种和数量，生成采购订单，并通过系统中设定的收货确认和付款条件进行付款。除了系统中的相关信息以外，该企业没有其他有关订单和收货的记录。在这种情况下，如果认为仅通过实施实质性程序不能获取充分、适当的审计证据，注册会计师应当考虑依赖的相关控制的有效性，并对其进行了解、评估和测试。

案例分析8-1

华兴公司是一家A股上市公司，主要从事钢铁产品的生产和销售，母公司为中兴公司。

华兴公司于20×6年12月31日拥有B公司、C公司、D公司和E公司等若干被投资企业，有关情况摘录如表8-4所示。

表8-4 华兴公司投资企业有关情况摘录

公司名称	华兴公司持股比例		主要业务	注释
	20×5年12月31日	20×6年12月31日		
B公司	100%	100%	钢铁产品的生产和销售	1
C公司	0	100%	铁矿石的采购和销售	2
D公司	不适用	100%	钢铁产品的贸易	3
E公司	40%	40%	设备维修服务	4

注释1：B公司的注册地为西部某城市，自20×5年起10年内享受西部大开发税收优惠政策，适用15%的企业所得税税率。B公司是当地政府重点扶持企业，于20×6年收到多项政府补助及扶持资金。

注释2：C公司原为中兴公司的全资子公司，是B公司的主要供应商之一。B公司的主要原材料铁矿石中有约35%从C公司购入。C公司对原有ERP系统进行了升级，并自20×6年1月1日起启用升级后的ERP系统，此后，所有主要管理职能和业务流程均通过升级后的ERP系统执行，ERP系统通过处理各类交易记录自动生成财务报表。20×6年1月月末，为整合集团产业链、增强市场竞争力，华兴公司购入了中兴公司所持有C公司的全部股权，自此C公司成为华兴公司的全资子公司。

注释3：D公司是华兴公司于20×6年1月以现金出资设立的子公司，实收资本为2 000万元。自20×6年下半年起，D公司开展若干钢铁产品品种的期货交易。

注释4：E公司多年亏损，20×4年度亏损500万元，预期其经营状况在未来5年内不会发生改变。20×6年5月，E公司因资金短缺，由华兴公司为其代垫采购款200万元，并约定2年后还款。华兴公司对持有的E公司40%的股权目前尚无处置计划。

20×6年年初，为了促进子公司改善业绩，华兴公司管理层决定将子公司管理层的年终奖金与子公司的利润总额直接挂钩。

自20×6年下半年以来，华兴公司的部分主要钢材产品出现供过于求的情况，市场价格持续下跌。根据行业统计数据，国内主要钢铁企业20×6年的营业收入普遍较20×5年下降超过15%。尽管华兴公司20×6年全年有所盈利，但其中20×6年下半年业绩出现亏损。

由于20×6年年末存在较多库存积压，华兴公司将部分存货存放于某物流公司（非关联公司）仓库。

华兴公司20×6年度部分合并财务数据摘录如表8-5所示。

表 8-5 华兴公司 20×6 年度部分合并财务数据摘录 单位：万元

项目	20×6 年度（未审数）	20×5 年度（已审数）
营业收入	7 400 000	8 100 000
利润总额	2 000	50 000
存货	1 700 000	1 000 000
减：存货跌价准备	2 000	2 000
流动资产	3 000 000	3 200 000
流动负债	3 400 000	2 700 000

华兴公司为今明会计师事务所的常年审计客户。今明会计师事务所委派注册会计师李浩担任华兴公司 20×6 年度财务报表审计项目合伙人，并委派注册会计师张兴担任审计项目组负责人。审计组了解到：

（1）华兴公司采用经销商买断方式销售 a 产品和 b 产品。20×6 年，a 产品的建议市场零售价、出厂价和单位生产成本较 20×5 年基本没有变化。b 产品是华兴公司 20×6 年 2 月推出的新产品，其建议市场零售价比 a 产品高 20%。a 产品和 b 产品的单位生产成本接近，其出厂价分别低于各自建议市场零售价的 10%和 20%。

（2）a 产品于 20×6 年 11 月停产。20×6 年年末，某经销商采用交款提货方式购买了最后一批 a 产品。华兴公司已收到货款 200 万元，并已开具发票和发运凭单。经销商在验收时发现该批产品质量不符合合同要求，双方尚未就解决方案达成一致意见。

审计组在审计工作底稿中记录了华兴公司的财务数据，部分内容摘录如表 8-6 所示。

表 8-6 审计工作底稿中摘录的部分华兴公司财务数据 单位：万元

项目	20×6 年度（未审数）		20×5 年度（已审数）	
	a 产品	b 产品	a 产品	b 产品
营业收入	1 000	5 000	2 000	0
营业成本	905	4 600	1 800	0
存货——产成品	0	1 000	400	0
存货跌价准备	0	0	0	0

【分析】通过风险评估，审计组认为华兴公司 20×6 年度财务报表审计的重点领域以及可能的重大错报如表 8-7 所示。

表 8-7 华兴公司 20×6 年度财务报表审计的重点领域及可能的重大错报

事项	了解到的事实	财务报表层次重大错报	认定层次重大错报	重点审计领域
（1）	华兴公司 20×6 年营业收入下降约 8.6%，利润总额下降 96%，接近盈亏临界点。但根据行业统计数据，国内主要钢铁企业 20×6 年的营业收入普遍较 20×5 年下降超过 15%	可能为了避免亏损而粉饰财务报表	营业收入（发生）	营业收入

续表

事项	了解到的事实	财务报表层次重大错报	认定层次重大错报	重点审计领域
(2)	华兴公司20×6年12月31日的流动资产小于流动负债	可能存在持续经营的风险，对财务报表整体可能产生重大影响		影响企业持续经营能力的事项或情况
(3)	华兴公司管理层决定将子公司管理层的年终奖金与子公司的利润总额直接挂钩	对子公司管理层形成较大的压力，子公司管理层可能为了自身利益而粉饰财务报表	利润（发生）	影响子公司利润的事项和情况
(4)	20×6年发生了同一控制下的企业合并，即收购C公司	不恰当的企业合并会计处理可能对财务报表整体产生重大影响	长期股权投资（计价和分摊）；投资收益（发生）	企业合并会计处理
(5)	B公司于20×6年收到多项政府补助及扶持资金	政府补助及扶持资金可能对财务报表整体产生重大影响	补贴收入（发生）	收到政府补助及扶持资金的处理
(6)	C公司自20×6年1月1日起采用升级后的ERP系统，ERP系统通过处理各类交易记录自动生成财务报表	信息系统的风险可能对财务报表整体产生重大影响		ERP系统的测试
(7)	D公司自20×6年下半年起开展了若干钢铁产品品种的期货交易	期货交易的特定性质可能存在导致集团财务报表发生重大错报的特别风险	交易性金融资产（准确性）	D公司期货交易的处理
(8)	E公司多年亏损，20×6年度亏损500万元，预期其经营状况在未来5年内不会发生改变。20×6年5月，E公司因资金短缺，由华兴公司为其代垫采购款200万元，并约定2年后还款。华兴公司对持有的E公司40%的股权目前尚无处置计划	E公司多年亏损且未来5年内不会发生改变可能对财务报表整体产生重大影响	长期股权投资（计价和分摊）；长期应收款（计价和分摊）；资产减值损失（完整性）	长期股权投资、长期应收款及其资产减值损失的会计处理
(9)	由于20×6年年末存在较多库存积压，华兴公司将部分存货存放于某物流公司（非关联公司）仓库，且20×6年存货跌价准备与20×5年计提数额相同	存货数量和状况可能对财务报表整体产生重大影响	存货（存在/计价和分摊）；资产减值损失（完整性）	存货监盘
(10)	20×6年a产品的建议市场零售价和单位生产成本较20×5年基本没有变化，a产品毛利率为10%是合理的，b产品出厂价格比a产品高6.7%，在两种产品单位成本基本相近的情况下，b产品的毛利率为8%明显不合理	存在少计营业收入或多计营业成本的风险	营业收入（完整性、准确性）；营业成本（发生、准确性）；存货（完整性、计价和分摊）	b产品及其营业收入、营业成本

续表

事项	了解到的事实	财务报表层次重大错报	认定层次重大错报	重点审计领域
(11)	经销商提出产品质量不符合合同规定，a产品被退回。但a产品年末存货余额为0	华兴公司已确认销售收入并结转成本	营业收入（发生）； 营业成本（发生）； 存货（完整性）	a产品销售退回的处理

即测即评

扫描此码 在线做题

思考题

1. 简述国内外风险审计准则的发展及其特征。

2. 简述风险评估如何贯穿整个审计过程。

3. 在实务中如何执行风险评估？

4. 为什么了解被审计单位及其环境对注册会计师来说极其重要？它如何影响审计策略和审计方法？

5. 注册会计师应当从哪些方面了解被审计单位及其环境？

6. 如何了解被审计单位内部控制？

7. 如何评估重大错报风险？

8. 举例说明需要特别关注的重大错报风险。

9. 举例说明仅通过实质性程序无法应对的重大错报风险。

10. 为什么说注册会计师应当了解的是与审计相关的内部控制而不是与财务报告相关的内部控制？

案例分析

万福生科财务造假与审计失败

一、造假案发

2012年8月，湖南证监局上市公司检查组对万福生科进行了上市后的例行现场检查。检查组发现，万福生科2012年半年报中的预付账款存在重大异常：公开披露的资产负债表显示预付账款余额为1.46亿元，而科目余额表则显示预付账款余额超过3亿元，预付账款账表不符。万福生科的财务总监解释称，这是为了让报表好看一点，将一部分预付账款重分类至在建工程等其他科目。但检查组敏锐地意识到，作为一家粮食精加工企业，万福生科采购的主要原材料是稻谷。通常来讲，这类企业与农户进行结算时采取的是现结方式，财报中出现如此大数额的预付账款，显然十分不符合常理。另外，万福生科在2012年上半年曾经停产，企业在停产期间仍能产生高额预付账款，这引起了检查组的进一步关注。

检查组立即追查到银行，追踪资金的真实去向。银行真实的资金流水显示，账列预付的8 036万元设备供应款根本没有转给供应商（法人），而是转给了自然人；再对比追查，发现下游回款根本不是客户（法人）转进来的，而是自然人转进来的。现场检查组发现万福生科银行回单涉嫌造假的重大违法事实之后，湖南证监局立即于2012年9月14日宣布对其立案调查。案情上报后，中国证监会高度重视，9月17日证监会稽查总队宣布对其立案调查。在确凿的事实面前，万福生科的财务总监无奈交出了私人控制的56张个人银行卡，稽查总队又在现场截获了存有2012年上半年真实收入数据的U盘，从此揭开了一个伪造银行回单14亿元、虚构收入9亿多元的惊天大案。

二、万福生科上市过程及其造假流程

万福生科（湖南）农业开发股份有限公司（股票代码300268，简称万福生科）前身系湖南省桃源县湘鲁万福有限责任公司，于2003年5月8日在桃源县工商行政管理局登记注册，注册资本300万元。公司注册地址为湖南省常德市桃源县陬市镇下街。从2005年4月至2009年9月24日，经过多次增资及股权变动，万福生科的注册资本增至2 488.181万元，资本公积增至6 617.419万元，同时，其经营范围变更为：收购、仓储、销售粮食；加工、销售大米、饲料；生产、销售高麦芽糖浆、麦芽糊精、淀粉、淀粉糖、糖果、饼干、豆奶粉；生产、销售稻壳活性炭、硅酸钠、油脂；畜牧养殖加工。

2008年，常德市新一届领导班子出于本市多年没有公司上市的“紧迫感”，希望挑选市内20家资质较好的企业纳入上市企业后备资源库，并尽快扶持企业上市，以带动地方经济发展。万福生科因此成为“上市后备企业”，并享受到了常德市政府兑现的多项奖励措施和优惠政策。万福生科以“粮食加工农业企业”的特殊身份，不仅享受到了增值税零税率的待遇，还获得了国家和地方政府对粮农企业的财政补贴。2008—2010年，万福生科分别获取政府免税补贴82.18万元、540.58万元和775.30万元。2011年，上至湖南省政府，下到桃源县政府，共给予万福生科各种补贴达19项，总金额达869万元，其中桃源县财源建设领导小组财源建设基金给予了万福生科高达260万元的补贴。在各方面的大力扶持下，2011年9月27日，万福生科在创业板成功挂牌上市，股票发行价为25元，当天报收29.04元。上市后，万福生科的注册资本变更为6 700万元。万福生科发行募集资金总额为4.25亿元，扣除发行费用3 000万元，实际募集资金净额为3.95亿元。

万福生科的造假模式是利用公司的自有资金进行体外循环，同时虚构粮食收购和产品销售业务，从而虚增销售收入和利润。为实现资金体外循环，万福生科借用了一些农户的身份证开立银行账户，并由公司控制使用，有些个人银行账户甚至连农户本人都不知情。具体流程是：首先将公司账上的资金转入其控制的个人账户，同时在财务上记录粮食收购的预付款，并相应地进行粮食收购的入账处理，完成原材料的入账；之后，再将这些实际控制的个人账户中的资金，以不同客户回款的名义分笔转回到公司账户，财务上则对应地做这些客户的销售回款冲减应收款，并相应地记录客户销售收入等账目。

在资金循环过程中，万福生科除了伪造大量的银行凭证外，还使用现金存取的方式来掩盖其造假行为。在整个造假流程中，万福生科都配备了购销合同、入库单、检验单、生产单、销售单、发票等“真实”的票据和凭证来对应其虚假业务。如果单独查看其中的某张单据，从形式上很难发现问题，但实际上该笔业务是虚假的。他们利用多个个人账户、多次现金存取、伪造银行凭证、账套流水与银行账户流水一一对应虚构业务，整个造假流程很逼真，很难辨别其真伪。

三、中国证监会的调查

2012 年 9 月，中国证监会正式开始立案稽查。证监会稽查总队组建了一支超过 30 人的稽查队伍，稽查组用三个多月的时间完成了对万福生科 2008 年以来的财务数据的现场调查。对于虚增主营业务收入和利润这一关键问题，稽查组分银行资料、外围调查（简称外调）两个小组同步开展调查。

银行资料组负责调取与万福生科客户回款有关的所有银行流水和凭证，以确认每一笔相关资金的确切来源与去向。据稽查组负责人回忆，调查过程中发现了万福生科为掩盖造假行为所采取的一些小伎俩。比如，一笔资金在银行柜台现存现取，从 A 柜台取出后，再从 B 柜台存进，人为割裂资金流向；又如，一些转款是通过刷公司自行安装的 POS 机转同账户，这使得银行确认这种资金来源的难度大大增加，因此稽查人员需要协调银联调取相关数据。在整个银行资料调查过程中，稽查人员共追查了 300 多个账户、超过 10 万笔流水。

外调组同时调查了万福生科的销售客户和采购农户，目的是了解其真实的销售额与原材料收购规模。在历时两个多月的外调过程中，稽查人员共走访调查了 50 多家客户，并发现了两类问题客户：一类是万福生科曾经的客户，交易发生时间不在万福生科上市发行期内；另一类是根本就不存在的客户，包括一些几年前就已注销或关闭的小公司，万福生科竟将这些公司冒充为自己的客户。在稽查过程中，万福生科还曾试图与一些客户串通，但令人意想不到的是，万福生科财报上的数字假得太离谱，即使客户虚报数字“帮忙”隐瞒，依旧难以掩盖真相。稽查组负责人表示：“有些农户根本不知道万福生科为他们开立了银行账户，而另一些甚至根本不是粮食经纪人，而是万福生科的员工或是员工的远房亲戚等。”

稽查组最终掌握了 667 卷 15 万余页的证据，查证万福生科在 2008—2010 年分别虚增销售收入 1.2 亿元、1.5 亿元和 1.9 亿元，虚增利润合计近 1.13 亿元。另外，万福生科上市后的 2011 年财报和 2012 年半年报同样存在虚假记载的情况，这两个报告期分别虚增销售收入 2.8 亿元和 1.65 亿元，虚增利润合计超过 1 亿元。

四、注册会计师审计失败

担任万福生科IPO审计的是中磊会计师事务所有限责任公司（简称中磊所），其注册地在北京，并在江西、浙江、广西、吉林、上海、河北、山东、湖南、山西、陕西、广东、香港等地设有分所。2012年以前，中磊所的业务收入和注册会计师人数曾连续三年位居中国注册会计师协会公布的全国百强会计师事务所排行榜前50名。在2011年的审计机构业务排行榜中，IPO业务方面，中磊所在65家会计师事务所中排第15名，承接了包括万福生科在内的7单IPO审计项目。中磊所承办的万福生科IPO审计失败主要表现在：

1. IPO审计阶段风险评估程序缺乏

（1）万福生科所处的稻米加工行业早在2009年就开始发生重大变化，全国大米加工企业由于原材料供应不足爆发了大面积停产危机，但万福生科在其招股说明书中对2012年上半年由于断粮危机造成的停产只字未提。对此，中磊所没有充分关注万福生科所处行业的重大变化，未能识破其原材料供应谎言。

（2）2008—2010年，万福生科淀粉糖毛利率分别高达27.7%、29.39%和28.13%。与生产同类产品的竞争对手江西恒天公司相比，尽管万福生产的核心产品、营运能力、资本结构均远不如江西恒天，但其净利润却是江西恒天的3倍。对此，中磊所缺乏必要的关注。

（3）虽然中磊所在2011年年报审计时也对8 036万元预付设备款进行了供应商访谈、函证和拍照等程序，但其并没有深入进行重大错报风险评估和分析。

2. IPO审计阶段函证程序缺失

中磊所及其注册会计师在审计万福生科IPO财务报表的过程中，未对万福生科2008年年末、2009年年末的银行存款、应收账款余额进行函证，也未执行恰当的替代审计程序。其中，银行存款函证程序的缺失导致中磊所未能发现万福生科虚构一个桃源县农信社银行账户的事实，万福生科2008年以该银行账户虚构资金发生额2.86亿元，其中包括虚构收入回款约1亿元。应收账款函证程序的缺失，导致中磊所未能发现万福生科2008年、2009年虚增收入的事实。

中磊所及其注册会计师在对万福生科2010年年末和2011年6月30日的往来科目余额进行函证时，未对函证实施过程保持控制。中磊所审计工作底稿中部分询证函回函上的签章，并非被询证者本人的签章。上述程序缺陷导致中磊所未能发现万福生科2010年、2011年上半年虚增收入和采购的事实。

3. IPO审计阶段未对评估的重大错报风险实施恰当的审计程序

中磊所及其注册会计师在评价万福生科的舞弊风险时，认为其管理层为满足上市要求和借款融资需求，存在粉饰财务报表的动机和压力。在已识别出包括营业收入、应收账款、预付账款等在内的重大错报风险领域的情况下，中磊所及其注册会计师未能实施有效的进一步审计程序。

【讨论分析】

1. 结合中国证监会对万福生科的调查以及注册会计师的审计失败，分析注册会计师审计失败的原因及其规避措施。

2. 针对万福生科利用资金体外循环，并通过“一条龙”方式利用多个个人账户、多次现金存取、伪造银行凭证、账套流水与银行账户流水——对应虚构业务的整个造假流程，分析注册会计师在识别和应对重大错报风险时应当注意的问题。

3. 结合万福生科官网上的相关信息披露（招股说明书、财务报告、内部控制报告、管理层报告）等资料，利用了解被审计单位基本情况和内容的步骤，对万福生科 IPO 审计进行完整的风险评估。

线上 MOOC 学习

请登录 https://www.icourse163.org/course/CUFE - 1003060002，课外学习国家精品课程“审计学”中“风险评估”相关内容。

第九章 风险应对

Chapter 9

素养提升

树立正确的风险观，提升斗争能力，“增强干部推动高质量发展本领、服务群众本领、防范化解风险本领。加强干部斗争精神和斗争本领养成，着力增强防风险、迎挑战、抗打压能力”①。

思维导图

引　例

北京兴华因风险评估及应对问题收到警示函

北京证监局在完成对北京兴华会计师事务所（简称北京兴华）执行的大恒新纪元科技股份有限公司（简称大恒科技）2023 年度财务报表审计项目检查后，认定其在审计执业中存在以下问题：

1. 风险评估方面重要性水平确认依据不充分

未充分记录选定的重要性水平确认基准及相关百分比的合理性、较上年变化的原因等职业判断过程。

2. 控制测试方面

未恰当评价内部控制审计证据的充分性，未记录需执行控制测试程序的重要组成部分选取逻辑及覆盖率较低的合理性。控制测试程序执行不到位，部分测试程序的执行情况及结果未在底稿中记录。未恰当评价实质性程序执行中发现的错报与控制偏差及可能存在的内部控制缺陷。

3. 实质性程序方面

（1）营业收入审计程序执行不到位。未合理评价收入细节测试中发现的跨期错

---

① 习近平．高举中国特色社会主义伟大旗帜 为全面建设社会主义现代化国家而团结奋斗：在中国共产党第二十次全国代表大会上的报告．北京：人民出版社，2022.

报。未充分关注和评价部分收入未严格按照企业会计政策确认的合理性。未充分分析售后维保相关管理层会计判断的合理性。

（2）应收账款及其他应收款审计程序不到位。减值测试程序不到位，对坏账准备测算差异直接调整前瞻性系数绝对值，未记录调整依据及合理性。对于未回函的应收账款，替代性审计程序执行不到位。

（3）存货和营业成本审计程序执行不到位。未充分关注期初存货类别划分错误，未识别出期初部分存货已收货未入库等错报事项。个别营业成本细节测试审计底稿空白，未记录抽样检查过程及结果。

（4）对管理层提供的数据可靠性未执行充分的验证程序。例如，未分析验证管理层提供的收发存汇总表、应收账款账龄表、存货库龄表等。同时，未能发现个别账龄、库龄不准确的情形。

4. 业务完成阶段

对现金流量表、期后事项以及年度报告中其他信息审阅工作程序执行不到位、记录不完整。

为此，2024 年 12 月 19 日，北京证监局决定对北京兴华及 2023 年度审计报告签字注册会计师采取出具警示函的行政监管措施，并记入证券期货市场诚信档案。

资本市场出现的这些实例，足以警醒注册会计师：谨慎地应对风险，才能提升审计质量，但如何进行风险应对呢?

资料来源：北京证监局官网。

第一节 风险应对总流程

风险应对是指注册会计师为了应对评估的财务报表重大错报风险而采取的措施的总称。重大错报风险的应对措施包括以下两类：

（1）总体应对措施。总体应对措施是指注册会计师针对评估的财务报表层次重大错报风险确定采取的措施。

（2）进一步审计程序。进一步审计程序是指注册会计师针对评估的认定层次重大错报风险设计和实施的审计程序，包括控制测试（必要时或决定测试时）和实质性程序。

风险评估及其应对相关程序的作用如表 9－1 所示。

表 9－1 风险评估及其应对相关程序的作用

项目		作用
风险评估		旨在识别和评估财务报表层次以及重大类别的交易、账户余额和披露认定层次风险
风险应对	总体应对措施	用于应对评估的财务报表层次重大错报风险
	进一步审计程序	用于获取将审计风险降至可接受的水平的证据

整个风险应对工作是在评估财务报表层次和认定层次的重大错报风险后展开的。

注册会计师针对评估的财务报表层次重大错报风险采取的总体应对措施，是从宏观的角度，站在更高的层面，从审计观念上运用该模型，以指导检查风险的控制工作，最终将审计风险降至可接受的水平。

注册会计师针对评估的认定层次重大错报风险设计和实施的进一步审计程序，是对审计风险模型的具体运用。控制测试的结果将直接用于修正重大错报风险的初步评估结果。当审计风险一定时，修正的重大错报风险评估结果通过模型最终会影响检查风险水平的确定，进而影响实质性程序的设计和实施。实质性程序的设计和实施直接依据运用模型确定的计划检查风险水平，其目的是将检查风险降至计划可接受的水平。

风险应对总流程如图9－1所示。

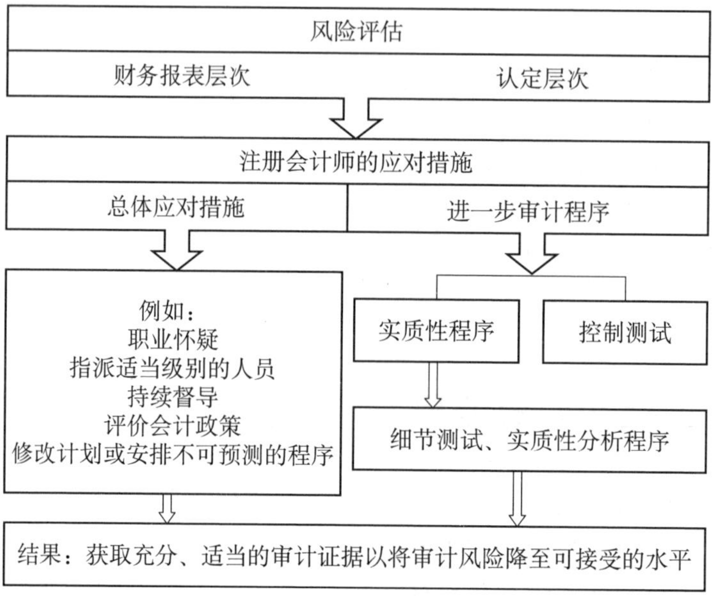

图9－1 风险应对总流程图

第二节 针对财务报表层次重大错报风险的总体应对措施

一、财务报表层次重大错报风险与总体应对措施

注册会计师应当针对评估的财务报表层次重大错报风险，采取总体应对措施。可采取的总体应对措施包括：

（1）向项目组强调保持职业怀疑的必要性；

（2）指派更有经验或具有特殊技能的审计人员，或利用专家的工作；

（3）提供更多的督导；

（4）在选择进一步审计程序时，融入更多不可预见的因素；

（5）对拟实施审计程序的性质、时间和范围作出总体修改。

注册会计师对控制环境的了解会影响其对财务报表层次重大错报风险的评估。有效的控制环境可以使注册会计师增强对内部控制和被审计单位内部产生的证据的信赖程度。如果控制环境存在缺陷，注册会计师在对拟实施审计程序的性质、时间和范围作出总体修改时应当考虑：

（1）在期末而非期中实施更多的审计程序；

（2）主要依赖实质性程序获取审计证据；

（3）修改审计程序的性质，获取更具说服力的审计证据；

（4）扩大审计程序的范围。

总体应对措施可以在计划阶段制定，融入总体审计策略中。在新业务中，总体应对措施可以在计划阶段根据初步业务活动制定，然后根据风险评估的结果予以证实或修改。在小型被审计单位，确定总体应对措施和审计策略可以通过前期审计结束时编制简要的备忘录来完成，然后根据与管理层的讨论予以更新。

【例9－1·多选题】

下列注册会计师针对总体应对措施和进一步审计程序的设计中，恰当的有（ ）。

A. 注册会计师对计划获取控制运行的保证程度越高，拟实施的控制测试的范围越小

B. 注册会计师若评估的重大错报风险比较低，则可以不用针对所有重大的交易、账户余额或披露实施实质性程序

C. 进一步审计程序是指注册会计师针对评估的认定层次重大错报风险实施的审计程序

D. 注册会计师应当针对评估的财务报表层次重大错报风险确定总体应对措施

【分析】CD。由于注册会计师对计划获取控制运行的保证程度越高，对测试结果可靠性要求越高，注册会计师实施的进一步审计程序的范围越广，故选项A不恰当；对于重要的各类交易、账户余额、列报，注册会计师必须实施实质性程序，故选项B不恰当。

二、增加审计程序不可预见性的方法

（一）增加审计程序不可预见性的思路

在选择进一步审计程序时，注册会计师可以通过以下方式提高审计程序不可预见性。

1. 范围

对某些以前未测试的低于设定的重要性水平或风险较小的账户余额和认定实施

实质性程序。注册会计师可以关注以前未曾关注的审计领域，尽管这些领域的重要程度可能比较低。如果这些领域有可能被用于掩盖舞弊行为，注册会计师就要针对这些领域实施一些具有不可预见性的测试。

2. 时间

调整实施审计程序的时间安排，使其超出被审计单位的预期。比如，如果注册会计师在以前年度的大多数审计工作都集中在12月或在年底前后进行，那么被审计单位可能会了解注册会计师的这一审计习惯，从而可能会把一些不适当的会计调整放在年度的9月、10月或11月等，以避免引起注册会计师的注意。因此，注册会计师可以考虑调整实施审计程序时测试项目的时间，从测试12月的项目改为测试9月、10月或11月的项目。

3. 选样

采取不同的审计抽样方法，使当年抽取的测试样本与以前年度有所不同。

4. 地点

选取不同的地点实施审计程序，或预先不告知被审计单位所选定的测试地点。例如，在存货监盘程序中，注册会计师可以到未事先通知被审计单位的盘点现场进行监盘，使被审计单位没有机会事先清理现场，隐藏一些不想让注册会计师知道的情况。

（二）增加审计程序不可预见性的实施要点

（1）注册会计师需要与被审计单位的高层管理人员事先沟通，要求实施具有不可预见性的审计程序，但不能告知其具体内容。注册会计师可以在签订审计业务约定书时明确提出这一要求。

（2）虽然对不可预见性没有量化的规定，但项目组可根据对舞弊风险的评估等确定具有不可预见性的审计程序。审计项目组可以汇总具有不可预见性的审计程序，并记录在审计工作底稿中。

（3）项目负责人需要安排项目组成员有效地实施具有不可预见性的审计程序，但同时要避免使项目组成员处于困难境地。

（三）增加审计程序不可预见性的示例

表9－2举例说明了具有不可预见性的审计程序。

表9－2　具有不可预见性的审计程序示例

审计领域	一些可能适用的具有不可预见性的审计程序
存货	向以前审计过程中接触不多的被审计单位员工询问，如采购、销售、生产人员等。
	在不事先通知被审计单位的情况下，选择一些以前未曾到过的盘点地点进行存货监盘。
销售和应收账款	向以前审计过程中接触不多或未曾接触的被审计单位员工询问，如负责处理大客户账户的销售部人员。
	改变实施实质性分析程序的对象，如对收入按细类进行分析。
	针对销售和销售退回延长截止测试期间。

续表

审计领域	一些可能适用的具有不可预见性的审计程序
销售和应收账款	实施以前未曾考虑的审计程序，包括： (1) 函证确认销售条款或者选定销售额较不重要、以前未曾关注的销售交易，如对出口销售实施实质性程序； (2) 实施更细致的分析程序，如使用计算机辅助审计技术复核销售及客户账户； (3) 测试以前未曾函证的账户余额，如金额为负或是零的账户，或者余额低于以前设定的重要性水平的账户； (4) 改变函证日期，即把函证账户的截止日期提前或者推迟； (5) 对关联公司销售和相关账户余额，除了进行函证外，再实施其他审计程序进行验证。
审计领域	一些可能适用的具有不可预见性的审计程序。
采购和应付账款	如果以前未曾对应付账款余额普遍进行函证，可考虑直接向供应商函证确认余额。如果经常采用函证方式，可考虑改变函证的范围或者时间。
	对以前由于低于设定的重要性水平而未曾测试的采购项目，进行细节测试。
	使用计算机辅助审计技术审阅采购和付款账户，以发现一些特殊项目，如是否有不同的供应商使用相同的银行账户。
现金和银行存款	多选几个月的银行存款余额调节表进行测试。
	对有大量银行账户的，考虑改变抽样方法。
固定资产	对以前由于低于设定的重要性水平而未曾测试的固定资产进行测试，如考虑实地盘查一些价值较低的固定资产（如汽车和其他设备等）。
跨区域审计项目	修改分支机构审计工作的范围或者区域，如增加某些较次要分支机构的审计工作量，或实地去分支机构开展审计工作。

三、对拟实施进一步审计程序的总体方案的影响

注册会计师评估的财务报表层次重大错报风险以及采取的总体应对措施，对拟实施进一步审计程序的总体方案具有重大影响。

拟实施进一步审计程序的总体方案包括：

（1）实质性方案，是指注册会计师实施的进一步审计程序以实质性程序为主。当评估的财务报表层次重大错报风险属于高风险水平（并相应采取更强调审计程序不可预见性，重视调整审计程序的性质、时间和范围等总体应对措施）时，拟实施进一步审计程序的总体方案往往更倾向于实质性方案。

（2）综合性方案，是指注册会计师在实施进一步审计程序时，将控制测试与实质性程序结合使用。

在了解被审计单位的控制环境后，如果注册会计师认为控制环境存在缺陷，应当考虑选用实质性方案，即拟实施的进一步审计程序以实质性程序为主。如果了解

相关内部控制后预期某些交易种类的内部控制是有效运行的，则应当考虑选用综合性方案，即在实施进一步审计程序时，控制测试和实质性程序结合使用。

【例9-2·多选题】

下列有关采用总体审计方案的说法，错误的有（　　）。

A. 如果财务报表层次重大错报风险评估为低水平，拟实施进一步审计程序的总体方案往往更倾向于实质性方案

B. 通常情况下，注册会计师从成本效益的角度考虑可以采用综合性方案

C. 注册会计师应当采用实质性方案应对特别风险

D. 注册会计师应当采用与前期审计一致的审计方案，除非评估的重大错报风险发生重大变化

【分析】ACD。如果财务报表层次重大错报风险评估为高水平，拟实施进一步审计程序的总体方案往往更倾向于实质性方案；相反，如果财务报表层次重大错报风险评估为低水平，则适宜采用综合性方案，故选项A错误。注册会计师应当针对特别风险实施实质性程序，并不是实质性方案，故选项C错误。注册会计师评估的财务报表层次重大错报风险以及采取的总体应对措施对拟实施进一步审计程序的总体审计方案具有重大影响，无须考虑要与前期的审计方案一致，故选项D错误。

第三节　针对认定层次重大错报风险的进一步审计程序

一、进一步审计程序的内涵和要求

（一）进一步审计程序的内涵

进一步审计程序是指注册会计师针对评估的各类交易、账户余额、列报认定层次重大错报风险实施的审计程序，包括控制测试和实质性程序。

注册会计师应当针对评估的认定层次重大错报风险设计和实施进一步审计程序，包括审计程序的性质、时间和范围。注册会计师设计和实施的进一步审计程序的性质、时间和范围，应当与评估的认定层次重大错报风险具有明确的对应关系。注册会计师实施的审计程序具有目的性和针对性，有的放矢地配置审计资源有利于提高审计效率和效果。

需要说明的是，尽管在应对评估的认定层次重大错报风险时，拟实施的进一步审计程序的性质、时间和范围都应当确保其具有针对性，但其中进一步审计程序的性质是最重要的。例如，注册会计师评估的重大错报风险越高，实施进一步审计程序的范围通常越大，但是只有首先确保进一步审计程序的性质与特定风险相关，扩大审计程序的范围才是有效的。

（二）进一步审计程序的要求

在设计进一步审计程序时，注册会计师应当考虑下列因素：

（1）风险的重要性。风险的重要性是指风险造成的后果的严重程度。风险造成的后果越严重，就越需要注册会计师关注和重视，越需要精心设计有针对性的进一步审计程序。

（2）重大错报发生的可能性。重大错报发生的可能性越大，同样越需要注册会计师精心设计进一步审计程序。

（3）涉及的各类交易、账户余额和列报的特征。不同的交易、账户余额和列报产生的认定层次的重大错报风险存在差异，适用的审计程序也有差别，需要注册会计师区别对待，并设计有针对性的进一步审计程序予以应对。

（4）被审计单位采用的特定控制的性质。不同性质的控制（尤其是人工控制还是自动化控制）对注册会计师设计进一步审计程序具有重要影响。

（5）注册会计师是否拟获取审计证据，以确定内部控制在防止或发现并纠正重大错报方面的有效性。如果注册会计师在风险评估时预期内部控制运行有效，随后拟实施的进一步审计程序就必须包括控制测试，且实质性程序自然会受到之前控制测试结果的影响。

综合上述几方面因素，注册会计师对认定层次重大错报风险的评估为确定进一步审计程序的总体方案奠定了基础。因此，注册会计师应当根据对认定层次重大错报风险的评估结果，恰当选用实质性方案或综合性方案。通常情况下，注册会计师出于成本效益的考虑可以采用综合性方案设计进一步审计程序，即将测试控制运行的有效性与实质性程序结合使用。但在某些情况下（如仅通过实质性程序无法应对重大错报风险），注册会计师必须实施控制测试，才可能有效应对评估出的某一认定的重大错报风险；而在另一些情况下（如注册会计师的风险评估程序未能识别出与认定相关的任何控制，或注册会计师认为控制测试很可能不符合成本效益原则），注册会计师可能认为仅实施实质性程序就是适当的。

小型被审计单位可能不存在能够被注册会计师识别的控制活动，注册会计师实施的进一步审计程序可能主要是实质性程序。但是，注册会计师始终应当考虑在缺乏控制的情况下，仅通过实施实质性程序是否能够获取充分、适当的审计证据。

需要特别说明的是，注册会计师对重大错报风险的评估毕竟是一种主观判断，可能无法充分识别所有的重大错报风险，同时内部控制存在固有局限性（特别是存在管理层凌驾于内部控制之上的可能性），因此，无论选择何种方案，注册会计师都应当对所有重大的各类交易、账户余额、列报设计和实施实质性程序。

二、进一步审计程序的性质

（一）进一步审计程序的性质的含义

进一步审计程序的性质是指进一步审计程序的目的和类型。

进一步审计程序的目的包括：（1）通过实施控制测试确定内部控制运行的有效性；（2）通过实施实质性程序发现认定层次的重大错报。

进一步审计程序的类型包括：检查、观察、询问、函证、重新计算、重新执行和分析程序。

（二）进一步审计程序的性质的选择

不同的审计程序应对特定认定错报风险的效力是不同的，注册会计师应当合理选择审计程序。

注册会计师在选择审计程序时，应当考虑认定层次重大错报风险的评估结果。评估的认定层次重大错报风险越高，对通过实质性程序获取的审计证据的相关性和可靠性的要求越高，从而可能影响进一步审计程序的类型及其综合运用。此外，还应当考虑评估的认定层次重大错报风险产生的原因，包括各类交易、账户余额、列报的具体特征以及内部控制。

如果在实施进一步审计程序时拟利用被审计单位信息系统生成的信息，注册会计师应当就信息的准确性和完整性获取审计证据。

【例9-3·多选题】

下列关于注册会计师对进一步审计程序的性质的选择中，恰当的有（　　）。

A. 在确定进一步审计程序的性质时，注册会计师首先需要考虑的是认定层次重大错报风险的评估结果

B. 注册会计师应当根据认定层次重大错报风险的评估结果选择审计程序

C. 注册会计师在确定拟实施的审计程序时，除考虑认定层次重大错报风险高低，还要考虑重大错报风险产生的原因

D. 如果在实施进一步审计程序时拟利用被审计单位信息系统生成的信息，注册会计师应当就信息的可靠性获取审计证据

【分析】ABC。如果在实施进一步审计程序时拟利用被审计单位信息系统生成的信息，注册会计师应当就信息的准确性和完整性获取审计证据，而不是就信息的可靠性获取审计证据，故选项D不恰当。

三、进一步审计程序的时间

（一）进一步审计程序的时间的含义

进一步审计程序的时间是指注册会计师何时实施进一步审计程序，或审计证据适用的期间或时点。因此，当提及进一步审计程序的时间时，在某些情况下指的是审计程序的实施时间，在另一些情况下则是指需要获取的审计证据适用的期间或时点。

（二）进一步审计程序的时间的选择

有关进一步审计程序的时间的选择问题，第一个层面是注册会计师选择在何时实施进一步审计程序的问题；第二个层面是选择获取什么期间或时点的审计证据的问题。第一个层面的选择问题主要集中在如何权衡期中与期末实施审计程序的关系；第二个层面的选择问题分别集中在如何权衡期中审计证据与期末审计证据的关系，以及如何权衡以前审计获取的审计证据与本期审计获取的审计证据的关系。这两个层面的最终落脚点都是确保获取审计证据的效率和效果。

注册会计师可以在期中或期末实施控制测试或实质性程序。这就引出了注册会

计师应当如何选择实施审计程序的时间的问题。一项基本的考虑因素应当是注册会计师评估的重大错报风险。当重大错报风险较高时，注册会计师应当考虑在期末或接近期末实施实质性程序，或采用不通知的方式，或在管理层不能预见的时间实施审计程序。

虽然在期末实施审计程序在很多情况下非常必要，但仍然不排除注册会计师在期中实施审计程序可能发挥的积极作用。在期中实施进一步审计程序可能有助于注册会计师在审计工作初期识别重大事项，并在管理层的协助下及时解决这些事项，或针对这些事项制定有效的实质性方案或综合性方案。当然，在期中实施进一步审计程序也存在很大的局限性。首先，注册会计师往往难以仅凭在期中实施的进一步审计程序获取有关期中以前的充分、适当的审计证据（例如，某些期中以前发生的交易或事项在期中审计结束时尚未完结）；其次，即使注册会计师在期中实施的进一步审计程序能够获取有关期中以前的充分、适当的审计证据，从期中到期末这段剩余期间往往也会发生重大的交易或事项（包括期中以前发生的交易、事项的延续，以及期中以后发生的新的交易、事项），从而对所审计期间的财务报表认定产生重大影响；最后，被审计单位管理层也完全有可能在注册会计师于期中实施进一步审计程序之后对期中以前的相关会计记录作出调整甚至篡改，注册会计师在期中实施进一步审计程序所获取的审计证据已经发生变化。为此，如果在期中实施了进一步审计程序，注册会计师还应当针对剩余期间获取审计证据。

注册会计师在确定何时实施审计程序时，应当考虑以下几项重要因素：

（1）控制环境。良好的控制环境可以抵消在期中实施进一步审计程序的局限性，使注册会计师在确定实施进一步审计程序的时间时有更大的灵活度。

（2）何时能得到相关信息。例如，某些控制活动可能仅在期中（或期中以前）发生，而之后可能难以再观察到；再如，某些电子化的交易和账户文档如未能及时取得，可能被覆盖。在这些情况下，注册会计师如果希望获取相关信息，则需要考虑能够获取相关信息的时间。

（3）错报风险的性质。例如，被审计单位可能为了保证盈利目标的实现，在会计期末以后伪造销售合同以虚增收入，此时注册会计师需要考虑在期末（即资产负债表日）这个特定时点获取被审计单位截至期末所能提供的所有销售合同及相关资料，以防范被审计单位在资产负债表日后伪造销售合同以虚增收入的做法。

（4）审计证据适用的期间或时点。注册会计师应当根据需要获取的特定审计证据确定何时实施进一步审计程序。例如，为了获取资产负债表日的存货余额证据，显然不宜在与资产负债表日间隔过长的期中时点或期末以后时点实施存货监盘等相关审计程序。

需要说明的是，虽然注册会计师在很多情况下可以根据具体情况选择实施进一步审计程序的时间，但也存在一些限制选择的情况。某些审计程序只能在期末或期末以后实施，包括将财务报表与会计记录相核对，检查财务报表编制过程中所作的会计调整等。如果被审计单位在期末或接近期末发生了重大交易，或重大交易在期末尚未完成，注册会计师应当考虑交易的发生或截止等认定可能存在的重大错报风险，并在期末或期末以后检查此类交易。

四、进一步审计程序的范围

（一）进一步审计程序的范围的含义

进一步审计程序的范围是指实施进一步审计程序的数量，包括抽取的样本量、对某项控制活动的观察次数等。

（二）确定进一步审计程序的范围时考虑的因素

在确定进一步审计程序的范围时，注册会计师应当考虑下列因素：

（1）确定的重要性水平。确定的重要性水平越低，注册会计师实施进一步审计程序的范围越广。

（2）评估的重大错报风险。评估的重大错报风险越高，对拟获取审计证据的相关性、可靠性的要求越高，因此，注册会计师实施的进一步审计程序的范围越广。

（3）计划获取的保证程度。计划获取的保证程度是指注册会计师计划通过实施的审计程序对测试结果可靠性所获取的信心。计划获取的保证程度越高，对测试结果可靠性的要求越高，注册会计师实施的进一步审计程序的范围越广。例如，注册会计师对财务报表是否不存在重大错报的信心可能来自控制测试和实质性程序。如果注册会计师计划从控制测试中获取更高的保证程度，控制测试的范围就更广。

需要说明的是，随着重大错报风险的增加，注册会计师应当考虑扩大审计程序的范围。但是，只有当审计程序本身与特定风险相关时，扩大审计程序的范围才是有效的。

在确定进一步审计程序的范围时，使用计算机辅助审计技术具有积极的作用。注册会计师可以使用计算机辅助审计技术对电子化的交易和账户文档进行更广泛的测试，包括从主要电子文档中选取交易样本，或按照某一特征对交易进行分类，或对总体而非样本进行测试。

鉴于进一步审计程序的范围往往是通过一定的抽样方法确定的，因此，注册会计师需要慎重考虑抽样过程对审计程序范围的影响，以确保能够有效实现审计目的。注册会计师使用恰当的抽样方法通常可以得出有效结论。但如果存在下列情形，注册会计师依据样本得出的结论可能与对总体实施同样的审计程序得出的结论不同，出现不可接受的风险：

（1）从总体中选择的样本量过小；

（2）选择的抽样方法对实现特定目标不适当；

（3）未对发现的例外事项进行恰当的追查。

此外，注册会计师在综合运用不同审计程序时，除了面临各类审计程序的性质选择问题，还面临如何权衡各类程序的范围问题。因此，注册会计师在综合运用不同审计程序时，不仅应当考虑各类审计程序的性质，还应当考虑测试的范围是否适当。

【例9-4·单选题】

下列关于注册会计师确定进一步审计程序的范围时应考虑的因素的说法，正确的是（　　）。

A. 若计划从控制测试中获取更高的保证程度，则控制测试的范围更广

B. 计划获取的保证程度越高，拟实施进一步审计程序的范围越小

C. 确定的重要性水平越高，注册会计师实施进一步审计程序的范围越广

D. 若评估的重大错报风险高，则拟实施进一步审计程序的范围可以适当缩小

【分析】 A。计划获取的保证程度越高，对测试结果可靠性的要求越高，注册会计师实施进一步审计程序的范围越广，故选项 A 正确、选项 B 错误；确定的重要性水平越高，注册会计师实施进一步审计程序的范围越小，故选项 C 错误；评估的重大错报风险越高，对拟获取审计证据的相关性、可靠性的要求越高，因此，注册会计师实施进一步审计程序的范围也应当越大，故选项 D 错误。

第四节　控制测试

一、控制测试的内涵和要求

（一）控制测试的内涵

控制测试是旨在获取有关控制运行有效性的审计证据的测试。注册会计师获取的证据包括针对拟信赖控制的特定认定以及防止或发现并纠正重大错误或舞弊发生的证据。

控制测试应与“了解内部控制”相区分。“了解内部控制”有两层含义：一是评价控制的设计；二是确定控制是否得到执行。测试控制运行的有效性与确定控制是否得到执行所需获取的审计证据是不同的。

在实施风险评估程序以获取控制是否得到执行的审计证据时，注册会计师应当确定某项控制是否存在，被审计单位是否正在使用。

在测试控制运行的有效性时，注册会计师应当从下列方面获取关于控制是否有效运行的审计证据：

（1）控制在所审计期间的不同时点是如何运行的；

（2）控制是否得到一贯执行；

（3）控制由谁执行；

（4）控制以何种方式运行（如人工控制或自动化控制）。

从这四个方面来看，控制运行有效性强调的是控制能够在各个不同时点按照既定设计得以一贯执行。因此，在了解控制是否得到执行时，注册会计师只需抽取少量的交易进行检查或观察某几个时点。但在测试控制运行的有效性时，注册会计师需要抽取足够数量的交易进行检查或对多个不同时点进行观察。

下面举例说明两者之间的区别。某被审计单位针对销售收入和销售费用的业绩评价控制如下：财务经理每月审核实际销售收入（按产品细分）和销售费用（按费用项目细分），并与预算数和上年同期数比较，对于差异金额超过 5%的项目进行分析并编制分析报告，销售经理审阅该报告并采取适当跟进措施。注册会计师抽查

了最近3个月的分析报告，并看到上述管理人员在报告上签字确认，证明该控制已经得到执行。然而，注册会计师在与销售经理的讨论中发现，销售经理对分析报告中明显异常的数据既不了解原因，也无法作出合理解释，这一现象显示该控制并未得到有效运行。

测试控制运行的有效性与确定控制是否得到执行所需获取的审计证据虽然存在差异，但两者也有联系。为评价控制设计和确定控制是否得到执行而实施的某些风险评估程序并非专为控制测试而设计，其也可能提供有关控制运行有效性的审计证据，注册会计师可以考虑在评价控制设计和获取其得到执行的审计证据的同时测试控制运行有效性，以提高审计效率；同时注册会计师应当考虑这些审计证据是否足以支持实现控制测试的目的。

例如，被审计单位可能采用预算管理制度，以防止或发现并纠正与费用有关的重大错报风险。通过询问管理层是否编制预算，观察管理层对月度预算费用与实际发生费用的比较，并检查预算金额与实际金额之间的差异报告，注册会计师可能获取有关被审计单位费用预算管理制度的设计及其是否得到执行的审计证据，同时也可能获取相关制度运行有效性的审计证据。当然，注册会计师需要考虑所实施的风险评估程序获取的审计证据是否能够充分、适当地反映被审计单位费用预算管理制度在各个不同时点按照既定设计得以一贯执行。

（二）控制测试的要求

作为进一步审计程序的类型之一，控制测试并非在任何情况下都需要实施。当存在下列情形之一时，注册会计师应当实施控制测试：

（1）在评估认定层次重大错报风险时，预期控制的运行是有效的；

（2）仅实施实质性程序不足以提供认定层次充分、适当的审计证据。

如果在评估认定层次重大错报风险时预期控制的运行是有效的，那么注册会计师应当实施控制测试，就控制在相关期间或时点的运行有效性获取充分、适当的审计证据。

注册会计师通过实施风险评估程序，可能发现某项控制的设计是存在的，也是合理的，同时得到了执行。在这种情况下，出于成本效益的考虑，注册会计师可能预期，如果相关控制在不同时点都得到了一贯执行，与该项控制有关的财务报表认定发生重大错报的可能性就不会很大，也就不需要实施很多实质性程序。为此，注册会计师可能会认为值得对相关控制在不同时点是否得到一贯执行进行测试，即实施控制测试。这种测试主要是出于成本效益的考虑，其前提是注册会计师了解内部控制以后认为某项控制存在被信赖和利用的可能。因此，只有认为控制设计合理、能够防止或发现并纠正认定层次的重大错报，注册会计师才有必要对控制运行的有效性实施测试。

如果认为仅实施实质性程序获取的审计证据无法将认定层次重大错报风险降至可接受的水平，注册会计师应当实施相关的控制测试，以获取控制运行有效性的审计证据。

有时，对某些重大错报风险，注册会计师仅通过实质性程序无法予以应对。例如，在被审计单位对日常交易或与财务报表相关的其他数据（包括信息的生成、记录、处理、报告）采用高度自动化处理的情况下，审计证据可能仅以电子形式存在，此时审计证据是否充分和适当通常取决于自动化信息系统相关控制的有效性。如果信息的生成、记录、处理和报告均通过电子格式进行而没有适当有效的控制，则生成不正确信息或信息被不恰当修改的可能性就会大大增加。在认为仅通过实施实质性程序不能获取充分、适当的审计证据的情况下，注册会计师必须实施控制测试，且这种测试已经不再是单纯出于成本效益的考虑，而是必须获取的一类审计证据。

需要说明的是，被审计单位在所审计期间内可能由于技术更新或组织管理变更而更换了信息系统，从而导致在不同时期使用了不同的控制。如果被审计单位在所审计期间内的不同时期使用了不同的控制，注册会计师应当考虑不同时期控制运行的有效性。

二、控制测试的性质

（一）控制测试的性质的含义

控制测试的性质是指控制测试使用的审计程序的类型及其组合。

计划从控制测试中获取的保证水平是决定控制测试性质的主要因素之一。注册会计师应当选择适当类型的审计程序以获取有关控制运行有效性的保证。计划的保证水平越高，对有关控制运行有效性的审计证据的可靠性要求越高。当拟实施的进一步审计程序主要以控制测试为主，尤其是仅实施实质性程序获取的审计证据无法将认定层次重大错报风险降至可接受的水平时，注册会计师应当获取有关控制运行有效性的更高的保证水平。

虽然控制测试与了解内部控制的目的不同，但两者采用审计程序的类型通常相同，包括询问、观察、检查和重新执行。

（1）询问。注册会计师可以向被审计单位适当员工询问，以获取与内部控制运行情况相关的信息。例如，询问信息系统管理人员有无未经授权接触计算机硬件和软件，向负责复核银行存款余额调节表的人员询问如何进行复核，包括复核的要点、发现不符事项如何处理等。然而，仅询问不能为控制运行的有效性提供充分的证据，注册会计师通常需要验证被询问者的答复，如向其他人员询问和检查执行控制时使用的报告、手册或其他文件等。因此，虽然询问是一种有用的手段，但必须与其他测试手段结合使用才能发挥作用。在询问过程中，注册会计师应当保持职业怀疑态度。

（2）观察。观察是测试不留下书面记录的控制（如职责分离）的运行情况的有效方法。例如，观察存货盘点控制的执行情况。观察也可适用于实物控制，如查看仓库门是否锁好，或空白支票是否妥善保管。通常情况下，注册会计师通过观察直接获取的证据比间接获取的证据更可靠。但是，注册会计师还要考虑在其不在场时这些控制可能未被执行的情况。

（3）检查。对运行情况留有书面证据的控制，检查非常适用。书面说明、复核时留下的记号或其他记录在偏差报告中的标志，都可以被当作控制运行情况的证据。例如，检查销售发票是否有复核人员签字、销售发票是否附有客户订购单和出库单等。

（4）重新执行。通常只有当询问、观察和检查程序结合在一起仍无法获得充分的证据时，注册会计师才考虑通过重新执行来证实控制是否有效运行。例如，为了合理保证计价认定的准确性，被审计单位的一项控制是由复核人员核对销售发票上的价格与统一价格单上的价格是否一致。但是，要检查复核人员有没有认真执行核对，仅仅检查复核人员是否在相关文件上签字是不够的，注册会计师还需要自己选取一部分销售发票进行核对，这就是重新执行程序。但是，如果需要进行大量的重新执行，注册会计师就要考虑通过实施控制测试以缩小实质性程序的范围是否有效率。

询问本身并不足以测试控制运行的有效性，注册会计师应当将询问与其他审计程序结合使用，以获取有关控制运行有效性的审计证据。观察提供的证据仅限于观察发生的时点，本身也不足以测试控制运行的有效性。将询问与检查或重新执行结合使用，通常能够比仅实施询问和观察获取更高的保证水平。例如，被审计单位针对处理收到的邮政汇款单设计和执行了相关的内部控制，注册会计师通过询问和观察程序往往不足以测试此类控制的运行有效性，还需要检查能够证明此类控制在所审计期间的其他时段有效运行的文件和凭证，以获取充分、适当的审计证据。

穿行测试与重新执行的区别在于：

（1）穿行测试是指追踪交易在财务报告信息系统中的处理过程，注册会计师选取一笔或很少几笔交易了解其如何生成、记录、处理和报告，采用询问、观察、检查等方法以确定是否与之前了解的一样，以及是否得到执行，通常是针对交易循环进行穿行测试。如注册会计师选取一笔有代表性的交易，按交易的流程采用询问、观察、检查的方法来追踪这笔交易如何生成、如何记录，相关内部控制如何控制这项销售交易，从而判断内部控制是否与先前了解的一样。穿行测试主要用于风险评估程序，不排除用于控制测试，但不能直接发现金额上的错报，所以不能用于实质性程序。重新执行是在控制测试中执行，注册会计师会选取一定的样本量，重新独立执行作为被审计单位内部控制组成部分的程序或控制，也就是自己完全按照被审计单位的内部控制独立地执行一遍，再与被审计单位执行的相比较，以确定被审计单位内部控制是否得到有效的运行。如注册会计师独立编制银行存款余额调节表，再与被审计单位编制的余额调节表相核对，看被审计单位这项内部控制是否得到有效执行。

（2）穿行测试是包括询问、观察、检查的集合程序，并不是一个单独的程序，用于风险评估程序。重新执行是一个单独的程序，用于控制测试。

（二）确定控制测试的性质时的要求

1. 考虑特定控制的性质

注册会计师应当根据特定控制的性质选择所需实施审计程序的类型。例如，某些控制可能存在反映控制运行有效性的文件记录，在这种情况下，注册会计师可以检查这些文件记录以获取控制运行有效性的审计证据；某些控制可能不存在文件记录（如一项自动化的控制活动），或文件记录与证实控制运行有效性不相关，注册会计师应当考虑实施检查以外的其他审计程序（如询问和观察）或借助计算机辅助审计技术，以获取有关控制运行有效性的审计证据。

2. 考虑测试与认定直接相关和间接相关的控制

在设计控制测试时，注册会计师不仅应当考虑与认定直接相关的控制，还应当考虑这些控制所依赖的与认定间接相关的控制，以获取支持控制运行有效性的审计证据。例如，被审计单位可能针对超出信用额度的例外赊销交易设置报告和审核制度（与认定直接相关的控制）。在测试该项制度的运行有效性时，注册会计师不仅应当考虑审核的有效性，还应当考虑与例外赊销报告中信息准确性有关的控制（与认定间接相关的控制）是否有效运行。

3. 如何对一项自动化的应用控制实施控制测试

对于一项自动化的应用控制，由于信息技术处理过程的内在一贯性，注册会计师可以利用该项控制得以执行的审计证据和信息技术一般控制（特别是对系统变动的控制）运行有效性的审计证据，作为支持该项控制在相关期间运行有效性的重要审计证据。

（三）实施控制测试时双重目的的实现

控制测试的目的是评价控制是否有效运行；细节测试的目的是发现认定层次的重大错报。尽管两者目的不同，但注册会计师可以考虑针对同一交易同时实施控制测试和细节测试，以实现双重目的。例如，注册会计师通过检查某笔交易的发票，既可以确定其是否经过适当的授权，也可以获取关于该交易的金额、发生时间等细节证据。当然，如果拟实施双重目的的测试，注册会计师应当仔细设计和评价测试程序。

（四）实施实质性程序的结果对控制测试结果的影响

如果通过实施实质性程序未发现某项认定存在错报，这本身并不能说明与该认定有关的控制是有效运行的；但如果通过实施实质性程序发现某项认定存在错报，注册会计师应当在评价相关控制的运行有效性时予以考虑。因此，注册会计师应当考虑实施实质性程序发现的错报对评价相关控制运行有效性的影响（如降低对相关控制的信赖程度、调整实质性程序的性质、扩大实质性程序的范围等）。如果实施实质性程序发现被审计单位没有识别出的重大错报，这通常表明内部控制存在重大缺陷，注册会计师应当就这些缺陷与管理层和治理层进行沟通。

三、控制测试的时间

（一）控制测试的时间的含义

控制测试的时间有两层含义：一是何时实施控制测试；二是测试所针对的控制适用的时点或期间。一个基本的原理是，如果测试特定时点的控制，注册会计师仅可得到该时点控制运行有效性的审计证据；如果测试某一期间的控制，注册会计师可获取控制在该期间有效运行的审计证据。因此，注册会计师应当根据控制测试的目的确定控制测试的时间，并确定拟信赖的相关控制的时点或期间。

关于根据控制测试的目的确定控制测试的时间，如果仅需要测试控制在特定时点运行有效性（如对被审计单位期末存货盘点进行控制测试），注册会计师只需要获取该时点的审计证据。如果需要获取控制在某一期间有效运行的审计证据，仅获取与时点相关的审计证据是不充分的，注册会计师应当辅以其他控制测试，包括测试被审计单位对控制的监督。换言之，关于控制在多个不同时点运行有效性的审计证据的简单累加并不能构成控制在某一期间的运行有效性的充分、适当的审计证据，而所谓的“其他控制测试”应当具备的功能是提供相关控制在所有相关时点都运行有效的审计证据。被审计单位对控制的监督起到的是一种检验相关控制在所有相关时点是否都有效运行的作用，因此注册会计师测试这类活动能够强化控制在某一期间运行有效性的审计证据的效力。

（二）如何考虑期中审计证据

前已述及，注册会计师可能在期中实施进一步审计程序。对于控制测试，注册会计师在期中实施此类程序具有更积极的作用。但需要说明的是，即使注册会计师已获取有关控制在期中运行有效性的审计证据，也需要考虑如何能够将控制在期中运行有效性的审计证据合理延伸至期末。一个基本的考虑是针对期中至期末这段剩余期间获取充分、适当的审计证据。因此，如果已获取有关控制在期中运行有效性的审计证据，并拟利用该证据，注册会计师应当实施下列审计程序：(1) 获取这些控制在剩余期间变化情况的审计证据；(2) 确定针对剩余期间还需获取的补充审计证据。

上述两项审计程序中，第一项是针对期中已获取审计证据的控制，考察这些控制在剩余期间的变化情况（包括是否发生了变化以及如何变化）。如果这些控制在剩余期间没有发生变化，注册会计师可能决定信赖期中获取的审计证据；如果这些控制在剩余期间发生了变化（如信息系统、业务流程或人事管理等方面发生变动），注册会计师需要了解并测试控制的变化对期中审计证据的影响。

第二项是针对期中证据以外的剩余期间的补充证据。在执行该项规定时，注册会计师应当考虑下列因素：

(1) 评估的认定层次重大错报风险的重大程度。评估的重大错报风险对财务报表的影响越大，注册会计师需要获取的剩余期间的补充证据越多。

(2) 在期中测试的特定控制。例如，对自动化运行的控制，注册会计师更可能测试信息系统一般控制的运行有效性，以获取控制在剩余期间运行有效性的审计证据。

(3) 在期中对有关控制运行有效性获取的审计证据的程度。如果注册会计师在期中对有关控制运行有效性获取的审计证据比较充分，可以考虑适当减少需要获取的剩余期间的补充证据。

(4) 剩余期间的长度。剩余期间越长，注册会计师需要获取的剩余期间的补充证据越多。

（5）在信赖控制的基础上拟减少进一步实质性程序的范围。注册会计师对相关控制的信赖程度越高，通常在信赖控制的基础上拟减少进一步实质性程序的范围就越大。在这种情况下，注册会计师需要获取的剩余期间的补充证据越多。

（6）控制环境。在注册会计师总体上拟信赖控制的前提下，控制环境越薄弱（或把握程度越低），注册会计师需要获取的剩余期间的补充证据越多。

除了上述测试剩余期间控制的运行有效性的方法，测试被审计单位对控制的监督也能够作为一项有益的补充证据，以便注册会计师更有把握地将控制在期中运行有效性的审计证据延伸至期末。如前所述，被审计单位对控制的监督起到的是一种检验相关控制在所有相关时点是否都有效运行的作用，因此，通过测试剩余期间控制的运行有效性或测试被审计单位对控制的监督，注册会计师可以获取补充审计证据。

（三）如何考虑以前审计获取的审计证据

注册会计师考虑以前控制测试获取的有关控制运行有效性的审计证据，其意义在于：一方面，内部控制中的诸多要素对于被审计单位往往是相对稳定的（相对于具体的交易、账户余额和列报），因此，注册会计师在本期审计时可以适当考虑利用以前审计获取的有关控制运行有效性的审计证据；另一方面，内部控制在不同期间可能发生重大变化，注册会计师在利用以前审计获取的有关控制运行有效性的审计证据时需要格外慎重，充分考虑各种因素。

1. 基本思路

在使用以前审计获取的审计证据之前，需要确定这些证据在各期的持续相关性，包括借助下列方法确认对特定控制的了解：

（1）向管理层和其他人员询问控制的变化；

（2）观察或检查内部控制以确定其是否持续执行。

注册会计师可能面临两种结果：控制在本期发生变化；控制在本期未发生变化。

2. 当控制在本期发生变化时注册会计师的做法

如果控制在本期发生变化，注册会计师应当考虑以前审计获取的有关控制运行有效性的审计证据是否与本期审计相关。例如，如果系统的变化仅仅使被审计单位从中获取新的报告，这种变化通常不影响以前审计所获取证据的相关性；如果系统的变化引起数据累积或计算发生改变，这种变化可能影响以前审计所获取证据的相关性。如果拟信赖的控制自上次测试后已发生变化，注册会计师应当在本期审计中测试这些控制的运行有效性。

3. 当控制在本期未发生变化时注册会计师的做法

如果拟信赖的控制自上次测试后未发生变化，且不属于旨在减轻特别风险的控制，注册会计师应当运用职业判断确定是否在本期审计中测试其运行有效性，以及本次测试与上次测试的时间间隔，但两次测试的时间间隔不得超过两年。

4. 在确定利用以前审计获取的有关控制运行有效性的审计证据是否适当以及再次测试控制的时间间隔时，注册会计师应当考虑的因素或情况

（1）内部控制其他要素的有效性，包括控制环境、对控制的监督以及被审计单

位的风险评估过程。例如，当被审计单位控制环境薄弱或对控制的监督薄弱时，注册会计师应当缩短再次测试控制的时间间隔或完全不信赖以前审计获取的审计证据。

（2）控制特征（人工控制还是自动化控制）产生的风险。当相关控制中人工控制的成分较大时，考虑到人工控制一般稳定性较差，注册会计师可能决定在本期审计中继续测试该控制的运行有效性。

（3）信息技术一般控制的有效性。当信息技术一般控制薄弱时，注册会计师可能更少地依赖以前审计获取的审计证据。

（4）控制设计及其运行的有效性，包括在以前审计中测试控制运行有效性时发现的控制运行偏差的性质和程度。例如，当所审计期间发生了对控制运行产生重大影响的人事变动时，注册会计师可能决定在本期审计中不依赖以前审计获取的审计证据。

（5）环境发生变化而特定控制缺乏相应变化导致的风险。当环境的变化表明需要对控制作出相应的变动但控制却没有作出相应变动时，注册会计师应当充分意识到控制不再有效，从而导致本期财务报表发生重大错报的可能性，此时不应再依赖以前审计获取的有关控制运行有效性的审计证据。

（6）重大错报的风险和对控制的拟信赖程度。如果重大错报风险较大或对控制的拟信赖程度较高，注册会计师应当缩短再次测试控制的时间间隔或完全不信赖以前审计获取的审计证据。

如果拟信赖以前审计获取的某些控制运行有效性的审计证据，注册会计师应当在每次审计时从中选取足够数量的控制，测试其运行有效性，不应将所有拟信赖控制的测试集中于某一次审计，而在之后的两次审计中不进行任何测试。这主要是为了尽量降低审计风险，毕竟注册会计师可能难以充分识别以前审计中测试过的控制在本期是否发生变化。此外，在每一次审计中选取足够数量的部分控制进行测试，除了能够提供这些以前审计中测试过的控制在当期运行有效性的审计证据外，还可提供控制环境持续有效性的旁证，从而有助于注册会计师判断其信赖以前审计获取的审计证据是否恰当。一般情况下，重大错报风险越高或者对内部控制的拟信赖程度越高，两次控制测试间隔越短。

5. 不得依赖以前审计所获取证据的情形

当出现下列情形时，禁止使用以前年度实施的控制测试：

（1）需要信赖旨在降低特殊风险的控制；

（2）本期内部控制的运行已经发生变化；

（3）旨在通过控制降低的风险已经发生变化。

根据注册会计师的职业判断，其他因素的存在也可能影响滚动测试的使用（或至少缩短控制测试的时间间隔），这些因素包括：控制环境薄弱；对控制的持续监督薄弱；相关控制运行的人工成分较多；发生对控制运行产生重大影响的人事变动；环境的变化需要对控制运行作出相应变动；信息技术一般控制薄弱或无效。

图9-2概括了注册会计师是否需要在本期测试某项控制的决策过程。

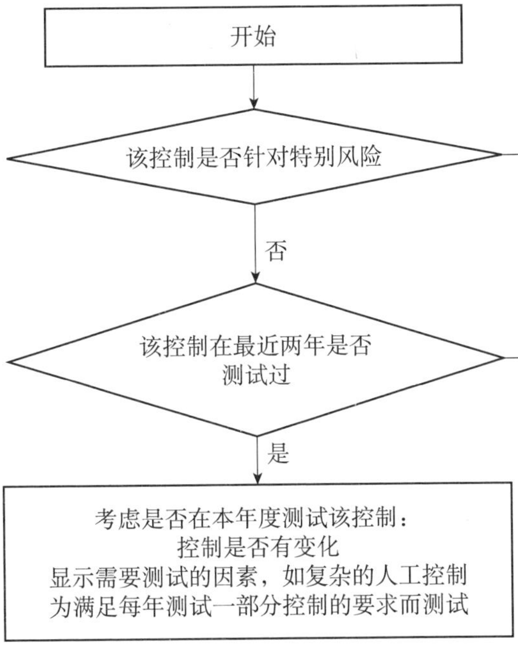

图 9-2 本审计期间测试某项控制的决策图

【例 9-5 · 多选题】

注册会计师了解公司内部控制的设计和运行后拟对内部控制进行测试，以下对控制测试的理解中，恰当的有（ ）。

A. 如果公司控制设计不合理，则不拟实施控制测试

B. 如果评估的甲公司控制运行预期有效，则应当实施控制测试

C. 如果认为仅实施实质性程序不能获取充分、适当的证据，则应当实施控制测试，以获取认定的审计证据

D. 对于旨在减轻特别风险的控制，即使拟信赖的相关控制没有发生变化，也应当在本年度财务报表审计中实施控制测试

【分析】ABD。控制测试是可以选择的，在评估企业内部控制设计不合理时，可以不实施控制测试，故选项 A 恰当；在评估企业内部控制运行预期有效时，应当实施控制测试，尤其是对于仅实施实质性程序不能获取充分、适当的证据或者旨在减轻特别风险的控制，应当实施控制测试，故选项 B 和 D 恰当；如果认为仅实施实质性程序不能获取充分、适当的证据，则应当实施控制测试，此时不是为了获取认定的审计证据，而是为了测试控制运行是否有效，故选项 C 不恰当。

四、控制测试的范围

对于控制测试的范围，其含义主要是指某项控制活动的测试次数。注册会计师应当设计控制测试，以获取控制在整个拟信赖的期间有效运行的充分、适当的审计证据。

（一）确定控制测试范围时的考虑因素

注册会计师在确定某项控制的测试范围时通常考虑下列因素：

（1）在整个拟信赖的期间，被审计单位执行控制的频率。控制执行的频率越高，控制测试的范围越大。

（2）在审计期间，注册会计师拟信赖控制运行有效性的时间长度。拟信赖控制运行有效性的时间长度不同，在该时间长度内发生的控制活动次数也不同。注册会计师需要根据拟信赖控制的时间长度确定控制测试的范围。拟信赖期间越长，控制测试的范围越大。

（3）为证实控制能够防止或发现并纠正认定层次重大错报，所需获取审计证据的相关性和可靠性。对审计证据的相关性和可靠性要求越高，控制测试的范围越大。

（4）通过测试与认定相关的其他控制获取的审计证据的范围。针对同一认定，可能存在不同的控制。当针对其他控制获取的审计证据的充分性和适当性较高时，测试该控制的范围可适当缩小。

（5）在风险评估时拟信赖控制运行有效性的程度。注册会计师在风险评估时对控制运行有效性的拟信赖程度越高，需要实施控制测试的范围越大。

（6）控制的预期偏差。预期偏差可以用控制未得到执行的预期次数占控制应当得到执行次数的比例加以衡量（也可称为预期偏差率）。考虑该因素，是因为在考虑测试结果是否可以得出控制运行有效性的结论时，不可能只要出现任何控制执行偏差就认定控制运行无效，需要确定一个合理水平的预期偏差率。控制的预期偏差率越高，需要实施控制测试的范围越大。如果控制的预期偏差率过高，注册会计师应当考虑控制可能不足以将认定层次的重大错报风险降至可接受的水平，从而针对某一认定实施的控制测试可能是无效的。

（二）对自动化控制的测试范围的特别考虑

除非系统（包括系统使用的表格、文档或其他永久性数据）发生变动，注册会计师通常不需要扩大自动化控制的测试范围。

信息技术处理具有内在一贯性，除非系统发生变动，一项自动化应用控制应当一贯运行。对于一项自动化应用控制，一旦确定被审计单位正在执行该控制，注册会计师通常无须扩大控制测试的范围，但需要考虑执行下列测试以确保该控制持续有效运行：

（1）测试与该应用控制有关的一般控制的运行有效性；

（2）确定系统是否发生变动，如果发生变动，是否存在适当的系统变动控制；

（3）确定对交易的处理是否使用授权批准的软件版本。

例如，注册会计师可以检查信息系统安全控制记录，以确定是否存在未经授权接触系统硬件和软件的情形，以及系统是否发生变动。

（三）测试两个层次控制时注意的问题

控制测试可用于被审计单位每个层次的内部控制。整体层次控制测试通常更加主观（如管理层对胜任能力的重视）。对整体层次控制进行测试，通常比业务流程层次控制（如检查付款是否得到授权）更难以记录。因此，整体层次控制和信息技术一般控制的评价通常记录的是文件备忘录和支持性证据。注册会计师最好在审计的早期测试整体层次控制，原因在于对这些控制测试的结果会影响其他计划审计程序的性质和范围。

【例 9-6·多选题】

以下因素中，很可能影响注册会计师实施较大控制测试范围的有（　　）。

A. 控制执行的频率低

B. 控制的预期偏差率低

C. 对审计证据的相关性和可靠性的要求高

D. 拟信赖控制运行有效性的期间长

【分析】 CD。在选项 A 和 B 的情形下，注册会计师控制测试的范围较小。

第五节　实质性程序

一、实质性程序的含义和要求

实质性程序是指注册会计师针对评估的重大错报风险实施的直接用以发现认定层次重大错报的审计程序。实施实质性程序的目的是收集账户余额和交易中包含的支撑性认定的证据以及发现重大错报。实质性程序包括对各类交易、账户余额、列报的细节测试以及实质性分析程序。

在确定何种实质性程序应对评估的风险最有效时，注册会计师可以考虑：

（1）仅实施细节测试；

（2）如果不存在特别风险，仅实施实质性分析程序；

（3）综合运用细节测试和实质性分析程序。

由于注册会计师对重大错报风险的评估是一种判断，可能无法充分识别出所有的重大错报风险，并且内部控制存在固有局限性，因此，无论评估的重大错报风险结果如何，注册会计师都应当针对所有重大的各类交易、账户余额、列报实施实质性程序。当使用分析程序比细节测试能更有效地将认定层次的检查风险降至可接受的水平时，注册会计师可以考虑单独或结合细节测试运用实质性分析程序，以获取充分、适当的审计证据。因此，在某些情况下，单独使用实质性分析程序可以为相关认定提供充分、适当的审计证据。

注册会计师在整个审计过程中必须实施的实质性程序应当包括：

（1）将财务报表与其所依据的会计记录相核对。

（2）检查财务报表编制过程中作出的重大会计分录和其他会计调整。注册会计师对会计分录和其他会计调整检查的性质和范围，取决于被审计单位财务报告过程的性质和复杂程度以及由此产生的重大错报风险。

（3）针对管理层凌驾于控制之上的风险实施的程序。

如果注册会计师认为评估的认定层次重大错报风险是特别风险，应当专门针对该风险实施实质性程序。例如，如果认为管理层面临实现盈利指标的压力而可能提前确认收入，注册会计师在设计询证函时不仅应当考虑函证应收账款的账户余额，还应当考虑询证销售协议的细节条款（如交货、结算及退货条款）；注册会计师还可考虑在实施函证的基础上，针对销售协议及其变动情况询问被审计单位的非财务人员。如果针对特别风险仅实施实质性程序，注册会计师应当使用细节测试，或将细节测试和实质性分析程序结合使用，以获取充分、适当的审计证据。应对特别风险需要获取具有高度相关性和可靠性的审计证据，仅实施实质性分析程序不足以获取有关特别风险的充分、适当的审计证据。

二、实质性程序的性质

（一）实质性程序的性质的含义

实质性程序的性质是指实质性程序的类型及其组合。前已述及，实质性程序的两种基本类型包括细节测试和实质性分析程序。

细节测试是对各类交易、账户余额、列报的具体细节进行测试，目的在于直接识别财务报表认定是否存在错报。细节测试用于获取与某些认定相关的审计证据，如存在、准确性、计价等。

实质性分析程序从技术特征上讲仍然是分析程序，主要是通过研究数据间的关系评价信息，只是将该技术方法用作实质性程序，即用以识别各类交易、账户余额、列报及相关认定是否存在错报。实质性分析程序通常更适用于在一段时间内存在可预期关系的大量交易。

（二）细节测试和实质性分析程序的适用性

细节测试和实质性分析程序的目的和技术手段存在一定差异，各自有不同的适用领域。注册会计师应当根据各类交易、账户余额、列报的性质选择实质性程序的类型。细节测试适用于对各类交易、账户余额、列报认定的测试，尤其是对存在或发生、计价认定的测试。对于在一段时期内存在可预期关系的大量交易，注册会计师可以考虑实施实质性分析程序。

（三）细节测试

细节测试是指收集旨在证实财务报表金额的证据的程序。这些程序用来获取有关存在、准确性、完整性和计价认定的审计证据。注册会计师需要根据不同的认定层次的重大错报风险设计有针对性的细节测试。

（四）实质性分析程序

实质性分析程序是指借助财务与非财务数据之间的可预期关系来证实财务报表金额合理性的程序。注册会计师在设计实质性分析程序时应当考虑的因素包括：

（1）对特定认定使用实质性分析程序的适当性；

（2）对已记录的金额或比率作出预期时所依据的内部或外部数据的可靠性；

（3）作出预期的准确程度是否足以在计划的保证水平上识别重大错报；

（4）已记录金额与预期值之间可接受的差异额。

考虑到数据及分析的可靠性，当实施实质性分析程序时，如果使用被审计单位编制的信息，注册会计师应当考虑测试与信息编制相关的控制，以及这些信息是否在本期或前期经过审计。

三、实质性程序的时间

实质性程序的时间选择与控制测试的时间选择有共同点，也有很大差异。共同点在于，两类程序都面临着对期中审计证据和以前审计获取的审计证据的考虑。两者的差异在于：

（1）在控制测试中，期中实施控制测试并获取关于控制运行有效性的审计证据的做法更为常见；而由于实质性程序的目的在于更直接地发现重大错报，在期中实施实质性程序时更需要考虑成本效益的权衡。

（2）在本期控制测试中拟信赖以前审计获取的有关控制运行有效性的审计证据已经受到了很大的限制；而对于以前审计中通过实质性程序获取的审计证据，则采取了更加慎重的态度和更严格的限制。

（一）如何考虑是否在期中实施实质性程序

如前所述，在期中实施实质性程序，一方面消耗了审计资源，另一方面获取的审计证据又不能直接作为期末财务报表认定的审计证据，注册会计师仍然需要消耗更多的审计资源，使期中审计证据能够合理延伸至期末。因此，这两部分审计资源的总和是否能够显著小于完全在期末实施实质性程序所需消耗的审计资源，是注册会计师需要权衡的。注册会计师在考虑是否在期中实施实质性程序时应当考虑以下因素：

（1）控制环境和其他相关的控制。控制环境和其他相关的控制越薄弱，注册会计师越不宜在期中实施实质性程序。

（2）实施审计程序所需信息在期中之后的可获得性。如果实施实质性程序所需信息在期中之后可能难以获取（如系统变动导致某类交易记录难以获取），注册会计师应考虑在期中实施实质性程序；但如果实施实质性程序所需信息在期中之后的获取并不存在明显困难，该因素不应成为注册会计师在期中实施实质性程序的重要影响因素。

（3）实质性程序的目标。如果针对某项认定实施实质性程序的目标包括获取该认定的期中审计证据（从而与期末比较），注册会计师应在期中实施实质性程序。

（4）评估的重大错报风险。注册会计师评估的某项认定的重大错报风险越高，针对该认定所需获取的审计证据的相关性和可靠性要求就越高，注册会计师越应当考虑将实质性程序集中于期末（或接近期末）实施。

（5）各类交易或账户余额以及相关认定的性质。例如，某些交易或账户余额以及相关认定的特殊性质（如收入截止认定、未决诉讼）决定了注册会计师必须在期末（或接近期末）实施实质性程序。

（6）针对剩余期间，能否通过实施实质性程序或将实质性程序与控制测试相结合，降低期末存在错报而未被发现的风险。如果针对剩余期间注册会计师可以通过实施实质性程序或将实质性程序与控制测试相结合，较有把握地降低期末存在错报而未发现的风险（如注册会计师在10月份实施预审时考虑是否使用一定的审计资源实施实质性程序，从而形成的剩余期间不是很长），注册会计师可以考虑在期中实施实质性程序；但如果针对剩余期间注册会计师认为还需要消耗大量审计资源才有可能降低期末存在错报而未发现的风险，甚至没有把握通过适当的进一步审计程序降低期末存在错报而未发现的风险（如被审计单位于8月份发生管理层变更，注册会计师接受后任管理层邀请实施预审时，考虑是否使用一定的审计资源实施实质性程序），注册会计师就不宜在期中实施实质性程序。

（二）如何考虑期中审计证据

如果在期中实施了实质性程序，注册会计师应当针对剩余期间实施进一步的实质性程序，或将实质性程序与控制测试结合使用，以将期中测试得出的结论合理延伸至期末。在如何将期中实施的实质性程序得出的结论合理延伸至期末时，注册会计师有两种选择：一是针对剩余期间实施进一步的实质性程序；二是将实质性程序与控制测试结合使用。

如果拟将期中测试得出的结论延伸至期末，注册会计师应当考虑针对剩余期间仅实施实质性程序是否足够。如果认为实施实质性程序本身不充分，注册会计师还应测试剩余期间相关控制运行的有效性或针对期末实施实质性程序。

对于舞弊导致的重大错报风险（作为一类重要的特别风险），被审计单位存在故意错报或操纵的可能性，那么注册会计师更应慎重考虑能否将期中测试得出的结论延伸至期末。因此，如果已识别出由于舞弊导致的重大错报风险，为将期中得出的结论延伸至期末而实施的审计程序通常是无效的，注册会计师应当考虑在期末或者接近期末实施实质性程序。

（三）如何考虑以前审计获取的审计证据

在以前审计中实施实质性程序获取的审计证据，通常对本期只有很弱的证据效力或没有证据效力，不足以应对本期的重大错报风险。只有当以前获取的审计证据及其相关事项未发生重大变动时（如以前审计通过实质性程序测试过的某项诉讼在本期没有任何实质性进展），以前获取的审计证据才可能用作本期的有效审计证据。即便如此，如果拟利用以前审计中实施实质性程序获取的审计证据，注册会计师也应当在本期实施审计程序，以确定这些审计证据是否具有持续相关性。

【例9-7·单选题】

下列有关实质性程序时间安排的说法，错误的是（　　）。

A. 控制环境和其他相关控制越薄弱，注册会计师越不宜仅在期中实施实质性程序

B. 注册会计师评估的某项目认定层次的重大错报风险越高，越应当考虑将实

质性程序集中在期末或者接近期末实施

C. 在期中实施了实质性程序，注册会计师应针对剩余时间实施控制测试，将期中测试得出的结论合理延伸至期末

D. 若实施实质性程序所需信息在期中之后难以获得，注册会计师应考虑在期中实施实质性程序

【分析】C。如果拟将期中测试得出的结论延伸至期末，注册会计师应当考虑针对剩余期间仅实施实质性程序是否足够。如果认为实施实质性程序本身不充分，注册会计师还应测试剩余期间相关控制运行的有效性或针对期末实施实质性程序，因此期末一定要实施实质性程序，但不一定实施控制测试，故选项C错误。

四、实质性程序的范围

评估的认定层次重大错报风险和实施控制测试的结果是注册会计师在确定实质性程序的范围时的重要考虑因素。注册会计师评估的认定层次重大错报风险越高，需要实施实质性程序的范围越广。如果对控制测试结果不满意，注册会计师应当考虑扩大实质性程序的范围。实质性程序主要包括细节测试和实质性分析程序两类方法。

在设计细节测试时，注册会计师除了从样本量的角度考虑测试范围外，还要考虑选样方法的有效性等因素。例如，从总体中选取大额或异常项目，而不是进行代表性抽样或分层抽样。

实质性分析程序的范围有两层含义。第一层含义是对什么层次的数据进行分析，注册会计师可以选择在高度汇总的财务数据层次进行分析，也可以根据重大错报风险的性质和水平调整分析层次。例如，按照不同产品线、不同季节或月份、不同经营地点或存货存放地点等实施实质性分析程序。第二层含义是需要对什么幅度或性质的偏差展开进一步调查。实施分析程序可能会发现偏差，但并非所有的偏差都值得展开进一步调查。可容忍或可接受的偏差（即预期偏差）越大，作为实质性分析程序一部分的进一步调查范围就越小。确定适当的预期偏差幅度同样属于实质性分析程序的范畴。因此，在设计实质性分析程序时，注册会计师应当确定已记录金额与预期值之间可接受的差异额。在确定该差异额时，注册会计师应当主要考虑各类交易、账户余额、列报及相关认定的重要性和计划的保证水平。

案例分析 9-1

今明会计师事务所委派审计组审计甲公司20×7年度财务报表。在应对评估的重大错报风险时，审计组需要设计和实施针对性的进一步审计程序，包括确定进一步审计程序的性质、时间安排和范围。相关情况如下：

（1）根据以往年度审计结果，甲公司主要业务流程（包括销售与收款、采购与付款，以及生产与存货等）的内部控制是有效的，因此，审计组决定在20×7年度审计中继续采用综合性审计方案。

（2）审计项目组评估认为应收账款的重大错报风险较低，对甲公司20×7年11月30日的应收账款余额实施了函证程序，未发现差异，且20×7年12月31日的应收账款余额较11月30日无重大变动。审计项目组据此认为已对年末应收账款余额的存在认定获取了充分、适当的审计证据。

（3）为应对存货存在认定的重大错报风险，审计组拟实施以询问为主的进一步审计程序。

（4）因不拟信赖甲公司建立的与识别、记录和报告关联方关系及其交易相关的内部控制，审计项目组未了解和测试这些控制，而是仅通过实施细节测试应对相关重大错报风险。

（5）审计组认为固定资产相关内部控制设计合理且得以运行，拟提高对该项控制的信赖程度，并相应减小控制测试的样本规模。

（6）甲集团公司采用账龄分析法对部分应收账款计提坏账准备，财务人员根据信息系统生成的账龄信息计算坏账准备金额，由财务经理复核后报财务总监批准。审计组拟通过询问财务经理和财务总监，检查复核与批准记录，以测试该控制的运行有效性。

（7）甲公司在20×7年发生了一起员工虚领工资事件。考虑到相关控制存在缺陷，审计组不信赖其内部控制，将通过实施实质性分析程序获取与职工薪酬相关的审计证据。

（8）为应对营业收入发生认定的特别风险，审计组不仅拟放弃依赖上年实施实质性程序获取的证据，而且拟降低对上期获取的有关控制运行有效的审计证据的依赖。

要求：分别考虑上述情况，指出审计组计划的进一步审计程序的性质、时间安排或范围是否存在不当之处，并简要说明理由。

【分析】

情况（1）不恰当。注册会计师不能仅依据以往的审计经验确定进一步审计程序的总体方案，而是要根据本年度重大错报风险的评估结果，并考虑控制是否发生变化、是否出现其他使信赖控制不再适当的因素来确定是否继续选用综合性方案。

情况（2）不恰当。注册会计师应对20×7年11月30日与12月31日之间应收账款的变动情况实施进一步审计程序。

情况（3）不恰当。为应对存货存在认定的重大错报风险，注册会计师应当实施以监盘为主的进一步审计程序。

情况（4）不恰当。对于关联交易，仅仅实施细节测试无法获取充分适当的审计证据。如果管理层建立了与识别、记录和报告关联方关系及其交易相关的内部控制，审计项目组应当获取对相关控制的了解。

情况（5）不恰当。控制测试范围与对控制的信赖程度同向变动。提高对控制的信赖程度后，应相应扩大控制测试的样本规模。

情况（6）不恰当。由于该人工控制依赖信息系统生成的信息，审计组应当验证相关的信息系统控制的准确性和完整性，另外还应验证账龄信息的准确性。

情况（7）不恰当。虚领工资是舞弊行为，表明可能存在舞弊导致的特别风险。

注册会计师在针对特别风险实施程序时，如果仅采用实质性程序，应当将实质性分析程序与细节测试相结合，或者单独实施细节测试。仅实施实质性分析程序不足以应对特别风险导致的重大错报风险。

情况（8）不恰当。当存在特别风险时，注册会计师不得依赖以前期间审计中获取的控制运行有效的证据。

案例分析 9-2

华兴公司主要从事工程机械的生产和销售，产品主要通过买断的形式销售给各地经销商，少量直接销售给最终用户。

华兴公司 20×5 年度财务报表由今明会计师事务所审计。今明会计师事务所于 20×6 年下半年接受委托审计华兴公司 20×6 年度财务报表，并委派注册会计师李浩担任审计项目合伙人。此外，今明会计师事务所还分别接受华兴公司各下属子公司委托审计其各自的 20×6 年度财务报表，并分别出具审计报告。

受宏观经济环境影响，20×6 年国内固定资产投资和基础设施建设规模出现缩减，部分工程机械产品因产能过剩出现价格下跌，工程机械行业竞争日趋激烈，整体经营情况较为低迷。20×6 年年末，华兴公司关闭了一条技术落后的生产线，并发布了针对该生产线部分员工的减员计划。

据 20×7 年年初工程机械行业相关研究报告显示，国内主要工程机械企业 20×6 年营业收入较 20×5 年下降约 40%。

除对部分经销商采用预收款或银行承兑汇票结算货款，华兴公司主要采用赊销方式销售产品。20×6 年国内工程机械市场需求下滑，部分经销商因经营不善出现财务困难。

20×6 年 12 月，华兴公司为缓解流动性的压力，将部分应收账款出售给银行。

由于国内市场整体低迷，工程机械行业的企业纷纷在全球范围内积极寻求兼并收购机会，为未来行业回暖做准备。华兴公司也开始将发展的目光投向海外市场。20×6 年下半年，华兴公司在美国收购了一家工程机械制造企业，该企业成为华兴公司第一家境外子公司。该境外子公司按照美国公认会计原则编制财务报表，记账本位币为美元。

华兴公司 20×6 年度部分合并财务数据摘录如表 9-3 所示（其中，20×5 年度财务数据已经今明会计师事务所审计，20×6 年度财务数据尚未经审计）。

表 9-3 华兴公司 20×6 年度部分合并财务数据摘录

单位：万元

资产负债表项目	20×6 年 12 月 31 日	20×5 年 12 月 31 日
应收账款	554 000	392 700
减：坏账准备	12 000	11 200
存货	435 000	377 100
减：存货跌价准备	9 000	8 800

续表

资产负债表项目	20×6年12月31日	20×5年12月31日
固定资产	218 000	216 900
短期借款	169 500	508 100
应付职工薪酬	8 100	8 800
预计负债	7 400	7 950
外币报表折算差额	0	0
利润表项目	**20×6年度**	**20×5年度**
营业收入	1 936 900	2 605 800

【分析】注册会计师通过风险评估识别出的华兴公司财务报表重大错报可能表现在：

（1）20×6年度市场低迷，销售收入大幅下降，可能导致管理层迫于完成预算或业绩目标等压力，粉饰财务报表。

（2）20×6年度华兴公司首次拥有一家境外子公司，且该子公司的财务报表按照美国公认会计原则编制。华兴公司在编制合并财务报表时，需要将境外子公司按美国公认会计原则编制的财务报表转换为按我国企业会计准则编制的财务报表，涉及的会计准则差异和转换工作较为复杂，对财务报表整体可能存在广泛的重大影响。

（3）华兴公司20×6年度收购了一家境外子公司，该项企业合并可能涉及较为复杂的企业合并会计处理，但华兴公司合并财务报表中的外币报表折算差额项目余额为0，可能意味着外币报表折算存在错报，对财务报表整体可能存在广泛的重大影响。

注册会计师通过进一步的风险评估，识别出具体的报表项目和认定层次的重大错报。针对财务报表项目和认定的重大错报可能实施的进一步审计程序如表9－4所示。

表9－4 针对财务报表项目和认定的重大错报可能实施的进一步审计程序

事项	识别出的重大错报风险	风险涉及的财务报表项目和认定	进一步审计程序
（1）	20×6年度营业收入下降，但应收账款不降反升，且坏账准备未见明显增加；另外，部分经销商因经营不善出现财务困难，可能存在应收账款坏账准备低估的风险。	应收账款的“计价和分摊”认定；应收账款坏账准备的“计价和分摊”或“完整性”认定；资产减值损失的“完整性”认定。	（1）检查应收账款坏账准备计提和核销的批准程序，取得书面报告等证明文件，评价计提坏账准备所依据的资料、假设和方法。 （2）实施分析程序，比较前期计提数与实际损失发生数，以及检查期后回款情况，评价坏账准备的计提合理性。 （3）检查应收账款账龄分析表，识别是否存在账龄较长的余额或资金周转出现困难的客户，分析债务人的财务状况和还款能力，评价管理层估计其应收账款可收回性的合理性。

续表

事项	识别出的重大错报风险	风险涉及的财务报表项目和认定	进一步审计程序
(2)	20×6年度国内主要工程机械企业营业收入较20×5年度下降了约40%，而华兴公司20×6年的营业收入较20×5年仅下降了26%，这显示华兴公司可能存在高估营业收入的风险。	营业收入的“发生”认定。	(1) 对营业收入实施分析程序，对有异常情况的项目作进一步调查： ①按收入类别或产品名称对销售数量、毛利率等进行比较分析； ②按月度对本期和上期毛利率进行比较分析。 (2) 检查营业收入的确认条件、方法是否符合会计准则的规定并保持前后期一致。 (3) 对本期交易额进行测试，抽取本期营业收入账面记录，核查至发货单、客户签收记录等原始单据。 (4) 对营业收入进行截止测试。 (5) 结合对应收账款项目的审计，选择主要客户函证本期销售额。 (6) 检查是否存在期后重大的销货退回情况，核查至原始单据。
(3)	华兴公司将部分应收账款出售给银行，涉及金融资产终止确认的判断较为复杂，可能存在将不应终止确认的应收账款提前终止确认的风险。	应收账款/短期借款的“完整性”认定。	(1) 获取已出售的应收账款清单，检查与银行签订的应收账款转让协议，分析其是否符合企业会计准则规定的金融资产终止确认条件。 (2) 向银行函证，确认所出售应收账款的规模和与出售相关的主要条款。
(4)	工程机械的产能出现过剩，华兴公司因此关闭了一条技术落后的生产线，这显示固定资产可能存在减值风险。	固定资产的“计价和分摊”认定；固定资产减值准备的“计价和分摊”或“完整性”认定；资产减值损失的“完整性”认定。	(1) 分析华兴公司的生产经营情况，识别是否存在固定资产减值迹象。 (2) 对于存在减值迹象的固定资产，检查管理层编制的减值测试计算表，检查有关现金流量预测、折现率等数据的合理性。 (3) 检查期后固定资产的处置、报废等情况。
(5)	华兴公司发布了已关闭生产线的员工减员计划，可能因此有必要计提辞退福利，但20×6年年末应付职工薪酬以及预计负债余额较20×5年年末没有明显差异，应付职工薪酬或预计负债可能存在低估风险。	应付职工薪酬/预计负债余额的“完整性”认定。	(1) 获取管理层关于减员的计划，检查是否存在辞退福利支付计划。 (2) 检查减员计划及其辞退福利支付计划是否经董事会等权力机构批准。 (3) 检查辞退福利的计提金额是否恰当。 (4) 检查辞退福利的期后付款情况。
(6)	20×6年度工程机械产品市场低迷，销售大幅下降，部分产品价格下跌，存货余额大幅上升，且存货跌价准备未见明显增加，可能存在低估存货跌价准备的风险。	存货的“计价和分摊”认定；存货跌价准备的“计价和分摊”或“完整性”认定；资产减值损失的“完整性”认定。	(1) 实施存货计价测试。 (2) 根据成本与可变现净值孰低的计价方法，检查计提存货跌价准备所依据的资料、假设及方法，考虑可变现净值的确定原则，评估存货跌价准备计提的合理性。 (3) 检查存货的期后销售情况，确定其期后售价是否低于成本。 (4) 在实施存货监盘程序时，观察存货的状态。

即测即评

扫描此码 在线做题

思考题

1. 利用审计风险模型阐述风险应对的实质和关键。
2. 举例说明财务报表层次重大错报风险的总体应对措施。
3. 举例说明增加审计程序不可预见性的方法。
4. 如何确定进一步审计程序的性质、时间和范围?
5. 如何确定内部控制测试的性质、时间和范围?
6. 如何确定实质性程序的性质、时间和范围?

案例分析

康得新的货币资金之谜与瑞华所的风险应对

1. 货币资金去哪儿了?

2019年4月30日，康得新复合材料集团股份有限公司（简称康得新）发布的2018年年度财务报告显示，公司账面货币资金为153.16亿元，其中122.1亿元存放于北京银行西单支行。但2019年1月15日，康得新因无法偿付“18康得新SCP001”到期的本息共计10.41亿元而被判定为实质性违约。拥有153.16亿元的资金却无法偿还10余亿元的债务，公司股价连续4个交易日下跌14%，人们纷纷质疑：上百亿元的货币资金去哪儿了?

2. 瑞华所对现金失踪风险的应对

根据“康得新复合材料集团股份有限公司关于深交所关注函的回复”，瑞华会计师事务所（特殊普通合伙）（简称瑞华所）对公司货币资金项目执行的主要审计程序如下：

（1）核对货币资金明细账与总账、报表数的金额是否相符。

（2）监盘库存现金，将盘点金额与现金日记账余额进行核对，并倒轧至资产负债表日。

（3）获取银行存款明细表，取得银行对账单及调节表，审计人员亲自函证当期所有银行存款账户（包括零余额账户和本期内注销的账户）。如果开户银行为境外银行或无法亲自函证的开户银行，采用邮寄的方式完成函证。具体步骤如下：

1）审计人员核对对账单，亲自填写询证函；

2）交由企业财务人员核实询证内容填写无误后，公司在询证函上盖章；

3）项目组对计划发出的询证函复印留档，原件寄至本所，由本所负责询证的同事从本所办公地址向被询证单位寄发询证函，并由快递员在发函清单上签字；

4）项目组对发函的银行地址在官网查询并进行核对，确保发函收件人与收件地址均为被函证银行的真实情况；

5）被询证银行将回函直接寄回本所，项目组根据回函情况登记询证控制表，函证结果与对账单金额一致，项目组检查询证函上的其他信息与账面记录一致。

（4）打印银行开户清单及企业信用报告，核对企业开户数量及企业信用信息；通过函证了解货币资金所有权受限情况；取得银行对账单，将银行存款账面收付记录与银行对账单抽样核对；将保证金账户对账单与相应的交易进行核对，检查保证金与相关债务的比例和合同约定的一致性；编制银行存单检查表，检查与账面记录金额的一致性及质押或限制使用的情况，确认存单所有权属于康得新公司；抽查大额银行存款收支的原始凭证，确认账务处理的正确性。

（5）检查所有定期存款存入与取出的凭证，计算银行存款累计余额和应收利息收入，分析比较公司银行存款应收利息收入与实际利息收入，评估利息收入的合理性，确认银行存款余额的真实性与利息收入记录的完整性。

（6）对货币资金收支凭证实施截止测试，检查是否存在跨期情况。

（7）检查货币资金，是否已按照企业会计准则的规定在财务报表中作出恰当列报。

瑞华所对货币资金项目获取的主要外部证据有：银行账户清单、企业信用报告、银行函证、银行对账单、银行存单、银行流水单等。

康得新及其下属的三家全资子公司——康得新光电、康得菲尔、康得新功能2018年年末账面显示在北京银行西单支行的银行存款总余额为12 210 067 986.20元，瑞华所核对了相关的网银记录，网银记录显示余额与公司财务账面余额记录一致。瑞华所分别于2019年3月25日、2019年4月2日、2019年4月16日三次通过顺丰邮寄发函给北京银行西单支行。2019年4月29日，瑞华所收到了通过顺丰邮寄至本所办公地址的北京银行西单支行询证函回函，并电话回访确认了系北京银行工作人员寄出。银行回函显示："银行存款该账户余额为0元，该账户在我行有联动账户业务，银行归集金额为12 209 443 476.52元。"另外，北京银行西单支行未对康得新功能在该支行的美元账户年末余额1 924.82美元，以及人民币账户年末余额611 299.26元进行回复。瑞华所向北京银行了解联动账户信息，但北京银行工作人员在电话回访中未予回复。由于北京银行西单支行回函信息与公司账面记载余额、公司网银显示余额不一致，同时注册会计师也无法实施进一步有效的替代程序以获取充分、适当的审计证据，因此，瑞华所无法判断公司上述银行存款期末余额的真实性、准确性及披露的恰当性。

【讨论分析】

请查阅康得新官网以及中国证监会官网上的相关资料，结合以上列示的瑞华所针对康得新货币资金重大错报的风险应对，讨论并思考：为什么针对上市公司会计造假，会计师事务所的风险应对都显得苍白无力？注册会计师如何做才能在保持职业谨慎的同时有效地应对风险？

线上 MOOC 学习

请登录 https://www.icourse163.org/course/CUFE-1003060002，课外学习国家精品课程“审计学”中“风险应对”相关内容。

第十章

Chapter 10 财务报表审计中对舞弊的考虑

素养提升

正视舞弊现状，提升反舞弊、反腐败能力。

思维导图

引 例

众华所为何因富控互动的舞弊行为而受到处罚？

2022 年 10 月 10 日，众华会计师事务所（简称众华所）收到了《中国证监会行政处罚决定书》（〔2022〕21 号，简称《处罚决定》），因其出具的上海富控互动娱乐股份有限公司（简称富控互动，2017 年 3 月由上海中技投资控股股份有限公司更名为富控互动）2013—2015 年年度报告存在虚假记载。富控互动 2013 年年度报告虚增利润 2 767.63 万元，2014 年年度报告虚增利润 1.09 亿元，2015 年年度报告虚增利润 1.4 亿元。众华所为富控互动 2013 年至 2015 年年度报表提供审计服务，并连续 3 年出具了标准无保留意见的审计报告。

众华所及其当事注册会计师提出复议申请，请求撤销《处罚决定》，对申请人不予处罚。主要理由如下：

(1)《处罚决定》关于申请人"未保持职业怀疑，未识别出收入存在的舞弊风险"的认定缺乏事实和准则依据，不能成立。申请人在审计过程中保持了应有的职业怀疑，执行了相关的审计程序，对舞弊风险进行了合理的评估。然而，本案涉及富控互动及相关方的舞弊行为，由于审计的固有限制，申请人设计和执行的程序无法有效发现舞弊。

(2)《处罚决定》关于申请人"未按总体审计策略的要求对专利使用费收入等实施内部控制审计程序"的认定缺乏依据，不能成立。根据审计准则的规定，仅实施实质性测试的前提有两个：内部控制无效或者内部控制测试效率不高。内部控制测试的目的是减少实质性测试的数量，通过内部控制测试也无法得出业务真实性的结论。因此，申请人为获取更充分、适当的审计证据，采取了全面实行实质性测试的审计方案，并按照上述准则要求全面执行了审计程序，包括检查合同、发票、收款单据及结算单据，并执行了特殊函证程序。在这些情况下，无论是否执行内部控制测试，均不会影响审计结论。

（3）《处罚决定》关于申请人“执行的实质性程序存在缺陷”的认定缺乏依据，不能成立。申请人已执行了恰当的审计程序，包括编制特殊函证、实地走访等特殊程序，已经获取充分、适当、可靠性更高的外部证据。

但证监会认为《处罚决定》认定事实清楚，证据充分，法律适用正确，程序合法，量罚适当，申请人提出的复议理由不能成立。主要理由如下：

（1）申请人在审计过程中没有保持应有的职业怀疑，未关注到虚增利润的动机，未识别出舞弊风险。富控互动实际控制人颜某刚与富控互动签署了业绩补偿协议，颜某刚向富控互动保证富控互动子公司中技桩业 2013 年、2014 年、2015 年实际净利润不满足其承诺时，将补偿承诺的净利润与实际净利润差额的 92.95%。申请人对此并未予以充分关注。专利使用、技术服务、商标使用属于富控互动 2013 年开始陆续新增的业务，这些业务性质特殊，为纯收入，没有相应成本的业务，并且金额逐年增长，占富控互动 2013 年至 2015 年年度利润总额的比例分别为 25.11%、71.54%、131.67%。此外，部分公司与中技桩业实质上构成委托加工关系，约定专利被许可方生产的产品仅能出售给中技桩业及其体系内公司。申请人未保持应有的职业怀疑，对上述业务的真实性以及是否具有商业合理性未予以充分关注。

（2）众华所在连续 3 年的总体审计策略审计工作底稿中，将可能存在重大错报风险的领域均描述为高估收入，低估成本，拟采取的应对措施均为加大控制测试量，然而众华所未按照总体审计策略的要求，对专利使用等纯收入类业务的销售与收款流程执行了解内部控制及控制测试程序，也未对未执行上述程序的原因予以说明。

（3）众华所虽然执行了访谈、函证等实质性程序，然而在富控互动具有舞弊动机、业务合理性存疑以及部分客户为其转让出去的子公司，存在客户配合造假可能的情况下，众华所未采取进一步的审计程序，未获取进一步的审计证据，常规的实质性程序不足以消除上述疑虑。

在资本市场中，常出现的舞弊主体是上市公司，但注册会计师却要为上市公司舞弊“买单”。请根据以上案例，思考注册会计师究竟对公司舞弊承担什么责任？如何才能避免为上市公司舞弊“买单”？

资料来源：《中国证券监督管理委员会行政复议决定书》（〔2022〕147 号）。

第一节 舞弊及舞弊风险动因和责任

一、舞弊的种类

舞弊是一个宽泛的法律概念。从注册会计师的视角来看，舞弊是指被审计单位的管理层、治理层、员工或第三方使用欺骗手段获取不当或非法利益的故意行为。与财务报表审计相关的舞弊包括编制虚假财务报告和侵占资产。

(一)编制虚假财务报告

编制虚假财务报告涉及为欺骗财务报表使用者而作出的故意错报(包括对财务报表金额或披露的遗漏)。公司管理层常通过凌驾于控制之上编制虚假财务报告,其主要的手段有:

(1)作出虚假会计分录,特别是在临近会计期末时,从而操纵经营成果或实现其他目的;

(2)不恰当地调整对账户余额作出估计时使用的假设和判断;

(3)在财务报表中漏记、提前或推迟确认报告期内发生的事项或交易;

(4)构造复杂交易,以歪曲财务状况或经营成果;

(5)隐瞒或不予披露可能影响财务报表金额的事实;

(6)篡改与重大和异常交易相关的记录和条款。

在现代市场经济中,编制虚假财务报告与一般舞弊(如行贿受贿和侵占资产等)相比,具有四个显著的特点:

(1)企业高管层往往牵涉其中;

(2)上下串通、内外勾结等群体舞弊司空见惯;

(3)通常以维护企业利益为幌子(至少不像受贿和挪用资产那样赤裸裸地公然损害企业利益);

(4)造成的损害更具破坏性。

现实中,编制虚假财务报告的动因多种多样,扎比霍拉哈·瑞扎伊(Zabihollah Rezaee,2005)在《财务报表舞弊:预防与发现》中归纳总结为如下几点:

(1)以误导性财务报表为基础,获得信用、长期融资或额外的资本投资;

(2)维持或创造有利的股票价值;

(3)隐瞒绩效方面的不足;

(4)隐藏不恰当的商业交易(如虚构的销售或错报的资产);

(5)临时解决财务困难(如现金流的缺乏、不利的商业决策、在维持声誉中的防御控制);

(6)基于控制人(大股东或管理者)个人收益提高的目的,包括:1)通过较高的报告盈利提高薪酬;2)增加诸如以股票为薪酬基础的个人所持公司股票的价值;3)将公司的资产转换为自己所用;4)在公司内获得提升或保持现有的职位。

(二)侵占资产

侵占资产是一种涉及盗窃公司资产的舞弊,包括员工侵占资产和管理层侵占资产。侵占资产通常采用以下方式:

(1)贪污收到的款项,如侵占收到的应收账款或将与已注销账户相关的收款转移至个人银行账户。

(2)盗窃实物或无形资产,如盗窃废料以再销售、通过向被审计单位竞争者泄露技术资料与其串通以获取回报。

（3）让被审计单位向未收到的商品或未接受的劳务付款，如向虚构的供应商支付款项、供应商向采购人员提供回扣以作为其提高采购价格的回报、向虚构的员工支付工资。

（4）将被审计单位资产挪为私用，如将被审计单位的资产作为个人或关联方贷款的抵押。

侵占资产通常伴随着虚假或误导性记录或文件，其目的是隐藏资产丢失或未经适当授权而被抵押的事实。

二、典型的舞弊风险动因理论

舞弊风险因素是指实施舞弊的动机或压力，或者为实施舞弊提供机会的事项或情况。舞弊风险动因理论很多，比较典型的有 GONE 理论、冰山理论和舞弊三角理论。

（一）GONE 理论

G. 杰克·波罗格纳、罗伯特·J. 林德奎斯特和约瑟夫·T. 威尔斯（G. Jack Bologna，Robert J. Lindquist，and Joseph T. Wells）在 1993 年提出了 GONE 理论，认为影响舞弊发生的因素包括贪婪（greed）、机会（opportunity）、需要（need）和暴露（exposure）。贪婪和需要在更大程度上与个体有关，而机会和暴露则属于环境因素。四个因素共同作用，决定了舞弊风险的水平。在此基础上，毕马威公司基金会研究发现，舞弊是由环境的压力、舞弊的机会、个人（潜在舞弊者）的品性三个因子共同作用造成的。

（二）冰山理论

冰山理论形象地把舞弊比作海面上漂浮的冰山，其中海面上的部分是舞弊结构部分，海面以下的部分属于舞弊行为部分。舞弊结构部分具有客观性，易被看到；舞弊行为部分更主观、个性化，如果可以被掩饰，则很难被觉察。因此，已识别的舞弊风险远远小于未识别的舞弊风险，后者可能导致重大错报。

（三）舞弊三角理论

舞弊三角理论是由美国舞弊会计学家 W. 史蒂夫·阿尔布雷克特（W. Steve Albrecht）于 1995 年提出的。他认为，任何舞弊行为都包含三要素：（1）面临压力；（2）有机可乘；（3）合理化。这三要素构成了舞弊三角，就如同火焰三角一样。动机和压力给舞弊带来热度，找到合理化解释或借口为舞弊补充了氧气，这时，只要有燃料即有机可乘，舞弊就会像火焰一样熊熊燃烧，但只要消除这三个要素中的任何一个，火焰就会熄灭。

1. 舞弊的动机或压力

舞弊的动机或压力可分为：（1）经济压力；（2）恶习；（3）工作压力；（4）其他压力。

2. 舞弊的机会

对于一家公司而言，公司的内外部治理结构薄弱会使舞弊者有机可乘。其薄弱环节可能包括：(1) 缺少控制监督或控制监督存在缺陷，难以防范和发现舞弊行为；(2) 无法判断工作质量；(3) 未对舞弊者予以处罚或处罚小于舞弊收益；(4) 缺少透明、公开的信息沟通；(5) 无知、无能或缺乏责任心和社会道德；(6) 缺乏审计轨迹。

3. 合理化

舞弊者对可能存在的舞弊行为往往有各种借口，能给出合理化解释，或其心态、品质或者道德观使其蓄意地实施欺诈行为。

美国注册会计师协会根据舞弊三角理论提出了舞弊风险因素的三个方面，即动机或压力、机会、对舞弊行为的合理化解释（自我合理化，又称借口）。

【例 10－1・单选题】

下列舞弊风险因素中，属于机会且与侵占资产相关的舞弊风险因素的是（　　）。

A. 员工因追求奢侈生活条件而侵吞资产

B. 从事科技含量高、研发周期长或市场风险大的经营业务

C. 高层管理人员、治理层变更频繁

D. 对现金、有价证券、存货等实物资产的安全措施不充分

【分析】 D。选项 B 和 C 属于与编制虚假财务报告相关的舞弊风险因素；选项 A 属于与侵占资产相关的动机或压力因素。

三、注册会计师对舞弊的责任和沟通

（一）注册会计师对舞弊的责任

对于任何公司，管理层在治理层的监督下，应当高度重视对舞弊的防范和遏制。治理层的监督包括考虑管理层凌驾于控制之上或对财务报告过程施加其他不当影响的可能性。管理层需要建立诚实守信和合乎道德的文化，以减少舞弊发生的机会，并发现和惩罚舞弊行为。

尽管被审计单位管理层和治理层对防止或发现舞弊负有主要责任，但在审计过程中，注册会计师对舞弊的责任可以理解为：

(1) 在按照审计准则的规定执行审计工作时，注册会计师有责任对财务报表是否不存在由于舞弊或错误导致的重大错报获取合理保证。

(2) 在获取合理保证时，注册会计师有责任在整个审计过程中保持职业怀疑，考虑管理层凌驾于控制之上的可能性，并认识到对发现错误有效的审计程序未必对发现舞弊有效。

(3) 对于识别出的舞弊或获取的信息表明可能存在舞弊的情况，注册会计师应当及时向适当层级的管理层通报；如果怀疑舞弊涉及管理层，注册会计师应当将此怀疑向治理层通报，并与其讨论为完成审计工作所必需的审计程序的性质、时间和安排。

(4) 尽管注册会计师对客户负有保密义务，但如果法律法规要求注册会计师向被审计单位以外的机构报告舞弊行为，注册会计师应当遵守法律法规的规定。如在

某些国家或地区，从事金融机构审计的注册会计师负有向监管机构报告舞弊行为的法定义务；当管理层和治理层未能对识别出的舞弊采取纠正措施时，注册会计师负有向监管机构报告的义务。在这种情况下，注册会计师有必要征求律师意见以确定适当的措施。

（二）注册会计师对舞弊的沟通

1. 向适当层级的管理层报告所有的舞弊

当注册会计师已获取的证据表明存在或可能存在舞弊时，尽快提请适当层级的管理层关注这一事项是很重要的。适当层级的管理层至少要比涉嫌舞弊的人员高出一个级别。

2. 向治理层报告所有的管理层舞弊

注册会计师可以采用口头形式，也可以采用书面形式，向治理层沟通所有已识别出的管理层舞弊。

3. 向管理层和治理层报告所有的重大舞弊

在审计过程中，如果注册会计师发现涉及较高层级的管理层舞弊或导致财务报表重大错报的性质具有敏感性，应当及时以书面形式向管理层和治理层报告。

4. 其他需要与治理层沟通讨论的有关舞弊的事项

在审计过程中，注册会计师需要与治理层沟通讨论的有关舞弊的其他事项包括：

（1）对管理层评估的性质、范围和频率的疑虑，这些评估是针对旨在防止和发现舞弊的控制及财务报表可能存在的重大错报风险而实施的；

（2）管理层未能恰当应对识别出的值得关注的内部控制缺陷或舞弊；

（3）注册会计师对被审计单位控制环境的评价，包括对管理层胜任能力和诚信的疑虑；

（4）可能表明存在编制虚假财务报告的管理层行为，如对会计政策的选择和运用可能表明管理层操纵利润，以影响财务报表使用者对被审计单位业绩和盈利能力的看法，从而欺骗财务报表使用者；

（5）对超出正常经营过程的交易的授权的适当性和完整性的疑虑。

【例10－2·单选题】

下列有关舞弊导致的重大错报风险的相关说法，错误的是（　　）。

A. 被审计单位工作失误导致重大错报未被发现的风险，通常大于注册会计师工作过失导致重大错报未被发现的风险

B. 舞弊可能涉及精心策划和蓄意实施以进行隐瞒，故舞弊导致的重大错报未被发现的风险，大于错误导致的重大错报未被发现的风险

C. 由于管理层在被审计单位的地位，管理层凌驾于控制之上的风险在所有被审计单位中都会存在

D. 如果在完成审计工作后发现舞弊导致的财务报表重大错报，特别是串通舞弊或伪造文件记录导致的重大错报，并不必然表明注册会计师没有遵守审计准则

【分析】A。被审计单位工作失误导致重大错报未被发现的风险属于重大错报风险，注册会计师工作过失导致重大错报未被发现的风险属于检查风险，两者之间没有固定的大小对比关系，故选项A错误。

第二节　识别与评估舞弊风险

一、识别与评估舞弊风险的审计程序

识别与评估舞弊风险关系到审计的成败，因此，为了获取识别舞弊导致的财务报表重大错报风险所需的信息（见图10－1），注册会计师应当实施的审计程序包括：

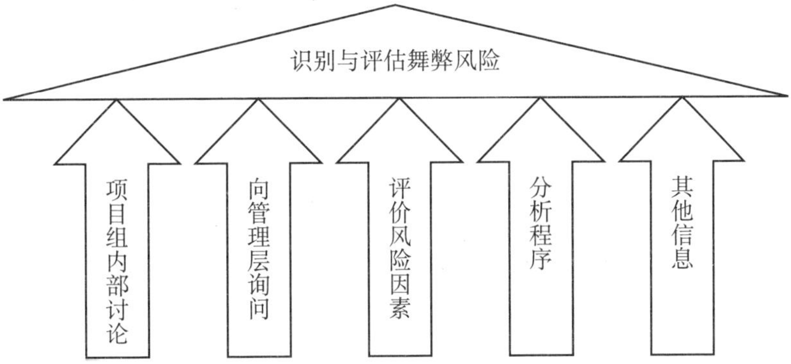

图10－1　识别与评估舞弊风险的信息来源

（1）项目组内部讨论。项目组内部讨论舞弊风险的目的在于：使具有较多经验的项目组成员有机会与其他成员分享关于财务报表易发生舞弊风险的方式和领域的见解；针对财务报表易发生由于舞弊导致的重大错报的方式和领域考虑适当的应对措施，并确定分派哪些项目组成员实施特定的审计程序；确定如何在项目组成员中共享实施审计程序的结果，以及如何处理可能引起注册会计师注意的舞弊指控。项目组内部讨论的重点内容应当包括财务报表与已发生由于舞弊导致的重大错报的方式和领域，包括舞弊可能如何发生，已归纳列示在表10－2中。在讨论过程中，项目组成员不应假定管理层和治理层是正直和诚信的。

（2）询问被审计单位的管理层、治理层以及内部的其他相关人员，以了解管理层针对舞弊风险设计的内部控制，以及治理层如何监督管理层对舞弊风险的识别和应对过程。

询问被审计单位的管理层、治理层以外的其他相关人员可能包括：不直接参与财务报告过程的业务人员；拥有不同级别权限的人员；参与生成、处理或记录复杂或异常交易的人员及对其进行监督的人员；内部法律顾问；负责道德事务的主管人员或承担类似职责的人员；负责处理舞弊指控的人员；内部审计人员。

注册会计师在询问被审计单位的管理层、治理层以及内部的其他相关人员时，应注意询问的技巧，但应清醒地认识到：1）直接提出舞弊风险问题是注册会计师专业责任的组成部分；2）向被审计单位的管理层、治理层以及内部的其他相关人员询问舞弊事项的目的不是得到精确答案；3）被询问者推诿或不明确的答复可能使注册会计师产生疑问；4）管理层往往期待与注册会计师分享他们所关注的事项并寻求建议；5）由于管理层最有条件实施舞弊，因此在保持职业怀疑并评价管理层对询问作出的答复时，注册会计师有必要通过其他信息印证管理层的答复。

（3）考虑是否存在舞弊风险因素。注册会计师应当运用职业判断，考虑被审计单位的规模、复杂程度、所有权结构及所处行业等，以确定舞弊风险因素的相关性和重要程度。注册会计师考虑的舞弊风险因素的相关举例已归纳在表10－4中。

（4）考虑在实施分析程序时发现的异常关系或偏离预期的关系。通过实施分析程序，注册会计师可以识别出异常的交易或事项，以及对财务报表和审计产生影响的金额、比率和趋势。

当出现异常情况（如出现显著高于同期同行业平均水平的利润率，或者缺乏合理基础的大幅扭亏或过快的利润增长等现象）时，可能表明存在舞弊导致的重大错报风险，注册会计师应当加以考虑。在实施分析程序时，注册会计师应当预期可能存在的合理关系，并将预期数据与被审计单位记录的金额、依据记录金额计算的比率或趋势相比较。

（5）考虑有助于识别舞弊导致的重大错报风险的其他信息。注册会计师应当考虑在了解被审计单位及其环境时获取的其他信息，分析这些信息是否表明被审计单位存在舞弊导致的重大错报风险。

其他信息可能来源于项目组内部的讨论、客户承接或续约过程及向被审计单位提供其他服务所获得的经验。从这些渠道获取的某些信息可能表明被审计单位存在舞弊导致的重大错报风险，注册会计师应当加以考虑。

二、评估与应对舞弊风险形成的工作底稿

以上程序在审计全过程的每个阶段均应考虑执行，但在承接业务阶段就应当开始，形成的相应的审计工作底稿如下。

1. 舞弊风险评估与应对（见表10－1）

此表是一张综合性的审计工作底稿，它汇总了整个审计过程中对舞弊风险的评估及应对的情况。填写时要注意：

（1）在“已识别舞弊风险”栏中记录舞弊导致的财务报表重大错报风险。管理层凌驾于控制之上属于注册会计师需要特别考虑的舞弊风险。注册会计师也应假定被审计单位在收入确认方面存在舞弊风险，并考虑哪些收入类别以及与收入有关的交易或认定可能导致舞弊风险。如果未将不恰当的收入确认识别为舞弊风险，要说明理由。

（2）在“受影响的账户余额或交易类别”栏中指出受舞弊风险影响的账户余额或交易类别。如果风险涉及特定的账户或交易，标注“认定层次”并在相关空白处记录识别出的账户和交易。如果风险与财务报表广泛相关，标注“财务报表层次”。

（3）基于以上所实施的程序，考虑被审计单位的舞弊防范程序或内部控制是否消除了特定的舞弊风险，或特定控制的缺陷是否加剧了风险。在“化解风险的控制”栏中指出有助于化解风险的对应内部控制。考虑是否有必要将已识别的内部控制缺陷告知管理层和治理层。如果是，在备忘录中记录沟通要点。

（4）此处识别的舞弊导致的重大错报风险应当与总体审计策略和具体审计计划交叉索引。

（5）在“总体应对措施”栏空白处记录总体应对措施，包括：1）人员的适当分派和督导；2）考虑被审计单位采用的会计政策；3）在选择进一步审计程序的性质、时间和范围时，应当注意使某些程序不为被审计单位所预见或事先了解。

（6）针对舞弊导致的认定层次重大错报风险实施的审计程序应当体现在风险评估结果汇总表中。此处应当与风险评估结果汇总表交叉索引。

（7）在“与管理层、治理层和监管机构的沟通”栏中需记录注册会计师与管理层、治理层、监管机构或其他相关各方就舞弊事项进行沟通的情况。

2. 项目组讨论纪要（见表 10－2）

此表是记录在整个审计过程中，利用头脑风暴方法组织项目组讨论所能识别出的所有舞弊风险以及应对措施的底稿。

虽然对舞弊风险评估与应对贯穿整个审计过程，但在初步业务活动和外勤工作结束时召开项目组会议进行讨论是必不可少的。针对舞弊风险信号讨论的方式有：

（1）自上而下的交流。整个审计小组都参与风险评估是很重要的。为了确保审计小组全体成员识别舞弊并恰当理解这些风险，应为每个人提供一份填写好的舞弊风险因素清单。如果风险与某一特定子公司或职能部门有关联，应当与负责这一领域审计工作的人员讨论这些风险及相关审计程序。

（2）自下而上的交流。审计小组的所有成员应当做到：如果他们在外勤工作期间发现了额外的舞弊风险因素或者舞弊证据，则需要立即通知其主管（包括项目合伙人）。

（3）考虑利用其他注册会计师的工作。当需要利用其他注册会计师的工作时，主审注册会计师应当考虑与其他注册会计师沟通相关舞弊风险因素，以便进行舞弊风险评估。其他注册会计师也应当与主审注册会计师沟通和客户相关的舞弊风险。

舞弊风险调查结果和评估应当保密，如果没有合伙人的批准，任何情况下都不得将该信息披露给审计小组以外的人。

3. 就舞弊风险询问管理层和其他人员的记录（见表 10－3）

此表是通过询问程序，从被审计单位的管理层、治理层及内部的其他相关人员处了解管理层针对舞弊风险设计的内部控制，以及治理层如何监督管理层对舞弊风险的识别和应对过程所形成的底稿。

4. 考虑舞弊风险因素的记录（见表10－4），考虑异常关系或偏离预期的关系的记录（见表10－5），考虑其他信息（略，见表10－5）①

这些底稿属于基础的风险评价底稿，主要是利用分析程序针对被审计单位的具体情况从舞弊因素、异常关系及其他信息中识别出种种舞弊迹象，评价其是否存在。

"考虑舞弊风险因素的记录"底稿中许多舞弊风险的迹象是从以前审计经验以及行业的一般现象中总结出来的，需要注册会计师针对被审计单位的具体情况进行补充完善。

"考虑异常关系或偏离预期的关系的记录"是注册会计师在实施分析程序以了解被审计单位及其环境时，识别是否存在表明舞弊导致的重大错报风险的异常关系或偏离预期的关系而形成的底稿。

"考虑其他信息"是注册会计师了解被审计单位及其环境时，获取的来源于项目组内部讨论、被审计单位承接或续约过程以及向被审计单位提供其他服务所得经验等相关信息，表明被审计单位是否存在舞弊导致的重大错报风险的记录。

以上关于舞弊的审计工作底稿初步形成于初步业务活动中，并在整个审计过程中不断补充完善，直到出具审计报告前才能在对舞弊风险的最终评价中形成。

表10－1 舞弊风险评估与应对

被审计单位： 项目：舞弊风险评估与应对 编制： 日期：	索引号： 财务报表截止日/期间： 复核： 日期：	
一、审计目标		
识别、评估、应对舞弊导致的重大错报风险		
二、舞弊风险的识别和评估实施的程序	索引号	执行人
1. 组织项目组讨论		
2. 就舞弊风险询问管理层和其他人员		
3. 考虑舞弊风险因素，包括考虑： （1）与对财务信息作出虚假报告相关的舞弊风险因素 （2）与侵占资产相关的舞弊风险因素		
4. 考虑异常关系或偏离预期的关系		
5. 考虑其他信息		

① 凡是前面已经出现相同格式的同类底稿，如每个科目审计均有审定表、明细表等，均省略，可参见同类底稿的格式。

续表

<table>
<tr><td colspan="5">三、识别和评估的舞弊导致的重大错报风险汇总</td></tr>
<tr><td>已识别舞弊风险</td><td>受影响的账户余额或交易类别</td><td>风险是否重大</td><td>导致财务报表重大错报的可能性</td><td>化解风险的控制</td></tr>
<tr><td>管理层凌驾于控制之上</td><td></td><td></td><td></td><td></td></tr>
<tr><td>不恰当的收入确认</td><td></td><td></td><td></td><td></td></tr>
<tr><td>……</td><td></td><td></td><td></td><td></td></tr>
<tr><td></td><td></td><td></td><td></td><td></td></tr>
<tr><td></td><td></td><td></td><td></td><td></td></tr>
<tr><td colspan="5">（没有将收入识别为舞弊导致重大错报的风险领域的原因）</td></tr>
</table>

<table>
<tr><td colspan="2">四、应对舞弊导致的重大错报风险</td><td>索引号</td><td>执行人</td></tr>
<tr><td colspan="2">1. 总体应对措施</td><td></td><td></td></tr>
<tr><td colspan="2">2. 针对舞弊导致的认定层次的重大错报风险实施的审计程序</td><td></td><td></td></tr>
<tr><td colspan="2">3. 针对管理层凌驾于控制之上的风险实施的程序</td><td></td><td></td></tr>
<tr><td>审计程序</td><td>具体措施或考虑事项</td><td colspan="2">结论</td></tr>
<tr><td rowspan="5">测试日常会计核算过程中作出的会计分录以及为编制财务报表作出的调整分录是否适当</td><td>了解被审计单位的财务报告过程，并了解被审计单位对日常会计分录及财务报表编制过程中的调整分录的控制</td><td colspan="2"></td></tr>
<tr><td>评价被审计单位对日常会计分录及财务报表编制过程中的调整分录的控制，并确定其是否得到执行</td><td colspan="2"></td></tr>
<tr><td>询问被审计单位内部参与财务报告过程的人员是否注意到在编制会计分录或调整分录时存在不恰当或异常活动</td><td colspan="2"></td></tr>
<tr><td>确定测试的时间</td><td colspan="2"></td></tr>
<tr><td>选择拟测试的会计分录或调整分录</td><td colspan="2"></td></tr>
<tr><td rowspan="2">复核会计估计是否有失公允</td><td>从财务报表整体上考虑管理层作出的某项会计估计是否反映出管理层的某种偏向，是否与注册会计师所获取审计证据表明的最佳估计存在重大差异</td><td colspan="2"></td></tr>
<tr><td>复核管理层在以前年度财务报表中作出的重大会计估计及其依据的假设</td><td colspan="2"></td></tr>
<tr><td rowspan="3">对于注意到的超出正常经营过程或基于对被审计单位及其环境的了解显得异常的重大交易，了解其商业理由的合理性</td><td>交易的形式是否过于复杂</td><td colspan="2"></td></tr>
<tr><td>管理层是否已与治理层就此类交易的性质和会计处理进行讨论并作出适当记录</td><td colspan="2"></td></tr>
<tr><td>管理层是否更强调需要采用某种特定的会计处理方式，而不强调交易的经济实质</td><td colspan="2"></td></tr>
</table>

续表

对于注意到的超出正常经营过程或基于对被审计单位及其环境的了解显得异常的重大交易，了解其商业理由的合理性	对于涉及不纳入合并范围的关联方（包括特殊目的实体）的交易，是否已得到治理层的适当审核与批准	
	交易是否涉及以往未识别的关联方，或不具备实质性交易基础或独立财务能力的第三方	
五、与管理层、治理层和监管机构的沟通	索引号	执行人

表 10-2　项目组讨论纪要

被审计单位： 项目：项目组讨论纪要 编制： 日期：	索引号： 财务报表截止日/期间： 复核： 日期：
讨论时间	
参与人	
讨论内容： (1) 舞弊导致财务报表重大错报的可能性、重大错报可能发生的领域及方式 (2) 在遇到哪些情形时需要考虑存在舞弊的可能性 (3) 已了解的可能产生舞弊动机或压力、提供舞弊机会、营造舞弊行为合理化环境的外部和内部因素 (4) 已注意到的对被审计单位舞弊的指控 (5) 已注意到的管理层或员工在行为或生活方式上出现的异常或无法解释的变化 (6) 管理层凌驾于控制之上的可能性 (7) 是否有迹象表明管理层操纵利润，以及采取的可能导致舞弊的操纵利润手段 (8) 管理层对接触现金或其他易被侵占资产的员工实施监督的情况 (9) 强调在整个审计过程中对舞弊导致重大错报的可能性保持适当关注的重要性 (10) 为应对舞弊导致财务报表重大错报的可能性而选择的审计程序，以及各种审计程序的有效性 (11) 如何使拟实施审计程序的性质、时间和范围不易为被审计单位预见	讨论结果：

表 10－3 就舞弊风险询问管理层和其他人员的记录

被审计单位： 项目：就舞弊风险询问管理层和其他人员 编制： 日期：	索引号： 财务报表截止日/期间： 复核： 日期：		
询问内容	被询问者	询问时间	询问结果
向管理层询问： （1）管理层对舞弊导致的财务报表重大错报风险的评估，包括评估的性质、范围和频率等 （2）管理层对舞弊风险的识别和应对过程 （3）管理层就其对舞弊风险的识别和应对过程与治理层沟通的情况 （4）管理层就其经营理念及道德观念与员工沟通的情况 （5）是否知悉任何舞弊事实、舞弊嫌疑或舞弊指控			
向治理层询问： （1）治理层如何监督管理层对舞弊风险的识别和应对过程 （2）是否知悉任何舞弊事实、舞弊嫌疑或舞弊指控			
向内部注册会计师询问： （1）对被审计单位舞弊风险的认识 （2）在本期是否实施了用以发现舞弊的程序 （3）管理层对通过内部审计程序发现的舞弊是否采取了适当的应对措施 （4）是否了解任何舞弊事实、舞弊嫌疑或舞弊指控			
向内部其他人员询问： 是否了解任何舞弊事实、舞弊嫌疑或舞弊指控			

表 10－4 考虑舞弊风险因素的记录

被审计单位： 项目：考虑舞弊风险因素 编制： 日期：	索引号： 财务报表截止日/期间： 复核： 日期：		
一、考虑与对财务信息作出虚假报告相关的舞弊风险因素			
发生舞弊因素	舞弊风险因素大致分类	舞弊风险因素具体示例	是否存在
动机或压力	财务稳定性或盈利能力受到不利经济环境、行业状况或被审计单位运营状况的威胁	市场需求大幅下降，所处行业的经营失败增多	
		难以应对技术变革、产品过时、利率或汇率调整等市场环境变化	
		竞争激烈或市场饱和，主营业务利润率不断下降	
		新颁布的行业相关法律法规、会计准则、监管规则对被审计单位的经营活动、投资活动或筹资活动可能产生重大影响	
		与同行业的其他企业相比，增长过快或盈利能力过高	
		经营活动难以产生足够的现金净流入，或经营活动产生的现金流量连续为负	
		严重或持续亏损使被审计单位可能破产、丧失抵押品赎回权或遭恶意收购	

续表

动机或压力	管理层为满足外部预期或要求而承受过度的压力	政府部门、股东、重要债权人、投资分析师或其他利益相关者对盈利能力或增长趋势存在预期（特别是不切实际或激进的预期）	
		管理层在媒体等公开场合提供的信息过于乐观	
		需要大量举债或吸收股权融资才能满足研究开发或其他资本性支出的需求，以保持竞争力	
		盈利能力或财务状况必须满足上市交易、偿债要求或债务协议规定的其他要求，否则可能导致退市、特别处理、清偿债务等后果	
		报告不良的盈利能力或财务状况可能会对正在进行的重大交易（如企业合并或重组）产生不利影响	
	管理层或治理层的个人经济利益受到被审计单位财务业绩或状况的影响	管理层或治理层拥有相当数量的公司股票或债券	
		管理层或治理层的工作报酬中有相当一部分（如奖金、股票期权）取决于被审计单位能否实现特定的（往往是激进的）指标要求（如股价、经营成果、财务状况或现金流量）	
	管理层或业务人员受到更高职级管理层或治理层对财务或经营指标过高要求的压力	治理层为管理层设定了过高的销售业绩或利润指标	
机会	被审计单位所从事业务或所处行业的性质提供了对财务信息作出虚假报告的机会	从事大量超出正常经营过程的交易（可能体现为关联方交易或更隐蔽的关系和交易），或从事大量交易的对方未经审计或由其他会计师事务所审计	
		从事重大、异常或高度复杂的交易（特别是临近期末）	
		从事大量跨国、跨境交易	
		利用中介从事交易（往往难以判断此类交易是否具有正当的商业理由）	
		在免税区或税收优惠地区设置重要的银行账户或组成部分（往往难以判断此类业务或交易是否具有正当的商业理由）	
		资产、负债、收入或费用需要作出重大估计，涉及主观判断或不确定性，且难以印证	
		从事科技含量高、研发周期长或市场风险大的经营业务	
		在所处行业具有重要地位，从而有能力胁迫供应商与其从事不公允或不适当的交易	
		大量采用分销渠道、销售折扣及退货等交易方式	
	组织结构复杂或不稳定	难以确定被审计单位的最终控制人	
		组织结构复杂，存在异常的法人组织形式或管理职级关系	
		高层管理人员、法律顾问或治理层频繁变更	

续表

机会	对管理层的监督失效	管理层由一人或少数人掌控（如控股股东代表，也可能是股东以外的经理人），缺乏共同决策或制衡措施	
		治理层未对财务报告过程和内部控制实施有效监督	
	内部控制存在缺陷	对控制的监督不充分	
		会计人员、内部注册会计师或信息技术人员变动频繁，或胜任能力不足	
		会计信息系统存在重大缺陷	
借口（合理化解释）	管理层态度不端或缺乏诚信	管理层对企业价值或道德标准的沟通、执行与维护不足，或传递了不适当的价值观或道德标准	
		管理层过分强调保持或提高公司股票价格或盈利水平	
		管理层倾向于利用重要性水平的概念对模棱两可的或不适当的会计处理作出合理化解释	
		管理层存在通过不恰当方法降低盈利水平的逃税倾向	
		非财务主管的管理层过度干涉会计政策的选择或重大会计估计的作出	
		公司、管理层或治理层存在违反证券法或其他法律法规的不良记录，或因涉嫌舞弊或违反法律法规而遭起诉	
		管理层惯于向外界承诺实现不合理的预期	
		管理层没有及时纠正已发现的内部控制重大缺陷	
		高级管理人员缺乏锐意进取的士气	
		混淆个人业务与公司业务	
	管理层与注册会计师的关系异常或紧张	在会计、审计或信息披露问题上经常与注册会计师发生意见分歧	
		对注册会计师提出不合理的需求，如对外勤审计工作的完成或审计报告的出具提出不合理的时间限制	
		对注册会计师施加限制，使其难以接触某些人员（包括治理层）或信息	
		试图影响会计师事务所对参与审计业务的专业人员的选派	
二、考虑与侵占资产相关的舞弊风险因素			
发生舞弊因素	舞弊风险因素大致分类	舞弊风险因素具体示例	是否存在
动机或压力	个人的生活方式或财务状况问题	管理层个人或员工可能因为追求奢侈生活条件而侵吞资产	
	对公司存在敌对情绪	已被裁员或预期被裁员的员工	
		晋升结果或所获经济报酬严重偏离个人预期的员工	

续表

机会	某些资产容易出现被侵占的特性或特定情形	存在大额现金被经手或处理的情形	
		单位价值高、体积小、易于变现且不易识别所有权归属的存货、固定资产或其他资产项目（如钻石、无记名债券、计算机芯片）	
	内部控制存在缺陷	不相容职务的分离不充分，或独立审核不力	
		对高层管理人员财务支出（如差旅费、业务招待费）的审查薄弱	
		对负责保管实物资产的员工的监督不力（如资产存放位置偏远）	
		对资产保管岗位的员工选聘不严格	
		对资产的会计记录不健全	
		交易（如采购）的授权审批制度不健全	
		对现金、有价证券、存货或固定资产等的实物安全措施不充分	
		未对账实不符的资产项目（如盘盈资产）作出及时、完整的会计调整	
		未对交易（如销货退回）作出及时、适当的会计记录	
		缺少强制休假制度（特别是对处于重要资产管理或控制岗位的员工）	
		管理层或处于控制监督岗位的人员缺乏对信息技术的了解（从而可能使信息技术人员有机会侵占资产）	
		对接触自动记录（包括计算机系统日志）的控制不充分	
借口（合理化解释）	管理层或员工不重视相关控制	忽视对潜在侵占资产行为进行监控或预防的必要性	
		漠视已有的相关控制措施（如不执行控制或不及时纠正控制缺陷）	
	对被审计单位存在不满甚至敌对情绪	员工认为自己没有得到应得的待遇或报酬	
	个人追求不正常的生活方式或物质需求	为了满足个人对奢侈生活的追求	

表10-5　考虑异常关系或偏离预期的关系的记录

被审计单位： 项目：考虑异常关系或偏离预期的关系 编制： 日期：	索引号： 财务报表截止日/期间： 复核： 日期：

第三节　应对舞弊风险的决策

一、应对舞弊风险的总体措施

针对评估的由于舞弊导致的财务报表层次重大错报风险，注册会计师应当确定总体应对措施：

（1）更需要在整体审计工作中保持职业怀疑，包括：

1）在选择拟检查的支持重大交易的文件的性质和范围时，增加敏感性；

2）增强对管理层有关重大事项的解释或声明进行印证的必要性的认识。

（2）在分派和督导项目组成员时，考虑承担重要业务职责的项目组成员所具备的知识、技能和能力，并考虑由于舞弊导致的重大风险的评估结果。

（3）评价被审计单位对会计政策（特别是涉及主观计量和复杂交易的会计政策）的选择和运用，是否可能表明管理层通过操纵利润对财务信息作出虚假报告。

（4）在选择审计程序的性质、时间安排和范围时，增加审计程序的不可预见性。增加不可预见性的方式主要有：

1）对通常由于其重要性或风险程度较低而不作出测试的账户余额和认定实施实质性程序；

2）调整实施审计程序的时间安排，使之有别于预期的时间安排；

3）运用不同的抽样方法；

4）在不同的经营地点或未预先通知的经营地点实施审计程序。

【例 10－3 · 单选题】

针对评估的由于舞弊导致的财务报表层次重大错报风险，注册会计师应当确定的总体应对措施不包括（　　）。

A. 评价公司对会计政策的选择和运用，是否可能表明管理层通过操纵利润对财务信息作出虚假报告

B. 考虑人员的适当分派和督导

C. 在选择进一步审计程序的性质、时间和范围时，增加审计程序的不可预见性

D. 改变实质性程序的时间，在期末或者接近期末实施实质性程序

【分析】D。改变实质性程序的时间，在期末或者接近期末实施实质性程序属于针对由于舞弊导致的认定层次重大错报风险的应对措施，故选项 D 不正确。

二、年度财务报告中假定的舞弊风险

在某些情况下，审计准则要求注册会计师作出关于舞弊风险的假定，并规定了

重大错报风险的评估结果及应当实施的程序，包括但不限于：

（一）管理层凌驾于内部控制之上

管理层在被审计单位所处的职级和所拥有的权力，使其有机会凌驾于为防止舞弊而设计的内部控制之上，并可能通过直接或间接的方式操纵会计记录或提供虚假财务信息。值得注意的是，这些内部控制的执行在正常情况下是有效的。虽然在不同的企业中管理层凌驾于内部控制之上的风险水平不同，但它在所有企业中均存在，且是因舞弊导致重大错报的特别风险。因此，注册会计师在审计过程中，除了采取针对因舞弊导致重大错报风险的总体应对措施和认定层次的应对措施之外，还应实施针对管理层凌驾于内部控制之上的风险的专项审计程序。

（二）收入确认

在识别和评估由于舞弊导致的重大错报风险时，注册会计师应当基于收入确认存在舞弊风险的假定，评价哪些类型的收入、收入交易或认定导致舞弊风险。涉及收入确认的舞弊在所有与财务报表相关的舞弊案件中占比很高，注册会计师需要基于被审计单位的具体情况以及对舞弊风险因素的评价结果，评估和应对与收入确认相关的重大错报风险。

三、应对舞弊导致的认定层次重大错报风险的具体措施

针对评估的由于舞弊导致的认定层次重大错报风险，注册会计师采取的应对措施包括通过以下方式改变审计程序的性质、时间安排和范围：

（1）出其不意地或在没有预先通知的情况下进行实地查看或执行特定测试，如在没有预先通知的情况下观察某些存货，或出其不意地在特定日期对现金进行盘点；

（2）要求在报告期末或尽可能接近期末的时点实施存货盘点，以降低被审计单位在盘点完成日和报告期末之间操纵存货余额的风险；

（3）改变审计方案，如在发出书面询证函的同时口头联系主要的客户及供应商，或者向某一组织中的特定人员发出询证函，或者寻求更多或不同的信息；

（4）详细复核被审计单位季末或年末的调整分录，并对在性质或金额方面表现异常的分录进行调查；

（5）对于重大且异常的交易，尤其是期末或临近期末发生的交易，调查其涉及关联方的可能性，以及支持交易的财务资源的来源；

（6）使用分解的数据实施实质性分析程序，如按地区、产品线或月份将销售收入或销售成本与注册会计师的预期进行比较；

（7）询问涉及识别出的由于舞弊导致的重大错报风险的领域和人员，了解其对该风险的看法，以及所实施的控制能否应对和如何应对该风险；

（8）在审计被审计单位的一个或多个子公司、分支机构或分公司的财务报表时，考虑这些组成部分之间进行交易或活动而产生的舞弊风险，并积极应对；

（9）当某一专家的工作对某一财务报表项目很重要时，针对该专家的部分或全

部假设、方法或发现实施额外程序以确定该专家的发现是否合理，或聘请其他专家实现该目的；

（10）实施审计程序以分析所选择的以前已审计的资产负债表账户的期初余额，从事后的角度评价涉及会计估计和判断的特定事项是如何得以解决的；

（11）对被审计单位编制的账目或其他调节表实施相应的审计程序，包括考虑期中执行的调节；

（12）利用计算机辅助审计技术，如数据采集以测试总体中的异常项目；

（13）测试计算机生成的记录和交易的完整性；

（14）从被审计单位以外的来源获取额外的审计证据。

【例 10－4·多选题】

对于由于舞弊导致的重大错报风险，下列审计程序中，注册会计师认为通常可以增强审计程序不可预见性的有（　　）。

A. 在事先不通知公司的情况下，选择以前未曾到过的存货存放地点实施监盘

B. 运用不同的抽样方法选择需要检查的存货

C. 向以前审计过程中接触不多的公司员工询问存货采购和销售情况

D. 在存货监盘时对大额存货进行抽盘

【分析】ABC。注册会计师在选择进一步审计程序的性质、时间和范围时，应当有意识地避免被公司管理层预见或事先了解。注册会计师应当考虑采取下列措施：（1）对通常由于风险程度较低而不会作出测试的账户余额实施实质性程序；（2）调整审计程序的时间，使之有别于预期的时间安排；（3）运用不同的抽样方法；（4）对不同地理位置的多个组成部分实施审计程序；（5）以不预先通知的方式实施审计程序，故选项 A，B，C 都具有不可预见性。在存货监盘时，注册会计师往往会对大额存货进行抽盘，故选项 D 不具有不可预见性。

四、设计和执行管理层逾越内部控制的审计程序

管理层逾越内部控制的风险时有发生，注册会计师应当从以下迹象中识别出管理层无视控制风险：出现年末调整；存在大额信用证；缺乏原始记录；拒绝对数据的接触；收到管理层的恐吓；管理层默认违反行为准则。

考虑到管理层即使在内部控制运行有效的情况下，也可能通过逾越内部控制实施舞弊的独特性，注册会计师必须在每次审计中执行应对管理层逾越内部控制的审计程序，用以：

（1）测试日常会计核算过程中作出的会计分录以及编制财务报表过程中作出的其他调整是否适当；

（2）复核会计估计是否存在偏向，并评价产生这种偏向的环境是否表明存在由于舞弊导致的重大错报风险；

（3）对于超出被审计单位正常经营过程的重大交易，或基于对被审计单位及其环境的了解以及在审计过程中获取的其他方面的信息而显得异常的重大交易，评价

其商业理由（或缺乏商业理由）是否表明被审计单位从事交易的目的是对财务信息作出虚假报告或掩盖侵占资产的行为。

（一）会计分录测试

会计分录测试是指注册会计师针对被审计单位日常会计核算过程中作出的会计分录，以及编制财务报表过程中作出的其他调整实施的测试，其目的是应对被审计单位管理当局凌驾于控制之上的风险。在所有的财务报表审计中，注册会计师都应当设计和实施专门针对被审计单位管理当局凌驾于控制之上的风险的会计分录测试。

被审计单位管理层可能会在整个会计期间或期末通过作出不适当的会计分录或未经授权的会计分录来操纵财务报表。因此，注册会计师应当对以下会计分录和其他调整进行测试：

（1）标准会计分录。标准会计分录记录的是被审计单位的日常经营活动或经常性的会计估计，通常是由会计人员作出或会计系统自动生成的，受信息系统一般控制或其他系统控制的影响。

（2）非标准会计分录。非标准会计分录记录的是被审计单位日常经营活动以外的事项或异常交易，可能包括特殊资产减值的计提、期末调整分录等。非标准会计分录可能具有较高的重大错报风险，因此通常被管理层用来操纵利润，可能涉及财务报表中的每个项目。

（3）其他调整。其他调整包括为编制合并财务报表而作出的调整分录和抵销分录，通常不作为正式的会计分录反映的重分类调整等。其他调整可能不受被审计单位内部控制的影响。

一般的会计分录测试步骤包括：

（1）了解被审计单位财务报告流程，以及针对会计分录和其他调整已实施的控制，必要时测试相关控制运行的有效性。

在被审计单位控制系统中，针对会计分录和其他调整，常规的控制措施有：

1）针对会计分录和其他调整的授权、过账、审核、核对等方面设置职责分离；

2）在会计系统中设置系统访问权限，以控制会计分录的记录权和审批权；

3）用以防止并发现虚假会计分录或未经授权的更改的控制措施；

4）由管理层、治理层或其他适当人员对会计分录记录和过入总账及编制财务报表过程中作出其他调整的过程的监督；

5）由被审计单位的内部审计人员（如有）定期测试控制运行的有效性。

注册会计师了解被审计单位针对会计分录和其他调整已实施的控制，有助于确定会计分录测试的性质、时间安排和范围。

（2）确定待测试会计分录和其他调整的总体，并测试总体的完整性。

注册会计师确定待测试会计分录和其他调整的总体时需要关注以下情况：

1）某些会计分录和其他调整可能并不过入被审计单位的总账，因此，注册会计师需要全面了解总账账户，以及各明细账户与被审计单位财务报表项目的关系；

2）注册会计师可以结合对被审计单位财务报告流程以及被审计单位针对会计

分录和其他调整实施的控制的了解，根据会计分录和其他调整的来源和特征来确定待测试会计分录和其他调整的总体；

3）以手工方式生成的会计分录和其他调整通常在月末、季末或年末作出，主要用于记录会计调整或会计估计，或用于编制合并财务报表；

4）对于以手工方式生成的会计分录和其他调整，特别是在期末用于记录会计调整或会计估计，或者用于编制合并财务报表的调整分录，注册会计师可以了解其编制者、所需要的审批以及记录方式（电子形式记录还是书面形式记录）。

注册会计师测试会计分录和其他调整总体完整性时的步骤如下：

（1）从被审计单位会计信息系统中导出所有待测试的会计分录和其他调整；

（2）加计从会计信息系统中导出的会计分录和其他调整中的本期发生额，与科目余额表（包括期初余额、本期借方累计发生额、本期贷方累计发生额、期末余额）中各科目本期发生额相核对；

（3）将系统生成的重要账户余额与明细账和总账及科目余额中的余额相核对，测试计算准确性；

（4）检查所有结账后作出的与本期财务报表有关的会计分录和其他调整，测试其完整性；

（5）将总账与财务报表相核对，以检查是否存在其他调整；

（6）从总体中选取待测试的会计分录及其他调整；

（7）测试选取的会计分录和其他调整，并记录测试结果。

不恰当的会计分录或其他调整通常具有独特的识别特征，这些特征可能表现为：

（1）分录记录到不相关、异常或很少使用的账户；

（2）分录由平时不负责作出会计分录的人员作出；

（3）分录在期末或结账过程中编制，且没有或只有很少的解释或描述；

（4）分录在编制财务报表之前或编制过程中编制且没有账户编号；

（5）分录金额为约整数或尾数一致。

另外，不恰当的会计分录或其他调整也可能体现在以下账户中：

（1）包含复杂或性质异常的交易的账户；

（2）包含重大估计及期末调整的账户；

（3）过去易于发生错报的账户；

（4）未及时调节的账户，或包含尚未调节差异的账户；

（5）包含集团内部不同公司交易的账户；

（6）其他虽不具备上述特征但已识别的由于舞弊导致重大错报风险相关的账户。

需要指出的是，注册会计师在实施会计分录测试时，可能需要分析大量会计分录，采用计算机辅助审计技术或电子表格（如 Excel），可以明显提高会计分录测试的效率和效果。注册会计师在选择和实施会计分录测试时增加不可预见性非常重要。

【例10-5·多选题】

下列有关会计分录测试的说法，正确的有（　　）。

A. 在所有财务报表审计业务中，注册会计师都需要专门针对管理层凌驾于控制之上的风险设计和实施会计分录测试

B. 注册会计师在实施会计分录测试时，首先需要确定待测试会计分录和其他调整的总体，然后针对该总体实施完整性测试

C. 即使被审计单位对会计分录和其他调整实施的控制有效，注册会计师也不可以缩小会计分录的测试范围

D. 会计分录测试的对象是与被审计单位财务报表相关的所有会计分录和其他调整，包括编制合并财务报表时作出的抵销分录

【分析】 ABD。被审计单位对会计分录和其他调整实施的控制有效，注册会计师可以缩小会计分录的测试范围，但需要充分考虑管理层凌驾于控制之上的风险，故选项C错误。

（二）检查会计估计确认是否存在偏见

在编制财务报表的过程中，管理层需要作出影响重大会计估计的一系列判断或假设，并对这些估计的合理性进行持续监督。但管理层通常通过故意作出不恰当的会计估计来编制虚假财务报告。为此，在审计过程中，注册会计师应当追溯复核与以前年度财务报表反映的重大会计估计相关的管理层判断和假设，以判断是否存在管理层偏向的迹象：

（1）考虑审计证据支持的最佳估计与财务报表中包含的估计之间的差别是否表明公司部分管理层可能出现的偏差，即使财务报表中包含的估计分别来看是合理的；

（2）考虑管理层的行为是否存在以相同的方式低估或高估所有的备抵或准备金，以达到在两个或以上的会计期间平滑收益的目的。

（三）评价重大交易的商业理由，识别异常交易

注册会计师应当了解重大交易的目的，以评价其是否与编制虚假财务报告或侵占资产的行为有关。以下迹象可能表明被审计单位从事超出其正常经营过程的重大交易，或虽然未超过其正常经营过程但显得异常的重大交易：

（1）交易的形式显得过于复杂，如交易涉及集团内部多个实体，或涉及多个非关联的第三方；

（2）管理层未与治理层就此类交易的性质和会计处理进行讨论，且缺乏充分的记录；

（3）管理层强调采用某种特定的会计处理的需要，而不是交易的经济实质；

（4）对于涉及不纳入合并范围的关联方（包括特殊目的实体）的交易，治理层未进行适当的审核与批准；

（5）交易涉及以往未识别出的关联方，或涉及在没有被审计单位帮助的情况下不具备物质基础或财务能力完成交易的第三方。

五、更新风险评估程序或无法执行审计业务

（一）更新风险评估程序

注册会计师对源自舞弊的重大错报风险的评估应当持续地贯穿在整个审计过程。但审计中注册会计师关注到以下事项时，可能需要更新风险评估程序：

（1）会计记录中的分歧；

（2）证据之间的冲突或缺少审计证据；

（3）注册会计师与管理层之间存在问题或异常关系；

（4）来自实质性测试或最后复核阶段的、暗示存在以前未发现的舞弊风险的分析程序；

（5）就审计过程中含糊或难以置信的证据或者与其他证据不一致的证据所作的询问的反应。

（二）无法执行审计业务

在评估和应对舞弊风险时，注册会计师可能遇到对其继续执行审计业务的能力产生怀疑的异常情形：

（1）被审计单位没有针对舞弊采取适当的、注册会计师根据具体情况认为必要的措施，即使该舞弊对财务报表的影响并不重大；

（2）注册会计师对由于舞弊导致的重大错报风险的考虑以及实施审计测试的结果，表明存在重大且广泛的舞弊风险；

（3）注册会计师对管理层或治理层的胜任能力或诚信产生重大疑虑。

由于可能出现的情形不同，影响注册会计师决定解除业务约定的因素包括管理层或治理层参与舞弊可能产生的影响（可能会影响到管理层声明的可靠性），以及与被审计单位之间保持客户关系对注册会计师的影响。考虑到具体情况以及法律法规的规定，注册会计师在决定是否解除业务约定并确定适当的措施（包括向股东、监管机构或其他机构和人员报告）时，应当征询律师意见。

六、具体舞弊风险领域的应对程序

（一）应对收入确认舞弊风险的审计程序

（1）针对收入项目，从更细致的数据层面实施实质性分析程序，如按照月份和产品线（或业务分部）比较当期与以往期间的收入。利用计算机辅助审计技术可能有助于更好地发现异常或未预期到的收入交易或关系。

（2）通过函证和更直接的沟通方式（如询问、走访）向被审计单位的顾客确证销售合同的部分或全部条款，以及是否存在附加协议，如运货与付款条件、售后服务、顾客退货权等对收入确认产生重大影响的合同条款细节。

（3）向被审计单位财务人员以外的其他内部人员询问所审计期间（特别是接近期末）的销售和发货情况，以及他们所了解的异常交易条款或交易状况。

（4）于期末或接近期末在被审计单位的一处或多处销售及发货现场，实地观察

销售及发货情况，检查准备发出的货物状况，同时实施适当的销售及存货截止测试。在销售及发货现场如发现退货情形或待处理的退回货物，观察被审计单位的处理与相关记录。

（5）对于通过电子方式自动生成、处理、记录的销售交易，实施控制测试，以确定被审计单位的电子交易系统能够保证交易的真实性和记录的准确性（包括截止时点是否恰当）。

（二）应对存货数量舞弊风险的审计程序

（1）检查被审计单位的存货记录，判断需要在被审计单位盘点过程中（或结束后）特别重视的存货项目或存货存放地点。

（2）在不预先通知的情况下观察某些存放地点的存货盘点，或在同一天对所有存放地点的存货实施观察。

（3）要求被审计单位在期末或尽可能接近期末的时点安排存货盘点。

（4）在观察存货盘点过程中结合实施其他程序，并利用专家工作。例如，更严格地检查包装物中的货物情况、货物堆放方式（如堆为中空）和标记方式、特殊形态存货（如液态、气态存货）或特殊性质存货（如化学物质）的质量特征（如纯度、浓度、品级）。

（5）按照存货的等级或类别、存放地点或其他标准分类，将存货的当期数量与上期进行比较，或将盘点数量与存货记录进行比较。

（6）利用计算机辅助审计技术进一步测试存货盘点数据的可靠性。例如，按标签号分类排序以测试存货的标签控制，或按照存货的编号顺序检查是否存在漏记或重复编号。

（三）应对管理层估计舞弊风险的程序

（1）请专家对相关认定作出独立估计，并与管理层的估计进行比较。如果涉及的估计非常重大且由于舞弊导致的重大错报风险很高，则针对专家的部分或全部假设、方法及结果实施额外程序（如重新执行或再聘其他专家执行），以确定之前的专家工作结果没有明显不当之处。

（2）向管理层和财务人员以外的相关工作人员询问，以验证估计的合理性。

（3）从事后的角度评价管理层对以前期间的会计估计和判断事项的合理性。

（四）应对侵占资产舞弊风险的审计程序

1. 应对侵占货币资金、有价证券舞弊风险的审计程序

（1）在期末或接近期末对现金或有价证券进行监盘；

（2）直接向被审计单位的顾客询问或函证付款日或退货情况；

（3）分析已注销银行账户的恢复使用情况。

2. 应对侵占存货舞弊风险的审计程序

（1）对存在的存货短缺现象，按照存货存放地点和货物类型分类并加以分析；

（2）将关键存货指标与行业正常水平进行对比，如存货周转率、存货周转天数等；

（3）对发生减计的永续盘存记录，复核其支持性凭证。

3. 应对采购活动中侵占资产舞弊风险的审计程序

利用计算机辅助审计技术，将被审计单位的供货商名单与被审计单位员工名单的某些标识信息（如地址、电话号码）相核对，以识别出具有相同标识信息的数据。

4. 应对利用劳务（包括应付工资、相关费用等）侵占资产舞弊风险的审计程序

（1）利用计算机辅助审计技术检查工资及薪酬记录中是否存在重复或虚假的员工身份信息（如姓名、身份证号码）、银行账号、地址、纳税人识别号等；

（2）检查人事档案中是否存在只有很少记录或缺乏记录的档案，如缺少绩效考评的档案。

该程序可用于识别虚假的员工身份记录及潜在舞弊（如虚领工资、虚开劳务报酬）。

5. 应对销售活动中侵占资产舞弊风险的审计程序

（1）分析销售折扣和销售退回等项目，识别出异常的折扣或退货模式，或异常趋势；

（2）向第三方函证销售合同的具体条款；

（3）获取销售合同是否按照规定条款得到执行的审计证据。

6. 应对利用费用开支侵占资产舞弊风险的审计程序

（1）检查大额或异常费用开支的适当性；

（2）检查高层管理人员提交的费用报告的适当性和金额。

7. 应对利用向员工提供资金或担保侵占资产舞弊风险的审计程序

复核被审计单位为高层管理人员和关联方提供资金或担保的授权、贷款或担保条款以及金额。

案例分析 10-1

ABC会计师事务所指派注册会计师X对Y股份有限公司（简称Y公司）20×5年度财务报表进行审计，该注册会计师出具了无保留意见审计报告。注册会计师X于20×7年年初对Y公司20×6年度财务报表进行审计时初步了解到如下情况：

（1）Y公司的主营业务是黄酒的研发、生产和销售，Y公司20×5年和20×6年黄酒的市场占有率分别为20%和26%，平均销售价格分别为2.436万元/吨和2.133万元/吨，高出行业龙头企业1.7～3.6倍。Y公司仅有35名生产人员，黄酒年产能1.6万吨，人均产能457.14吨/年。黄酒行业的毛利润为40%左右，人均产能为102吨/年。

（2）20×6年度Y公司的经营形势、管理及组织架构与20×5年度相比未发生重大变化，且未发生重大重组行为。Y公司正在筹备上市。

（3）Y公司20×6年度和20×5年度利润简表如表10-6所示。

表10-6　Y公司20×6年度和20×5年度利润简表　　单位：万元

项目	20×6年度（未审数）	20×5年度（审定数）
一、营业收入	15 927.5	12 242.1
减：营业成本	5 961.1	6 339.2

续表

项目	20×6年度（未审数）	20×5年度（审定数）
税金及附加	414.4	264.3
销售费用	1 801.5	1 459.5
管理费用	1 716.7	745.0
财务费用	710.0	733.5
资产减值损失	101.2	−5.0
加：公允价值变动收益	6 000	0
投资收益	3 000	1 000
二、营业利润	14 222.6	3 705.6
加：营业外收入	272.6	841.0
减：营业外支出	0	6.9
三、利润总额	14 495.2	4 539.7
减：所得税费用	569.9	551.7
四、净利润	13 925.3	3 988

（4）20×6年12月14日，Y公司总经理调阅了财务部门提供的全年销售收入资料，获悉至当日为止当年已累计取得9 075万元的营业收入。从12月15日开始，总经理亲自参与销售部门的工作，并以诱人的优惠赊销条款吸引新老客户于20×6年年底之前签订赊销合同。部分客户受优惠条件吸引，提前签订了销售合同。

对于12月中旬以后发生的赊销业务，信用管理部门根据总经理的要求，一律不进行信用审查；发运部门根据总经理的批示，一律不发出产成品；财务部门根据总经理的批示，直接依据销售单开具销售发票并登记入账。

Y公司资产总额为38 923.1万元，存货总额为27 708万元，且有22 199.25吨的原材料存放在山区的防空洞里。

（5）Y公司在华中地区的销售收入为8 104万元，占公司营业收入的50.88%，但华中地区的各大黄酒卖场中并没有Y公司的黄酒。

【分析】

（1）如果判断重要性水平的参考数值设定为净利润的5%、资产总额的0.5%、营业收入的0.5%，则Y公司20×6年财务报表层次重要性水平应设为多少？请说明原因。

13 925.3×5%＝696.27(万元)

38 923.1×0.5%＝194.62(万元)

15 927.5×0.5%＝79.64(万元)

Y公司20×6年财务报表层次重要性水平应设为79.64万元，因为根据谨慎性原则，需要选择最低的水平，才能保证查出所有重大错报。

（2）利用风险评估的技术和方法综合分析注册会计师了解到的情况，说明

20×6 年度财务报表审计的重点领域及其原因。

1）营业收入和营业成本。营业收入和营业成本变动方向相反，这是不合理的，预示着存在收入被虚构或成本被藏匿的风险。尤其是华中地区的营业收入可能存在舞弊。因为华中地区的销售收入为 8 104 万元，占公司营业收入的 50.88%，但华中地区的各大黄酒卖场中并没有 Y 公司的黄酒。

2）与黄酒相关的销售收入、销售成本、存货与应收账款。Y 公司黄酒的销售价格为行业龙头企业的 1.7～3.6 倍，人均产能是行业平均产能的 4.48 倍。对于市场占有率仅有 20%～26%的企业而言，出现这种情况的可能性较低，因此，企业可能存在舞弊行为。

3）资产减值损失。资产减值损失由 20×5 年的负值变为正值，且在 20×6 年公司总体状况比 20×5 年好转的情况下，资产减值损失却大幅增加，注册会计师对此需予以特殊关注。

4）公允价值变动收益。公允价值变动收益是 20×6 年新增的项目，其变动情况值得关注。

5）存货。存货占总资产比重大，且公司有 22 199.25 吨的原材料存放在山区的防空洞里。

6）管理费用。在 20×6 年与 20×5 年相比没有发生重组等重大变化的情况下，20×6 年管理费用增长率为 130.43%，增幅较大。

7）投资收益。在 20×6 年与 20×5 年相比没有发生重组等重大变化的情况下，20×6 年投资收益增长率为 200%，增幅较大。

8）营业利润。在 20×6 年与 20×5 年相比没有发生重组等重大变化的情况下，20×6 年营业利润增长率为 283.81%，增幅较大。

9）利润总额和净利润。20×6 年利润总额比 20×5 年增长 219.3%，净利润增长 249.18%，增幅较大。由于公司正在上市，且管理层凌驾于企业内部控制之上，对销售、赊销等控制随意性大，上述重点审计领域都会影响利润总额和净利润，因此利润总额和净利润可能存在舞弊。

10）所得税费用。20×6 年利润总额比 20×5 年增长 219.3%，所得税费用却仅增长了 3.30%，其明显与利润增长不匹配。

（3）利用风险评估及其应对的相关知识，根据注册会计师了解到的情况，说明 20×6 年度财务报表审计可能存在舞弊涉及的会计科目，并指出这些舞弊与哪些认定有关。

营业收入（发生）

营业成本（发生、完整性）

存货（存在、计价和分摊）

应收账款（存在）

利润总额和净利润（发生）

（4）针对舞弊的总体审计策略。

1）更需要在整体审计工作中保持职业怀疑，包括：

①在选择拟检查的支持重大交易的文件的性质和范围时，增加敏感性；

②增强对管理层有关重大事项的解释或声明进行印证的必要性的认识。

2）在分派和督导项目组成员时，考虑承担重要业务职责的项目组成员所具备的知识、技能和能力，并考虑由于舞弊导致的重大风险的评估结果。

3）评价被审计单位对会计政策（特别是涉及主观计量和复杂交易的会计政策）的选择和运用，是否可能表明管理层通过操纵利润对财务信息作出虚假报告。

4）在选择审计程序的性质、时间和范围时，增加审计程序的不可预见性。增加不可预见性的方式主要有：

①对通常由于其重要性或风险程度较低而不作出测试的账户余额和认定实施实质性程序；

②调整实施审计程序的时间安排，使之有别于预期的时间安排；

③运用不同的抽样方法；

④在不同的经营地点或未预先通知的经营地点实施审计程序。

（5）针对Y公司收入领域发生的事项，你会选择以下哪项具体审计策略？为什么？

A. 风险评估＋控制测试＋交易测试＋分析程序＋细节测试

B. 风险评估＋细节测试

选择选项B。因为通过了解到的事项可以发现管理层凌驾于Y公司与销售相关的内部控制之上，这说明内部控制不可靠，注册会计师因此不实施控制测试，而是在风险评估后作更详细的细节测试。

即测即评

扫描此码 在线做题

思考题

1. 简述舞弊种类及其方式。
2. 利用典型的舞弊风险动因理论，分析注册会计师依据什么迹象识别舞弊。
3. 简述注册会计师对舞弊的责任和沟通。
4. 举例说明设计和执行管理层逾越内部控制的审计程序。
5. 简述评估与应对舞弊风险形成的工作底稿在整个审计中的地位和作用。
6. 简述不同情况下应对舞弊风险的决策。

案例分析（一）

注册会计师对智星公司舞弊的关注

智星公司20×6年年末未经审计的财务报表显示，资产总额为35 543万元、销售收入为12 560万元、利润总额为2 300万元。

自20×1年以来，智星公司的年度财务报表一直由今明会计师事务所审计。20×6年3月，在完成智星公司20×5年度财务报表审计业务并提交无保留意见的审计报告后，今明会计师事务所与智星公司签订了20×6年度财务报表审计的审计业务约定书，并指派执行20×5年度财务报表审计的注册会计师张方和李颖继续负责该项审计业务。

基于20×6年度的经营计划，智星公司计划在该年度进行全方位的改革。新管理层上任时，向公司治理层及股东大会作出了力争5年内上市、本年度销售收入比上年增加20%，否则将扣发全体高层管理人员全年奖金的承诺。

今明会计师事务所的业务负责人要求张方和李颖对智星公司及其环境进行全面、深入的了解，并根据了解的情况制订智星公司20×6年度财务报表的审计计划。

在了解智星公司及其环境、评估重大错报风险时，张方和李颖发现智星公司20×6年度主要发生了下列事项：

(1) 20×6年12月14日，智星公司总经理调阅了财务部门提供的全年销售收入资料，获悉至当日当年已累计取得12 075万元的营业收入。从12月15日开始，总经理亲自参与销售部门的工作，并以诱人的优惠赊销条款吸引新老客户于20×6年年底之前签订赊销合同。部分客户受优惠条件吸引，提前签订了销售合同。

对于12月中旬以后发生的赊销业务，信用管理部门根据总经理的要求，一律不进行信用审查；发运部门根据总经理的批示，一律不发出产成品；财务部门根据总经理的批示，直接依据销售单开具销售发票并登记入账。

(2) 智星公司经营活动产生的现金流量连续为负数。

(3) 智星公司盈利能力或财务状况必须满足上市交易、偿债要求或债务协议规定的其他要求，否则可能导致退市、被特别处理、清偿债务等后果。

【讨论分析】

1. 结合注册会计师了解到的智星公司的情况，分析舞弊风险因素。
2. 注册会计师在评价智星公司舞弊风险因素后，如何运用职业判断评估由于舞弊导致的重大错报风险？
3. 智星公司的舞弊与财务报表中的哪些事项有关？应当如何应对？
4. 注册会计师应当与智星公司的治理层就哪些情况进行沟通？
5. 注册会计师对舞弊的责任是什么？为什么？

案例分析（二）

甲公司财务报表审计中的舞弊风险与应对

注册会计师A负责审计饮料生产企业甲公司20×5年度财务报表。在审计过程中，注册会计师A遇到了以下事项：

（1）甲公司拥有3家子公司，分别生产不同类型的饮料产品。甲公司所处的行业整体竞争激烈，市场已处于饱和状态，同行业公司的主营业务收入年增长率普遍低于5%。然而，甲公司董事会仍要求管理层将20×5年度的主营业务收入增长率设定为8%。管理层编制的甲公司20×5年度财务报表显示，公司已按计划实现了这一收入目标。

（2）甲公司管理层的薪酬除了固定工资外，其奖金还与当年主营业务收入的实现情况挂钩。

（3）在以往的年度审计中，注册会计师A未发现甲公司在收入确认方面存在舞弊行为。然而，在20×5年度的审计中，注册会计师A并未因此将收入确认视为由于舞弊导致的重大错报风险领域。

（4）在对日常会计核算过程中作出的会计分录以及编制财务报表过程中进行的其他调整进行测试时，注册会计师A向参与财务报告编制的人员询问了与处理这些会计分录和其他调整相关的不恰当或异常的活动。

【讨论分析】

1. 针对事项（1）和（2），分析甲公司是否存在舞弊风险因素，并简要说明理由。

2. 针对事项（3），分析注册会计师A未将收入确认作为由于舞弊导致的重大错报风险领域是否恰当，并简要说明理由。

3. 针对事项（4），简要说明注册会计师A除实施询问程序外，还应当实施哪些程序。

案例分析（三）

甲公司财务报表审计中的收入舞弊风险评估与应对

注册会计师A在审计甲公司20×5年度财务报表时，通过实施风险评估程序，发现甲公司营业收入项目存在较高的重大错报风险。审计工作底稿中记录了以下事项：

（1）注册会计师A在审计工作底稿中作出了收入存在舞弊风险的假定；

（2）注册会计师A召集项目组关键成员开会讨论，旨在分享对甲公司收入发生重大错报的方式的见解。

【讨论分析】

1. 分析事项（1）中注册会计师A的做法是否恰当，并简要说明理由。
2. 针对事项（2），说明项目组通过讨论还可以达到的其他目的。

线上MOOC学习

请登录 https://www.icourse163.org/course/CUFE－1003060002，课外学习国家精品课程“审计学”中“财务报表审计中对舞弊的考虑”相关内容。

第十一章 Chapter 11 审计报告及其沟通

素养提升

学会用众人智慧，提高信息披露和决策判断能力。

思维导图

引　例

如何编写审计报告?

张兰作为项目经理审计了天山公司 2023 年的财务报表。2023 年 2 月 24 日结束外勤工作，她在一周后为天山公司 2023 年财务报表拟定了无保留意见审计报告。

但张兰的工作底稿还揭示了如下信息：

(1) 张兰无法对应收账款进行函证，但她执行了替代的审计程序。张兰认为这些替代的审计程序能够提供充分且适当的审计证据。

(2) 天山公司是一起诉讼案中的被告，目前此案正在审理中，判决结果难以预料。如果判决结果有利于原告，天山公司就有可能被判支付一笔大额赔款。为了筹集此赔款，天山公司会出售一些经营用固定资产，该或有事项的性质和可能的影响已在报表附注中作了充分披露。

(3) 天山公司在 2022 年 4 月 1 日借入了一笔金额高达 1 000 万元的长期借款，该笔借款合同禁止天山公司在未来 5 年内发放股利。然而，天山公司拒绝在财务报表附注中对该限制性规定作出披露。

请问：该工作底稿中的哪些事项需要包括在审计报告中？哪些事项不需要？张兰编制的审计报告存在问题吗?

第一节　审计报告概述

一、审计报告的沿革

（一）第一份审计报告

1721年，英国的南海公司以虚假的会计信息欺骗投资者，虽股票价格一时扶摇直上，但最终破产倒闭，导致股东和债权人损失惨重。英国议会聘请会计师查尔斯·斯奈尔对南海公司进行审计，斯奈尔以“会计师”的名义提交了“查账报告书”，这一事件标志着注册会计师的诞生。这份“查账报告书”主要基于股东的需要，从查错防弊、保护企业资产安全和完整的角度提出了会计师的意见，被视为历史上第一份审计报告。

（二）非标准审计报告

20世纪初，英国会计师将审计实务引入美国。由于当时缺乏统一的标准和实务，审计报告的用语、内容、格式、审计意见的表达方式完全由会计师自行决定。同时，由于过分注重实务而轻视理论研究，会计师对财务报表的鉴证大多依赖于个人权威，会计师也普遍高估自己，经常出具描述性的长式报告，并在其中使用“我们证明”“我们保证”“全面且正确”等过于绝对化的词汇。

随着金融资本对产业资本更广泛的渗透，企业规模不断扩大，经济活动日益复杂，企业与银行之间的利益关系更加密切，注册会计师审计的对象逐渐由会计账目扩展到资产负债表。注册会计师基于股东和债权人的需要，从判断企业信用状况的角度提出审计意见，这时，注册会计师逐步认识到，过于自信的审计报告不仅可能误导报告使用者，还可能夸大了审计的作用，从而会不必要地增加审计人员的责任。于是，注册会计师开始探索短式的、标准化的审计报告。

（三）标准审计报告的确立和发展

1929—1933年经济危机后，社会各界普遍认为缺乏正确且可靠的财务报表是导致这场危机的重要原因之一，因此，纽约证券交易所与美国注册会计师协会合作推出了一份被称为“标准报告”的报告，力求实现审计报告语言的统一，以实现：（1）不同会计师事务所出具的报告具有可比性，以减少报告措辞的多样性造成误解的可能性；（2）使保留意见的审计报告更容易区分和辨认。

适用于审计报告使用者的标准审计报告几经修正。目前，标准审计报告的主要特征包括：（1）审计报告用语、内容和形式日益标准化、规范化；（2）审计报告的种类逐步多样化，如无保留意见、保留意见、否定意见和无法表示意见；（3）在意见段使用“在所有重大方面”“公允地反映”等措辞，以强调审计意见只是一种有一定根据的主观意见和看法，不可能证明或保证被审计单位财务报表绝对正确、真实、可信。

随着市场经济的发展，在会计信息需求与注册会计师能力的不断博弈中，现代标准审计报告也发生了一些重大的变革。以中国审计报告准则为例，2016 年修订的审计报告准则改变了自 2012 年以来一直沿用的审计报告模式在格式、要素和内容上的标准化，以及与之相对应的信息含量低、相关性差的情况，通过增加关键审计事项、修改审计报告的内容与措辞，强化了注册会计师对持续经营、其他信息、独立性的关注，提高了审计报告的信息含量，增强了审计报告相关性和决策有用性，提高了审计报告的沟通价值，增强了审计工作的透明度，并明确了注册会计师与审计相关的责任。

（四）审计报告发展中的其他改进建议

尽管目前许多国家的审计报告都采用了具有以上特征的标准审计报告形式，但在理论和实践中仍存在不同的观点，主要包括以下几点：

（1）建议在审计报告的意见段中删除“公允性”一词，因为它缺乏明确的解释，具有较强的主观性，不同的审计报告使用者对此有不同的理解。

（2）建议回归长式审计报告，并取消所有标准化措辞，因为每项审计都具有其独特性，而标准化的审计报告往往显得单调乏味，可能降低报告使用者的阅读兴趣，容易导致其忽视审计报告中的细微变化。

（3）1978 年科恩报告建议，审计人员的报告应当充分、灵活地反映报告使用者需要的信息，因此，审计人员的报告应当包括对不同信息发表不同担保程度的意见。

（4）1995 年美国注册会计师协会的财务报告特殊委员会通过调查和论证的方式，对企业财务报告和审计报告提出了一系列改进建议。该委员会首先构建了一个企业报告模型，从调查用户的信息需求入手确定了用户认为对其投资决策最重要的一组信息。综合模型的信息共分为五类十个要素，且绝大多数信息在客观上能够验证，因此，要求审计人员参与其中。最后，该委员会还提供了一份注册会计师对综合模型中信息进行报告的范例，要求审计人员关注历史财务报表以外的信息，并建议传统审计报告应包括对不同信息的不同担保程度的意见。

（5）2006 年，国际审计与鉴证准则理事会（IAASB）与美国注册会计师协会联合提议，委托研究人员就审计报告使用者对审计工作和审计报告的理解开展研究。2011 年 5 月，IAASB 发布了《增强审计报告的价值：探索改变的方法》，提出了增强审计报告的沟通价值和透明度、缩小期望差距以及满足报告使用者深入了解财务报表和审计工作的需求。

（五）沿革的启示

从以上关于审计报告的沿革中，我们不难看出：

（1）审计报告的产生和发展都是由审计需求推动的。随着审计需求者从股东和债权人扩展至社会公众，审计报告更具有公共产品的性质。因此，为了便于会计信息的对比和报告的广泛阅读，政府应当适当干预审计报告的编制，规范其格式、内容和表达。

（2）审计报告的格式与内容的变化源自注册会计师职能与社会公众期望之间的

博弈。在修正审计报告被歪曲理解和运用的理论和实践中，审计报告不断完善和发展。注册会计师只有在尽可能满足社会公众利益的前提下，符合自身的职能特征，即审计报告虽不能证明或保证被审计单位财务报表绝对正确、真实、可信，但必须向社会公众保证注册会计师谨慎执业，获取的证据可以为其发表的意见提供合理依据，才能不断缩小公众期望差距。

（3）简式规范的审计报告能够满足公众对上市公司信息的需求，但它不能满足公司或其他机构特定的信息披露要求，以及监管者和其他信息使用者对会计信息的特殊要求，因此未来的审计报告还需要进一步修改和完善。

为弥合政府部门、监管机构和投资者对注册会计师执业质量的期望差距，降低资本市场的不确定性和信息不对称带来的风险，审计报告改革已成为不可逆转的趋势，这需要处理好两对矛盾：

（1）标准化与个性化。标准化的审计报告可以提升审计报告的可比性，降低审计成本，并在一定程度上帮助注册会计师规避法律诉讼风险。但千篇一律的审计报告内容与措辞又会降低报告使用者的阅读兴趣，无法满足其个性化需求。因此，在标准化与个性化之间进行权衡至关重要，对于应标准化的审计报告要素，如审计意见的表述、审计责任与会计责任的划分等，使用标准格式与语言表述，而注册会计师的评论段可根据被审计单位的实际情况定制，从而满足审计报告使用者的个性化需求。

（2）充分披露与信息超载。审计报告应当通过增加注册会计师的评论段、披露审计过程的信息来丰富其内容，鼓励实现充分披露。然而，为了避免过多的披露可能导致的信息超载问题，对于报告使用者普遍关注的审计意见段仍需要标准化，并将其置于审计报告中最显眼的位置，让所有审计报告使用者一目了然。对于希望进一步了解被审计单位个性化信息的使用者，可以继续阅读报告的其他部分。

二、审计报告与财务报表

审计报告是注册会计师根据审计准则的规定，在实施审计工作的基础上对被审计单位财务报表发表审计意见的书面文件。财务报表是指整套通用目的财务报表，即按照通用目的编制基础编制的财务报表，包括相关附注。相关附注通常包括重要的会计政策和会计估计。适用的财务报告编制基础决定了财务报表的形式和内容，以及整套财务报表的构成。通用目的编制基础是指旨在满足广大财务报表使用者共同财务信息需求的财务报告编制基础。

治理层对财务报告过程的监督职责主要有：审核或监督企业的重大会计政策、审核或监督企业财务报告和披露程序、审核或监督与财务报告相关的企业内部控制、组织和领导企业内部审计、审核和批准企业的财务报告和相关信息披露、聘任和解聘负责企业外部审计的注册会计师并与其进行沟通等。

在被审计单位治理层的监督下，按照适用的会计准则和相关会计制度的规定编制财务报表是被审计单位管理层的责任。管理层对编制财务报表的责任具体包括：（1）选择适用的会计准则和相关会计制度；（2）选择和运用恰当的会计政策；

（3）根据企业的具体情况作出合理的会计估计。

在治理层的监督下，管理层作为会计工作的行为人，对编制财务报表负有直接责任。而注册会计师应当在审计报告中清楚地表达对财务报表的意见，并对出具的审计报告负责。

财务报表编制和财务报表审计是财务信息生成链条上的不同环节，两者各司其职，财务报表审计不能减轻被审计单位治理层和管理层的责任。各方面利益人对财务报表的责任如图 11－1 所示。

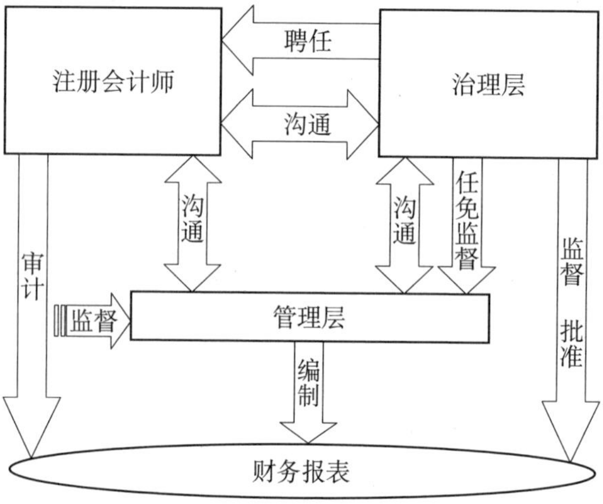

图 11－1　各方面利益人对财务报表的责任

尽管审计报告与财务报表是两种性质不同的报告文件，但它们通常会被同时呈送委托人或正式对外公布。已审计的财务报表由于审计报告的鉴证作用，其可信性得到了增强。

【例 11－1・单选题】

下列关于财务报表审计的说法，错误的是（　　）。

A. 审计可以有效满足财务报表预期使用者的要求

B. 审计的目的是提高财务报表预期使用者对财务报表的信任程度

C. 财务报表审计的基础是注册会计师的独立性和专业性

D. 审计涉及为财务报表预期使用者利用相关信息提供建议

【分析】 D。审计的目的是改善财务报表的质量或内涵，提高预期使用者对财务报表的信任程度，即以合理保证的方式提高财务报表的质量，而不涉及为如何利用信息提供建议，故选项 D 错误。

三、审计报告的作用

注册会计师签发的审计报告主要具有鉴证、保护和证明三方面的作用。

（一）鉴证作用

注册会计师签发的审计报告是以独立的第三者身份，对被审计单位财务报表的合法性、公允性发表意见，并作出客观的鉴证。注册会计师签发的审计报告具有法定证明效力，起到的经济鉴证作用已为政府及其各部门和社会各界所认可。审计报告既可以为政府有关部门了解、掌握企业的财务状况和经营成果提供重要依据，也可以为企业的投资者和债权人正确进行投资和贷款决策提供主要参考。企业的财务状况和经营成果主要通过企业提供的财务报表来反映，财务报表是否合法、公允主要依据注册会计师的审计报告作出判断。

（二）保护作用

注册会计师签发的审计报告可以通过出具不同类型的审计意见，提高或降低财务报表信息使用者对财务报表的信赖程度，从而在一定程度上对被审计单位的财产、债权人和股东的权益及企业利害关系人的利益起到保护作用。投资者通过查阅被投资企业的财务报表和注册会计师的审计报告，能够更真实地了解被投资企业的经营情况，进而降低其投资风险。债权人通过查阅被投资企业的财务报表和注册会计师的审计报告，也能更真实地了解被投资企业的财务状况，从而降低其贷款风险。

（三）证明作用

注册会计师签发的审计报告是对注册会计师审计任务完成情况及其结果所作的总结，它可以对审计工作质量、审计人员审计责任及其履行情况起到证明作用。审计报告可以证明注册会计师在审计过程中是否实施了必要的审计程序，是否遵循了应有的规范，是否以审计工作底稿为依据发表审计意见，发表的审计意见是否与被审计单位的实际情况相一致，审计工作质量是否符合要求等，从而可以证明注册会计师审计责任的履行情况。

四、审计报告的分类

（1）按照审计报告的性质，审计报告可分为标准审计报告和非标准审计报告。标准审计报告是指格式和措辞基本统一的审计报告，一般是用于对外公布的审计报告。非标准审计报告是指格式和措辞不统一、可以根据具体审计项目的问题来决定的审计报告，一般是不用于对外公布的审计报告。

（2）按审计报告使用的目的，审计报告可分为公布目的的审计报告和非公布目的的审计报告。公布目的的审计报告一般是用于对企业股东、投资者、债权人等非特定利益关系者公布的附送财务报表的审计报告。非公布目的的审计报告一般是用于经营管理、合并或业务转让、融资等特定目的而实施的审计报告。

（3）按照审计报告的详略程度，审计报告可分为详式审计报告和简式审计报告。详式审计报告又称长式审计报告，是指对审计对象所有重要事项都要作详细说明和分析的审计报告。详式审计报告一般适用于非公布目的，具有非标准审计报告的特点，主要用来帮助企业改善经营管理。简式审计报告又称短式审计报告，是指注册会计师对应公布的财务报表进行审计后编制的简明扼要的审计报告。简式审计报告所反映的内容是非特定多数的利害关系人共同认为必要的审计事项，它具有记载法规或审计准则所规定内容的特征，属于标准的审计报告，一般适用于公布目的。

第二节 编制审计报告

一、审计报告的基本要素

一份标准的审计报告应包括下列要素。

（一）标题

审计报告的标题应当统一规范为“审计报告”。

考虑到这一标题已为社会公众广泛接受，因此，我国注册会计师出具的审计报告标题不包含“独立”二字，但注册会计师在执行财务报表审计业务时，应当遵守独立性的要求。

（二）收件人

审计报告的收件人是指注册会计师按照业务约定书的要求致送审计报告的对象。在某些国家或地区，法律法规或业务约定条款可能指定致送审计报告的对象。审计报告应当载明收件人的全称。

注册会计师应当与委托人在业务约定书中约定致送审计报告的对象，以防止在此问题上发生分歧或审计报告被委托人滥用。针对整套通用目的财务报表出具的审计报告，致送对象通常为被审计单位的全体股东或治理层。

（三）审计意见段

审计报告的第一部分应当包含审计意见，并以“审计意见”为标题。

1. 审计意见的内容

审计意见说明财务报表是否在所有重大方面按照适用的财务报告编制基础的规定编制，是否公允反映财务报表旨在反映的事项。

财务报表审计的目标是注册会计师通过执行审计工作，对财务报表的下列方面发表审计意见：

（1）财务报表是否按照适用的会计准则和相关会计制度的规定编制；

（2）财务报表是否在所有重大方面公允反映了被审计单位的财务状况、经营成果和现金流量。

审计意见涵盖由适用的财务报告编制基础确定的整套财务报表，包括：

（1）指出被审计单位的名称；

（2）说明财务报表已经审计；

（3）指出构成整套财务报表的每一财务报表的名称；

（4）提及财务报表附注，包括重大会计政策和会计估计；

（5）指明构成整套财务报表的每一财务报表的日期或涵盖的期间。

在某些国家或地区，额外的信息也可能被认为是财务报表的必要组成部分。

如果在审计意见中提及的适用的财务报告框架不是企业会计准则，而是国际财务报告准则、国际公共部门会计准则或者其他国家或地区的财务报告准则，注册会计师应当在审计意见段中指明国际财务报告准则或国际公共部门会计准则，或者财务报告准则所属的国家或地区。

在某些情况下，财务报表可能声明按照两个财务报告编制基础（如某一国家或地区的财务报告编制基础和国际财务报告准则）编制，在这种情况下，这两个编制基础都是适用的财务报告编制基础。在对财务报表形成审计意见时，注册会计师需要在审计意见中提及这两个编制基础：

（1）如果财务报表分别符合每个编制基础，注册会计师需要发表两个意见：一是财务报表按照其中一个适用的财务报告编制基础（如×国财务报告编制基础）编制；二是财务报表按照另一个适用的财务报告编制基础（如国际财务报告准则）编制。这两个意见可以分别表述，也可以在一个句子中表述（例如，财务报表在所有重大方面按照×国财务报告编制基础和国际财务报告准则的规定编制，公允反映了［……］）。

（2）如果财务报表符合其中一个编制基础（如×国财务报告编制基础）而不符合另一个编制基础（如国际财务报告准则），注册会计师需要对财务报表按照其中一个编制基础（如×国财务报告编制基础）编制发表无保留意见，而按照《中国注册会计师审计准则第 1502 号——在审计报告中发表非无保留意见》的规定，对财务报表按照另一个编制基础（如国际财务报告准则）编制发表非无保留意见。

2. 无保留意见和非无保留意见

无保留意见是指注册会计师认为财务报表在所有重大方面按照适用的财务报告编制基础编制并实现公允反映时发表的审计意见。如果注册会计师对财务报表发表无保留意见，除非法律法规另有规定，审计意见应当使用“我们认为，后附的财务报表在所有重大方面按照［适用的财务报告编制基础（如企业会计准则等）］的规定编制，公允反映了［……］”的措辞。

非无保留意见是指保留意见、否定意见或无法表示意见。当存在下列情形之一时，注册会计师应当考虑发表非无保留意见：

（1）根据获取的审计证据，得出财务报表整体存在重大错报的结论；

（2）无法获取充分、适当的审计证据，不能得出财务报表整体不存在重大错报的结论。

（四）形成审计意见的基础

形成审计意见的基础部分应当紧接在审计意见部分之后，包括下列方面：

（1）说明注册会计师按照审计准则的规定执行了审计工作。

（2）提及审计报告中用于描述审计准则规定的注册会计师责任的部分。

（3）声明注册会计师按照与审计相关的职业道德要求独立于被审计单位，并履行了职业道德方面的其他责任。声明中应当指明适用的职业道德要求，如《中国注册会计师职业道德守则》。

（4）说明注册会计师是否相信获取的审计证据是充分、适当的，为发表审计意见提供了基础。

（五）管理层对财务报表的责任段

审计报告的管理层责任段应当说明管理层负责下列方面：

（1）按照适用的财务报告编制基础的规定编制财务报表，使其实现公允反映，并设计、执行和维护必要的内部控制，以使财务报表不存在由于舞弊或错误导致的重大错报。

（2）评估被审计单位的持续经营能力和使用持续经营假设是否适当，并披露与持续经营相关的事项（如适用）。对管理层评估责任的说明应当包括描述在何种情况下使用持续经营假设是适当的。

在审计报告中指明管理层的责任，有利于区分管理层和注册会计师的责任，降低财务报表使用者误解注册会计师责任的可能性。在某些国家和地区，审计报告中提及的可能是治理层对财务报表的责任。

（六）注册会计师的责任段

注册会计师对财务报表审计的责任部分应当包括下列内容：

（1）说明注册会计师的目标是对财务报表整体是否不存在由于舞弊或错误导致的重大错报获取合理保证，并出具包含审计意见的审计报告。合理保证是高水平的保证，但并不能保证按照审计准则执行的审计在某一重大错报存在时总能发现。在说明错报可能由于舞弊或错误导致时，注册会计师应当从下列两种做法中选取一种：

1）描述如果合理预期错报单独或汇总起来可能影响财务报表使用者依据财务报表作出的经济决策，则通常认为错报是重大的；

2）根据适用的财务报告编制基础，提供关于重要性的定义或描述。

（2）说明在按照审计准则执行审计工作的过程中，注册会计师运用职业判断，并保持职业怀疑。对于上市实体财务报表审计，指出注册会计师就已遵守与独立性相关的职业道德要求向治理层提供声明，并与治理层沟通可能被合理认为影响注册会计师独立性的所有关系和其他事项，以及相关的防范措施（如适用）。

（3）通过说明注册会计师的责任，对审计工作进行描述。这些责任包括：

1）识别和评估由于舞弊或错误导致的财务报表重大错报风险，设计和实施审计程序以应对这些风险，并获取充分、适当的审计证据，作为发表审计意见的基础。由于舞弊可能涉及串通、伪造、故意遗漏、虚假陈述或凌驾于内部控制之上，未能发现由于舞弊导致的重大错报的风险高于未能发现由于错误导致的重大错报的风险。

2）了解与审计相关的内部控制，以设计恰当的审计程序，但目的并非对内部控制的有效性发表意见。当注册会计师有责任在财务报表审计的同时对内部控制的有效性发表意见时，应当略去上述“目的并非对内部控制的有效性发表意见”的表述。

3）评价管理层选用会计政策的恰当性和作出会计估计及相关披露的合理性。

4）对管理层使用持续经营假设的恰当性得出结论。同时，根据获取的审计证据，就可能导致对被审计单位持续经营能力产生重大疑虑的事项或情况是否存在重大不确定性得出结论。如果注册会计师得出结论认为存在重大不确定性，审计准则要求注册会计师在审计报告中提请报表使用者关注财务报表中的相关披露；如果披露不充分，注册会计师应当发表非无保留意见。注册会计师的结论基于截至审计报告日可获得的信息。然而，未来的事项或情况可能导致被审计单位不能持续经营。

5）评价财务报表的总体列报、结构和内容（包括披露），并评价财务报表是否公允反映相关交易和事项。

（4）说明注册会计师与治理层就计划的审计范围、时间安排和重大审计发现等事项进行沟通，包括沟通注册会计师在审计中识别的值得关注的内部控制缺陷。

（5）对于上市实体财务报表审计，以及决定按照《中国注册会计师审计准则第1504号——在审计报告中沟通关键审计事项》的规定沟通关键审计事项的其他情况，说明注册会计师从与治理层沟通过的事项中确定哪些事项对本期财务报表审计最为重要，因而构成关键审计事项。注册会计师应当在审计报告中描述这些事项，除非法律法规禁止公开披露这些事项，或在极少数情形下，注册会计师合理预期在审计报告中沟通某事项造成的负面后果超过在公众利益方面产生的益处，因而确定不应在审计报告中沟通该事项。

注册会计师在集团审计业务中的责任包括：

（1）就集团中实体或业务活动的财务信息获取充分、适当的审计证据，以对合并财务报表发表审计意见；

（2）负责指导、监督和执行集团审计；

（3）对审计意见承担全部责任。

（七）按照相关法律法规的要求报告的事项（如适用）

注册会计师可能承担报告其他事项的额外责任，这些责任是对审计准则规定的注册会计师责任的补充。例如，如果注册会计师在财务报表审计中注意到某些事项，可能被要求对这些事项予以报告。此外，注册会计师可能被要求实施额外的规定程序并予以报告，或对特定事项（如会计账簿和记录的适当性、财务报告内部控制或其他信息）发表意见。

在某些情况下，相关法律法规可能要求或允许注册会计师将对这些其他责任的报告作为对财务报表出具的审计报告的一部分。在另外一些情况下，相关法律法规可能要求或允许注册会计师在单独出具的报告中进行报告。

仅当其他报告责任和审计准则规定的报告责任涉及同一事项，并且审计报告的措辞能够将其他报告责任与审计准则规定的责任予以清楚地区分时，才允许将其合并列示。为进行清楚的区分，可能有必要在审计报告中指出其他报告责任的来源并说明这些责任超出了审计准则规定的责任。否则，在审计报告中将其他报告责任单独作为一部分，并冠以“按照相关法律法规的要求报告的事项”或与其内容相称的其他标题。

（八）注册会计师的签名和盖章

审计报告应当由项目合伙人和另一名负责该项目的注册会计师签名并盖章。注册会计师应当在对上市实体整套通用目的财务报表出具的审计报告中注明项目合伙人，甚至可以决定在审计报告中包含项目合伙人姓名之外的信息，以进一步识别项目合伙人，提高对审计报告使用者的透明度。

（九）报告日期

审计报告应当注明报告日期。审计报告的日期不应早于注册会计师在获取充分、适当的审计证据（包括管理层认可对财务报表的责任且已批准财务报表的证据）的基础上对财务报表形成审计意见的日期。

注册会计师在确定审计报告日期时，应当考虑：

（1）应当实施的审计程序已经完成。由于注册会计师的意见针对的是财务报表，而管理层对财务报表负责，所以除非注册会计师已经有证据表明整套财务报表（包括相关附注）得以编制且管理层表示对此负责，否则注册会计师不能得出已经收集到充分、适当的审计证据的结论。

（2）应当提请被审计单位调整的事项已经提出，被审计单位已经作出调整或拒绝作出调整。

（3）构成整套财务报表的所有报表（包括相关附注）已编制完成。

（4）被审计单位的董事会、管理层或类似机构已经认可其对财务报表负责，也就是管理层已经正式签署财务报表。就股份有限公司来说，管理层签署财务报表通常包括：董事长在财务报表上签名并盖章；主管财务的公司负责人（通常是公司总经理）在财务报表上签名并盖章；财务部门负责人在财务报表上签名并盖章；董事会会议已批准财务报表并可以对外公布。

审计报告的日期非常重要。注册会计师对不同时段的资产负债表日后事项有着不同的责任，而审计报告的日期是划分时段的关键时点。在实务中，注册会计师在正式签署审计报告前，通常把审计报告草稿和已审计财务报表草稿一同提交给管理层。如果管理层批准并签署已审计财务报表，注册会计师即可签署审计报告。具体来说，审计报告日不应当早于财务报表的批准日和管理层声明书日。财务报表的批准日是经认可的有权机构（如董事会）确定构成整套财务报表的所有报表（包括相关附注）已经编制完成，并声称对此负责的日期。当审计报告日晚于管理层签署已审计财务报表日时，注册会计师应当获取自管理层声明书日到审计报告日之间的进一步审计证据，如补充的管理层声明书。在特殊情况下，注册会计师可以出具双重日期的审计报告，即不修改审计报告日期，但针对查证财务报表修正部分增加补充日期。

【例 11－2・单选题】

下列有关审计报告日的说法，错误的是（　　）。

A. 审计报告日不应早于管理层书面声明的日期

B. 审计报告日可以早于管理层签署已审计财务报表的日期

C. 审计报告日应当是注册会计师获取充分、适当的审计证据，并在此基础上

对财务报表形成审计意见的日期

D. 在特殊情况下，注册会计师可以出具双重日期的审计报告

【分析】B。管理层签署已审计财务报表是注册会计师获取的主要证据，是审计发表意见的对象，审计报告日不能早于管理层签署已审计财务报表的日期。

二、审计报告类型[①]

审计报告分为无保留意见的审计报告、带强调事项段（或其他事项段）的无保留意见的审计报告、非无保留意见的审计报告。

（一）对上市实体财务报表出具的审计报告

1. 背景信息

（1）对上市实体整套财务报表进行审计。该审计不属于集团审计（即不适用《中国注册会计师审计准则第 1401 号——对集团财务报表审计的特殊考虑》）。

（2）管理层按照企业会计准则编制财务报表。

（3）审计业务约定条款体现了《中国注册会计师审计准则第 1111 号——就审计业务约定条款达成一致意见》中关于管理层对财务报表责任的描述。

（4）基于获取的审计证据，注册会计师认为发表无保留意见是恰当的。

（5）适用的相关职业道德要求为中国注册会计师职业道德守则。

（6）基于获取的审计证据，根据《中国注册会计师审计准则第 1324 号——持续经营》，注册会计师认为可能导致对被审计单位持续经营能力产生重大疑虑的事项或情况不存在重大不确定性。

（7）已按照《中国注册会计师审计准则第 1504 号——在审计报告中沟通关键审计事项》的规定沟通了关键审计事项。

（8）注册会计师在审计报告日前已获取所有其他信息，且未识别出信息存在重大错报。

（9）负责监督财务报表的人员与负责编制财务报表的人员不同。

（10）除财务报表审计外，注册会计师还承担法律法规要求的其他报告责任，且注册会计师决定在审计报告中履行其他报告责任。

2. 参考格式 1

审计报告

ABC 股份有限公司全体股东：

一、对财务报表出具的审计报告

（如果审计报告中不包含“按照相关法律法规的要求报告的事项”部分，则不需要加入此标题。）

---

① 为了推广新审计报告准则，该部分引用了 2023 年 4 月 4 日修订、中国注册会计师协会颁布的《〈中国注册会计师审计准则第 1501 号——对财务报表形成审计意见和出具审计报告〉应用指南》《〈中国注册会计师审计准则第 1502 号——在审计报告中发表非无保留意见〉应用指南》等的附录列示的相关内容。

（一）审计意见

我们审计了 ABC 股份有限公司（以下简称 ABC 公司）财务报表，包括 20×1 年 12 月 31 日的资产负债表，20×1 年度的利润表、现金流量表、股东权益变动表以及相关财务报表附注。

我们认为，后附的财务报表在所有重大方面按照企业会计准则的规定编制，公允反映了 ABC 公司 20×1 年 12 月 31 日的财务状况以及 20×1 年度的经营成果和现金流量。

（二）形成审计意见的基础

我们按照中国注册会计师审计准则的规定执行了审计工作。审计报告的“注册会计师对财务报表审计的责任”部分进一步阐述了我们在这些准则下的责任。按照中国注册会计师职业道德守则，我们独立于 ABC 公司，并履行了职业道德方面的其他责任。我们相信，我们获取的审计证据是充分、适当的，为发表审计意见提供了基础。

（三）关键审计事项

关键审计事项是我们根据职业判断，认为对本期财务报表审计最为重要的事项。这些事项的应对以对财务报表整体进行审计并形成审计意见为背景，我们不对这些事项单独发表意见。

[按照《中国注册会计师审计准则第 1504 号——在审计报告中沟通关键审计事项》的规定描述每一关键审计事项。]

（四）其他信息

[按照《中国注册会计师审计准则第 1521 号——注册会计师对其他信息的责任》的规定报告，见《〈中国注册会计师审计准则第 1521 号——注册会计师对其他信息的责任〉应用指南》附录 2 中的参考格式 1。]

（五）管理层和治理层对财务报表的责任

ABC 公司管理层（以下简称管理层）负责按照企业会计准则的规定编制财务报表，使其实现公允反映，并设计、执行和维护必要的内部控制，以使财务报表不存在由于舞弊或错误导致的重大错报。

在编制财务报表时，管理层负责评估 ABC 公司的持续经营能力，披露与持续经营相关的事项（如适用），并运用持续经营假设，除非管理层计划清算 ABC 公司、终止运营或别无其他现实的选择。

治理层负责监督 ABC 公司的财务报告过程。

（六）注册会计师对财务报表审计的责任

我们的目标是对财务报表整体是否不存在由于舞弊或错误导致的重大错报获取合理保证，并出具包含审计意见的审计报告。合理保证是高水平的保证，但并不能保证按照审计准则执行的审计在某一重大错报存在时总能发现。错报可能由于舞弊或错误导致，如果合理预期错报单独或汇总起来可能影响财务报表使用者依据财务报表作出的经济决策，则通常认为错报是重大的。

在按照审计准则执行审计工作的过程中，我们运用职业判断，并保持职业怀疑。同时，我们也执行以下工作：

（1）识别和评估由于舞弊或错误导致的财务报表重大错报风险，设计和实施审计程序以应对这些风险，并获取充分、适当的审计证据，作为发表审计意见的基础。由于舞弊可能涉及串通、伪造、故意遗漏、虚假陈述或凌驾于内部控制之上，未能发现由于舞弊导致的重大错报的风险高于未能发现由于错误导致的重大错报的风险。

（2）了解与审计相关的内部控制，以设计恰当的审计程序，但目的并非对内部控制的有效性发表意见。（如果注册会计师结合财务报表审计对内部控制的有效性发表意见，应当删除“但目的并非对内部控制的有效性发表意见”的措辞。）

（3）评价管理层选用会计政策的恰当性和作出会计估计及相关披露的合理性。

（4）对管理层使用持续经营假设的恰当性得出结论。同时，根据获取的审计证据，就可能导致对ABC公司持续经营能力产生重大疑虑的事项或情况是否存在重大不确定性得出结论。如果我们得出结论认为存在重大不确定性，审计准则要求我们在审计报告中提请报表使用者注意财务报表中的相关披露；如果披露不充分，我们应当发表非无保留意见。我们的结论基于截至审计报告日可获得的信息。然而，未来的事项或情况可能导致ABC公司不能持续经营。

（5）评价财务报表的总体列报、结构和内容（包括披露），并评价财务报表是否公允反映相关交易和事项。

我们与治理层就计划的审计范围、时间安排和重大审计发现等事项进行沟通，包括沟通我们在审计中识别出的值得关注的内部控制缺陷。

我们还就已遵守与独立性相关的职业道德要求向治理层提供声明，并与治理层沟通可能被合理认为影响我们独立性的所有关系和其他事项，以及相关的防范措施（如适用）。

从与治理层沟通过的事项中，我们确定哪些事项对本期财务报表审计最为重要，因而构成关键审计事项。我们在审计报告中描述这些事项，除非法律法规禁止公开披露这些事项，或在极少数情形下，如果合理预期在审计报告中沟通某事项造成的负面后果超过在公众利益方面产生的益处，我们确定不应在审计报告中沟通该事项。

二、按照相关法律法规的要求报告的事项

[本部分的格式和内容，取决于法律法规对其他报告责任性质的规定。本部分应当说明相关法律法规规定的事项（其他报告责任），除非其他报告责任涉及的事项与审计准则规定的报告责任涉及的事项相同。如果涉及相同的事项，其他报告责任可以在审计准则规定的同一报告要素部分列示。当其他报告责任和审计准则规定的报告责任涉及同一事项，并且审计报告中的措辞能够将其他报告责任与审计准则规定的责任（如存在差异）予以清楚地区分时，可以将两者合并列示（即包含在“对财务报表出具的审计报告”部分中，并使用适当的副标题）。]

××会计师事务所　　　　　　　中国注册会计师：×××（项目合伙人）
（盖章）　　　　　　　　　　　　　　　（签名并盖章）
　　　　　　　　　　　　　　　　中国注册会计师：×××
　　　　　　　　　　　　　　　　　　　（签名并盖章）
中国××市　　　　　　　　　　　　　　二〇×二年×月×日

（二）对上市实体合并财务报表出具的审计报告

1. 背景信息

（1）对上市实体整套合并财务报表进行审计。该审计属于集团审计，被审计单位拥有多个子公司（即适用《中国注册会计师审计准则第 1401 号——对集团财务报表审计的特殊考虑》）。

（2）管理层按照××财务报告编制基础编制合并财务报表，该编制基础允许被审计单位只列报合并财务报表。

（3）审计业务约定条款体现了《中国注册会计师审计准则第 1111 号——就审计业务约定条款达成一致意见》中关于管理层对合并财务报表责任的描述。

（4）基于获取的审计证据，注册会计师认为发表无保留意见是恰当的。

（5）适用的相关职业道德要求为中国注册会计师职业道德守则。

（6）基于获取的审计证据，根据《中国注册会计师审计准则第 1324 号——持续经营》，注册会计师认为可能导致对被审计单位持续经营能力产生重大疑虑的事项或情况不存在重大不确定性。

（7）已按照《中国注册会计师审计准则第 1504 号——在审计报告中沟通关键审计事项》的规定沟通了关键审计事项。

（8）注册会计师在审计报告日前已获取所有其他信息，且未识别出信息存在重大错报。

（9）负责监督合并财务报表的人员与负责编制合并财务报表的人员不同。

（10）除合并财务报表审计外，注册会计师还承担法律法规要求的其他报告责任，且注册会计师决定在审计报告中履行其他报告责任。

2. 参考格式 2

审计报告

ABC 股份有限公司全体股东：

一、对合并财务报表出具的审计报告

（如果审计报告中不包含“按照相关法律法规的要求报告的事项”部分，则不需要加入此标题。）

（一）审计意见

我们审计了 ABC 股份有限公司及其子公司（以下简称 ABC 集团）合并财务报表，包括 20×1 年 12 月 31 日的合并资产负债表，20×1 年度的合并利润表、合并现金流量表、合并股东权益变动表以及相关合并财务报表附注。

我们认为，后附的合并财务报表在所有重大方面按照××财务报告编制基础的规定编制，公允反映了 ABC 集团 20×1 年 12 月 31 日的合并财务状况以及 20×1 年度的合并经营成果和合并现金流量。

（二）形成审计意见的基础

我们按照中国注册会计师审计准则的规定执行了审计工作。审计报告的“注册会计师对合并财务报表审计的责任”部分进一步阐述了我们在这些准则下的责任。按照中国注册会计师职业道德守则，我们独立于 ABC 集团，并履行了职业道德方面的其他责任。我们相信，我们获取的审计证据是充分、适当的，为发表审计意见提供了基础。

（三）关键审计事项

关键审计事项是我们根据职业判断，认为对本期合并财务报表审计最为重要的事项。这些事项的应对以对合并财务报表整体进行审计并形成审计意见为背景，我们不对这些事项单独发表意见。

[按照《中国注册会计师审计准则第 1504 号——在审计报告中沟通关键审计事项》的规定描述每一关键审计事项。]

（四）其他信息

[同参考格式 1。]

（五）管理层和治理层对合并财务报表的责任

ABC 集团管理层（以下简称管理层）负责按照××财务报告编制基础的规定编制合并财务报表，使其实现公允反映，并设计、执行和维护必要的内部控制，以使合并财务报表不存在由于舞弊或错误导致的重大错报。

在编制合并财务报表时，管理层负责评估 ABC 集团的持续经营能力，披露与持续经营相关的事项（如适用），并运用持续经营假设，除非管理层计划清算 ABC 集团、终止运营或别无其他现实的选择。

治理层负责监督 ABC 集团的财务报告过程。

（六）注册会计师对合并财务报表审计的责任

我们的目标是对合并财务报表整体是否不存在由于舞弊或错误导致的重大错报获取合理保证，并出具包含审计意见的审计报告。合理保证是高水平的保证，但并不能保证按照审计准则执行的审计在某一重大错报存在时总能发现。错报可能由于舞弊或错误导致，如果合理预期错报单独或汇总起来可能影响财务报表使用者依据合并财务报表作出的经济决策，则通常认为错报是重大的。

在按照审计准则执行审计工作的过程中，我们运用职业判断，并保持职业怀疑。同时，我们也执行以下工作：

（1）识别和评估由于舞弊或错误导致的合并财务报表重大错报风险，设计和实施审计程序以应对这些风险，并获取充分、适当的审计证据，作为发表审计意见的基础。由于舞弊可能涉及串通、伪造、故意遗漏、虚假陈述或凌驾于内部控制之上，未能发现由于舞弊导致的重大错报的风险高于未能发现由于错误导致的重大错报的风险。

（2）了解与审计相关的内部控制，以设计恰当的审计程序，但目的并非对内部控制的有效性发表意见。（如果注册会计师结合财务报表审计对内部控制的有效性发表意见，应当删除“但目的并非对内部控制的有效性发表意见”的措辞。）

（3）评价管理层选用会计政策的恰当性和作出会计估计及相关披露的合理性。

（4）对管理层使用持续经营假设的恰当性得出结论。同时，根据获取的审计证据，就可能导致对ABC集团持续经营能力产生重大疑虑的事项或情况是否存在重大不确定性得出结论。如果我们得出结论认为存在重大不确定性，审计准则要求我们在审计报告中提请报表使用者注意合并财务报表中的相关披露；如果披露不充分，我们应当发表非无保留意见。我们的结论基于截至审计报告日可获得的信息。然而，未来的事项或情况可能导致ABC集团不能持续经营。

（5）评价合并财务报表的总体列报、结构和内容，并评价合并财务报表是否公允反映相关交易和事项。

（6）就ABC集团中实体或业务活动的财务信息获取充分、适当的审计证据，以对合并财务报表发表审计意见。我们负责指导、监督和执行集团审计，并对审计意见承担全部责任。

我们与治理层就计划的审计范围、时间安排和重大审计发现等事项进行沟通，包括沟通我们在审计中识别出的值得关注的内部控制缺陷。

我们还就已遵守与独立性相关的职业道德要求向治理层提供声明，并与治理层沟通可能被合理认为影响我们独立性的所有关系和其他事项，以及相关的防范措施（如适用）。

从与治理层沟通过的事项中，我们确定哪些事项对本期合并财务报表审计最为重要，因而构成关键审计事项。我们在审计报告中描述这些事项，除非法律法规禁止公开披露这些事项，或在极少数情形下，如果合理预期在审计报告中沟通某事项造成的负面后果超过在公众利益方面产生的益处，我们确定不应在审计报告中沟通该事项。

二、按照相关法律法规的要求报告的事项

[本部分的格式和内容，取决于法律法规对其他报告责任性质的规定。本部分应当说明相关法律法规规定的事项（其他报告责任），除非其他报告责任涉及的事项与审计准则规定的报告责任涉及的事项相同。如果涉及相同的事项，其他报告责任可以在审计准则规定的同一报告要素部分列示。当其他报告责任和审计准则规定的报告责任涉及同一事项，并且审计报告中的措辞能够将其他报告责任与审计准则规定的责任（如存在差异）予以清楚地区分时，可以将两者合并列示（即包含在“对合并财务报表出具的审计报告”部分中，并使用适当的副标题）。]

××会计师事务所　　　　　　　　中国注册会计师：×××（项目合伙人）
（盖章）　　　　　　　　　　　　（签名并盖章）
　　　　　　　　　　　　　　　　中国注册会计师：×××
　　　　　　　　　　　　　　　　（签名并盖章）
中国××市　　　　　　　　　　　二〇×二年×月×日

（三）对非上市实体财务报表出具的审计报告

1. 背景信息

（1）对非上市实体整套财务报表进行审计。该审计不属于集团审计（即不适用《中国注册会计师审计准则第 1401 号——对集团财务报表审计的特殊考虑》）。

（2）管理层按照企业会计准则编制财务报表。

（3）审计业务约定条款体现了《中国注册会计师审计准则第 1111 号——就审计业务约定条款达成一致意见》中关于管理层对财务报表责任的描述。

（4）基于获取的审计证据，注册会计师认为发表无保留意见是恰当的。

（5）适用的相关职业道德要求为中国注册会计师职业道德守则。

（6）基于获取的审计证据，根据《中国注册会计师审计准则第 1324 号——持续经营》，注册会计师认为可能导致对被审计单位持续经营能力产生重大疑虑的事项或情况不存在重大不确定性。

（7）注册会计师未被要求，并且也决定不沟通关键审计事项。

（8）注册会计师在审计报告日前已获取所有其他信息，且未识别出信息存在重大错报。

（9）负责监督财务报表的人员与负责编制财务报表的人员不同。

（10）除财务报表审计外，注册会计师不承担法律法规要求的其他报告责任。

2. 参考格式 3

审计报告

ABC 股份有限公司全体股东：

一、审计意见

我们审计了 ABC 股份有限公司（以下简称 ABC 公司）财务报表，包括 20×1 年 12 月 31 日的资产负债表，20×1 年度的利润表、现金流量表、股东权益变动表以及相关财务报表附注。

我们认为，后附的财务报表在所有重大方面按照企业会计准则的规定编制，公允反映了 ABC 公司 20×1 年 12 月 31 日的财务状况以及 20×1 年度的经营成果和现金流量。

二、形成审计意见的基础

我们按照中国注册会计师审计准则的规定执行了审计工作。审计报告的“注册会计师对财务报表审计的责任”部分进一步阐述了我们在这些准则下的责任。按照中国注册会计师职业道德守则，我们独立于 ABC 公司，并履行了职业道德方面的其他责任。我们相信，我们获取的审计证据是充分、适当的，为发表审计意见提供了基础。

三、其他信息

[同参考格式 1。]

四、管理层和治理层对财务报表的责任

ABC 公司管理层（以下简称管理层）负责按照企业会计准则的规定编制财务报表，使其实现公允反映，并设计、执行和维护必要的内部控制，以使财务报表不存在由于舞弊或错误导致的重大错报。

在编制财务报表时，管理层负责评估ABC公司的持续经营能力，披露与持续经营相关的事项（如适用），并运用持续经营假设，除非管理层计划清算ABC公司、终止运营或别无其他现实的选择。

治理层负责监督ABC公司的财务报告过程。

五、注册会计师对财务报表审计的责任

我们的目标是对财务报表整体是否不存在由于舞弊或错误导致的重大错报获取合理保证，并出具包含审计意见的审计报告。合理保证是高水平的保证，但并不能保证按照审计准则执行的审计在某一重大错报存在时总能发现。错报可能由于舞弊或错误导致，如果合理预期错报单独或汇总起来可能影响财务报表使用者依据财务报表作出的经济决策，则通常认为错报是重大的。

在按照审计准则执行审计工作的过程中，我们运用职业判断，并保持职业怀疑。同时，我们也执行以下工作：

（1）识别和评估由于舞弊或错误导致的财务报表重大错报风险，设计和实施审计程序以应对这些风险，并获取充分、适当的审计证据，作为发表审计意见的基础。由于舞弊可能涉及串通、伪造、故意遗漏、虚假陈述或凌驾于内部控制之上，未能发现由于舞弊导致的重大错报的风险高于未能发现由于错误导致的重大错报的风险。

（2）了解与审计相关的内部控制，以设计恰当的审计程序，但目的并非对内部控制的有效性发表意见。（如果注册会计师结合财务报表审计对内部控制的有效性发表意见，应当删除"但目的并非对内部控制的有效性发表意见"的措辞。）

（3）评价管理层选用会计政策的恰当性和作出会计估计及相关披露的合理性。

（4）对管理层使用持续经营假设的恰当性得出结论。同时，根据获取的审计证据，就可能导致对ABC公司持续经营能力产生重大疑虑的事项或情况是否存在重大不确定性得出结论。如果我们得出结论认为存在重大不确定性，审计准则要求我们在审计报告中提请报表使用者注意财务报表中的相关披露；如果披露不充分，我们应当发表非无保留意见。我们的结论基于截至审计报告日可获得的信息。然而，未来的事项或情况可能导致ABC公司不能持续经营。

（5）评价财务报表的总体列报、结构和内容，并评价财务报表是否公允反映相关交易和事项。

我们与治理层就计划的审计范围、时间安排和重大审计发现等事项进行沟通，包括沟通我们在审计中识别出的值得关注的内部控制缺陷。

××会计师事务所　　　　中国注册会计师：×××（项目合伙人）
（盖章）　　　　（签名并盖章）
中国注册会计师：×××
（签名并盖章）
中国××市　　　　二〇×二年×月×日

(四) 由于财务报表存在重大错报而发表保留意见的审计报告

1. 背景信息

(1) 对上市实体整套财务报表进行审计。该审计不属于集团审计(即不适用《中国注册会计师审计准则第 1401 号——对集团财务报表审计的特殊考虑》)。

(2) 管理层按照企业会计准则编制财务报表。

(3) 审计业务约定条款体现了《中国注册会计师审计准则第 1111 号——就审计业务约定条款达成一致意见》中关于管理层对财务报表责任的描述。

(4) 存货存在错报，该错报对财务报表影响重大但不具有广泛性(即保留意见是恰当的)。

(5) 适用的相关职业道德要求为中国注册会计师职业道德守则。

(6) 基于获取的审计证据，根据《中国注册会计师审计准则第 1324 号——持续经营》，注册会计师认为可能导致对被审计单位持续经营能力产生重大疑虑的事项或情况不存在重大不确定性。

(7) 已按照《中国注册会计师审计准则第 1504 号——在审计报告中沟通关键审计事项》的规定沟通了关键审计事项。

(8) 注册会计师在审计报告日前已获取所有其他信息，且导致对财务报表发表保留意见的事项也影响了其他信息。

(9) 负责监督财务报表的人员与负责编制财务报表的人员不同。

(10) 除财务报表审计外，注册会计师还承担法律法规要求的其他报告责任，且注册会计师决定在审计报告中履行其他报告责任。

2. 参考格式 4

审计报告

ABC 股份有限公司全体股东：

一、对财务报表出具的审计报告

(如果审计报告中不包含“按照相关法律法规的要求报告的事项”部分，则不需要加入此标题。)

(一) 保留意见

我们审计了 ABC 股份有限公司(以下简称 ABC 公司)财务报表，包括 20×1年 12 月 31 日的资产负债表，20×1 年度的利润表、现金流量表、股东权益变动表以及相关财务报表附注。

我们认为，除“形成保留意见的基础”部分所述事项产生的影响外，后附的财务报表在所有重大方面按照企业会计准则的规定编制，公允反映了 ABC 公司 20×1 年 12 月 31 日的财务状况以及 20×1 年度的经营成果和现金流量。

(二) 形成保留意见的基础

ABC 公司 20×1 年 12 月 31 日资产负债表中存货的列示金额为×元。ABC 公司管理层(以下简称管理层)根据成本对存货进行计量，而没有根据成本与可变现净值孰低的原则进行计量，这不符合企业会计准则的规定。ABC 公司的会计记录显示，如果管理层以成本与可变现净值孰低来计量存货，存货列示金额将减少×元。相应地，资产减值损失将增加×元，所得税、净利润和股东权益将分别减少×元、×元和×元。

我们按照中国注册会计师审计准则的规定执行了审计工作。审计报告的“注册会计师对财务报表审计的责任”部分进一步阐述了我们在这些准则下的责任。按照中国注册会计师职业道德守则，我们独立于ABC公司，并履行了职业道德方面的其他责任。我们相信，我们获取的审计证据是充分、适当的，为发表保留意见提供了基础。

（三）关键审计事项

关键审计事项是我们根据职业判断，认为对本期财务报表审计最为重要的事项。这些事项的应对以对财务报表整体进行审计并形成审计意见为背景，我们不对这些事项单独发表意见。除“形成保留意见的基础”部分所述事项外，我们确定下列事项是需要在审计报告中沟通的关键审计事项。

[按照《中国注册会计师审计准则第1504号——在审计报告中沟通关键审计事项》的规定描述每一关键审计事项。]

（四）其他信息

[按照《中国注册会计师审计准则第1521号——注册会计师对其他信息的责任》的规定报告，见《〈中国注册会计师审计准则第1521号——注册会计师对其他信息的责任〉应用指南》附录2中的参考格式6。该参考格式中其他信息部分的最后一段需要改写，以描述导致注册会计师对财务报表发表保留意见并且也影响其他信息的事项。]

（五）管理层和治理层对财务报表的责任

[同参考格式1。]

（六）注册会计师对财务报表审计的责任

[同参考格式1。]

二、按照相关法律法规的要求报告的事项

[同参考格式1。]

××会计师事务所　　　　中国注册会计师：×××（项目合伙人）
（盖章）　　　　　　　　（签名并盖章）
　　　　　　　　　　　　中国注册会计师：×××
　　　　　　　　　　　　（签名并盖章）
中国××市　　　　　　　　二〇×二年×月×日

（五）当注册会计师确定存在重大不确定性，且财务报表由于未作出充分披露而存在重大错报时，发表保留意见的审计报告

1. 背景信息

（1）对上市实体整套财务报表进行审计。该审计不属于集团审计（即不适用《中国注册会计师审计准则第1401号——对集团财务报表审计的特殊考虑》）。

（2）管理层按照企业会计准则编制财务报表。

（3）审计业务约定条款体现了《中国注册会计师审计准则第 1111 号——就审计业务约定条款达成一致意见》中关于管理层对财务报表责任的描述。

（4）基于获取的审计证据，注册会计师认为可能导致对被审计单位持续经营能力产生重大疑虑的事项或情况存在重大不确定性。财务报表附注×讨论了融资协议的规模、到期日和总安排，但财务报表未讨论其影响以及再融资的可获得性，也未将该情况界定为重大不确定性。

（5）适用的相关职业道德要求为中国注册会计师职业道德守则。

（6）财务报表由于未充分披露重大不确定性而存在重大错报。注册会计师认为未充分披露对财务报表的影响重大但不具有广泛性，因此发表保留意见。

（7）已按照《中国注册会计师审计准则第 1504 号——在审计报告中沟通关键审计事项》的规定沟通了关键审计事项。

（8）注册会计师在审计报告日前已获取所有其他信息，并且导致对财务报表发表保留意见的事项也影响其他信息。

（9）负责监督财务报表的人员与负责编制财务报表的人员不同。

（10）除财务报表审计外，注册会计师还承担法律法规要求的其他报告责任，且注册会计师决定在审计报告中履行其他报告责任。

2. 参考格式 5

审计报告

ABC 股份有限公司全体股东：

一、对财务报表出具的审计报告

（如果审计报告中不包含“按照相关法律法规的要求报告的事项”部分，则不需要加入此标题。）

（一）保留意见

我们审计了 ABC 股份有限公司（以下简称 ABC 公司）财务报表，包括 20×1 年 12 月 31 日的资产负债表，20×1 年度的利润表、现金流量表、股东权益变动表以及相关财务报表附注。

我们认为，除“形成保留意见的基础”部分所述事项产生的影响外，后附的财务报表在所有重大方面按照企业会计准则的规定编制，公允反映了 ABC 公司 20×1 年 12 月 31 日的财务状况以及 20×1 年度的经营成果和现金流量。

（二）形成保留意见的基础

如财务报表附注×所述，ABC 公司融资协议期满，且未偿付余额将于 20×2 年 3 月 19 日到期。ABC 公司未能重新商定协议或获取替代性融资。这种情况表明存在可能导致对 ABC 公司持续经营能力产生重大疑虑的重大不确定性。财务报表对这一事项并未作出充分披露。

我们按照中国注册会计师审计准则的规定执行了审计工作。审计报告的“注册会计师对财务报表审计的责任”部分进一步阐述了我们在这些准则下的责任。按照中国注册会计师职业道德守则，我们独立于 ABC 公司，并履行了职业道德方面的其他责任。我们相信，我们获取的审计证据是充分、适当的，为发表保留意见提供了基础。

（三）关键审计事项

关键审计事项是我们根据职业判断，认为对本期财务报表审计最为重要的事项。这些事项的应对以对财务报表整体进行审计并形成审计意见为背景，我们不对这些事项单独发表意见。除“形成保留意见的基础”部分所述事项外，我们确定下列事项是需要在审计报告中沟通的关键审计事项。

[按照《中国注册会计师审计准则第1504号——在审计报告中沟通关键审计事项》的规定描述每一关键审计事项。]

（四）其他信息

[按照《中国注册会计师审计准则第1521号——注册会计师对其他信息的责任》的规定报告，见《〈中国注册会计师审计准则第1521号——注册会计师对其他信息的责任〉应用指南》附录2中的参考格式6。该参考格式中其他信息部分的最后一段需要进行改写，以描述导致注册会计师对财务报表发表保留意见并且也影响其他信息的事项。]

（五）管理层和治理层对财务报表的责任

[同参考格式1。]

（六）注册会计师对财务报表审计的责任

[同参考格式1。]

二、按照相关法律法规的要求报告的事项

[同参考格式1。]

××会计师事务所　　　　中国注册会计师：×××（项目合伙人）
（盖章）　　　　　　　　（签名并盖章）
中国注册会计师：×××
（签名并盖章）
中国××市　　　　　　　二〇×二年×月×日

（六）由于合并财务报表存在重大错报而发表否定意见的审计报告

1. 背景信息

（1）对上市实体整套合并财务报表进行审计。该审计属于集团审计，被审计单位拥有多个子公司（即适用《中国注册会计师审计准则第1401号——对集团财务报表审计的特殊考虑》）。

（2）管理层按照××财务报告编制基础编制合并财务报表，该编制基础允许被审计单位只列报合并财务报表。

（3）审计业务约定条款体现了《中国注册会计师审计准则第1111号——就审计业务约定条款达成一致意见》中关于管理层对合并财务报表责任的描述。

（4）合并财务报表因未合并某一子公司而存在重大错报，该错报对合并财务报表影响重大且具有广泛性（即否定意见是恰当的），但量化该错报对合并财务报表的影响是不切实际的。

（5）适用的相关职业道德要求为中国注册会计师职业道德守则。

（6）基于获取的审计证据，根据《中国注册会计师审计准则第 1324 号——持续经营》，注册会计师认为可能导致对被审计单位持续经营能力产生重大疑虑的事项或情况不存在重大不确定性。

（7）适用《中国注册会计师审计准则第 1504 号——在审计报告中沟通关键审计事项》。然而，注册会计师认为，除形成否定意见的基础部分所述事项外，无其他关键审计事项。

（8）注册会计师在审计报告日前已获取所有其他信息，且导致对合并财务报表发表否定意见的事项也影响了其他信息。

（9）负责监督合并财务报表的人员与负责编制合并财务报表的人员不同。

（10）除合并财务报表审计外，注册会计师还承担法律法规要求的其他报告责任，且注册会计师决定在审计报告中履行其他报告责任。

2. 参考格式 6

审计报告

ABC 股份有限公司全体股东：

一、对合并财务报表出具的审计报告

（如果审计报告中不包含“按照相关法律法规的要求报告的事项”部分，则不需要加入此标题。）

（一）否定意见

我们审计了 ABC 股份有限公司及其子公司（以下简称 ABC 集团）的合并财务报表，包括 20×1 年 12 月 31 日的合并资产负债表，20×1 年度的合并利润表、合并现金流量表、合并股东权益变动表以及相关合并财务报表附注。

我们认为，由于“形成否定意见的基础”部分所述事项的重要性，后附的合并财务报表没有在所有重大方面按照××财务报告编制基础的规定编制，未能公允反映 ABC 集团 20×1 年 12 月 31 日的合并财务状况以及 20×1 年度的合并经营成果和合并现金流量。

（二）形成否定意见的基础

如财务报表附注×所述，20×1 年 ABC 集团通过非同一控制下的企业合并获得对 XYZ 公司的控制权，因未能取得购买日 XYZ 公司某些重要资产和负债的公允价值，故未将 XYZ 公司纳入合并财务报表的范围。按照××财务报告编制基础的规定，该集团应将这一子公司纳入合并范围，并以暂估金额为基础核算该项收购。如果将 XYZ 公司纳入合并财务报表的范围，后附的 ABC 集团合并财务报表的多个报表项目将受到重大影响。但我们无法确定未将 XYZ 公司纳入合并范围对合并财务报表产生的影响。

我们按照中国注册会计师审计准则的规定执行了审计工作。审计报告的“注册会计师对合并财务报表审计的责任”部分进一步阐述了我们在这些准则下的责任。按照中国注册会计师职业道德守则，我们独立于ABC集团，并履行了职业道德方面的其他责任。我们相信，我们获取的审计证据是充分、适当的，为发表否定意见提供了基础。

（三）关键审计事项

除“形成否定意见的基础”部分所述事项外，我们认为，没有其他需要在审计报告中沟通的关键审计事项。

（四）其他信息

[按照《中国注册会计师审计准则第1521号——注册会计师对其他信息的责任》的规定报告，见《〈中国注册会计师审计准则第1521号——注册会计师对其他信息的责任〉应用指南》附录2中的参考格式7。该参考格式中其他信息部分的最后一段需要进行改写，以描述导致注册会计师对财务报表发表否定意见并且也影响其他信息的事项。]

（五）管理层和治理层对合并财务报表的责任

[同参考格式2。]

（六）注册会计师对合并财务报表审计的责任

[同参考格式2。]

二、按照相关法律法规的要求报告的事项

[同参考格式2。]

××会计师事务所　　　　中国注册会计师：×××（项目合伙人）
（盖章）　　　　（签名并盖章）
中国注册会计师：×××
（签名并盖章）
中国××市　　　　二〇×二年×月×日

（七）当注册会计师确定存在重大不确定性，但财务报表遗漏了与重大不确定性相关的必要披露时，发表否定意见的审计报告

1. 背景信息

（1）对非上市实体整套财务报表进行审计。该审计不属于集团审计（即不适用《中国注册会计师审计准则第1401号——对集团财务报表审计的特殊考虑》）。

（2）管理层按照企业会计准则编制财务报表。

（3）审计业务约定条款体现了《中国注册会计师审计准则第1111号——就审计业务约定条款达成一致意见》中关于管理层对财务报表责任的描述。

（4）适用的相关职业道德要求为中国注册会计师职业道德守则。

（5）基于获取的审计证据，注册会计师认为可能导致对被审计单位持续经营能力产生重大疑虑的事项或情况存在重大不确定性，且该公司正考虑申请破产。财务报表遗漏了与重大不确定性相关的必要披露。该漏报对财务报表的影响重大且具有广泛性，因此发表否定意见。

（6）注册会计师未被要求，并且也决定不沟通关键审计事项。

（7）注册会计师在审计报告日前已获取所有其他信息，并且导致对财务报表发表否定意见的事项也影响其他信息。

（8）负责监督财务报表的人员与负责编制财务报表的人员不同。

（9）除财务报表审计外，注册会计师还承担法律法规要求的其他报告责任，且注册会计师决定在审计报告中履行其他报告责任。

2. 参考格式 7

审计报告

ABC 股份有限公司全体股东：

一、对财务报表出具的审计报告

（如果审计报告中不包含“按照相关法律法规的要求报告的事项”部分，则不需要加入此标题。）

（一）否定意见

我们审计了 ABC 股份有限公司（以下简称 ABC 公司）财务报表，包括 20×1 年 12 月 31 日的资产负债表，20×1 年度的利润表、现金流量表、股东权益变动表以及相关财务报表附注。

我们认为，由于“形成否定意见的基础”部分所述事项的重要性，后附的财务报表没有在所有重大方面按照企业会计准则的规定编制，未能公允反映 ABC 公司 20×1 年 12 月 31 日的财务状况以及 20×1 年度的经营成果和现金流量。

（二）形成否定意见的基础

ABC 公司融资协议期满，且未偿付余额于 20×1 年 12 月 31 日到期。ABC 公司未能重新商定协议或获取替代性融资，正考虑申请破产。这种情况表明存在可能导致对 ABC 公司持续经营能力产生重大疑虑的重大不确定性。财务报表对这一事项并未作出充分披露。

我们按照中国注册会计师审计准则的规定执行了审计工作。审计报告的“注册会计师对财务报表审计的责任”部分进一步阐述了我们在这些准则下的责任。按照中国注册会计师职业道德守则，我们独立于 ABC 公司，并履行了职业道德方面的其他责任。我们相信，我们获取的审计证据是充分、适当的，为发表否定意见提供了基础。

（三）其他信息

[按照《中国注册会计师第 1521 号——注册会计师对其他信息的责任》的规定报告，见《〈中国注册会计师审计准则第 1521 号——注册会计师对其他信息的责任〉应用指南》附录 2 中的参考格式 7。该参考格式中其他信息部分的最后一段需要进行改写，以描述导致注册会计师对财务报表发表否定意见并且也影响其他信息的事项。]

（四）管理层和治理层对财务报表的责任

[同参考格式 3。]

（五）注册会计师对财务报表审计的责任

[同参考格式 3。]

二、按照相关法律法规的要求报告的事项

[同参考格式1。]

××会计师事务所　　　　　　　　中国注册会计师：×××（项目合伙人）

（盖章）　　　　　　　　　　　　（签名并盖章）

中国注册会计师：×××

（签名并盖章）

中国××市　　　　　　　　　　　二〇×二年×月×日

（八）由于注册会计师无法获取关于一家境外联营公司的充分、适当的审计证据而发表保留意见的审计报告

1. 背景信息

（1）对上市实体整套合并财务报表进行审计。该审计属于集团审计，被审计单位拥有多个子公司（即适用《中国注册会计师审计准则第1401号——对集团财务报表审计的特殊考虑》）。

（2）管理层按照××财务报告编制基础编制合并财务报表，该编制基础允许被审计单位只列报合并财务报表。

（3）审计业务约定条款体现了《中国注册会计师审计准则第1111号——就审计业务约定条款达成一致意见》中关于管理层对合并财务报表责任的描述。

（4）对一家境外联营公司，注册会计师无法获取充分、适当的审计证据，这一事项对合并财务报表可能产生的影响重大，但不具有广泛性（即保留意见是恰当的）。

（5）适用的相关职业道德要求为中国注册会计师职业道德守则。

（6）基于获取的审计证据，根据《中国注册会计师审计准则第1324号——持续经营》，注册会计师认为可能导致对被审计单位持续经营能力产生重大疑虑的事项或情况不存在重大不确定性。

（7）已按照《中国注册会计师审计准则第1504号——在审计报告中沟通关键审计事项》的规定沟通了关键审计事项。

（8）注册会计师在审计报告日前已获取所有其他信息，且导致对合并财务报表发表保留意见的事项也影响了其他信息。

（9）负责监督合并财务报表的人员与负责编制合并财务报表的人员不同。

（10）除合并财务报表审计外，注册会计师还承担法律法规要求的其他报告责任，且注册会计师决定在审计报告中履行其他报告责任。

2. 参考格式8

审计报告

ABC股份有限公司全体股东：

一、对合并财务报表出具的审计报告

（如果审计报告中不包含“按照相关法律法规的要求报告的事项”部分，则不需要加入此标题。）

（一）保留意见

我们审计了ABC股份有限公司及其子公司（以下简称ABC集团）合并财务报表，包括20×1年12月31日的合并资产负债表，20×1年度的合并利润表、合并现金流量表、合并股东权益变动表以及相关合并财务报表附注。

我们认为，除“形成保留意见的基础”部分所述事项可能产生的影响外，后附的合并财务报表在所有重大方面按照××财务报告编制基础的规定编制，公允反映了ABC集团20×1年12月31日的合并财务状况以及20×1年度的合并经营成果和合并现金流量。

（二）形成保留意见的基础

如财务报表附注×所述，ABC集团于20×1年取得了境外XYZ公司30%的股权，因能够对XYZ公司施加重大影响，故采用权益法核算该项股权投资，于20×1年度确认对XYZ公司的投资收益×元，该项股权投资于20×1年12月31日合并资产负债表上反映的账面价值为×元。由于我们未被允许接触XYZ公司的财务信息、管理层和执行XYZ公司审计的注册会计师，我们无法就该项股权投资的账面价值以及ABC集团确认的20×1年度对XYZ公司的投资收益获取充分、适当的审计证据，也无法确定是否有必要对这些金额进行调整。

我们按照中国注册会计师审计准则的规定执行了审计工作。审计报告的“注册会计师对合并财务报表审计的责任”部分进一步阐述了我们在这些准则下的责任。按照中国注册会计师职业道德守则，我们独立于ABC集团，并履行了职业道德方面的其他责任。我们相信，我们获取的审计证据是充分、适当的，为发表保留意见提供了基础。

（三）关键审计事项

关键审计事项是我们根据职业判断，认为对本期合并财务报表审计最为重要的事项。这些事项的应对以对合并财务报表整体进行审计并形成审计意见为背景，我们不对这些事项单独发表意见。除“形成保留意见的基础”部分所述事项外，我们确定下列事项是需要在审计报告中沟通的关键审计事项。

[按照《中国注册会计师审计准则第1504号——在审计报告中沟通关键审计事项》的规定描述每一关键审计事项。]

（四）其他信息

[按照《中国注册会计师审计准则第1521号——注册会计师对其他信息的责任》的规定报告，见《〈中国注册会计师审计准则第1521号——注册会计师对其他信息的责任〉应用指南》附录2中的参考格式6。该参考格式中其他信息部分的最后一段需要进行改写，以描述导致注册会计师对财务报表发表保留意见并且也影响其他信息的事项。]

（五）管理层和治理层对合并财务报表的责任

[按照《中国注册会计师审计准则第1501号——对财务报表形成审计意见和出具审计报告》的规定报告，见《〈中国注册会计师审计准则第1501号——对财务报表形成审计意见和出具审计报告〉应用指南》参考格式2。]

（六）注册会计师对合并财务报表审计的责任

［同参考格式2。］

二、按照相关法律法规的要求报告的事项

［同参考格式2。］

××会计师事务所　　　　　　　　　　中国注册会计师：×××（项目合伙人）
（盖章）　　　　　　　　　　　　　　　　　　　　　（签名并盖章）
　　　　　　　　　　　　　　　　　　　　　中国注册会计师：×××
　　　　　　　　　　　　　　　　　　　　　　　　　（签名并盖章）
中国××市　　　　　　　　　　　　　　　　　　　二〇×二年×月×日

（九）由于注册会计师无法针对合并财务报表单一要素获取充分、适当的审计证据而发表无法表示意见的审计报告

1. 背景信息

（1）对非上市实体整套合并财务报表进行审计。该审计属于集团审计，被审计单位拥有多个子公司（即适用《中国注册会计师审计准则第1401号——对集团财务报表审计的特殊考虑》）。

（2）管理层按照××财务报告编制基础编制合并财务报表，该编制基础允许被审计单位只列报合并财务报表。

（3）审计业务约定条款体现了《中国注册会计师审计准则第1111号——就审计业务约定条款达成一致意见》中关于管理层对合并财务报表责任的描述。

（4）对合并财务报表的某个要素，注册会计师无法获取充分、适当的审计证据。在本例中，被审计单位对一家共同经营享有的利益份额占其净资产的比例超过90%，但注册会计师无法获取该共同经营财务信息的审计证据。这一事项对合并财务报表可能产生的影响被认为是重大的且具有广泛性（即无法表示意见是恰当的）。

（5）适用的相关职业道德要求为中国注册会计师职业道德守则。

（6）负责监督合并财务报表的人员与负责编制合并财务报表的人员不同。

（7）按照审计准则要求在注册会计师的责任部分作出有限的表述。

（8）除合并财务报表审计外，注册会计师还承担法律法规要求的其他报告责任，且注册会计师决定在审计报告中履行其他报告责任。

2. 参考格式9

审计报告

ABC股份有限公司全体股东：

一、对合并财务报表出具的审计报告

（如果审计报告中不包含“按照相关法律法规的要求报告的事项”部分，则不需要加入此标题。）

（一）无法表示意见

我们接受委托，审计ABC股份有限公司及其子公司（以下简称ABC集团）

合并财务报表，包括20×1年12月31日的合并资产负债表，20×1年度的合并利润表、合并现金流量表、合并股东权益变动表以及相关合并财务报表附注。

我们不对后附的ABC集团合并财务报表发表审计意见。由于“形成无法表示意见的基础”部分所述事项的重要性，我们无法获取充分、适当的审计证据以作为对合并财务报表发表审计意见的基础。

（二）形成无法表示意见的基础

ABC集团对共同经营XYZ公司享有的利益份额在该集团的合并资产负债表中的金额（资产扣除负债后的净影响）为×元，占该集团20×1年12月1日净资产的90%以上。我们未被允许接触XYZ公司的管理层和注册会计师，包括XYZ公司注册会计师的审计工作底稿。因此，我们无法确定是否有必要对XYZ公司资产中ABC集团共同控制的比例份额、XYZ公司负债中ABC集团共同承担的比例份额、XYZ公司收入和费用中ABC集团的比例份额，以及合并现金流量表和合并股东权益变动表中的要素作出调整。

（三）管理层和治理层对合并财务报表的责任

[同参考格式2。]

（四）注册会计师对合并财务报表审计的责任

我们的责任是按照中国注册会计师审计准则的规定，对ABC集团的合并财务报表执行审计工作，以出具审计报告。但由于“形成无法表示意见的基础”部分所述的事项，我们无法获取充分、适当的审计证据以作为发表审计意见的基础。

按照中国注册会计师职业道德守则，我们独立于ABC集团，并履行了职业道德方面的其他责任。

二、按照相关法律法规的要求报告的事项

[同参考格式2。]

××会计师事务所　　　　　　　　中国注册会计师：×××（项目合伙人）
（盖章）　　　　　　　　　　　　（签名并盖章）

中国注册会计师：×××
（签名并盖章）

中国××市　　　　　　　　　　　二〇×二年×月×日

（十）由于注册会计师无法针对财务报表多个要素获取充分、适当的审计证据而发表无法表示意见的审计报告

1. 背景信息

（1）对非上市实体整套财务报表进行审计。该审计不属于集团审计（即不适用《中国注册会计师审计准则第1401号——对集团财务报表审计的特殊考虑》）。

（2）管理层按照企业会计准则编制财务报表。

（3）审计业务约定条款体现了《中国注册会计师审计准则第1111号——就审

计业务约定条款达成一致意见》中关于管理层对财务报表责任的描述。

（4）对财务报表的多个要素，注册会计师无法获取充分、适当的审计证据。例如，对被审计单位的存货和应收账款，注册会计师无法获取审计证据，这一事项对财务报表可能产生的影响重大且具有广泛性。

（5）适用的相关职业道德要求为中国注册会计师职业道德守则。

（6）负责监督财务报表的人员与负责编制财务报表的人员不同。

（7）按照审计准则要求在注册会计师的责任部分作出有限的表述。

（8）除财务报表审计外，注册会计师还承担法律法规要求的其他报告责任，且注册会计师决定在审计报告中履行其他报告责任。

2. 参考格式 10

审计报告

ABC股份有限公司全体股东：

一、对财务报表出具的审计报告

（如果审计报告中不包含“按照相关法律法规的要求报告的事项”部分，则不需要加入此标题。）

（一）无法表示意见

我们接受委托，审计ABC股份有限公司（以下简称ABC公司）财务报表，包括20×1年12月31日的资产负债表，20×1年度的利润表、现金流量表、股东权益变动表以及相关财务报表附注。

我们不对后附的ABC公司财务报表发表审计意见。由于“形成无法表示意见的基础”部分所述事项的重要性，我们无法获取充分、适当的审计证据以作为对财务报表发表审计意见的基础。

（二）形成无法表示意见的基础

我们于20×2年1月接受委托审计ABC公司财务报表，因而未能对ABC公司20×1年初金额为×元的存货和年末金额为×元的存货实施监盘程序。此外，我们也无法实施替代审计程序获取充分、适当的审计证据。并且，ABC公司于20×1年9月采用新的应收账款电算化系统，由于存在系统缺陷导致应收账款出现大量错误。截至报告日，ABC公司管理层（以下简称管理层）仍在纠正系统缺陷并更正错误，我们也无法实施替代审计程序，以对截至20×1年12月31日的应收账款总额×元获取充分、适当的审计证据。因此，我们无法确定是否有必要对存货、应收账款以及财务报表其他项目作出调整，也无法确定应调整的金额。

（三）管理层和治理层对财务报表的责任

[同参考格式3。]

（四）注册会计师对财务报表审计的责任

我们的责任是按照中国注册会计师审计准则的规定，对ABC公司的财务报表执行审计工作，以出具审计报告。但由于“形成无法表示意见的基础”部分所述的事项，我们无法获取充分、适当的审计证据以作为发表审计意见的基础。

按照中国注册会计师职业道德守则，我们独立于ABC公司，并履行了职业道德方面的其他责任。

二、按照相关法律法规的要求报告的事项

[同参考格式1。]

××会计师事务所（盖章）

中国注册会计师：×××（项目合伙人）（签名并盖章）

中国注册会计师：×××（签名并盖章）

中国××市

二〇×二年×月×日

（十一）包含关键审计事项部分、强调事项段及其他事项段的审计报告

1. 背景信息

（1）对上市实体整套财务报表进行审计。该审计不属于集团审计（即不适用《中国注册会计师审计准则第1401号——对集团财务报表审计的特殊考虑》）。

（2）管理层按照企业会计准则编制财务报表。

（3）审计业务约定条款体现了《中国注册会计师审计准则第1111号——就审计业务约定条款达成一致意见》中关于管理层对财务报表责任的描述。

（4）基于获取的审计证据，注册会计师认为发表无保留意见是恰当的。

（5）适用的相关职业道德要求为中国注册会计师职业道德守则。

（6）基于获取的审计证据，根据《中国注册会计师审计准则第1324号——持续经营》，注册会计师认为可能导致对被审计单位持续经营能力产生重大疑虑的事项或情况不存在重大不确定性。

（7）在财务报表日至审计报告日之间，被审计单位的生产设备发生了火灾，被审计单位已将其作为期后事项披露。根据注册会计师的判断，该事项对财务报表使用者理解财务报表至关重要，但在本期财务报表审计中不是重点关注过的事项。

（8）已按照《中国注册会计师审计准则第1504号——在审计报告中沟通关键审计事项》的规定沟通了关键审计事项。

（9）注册会计师在审计报告日前已获取所有其他信息，且未识别出信息存在重大错报。

（10）已列报对应数据，且上期财务报表已由前任注册会计师审计。法律法规不禁止注册会计师提及前任注册会计师对对应数据出具的审计报告，并且注册会计师已决定提及。

（11）负责监督财务报表的人员与负责编制财务报表的人员不同。

（12）除财务报表审计外，注册会计师还承担法律法规要求的其他报告责任，且注册会计师决定在审计报告中履行其他报告责任。

2. 参考格式 11

审计报告

ABC股份有限公司全体股东：

一、对财务报表出具的审计报告

（如果审计报告中不包含“按照相关法律法规的要求报告的事项”部分，则不需要加入此标题。）

（一）审计意见

我们审计了ABC股份有限公司（以下简称ABC公司）财务报表，包括20×1年12月31日的资产负债表，20×1年度的利润表、现金流量表、股东权益变动表以及相关财务报表附注。

我们认为，后附的财务报表在所有重大方面按照企业会计准则的规定编制，公允反映了ABC公司20×1年12月31日的财务状况以及20×1年度的经营成果和现金流量。

（二）形成审计意见的基础

我们按照中国注册会计师审计准则的规定执行了审计工作。审计报告的“注册会计师对财务报表审计的责任”部分进一步阐述了我们在这些准则下的责任。按照中国注册会计师职业道德守则，我们独立于ABC公司，并履行了职业道德方面的其他责任。我们相信，我们获取的审计证据是充分、适当的，为发表审计意见提供了基础。

（三）关键审计事项

关键审计事项是我们根据职业判断，认为对本期财务报表审计最为重要的事项。这些事项的应对以对财务报表整体进行审计并形成审计意见为背景，我们不对这些事项单独发表意见。

[按照《中国注册会计师审计准则第1504号——在审计报告中沟通关键审计事项》的规定描述每一关键审计事项。]

（四）强调事项

我们提醒财务报表使用者关注，财务报表附注×描述了火灾对ABC公司的生产设备造成的影响。本段内容不影响已发表的审计意见。

（五）其他事项

20×0年12月31日的资产负债表，20×0年度的利润表、现金流量表、股东权益变动表以及相关财务报表附注由其他会计师事务所审计，并于20×1年3月31日发表了无保留意见。

（六）其他信息

[同参考格式1。]

（七）管理层和治理层对财务报表的责任

[同参考格式1。]

（八）注册会计师对财务报表审计的责任

[同参考格式1。]

二、按照相关法律法规的要求报告的事项

[同参考格式 1。]

××会计师事务所　　　　　　　　中国注册会计师：×××（项目合伙人）
（盖章）　　　　　　　　　　　　　　　　　　（签名并盖章）
　　　　　　　　　　　　　　　　　　　　中国注册会计师：×××
　　　　　　　　　　　　　　　　　　　　　　（签名并盖章）
中国××市　　　　　　　　　　　　　　　　　二〇×二年×月×日

（十二）由于偏离适用的财务报告编制基础的规定导致的带强调事项段的保留意见审计报告

1. 背景信息

（1）对非上市实体整套财务报表进行审计。该审计不属于集团审计（即不适用《中国注册会计师审计准则第 1401 号——对集团财务报表审计的特殊考虑》）。

（2）管理层按照企业会计准则编制财务报表。

（3）审计业务约定条款体现了《中国注册会计师审计准则第 1111 号——就审计业务约定条款达成一致意见》中关于管理层对财务报表责任的描述。

（4）由于偏离企业会计准则的规定导致发表保留意见。

（5）适用的相关职业道德要求为中国注册会计师职业道德守则。

（6）基于获取的审计证据，根据《中国注册会计师审计准则第 1324 号——持续经营》，注册会计师认为可能导致对被审计单位持续经营能力产生重大疑虑的事项或情况不存在重大不确定性。

（7）在财务报表日至审计报告日之间，被审计单位的生产设备发生了火灾，被审计单位已将其作为期后事项披露。根据注册会计师的判断，该事项对财务报表使用者理解财务报表至关重要，但在本期财务报表审计中不是重点关注过的事项。

（8）注册会计师未被要求，并且也决定不沟通关键审计事项。

（9）注册会计师在审计报告日前未获取任何其他信息。

（10）负责监督财务报表的人员与负责编制财务报表的人员不同。

（11）除财务报表审计外，注册会计师还承担法律法规要求的其他报告责任，且注册会计师决定在审计报告中履行其他报告责任。

2. 参考格式 12

审计报告

ABC 股份有限公司全体股东：

一、对财务报表出具的审计报告

（如果审计报告中不包含“按照相关法律法规的要求报告的事项”部分，则不需要加入此标题。）

（一）保留意见

我们审计了 ABC 股份有限公司（以下简称 ABC 公司）财务报表，包括 20×1 年 12 月 31 日的资产负债表，20×1 年度的利润表、现金流量表、股东权益变动表以及相关财务报表附注。

我们认为，除“形成保留意见的基础”部分所述事项产生的影响外，后附的财务报表在所有重大方面按照企业会计准则的规定编制，公允反映了 ABC 公司 20×1 年 12 月 31 日的财务状况以及 20×1 年度的经营成果和现金流量。

（二）形成保留意见的基础

ABC 公司 20×1 年 12 月 31 日资产负债表中以公允价值计量且其变动计入当期损益的金融资产的列示金额为×元。ABC 公司管理层（以下简称管理层）根据成本对以公允价值计量且其变动计入当期损益的金融资产进行计量，而没有根据公允价值进行计量，这不符合企业会计准则的规定。ABC 公司的会计记录显示，如果管理层以公允价值来计量以公允价值计量且其变动计入当期损益的金融资产，ABC 公司 20×1 年度利润表中公允价值变动损益将减少×元，20×1 年 12 月 31 日资产负债表中以公允价值计量且其变动计入当期损益的金融资产列示金额将减少×元。相应地，所得税、净利润和股东权益将分别减少×元、×元和×元。

我们按照中国注册会计师审计准则的规定执行了审计工作。审计报告的“注册会计师对财务报表审计的责任”部分进一步阐述了我们在这些准则下的责任。按照中国注册会计师职业道德守则，我们独立于 ABC 公司，并履行了职业道德方面的其他责任。我们相信，我们获取的审计证据是充分、适当的，为发表保留意见提供了基础。

（三）强调事项——火灾的影响

我们提醒财务报表使用者关注，财务报表附注×描述了火灾对 ABC 公司的生产设备造成的影响。本段内容不影响已发表的审计意见。

（四）管理层和治理层对财务报表的责任

[同参考格式 3。]

（五）注册会计师对财务报表审计的责任

[同参考格式 3。]

二、按照相关法律法规的要求报告的事项

[同参考格式 1。]

××会计师事务所　　　　　　中国注册会计师：×××（项目合伙人）
（盖章）　　　　　　　　　　　　　　　　（签名并盖章）

中国注册会计师：×××
（签名并盖章）

中国××市　　　　　　　　　　　　　　二〇×二年×月×日

案例分析 11-1

2017年2月18日，瑞华会计师事务所为在A+H股上市的公司晨鸣纸业出具了2016年度审计报告，这是我国资本市场上第一份按照2016年发布的审计报告准则出具的审计报告。

（一）晨鸣纸业 2016 年度审计报告正文

审计报告

瑞华审字〔2017〕37030002号

山东晨鸣纸业集团股份有限公司全体股东：

一、审计意见

我们审计了山东晨鸣纸业集团股份有限公司（以下简称晨鸣纸业公司）的财务报表，包括2016年12月31日合并及公司的资产负债表，2016年度合并及公司的利润表、合并及公司的现金流量表和合并及公司的股东权益变动表以及财务报表附注。

我们认为，后附的财务报表在所有重大方面按照企业会计准则的规定编制，公允反映了晨鸣纸业公司2016年12月31日合并及公司的财务状况以及2016年度合并及公司的经营成果和现金流量。

二、形成审计意见的基础

我们按照中国注册会计师审计准则的规定执行了审计工作。审计报告的“注册会计师对财务报表审计的责任”部分进一步阐述了我们在这些准则下的责任。按照中国注册会计师职业道德守则，我们独立于晨鸣纸业公司，并履行了职业道德方面的其他责任。我们相信，我们获取的审计证据是充分、适当的，为发表审计意见提供了基础。

三、关键审计事项

关键审计事项是根据我们的职业判断，认为对本期财务报表审计最为重要的事项。这些事项的应对以对财务报表整体进行审计并形成审计意见为背景，我们不对这些事项单独发表意见。

（一）以公允价值计价的消耗性生物资产

1. 事项描述

截至2016年12月31日，晨鸣纸业公司合并财务报表附注所示以公允价值计价的消耗性生物资产余额12 600.27万元，属于晨鸣纸业公司的特殊资产，且金额较大，为此我们确定消耗性生物资产的计量为关键审计事项。

根据晨鸣纸业公司的会计政策，消耗性生物资产在形成蓄积量以前按照成本进行初始计量，形成蓄积量以后按公允价值计量，公允价值变动计入当期损益。由于晨鸣纸业公司的消耗性生物资产没有活跃的市场可参考价格，所以晨鸣纸业公司采用估值技术确定已形成蓄积量的消耗性生物资产（下称该类生物资产）的公允价值（详见附注六、6“存货”所述）。

2. 审计应对

针对该类生物资产的公允价值计量问题，我们实施的审计程序主要包括：我们对晨鸣纸业公司与确定该类生物资产相关的控制进行了评估；对该类生物资产的估值方法进行了了解和评价，并与估值专家讨论了估值方法的具体运用；对在估值过程中运用的估值参数和折现率进行了考虑和评价。

（二）与可抵扣亏损相关的递延所得税资产

1. 事项描述

截至2016年12月31日，晨鸣纸业公司合并资产负债表中列示了49 745.78万元的递延所得税资产。其中26 026.37万元递延所得税资产与可抵扣亏损相关。在确认与可抵扣亏损相关的递延所得税资产时，晨鸣纸业公司管理层根据各存在可抵扣亏损的子公司（以下简称相关子公司）未来期间的财务预测，以各该子公司很可能获得用来抵扣可抵扣亏损的未来应纳税所得额为限，确认了与可抵扣亏损相关的递延所得税资产。评估递延所得税资产能否在未来期间得以实现需要管理层作出重大判断，并且管理层的估计和假设具有不确定性。

2. 审计应对

在审计相关税务事项时，我们的审计团队包含了税务专家。在税务专家的支持下，我们实施的审计程序主要包括：对晨鸣纸业公司与税务事项相关的内部控制的设计与执行进行了评估；获取了与可抵扣亏损相关的所得税汇算清缴资料，并在税务专家协助下复核了可抵扣亏损金额；获取了经管理层批准的相关子公司未来期间的财务预测，评估其编制是否符合行业总体趋势及各该子公司自身情况，是否考虑了特殊情况的影响，并对其可实现性进行了评估；复核了递延所得税资产的确认是否以未来期间很可能取得用来抵扣可抵扣亏损的应纳税所得额为限。

（三）固定资产减值

1. 事项描述

截至2016年12月31日，如晨鸣纸业公司合并财务报表附注六、13所述，固定资产减值准备余额为19 482.32万元，均为2016年度计提。在计提固定资产减值准备时，晨鸣纸业公司管理层首先评估是否存在减值迹象，对存在减值迹象的固定资产进一步测算可收回金额，对可收回金额低于账面价值的差额确认为减值准备。其中，在预计未来现金流量现值时，管理层需要对该资产（或资产组）的产量、售价、相关经营成本以及计算现值时使用的折现率等作出重大判断；在确定固定资产的公允价值减去处置费用的净额时，对不存在销售协议和活跃市场的资产，需以可获取的最佳信息为基础并参考同行业类似资产的最近交易价格或者结果进行估计。在这一过程中，晨鸣纸业公司管理层聘请了外部估值专家协助其工作。

2. 审计应对

在审计固定资产减值准备的过程中，我们的审计团队包含了资产评估方面的专家。在资产评估专家的支持下，我们实施的审计程序主要包括：实地勘察了相关固定资产，并取得了相关资产资料；了解并评价了晨鸣纸业公司与识别资产减值迹象和测算可收回金额相关的内部控制；了解并评估了晨鸣纸业公司的管理层所采用的可收回金额测算方法和所作出的重大判断和估计，并与晨鸣纸业公司管理层聘请的相关估值专家讨论；复核了相关计算过程和结果及其账务处理；检查了资产减值相关信息在财务报表中的列报和披露情况。

四、其他信息

晨鸣纸业公司管理层对其他信息负责。其他信息包括年度报告中除财务报表和本审计报告以外的信息。

我们对财务报表发表的审计意见不涵盖其他信息，我们也不对其他信息发表任何形式的鉴证结论。

结合我们对财务报表的审计，我们的责任是阅读其他信息，在此过程中，考虑其他信息是否与财务报表或我们在审计过程中了解到的情况存在重大不一致或者似乎存在重大错报。

基于我们已经针对审计报告日前获取的其他信息执行的工作，如果我们确定该其他信息存在重大错报，我们应当报告该事实。在这方面，我们无任何事项需要报告。

五、管理层和治理层对财务报表的责任

晨鸣纸业公司管理层负责按照企业会计准则的规定编制财务报表，使其实现公允反映，并设计、执行和维护必要的内部控制，以使财务报表不存在由于舞弊或错误导致的重大错报。

在编制财务报表时，管理层负责评估公司的持续经营能力，披露与持续经营相关的事项（如适用），并运用持续经营假设，除非管理层计划清算晨鸣纸业公司、停止营运或别无其他现实的选择。治理层负责监督晨鸣纸业公司的财务报告过程。

六、注册会计师对财务报表审计的责任

我们的目标是对财务报表整体是否不存在由于舞弊或错误导致的重大错报获取合理保证，并出具包含审计意见的审计报告。合理保证是高水平的保证，但并不能保证按照审计准则执行的审计在某一重大错报存在时总能发现。错报可能由于舞弊或错误导致，如果合理预期错报单独或汇总起来可能影响财务报表使用者依据财务报表作出的经济决策，则通常认为错报是重大的。在按照审计准则执行审计的过程中，我们运用了职业判断，保持了职业怀疑。同时，我们也执行以下工作：

（1）识别和评估由于舞弊或错误导致的财务报表重大错报风险；设计和实施审计程序以应对这些风险，并获取充分、适当的审计证据，作为发表审计意见的基础。由于舞弊可能涉及串通、伪造、故意遗漏、虚假陈述或凌驾于内部控制之上，未能发现由于舞弊导致的重大错报的风险高于未能发现由于错误导致的重大错报的风险。

（2）了解与审计相关的内部控制，以设计恰当的审计程序。

（3）评价管理层选用会计政策的恰当性和作出会计估计及相关披露的合理性。

（4）对管理层使用持续经营假设的恰当性得出结论。同时，根据获取的审计证据，就可能导致对晨鸣纸业公司持续经营能力产生重大疑虑的事项或情况是否存在重大不确定性得出结论。如果我们得出结论认为存在重大不确定性，审计准则要求我们在审计报告中提请报表使用者注意财务报表中的相关披露；如果披露不充分，我们应当发表非无保留意见。我们的结论基于截至审计报告日可获得的信息。然而，未来的事项或情况可能导致晨鸣纸业公司不能持续经营。

（5）评价财务报表的总体列报、结构和内容（包括披露），并评价财务报表是否公允反映相关交易和事项。

（6）就晨鸣纸业公司中实体或业务活动的财务信息获取充分、适当的审计证据，以对财务报表发表意见。我们负责指导、监督和执行集团审计。我们对审计意见承担全部责任。

我们与治理层就计划的审计范围、时间安排和重大审计发现等事项进行沟通，包括沟通我们在审计中识别出的值得关注的内部控制缺陷。

我们还就已遵守与独立性相关的职业道德要求向治理层提供声明，并与治理层沟通可能被合理认为影响我们独立性的所有关系和其他事项，以及相关的防范措施。

从与治理层沟通过的事项中，我们确定哪些事项对本期财务报表审计最为重要，因而构成关键审计事项。我们在审计报告中描述这些事项，除非法律法规禁止公开披露这些事项，或在极少数情形下，如果合理预期在审计报告中沟通某事项造成的负面后果超过在公众利益方面产生的益处，我们确定不应在审计报告中沟通该事项。

瑞华会计师事务所　　中国注册会计师（项目合伙人）：赵艳美
（特殊普通合伙）　　中国注册会计师：王宗佩
中国北京　　二〇一七年二月十七日

（二）晨鸣纸业2015年度审计报告正文

审计报告

瑞华审字〔2016〕37020006号

山东晨鸣纸业集团股份有限公司全体股东：

我们审计了后附的山东晨鸣纸业集团股份有限公司（以下简称晨鸣纸业公司）的财务报表，包括2015年12月31日合并及公司的资产负债表，2015年度合并及公司的利润表、合并及公司的现金流量表和合并及公司的股东权益变动表以及财务报表附注。

一、管理层对财务报表的责任

编制和公允列报财务报表是晨鸣纸业公司管理层的责任。这种责任包括：（1）按照企业会计准则的规定编制财务报表，并使其实现公允反映；（2）设计、执行和维护必要的内部控制，以使财务报表不存在由于舞弊或错误导致的重大错报。

二、注册会计师的责任

我们的责任是在执行审计工作的基础上对财务报表发表审计意见。我们按照中国注册会计师审计准则的规定执行了审计工作。中国注册会计师审计准则要求我们遵守中国注册会计师职业道德守则，计划和执行审计工作以对财务报表是否不存在重大错报获取合理保证。审计工作涉及实施审计程序，以获取有关财务报表金额和披露的审计证据。选择的审计程序取决于注册会计师的判断，包括对由于舞弊或错误导致的财务报表重大错报风险的评估。在进行风险评估时，注册会计师考虑与财务报表编制和公允列报相关的内部控制，以设计恰当的审计程序。审计工作还包括评价管理层选用会计政策的恰当性和作出会计估计的合理性，以及评价财务报表的总体列报。

我们相信，我们获取的审计证据是充分、适当的，为发表审计意见提供了基础。

三、审计意见

我们认为，上述财务报表在所有重大方面按照企业会计准则的规定编制，公允反映了山东晨鸣纸业集团股份有限公司 2015 年 12 月 31 日合并及公司的财务状况以及 2015 年度合并及公司的经营成果和现金流量。

瑞华会计师事务所（特殊普通合伙）　　中国注册会计师：王　燕

中国注册会计师：景传轩

中国北京　　二〇一六年三月三十日

【分析】

1. 对比 2015 年和 2016 年晨鸣纸业公司审计报告，运用 2016 年发布的审计报告准则出具的审计报告与以往的简式审计报告有诸多不同：

（1）审计意见段提前，意见突出。

（2）新增“形成审计意见的基础”段落，突出注册会计师在审计报告中独立于被审计单位，回应财务报表使用者对注册会计师独立性的关注。

（3）新增“关键审计事项”段落，增加了审计报告的沟通价值，为报表使用者提供了更多对决策有用的信息，同时提高了审计工作的透明度。关键审计事项因被审计单位而异，取决于注册会计师的职业判断，具体事项从注册会计师与治理层沟通过的事项中选取。

（4）新增“其他信息”段落，旨在增加注册会计师对被审计单位年度报告中包含的其他信息的工作投入。

（5）由原先的“管理层对财务报表的责任”改为“管理层和治理层对财务报表的责任”，旨在进一步明确治理层的监督职能。

（6）修改注册会计师责任段的内容和措辞，使财务报表使用者能更准确地理解审计的基本定位，理解合理保证、重要性、风险导向审计等审计核心概念以及注册会计师、治理层和管理层各自的职责，弥合期望差距。

2. 在审计报告中增加关键事项应当注意的事项：

（1）关键审计事项不能代替管理层应当在报表中作出的披露。管理层不能因为注册会计师将部分事项视为关键审计事项而不再披露。

（2）关键审计事项不能代替注册会计师发表非无保留意见。注册会计师不能以增加关键审计事项的方式掩盖需要发表保留意见、否定意见或无法表示意见的情形。

（3）关键审计事项不能代替注册会计师对被审计单位持续经营能力产生重大疑虑或持续经营存在重大不确定性的情况发表的审计意见。针对持续经营存在重大疑虑或重大不确定性的情形，注册会计师不能用关键审计事项替代应当发表的意见或应当增加的“与持续经营相关的重大不确定性”为标题的单独部分。

（4）在审计报告中增加关键审计事项，并不是注册会计师就单一事项单独发表意见。对于增加的关键审计事项，注册会计师并非在针对这些具体事项发表审计意见。

总之，在审计报告中增加关键审计事项部分，并不改变审计的根本目标，不改变被审计单位管理层和治理层作为被审计单位信息披露者、注册会计师作为信息鉴证者的基本定位，不改变审计的基本方法和流程，而只是要求注册会计师将当期财务报表审计中最为重要的事项从审计的角度在审计报告中予以沟通。

三、选择审计报告类型的决策

（一）形成审计意见的决策

在审计报告阶段，注册会计师评价获取的所有审计证据，并根据不同情况对财务报表形成不同的审计意见。

1. 评价被审计单位会计实务的质量

企业管理层需要对财务报表中的金额和披露作出大量判断，为此，在考虑被审计单位会计实务的质量时，注册会计师可能会注意到管理层判断中可能存在的偏向。注册会计师可能认为缺乏中立性产生的累积影响，连同未更正错报的影响，导致财务报表整体存在重大错报。管理层缺乏中立性可能影响注册会计师对财务报表整体是否存在重大错报的评价。缺乏中立性的迹象包括：

（1）管理层对注册会计师在审计期间提请其注意的错报进行选择性更正。例如，如果更正某一错报将增加盈利，则对该错报予以更正；如果更正某一错报将减少盈利，则对该错报不予更正。

（2）管理层在作出会计估计时可能存在偏向。在得出单项会计估计是否合理的结论时，可能存在管理层偏向的迹象本身并不构成错报。然而，这些迹象可能影响注册会计师对财务报表整体是否不存在重大错报的评价。

被审计单位会计实务的质量的高低主要表现在是否存在重大错报。错报是指某一财务报表项目所报告的金额、分类或列报，与按照适用的财务报告编制基础应当列示的金额、分类或列报之间存在的差异。财务报表的重大错报可能源于：

（1）选择的会计政策的恰当性；

（2）对所选择的会计政策的运用；

（3）财务报表披露的恰当性或充分性。

2. 评价财务报表合法性

在评价财务报表是否按照适用的财务报告编制基础编制时，注册会计师应当考虑下列内容：

（1）选择和运用的会计政策是否符合适用的财务报告编制基础，并适合被审计单位的具体情况。会计政策是被审计单位在会计确认、计量和报告中采用的原则、基础和会计处理方法。注册会计师在考虑被审计单位选用的会计政策是否适当时，应当关注重要事项。重要事项包括重要项目的会计政策和行业惯例、重大和异常交易的会计处理方法、在新领域和缺乏权威性标准或共识的领域采用重要会计政策产生的影响、会计政策的变更等。

评价财务报表是否恰当披露了选择和运用的重要会计政策时，注册会计师考虑的事项包括：适用的财务报告编制基础要求包括的所有与重要会计政策相关的披露是否均已披露；已披露的重要会计政策信息是否相关，从而反映在被审计单位经营及环境的特定情况下，适用的财务报告编制基础所规定的确认、计量和列报标准如何运用于财务报表中的各类交易、账户余额和披露；披露的重要会计政策的明晰性。

在考虑选择的会计政策的恰当性方面，当出现下列情形时，财务报表可能存在重大错报：

1）选择的会计政策与适用的财务报告编制基础不一致；

2）财务报表没有正确描述与资产负债表、利润表、所有者权益变动表或现金流量表中的重大项目相关的会计政策；

3）财务报表（包括相关附注）没有按照公允列报的方式反映交易和事项。

财务报告编制基础通常对会计处理、披露和会计政策变更提出要求。如果被审计单位变更了重大会计政策，且没有遵守这些要求，财务报表可能存在重大错报。

在对所选择的会计政策的运用方面，当出现下列情形时，财务报表可能存在重大错报：

1）管理层没有按照适用的财务报告编制基础的要求一贯运用所选择的会计政策，包括管理层未在不同会计期间或对相似的交易和事项一贯运用所选择的会计政策（运用的一致性）；

2）不当运用所选择的会计政策（如运用中的无意错误）。

（2）管理层作出的会计估计是否合理。会计估计通常是指被审计单位以最近可利用的信息为基础对结果不确定的交易或事项所作的判断。由于会计估计的主观性、复杂性和不确定性，管理层作出的会计估计发生重大错报的可能性较大。因此，注册会计师应当判断管理层作出的会计估计是否合理，确定会计估计的重大错报风险是不是特别风险，是否采取了有效的措施予以应对。

（3）财务报表反映的信息是否具有相关性、可靠性、可比性和可理解性。财务报表反映的信息应当符合信息质量特征，具有相关性、可靠性、可比性和可理解性。注册会计师应当根据《企业会计准则——基本准则》的规定，考虑财务报表反映的信息是否符合信息质量特征。评价财务报表的可理解性包括考虑下列事项：财务报表中的信息是否以清晰、简洁的形式列报；重要的披露的位置是否能够使披露得以适当的突出显示（例如，当认为被审计单位的特定信息对使用者具有价值时），以及披露的交叉索引是否适当，以避免使用者在识别必要信息时遇到重大困难。

（4）财务报表是否作出充分披露，使财务报表使用者能够理解重大交易和事项对被审计单位财务状况、经营成果和现金流量的影响。评价时考虑的事项包括：财务报表中的信息与被审计单位的具体情况相关的程度；披露是否充分，以帮助财务报表的预期使用者理解。具体包括：

1）由交易或事项导致的被审计单位潜在资产或负债的性质和范围，这些潜在资产或负债并不满足适用的财务报告编制基础的确认标准（或不确认的标准）；

2）交易和事项导致的重大错报风险的性质和范围；

3）对列报金额产生影响的方法、假设和判断及其变化，包括相关敏感性分析。

在财务报表披露的恰当性或充分性方面，当出现下列情形时，财务报表可能存在重大错报：

1）财务报表没有包括适用的财务报告编制基础要求的所有披露；

2）财务报表的披露没有按照适用的财务报告编制基础列报；

3）财务报表没有作出适用的财务报告编制基础特定要求之外的其他必要的披露以实现公允反映。

（5）财务报表使用的术语（包括每一财务报表的标题）是否适当。

3. 评价财务报表公允性

在评价财务报表是否作出公允反映时，注册会计师应当考虑下列内容：

（1）经管理层调整后的财务报表是否与注册会计师对被审计单位及其环境的了解一致。在完成审计工作后，如果财务报表存在重大错报，注册会计师应当要求管理层进行调整。管理层作出调整或拒绝调整后，注册会计师可以确定已审计财务报表是否还存在重大错报，并形成恰当的审计意见。为了进一步确定已审计财务报表是否符合被审计单位的实际情况，注册会计师需对财务报表作出总体复核，并判断是否与其对被审计单位及其环境的了解一致。

（2）财务报表的列报、结构和内容是否合理。企业会计准则和相关会计制度对财务报表的列报、结构和内容作了规定。注册会计师应当根据《企业会计准则第30号——财务报表列报》及其指南，考虑财务报表的列报、结构和内容是否合理。

（3）财务报表是否真实地反映了交易和事项的经济实质。在审计结束或临近结束时，注册会计师实施分析程序有助于验证在审计过程中形成的结论，并协助形成财务报表是否公允反映的整体结论。

评价财务报表是否实现公允反映可能包括与管理层和治理层就其选择特定列报的原因及考虑的替代方案进行讨论。这一讨论可能包括：

（1）财务报表中的金额汇总或分解的程度，金额或披露的列报是否掩盖了有用的信息，或导致误导性信息。

（2）与适当的行业实务的一致性。

4. 评价无法获取充分、适当的审计证据的情形

下列情形可能导致注册会计师无法获取充分、适当的审计证据（也称为审计范围受到限制）：

（1）超出被审计单位控制的情形。超出被审计单位控制的情形举例如下：

1）被审计单位的会计记录已被毁坏。

2）重要组成部分的会计记录已被政府有关机构无限期地查封。

（2）与注册会计师工作的性质或时间安排相关的情形。与注册会计师工作的性质或时间安排相关的情形举例如下：

1）被审计单位需要使用权益法对联营企业进行核算，注册会计师无法获取有关联营企业财务信息的充分、适当的审计证据以评价是否恰当运用了权益法。

2）注册会计师接受审计委托的时间安排，使注册会计师无法实施存货监盘。

3）注册会计师确定仅实施实质性程序是不充分的，但被审计单位的控制是无效的。

（3）管理层施加限制的情形。管理层对审计范围施加的限制致使注册会计师无法获取充分、适当的审计证据的情形举例如下：

1）管理层阻止注册会计师实施存货监盘。

2）管理层阻止注册会计师对特定账户余额实施函证。如果注册会计师能够通过实施替代程序获取充分、适当的审计证据，则无法实施特定的程序并不构成对审计范围的限制。

（二）在审计报告中增加与持续经营相关的重大不确定性段

会计准则规定公司在编制财务报表时应当评估其持续经营假设及其影响持续经营能力的事项或情况，评估期间不得少于 12 个月。在年度财务报表审计中，注册会计师应当实施追加的审计程序，获取充分、适当的审计证据，了解并评价公司持续经营能力及其与持续经营能力评估相关的未来应对计划，以确定是否存在重大不确定性。如果注册会计师获取的证据支持说明公司的持续经营假设适当，但存在重大不确定性，且财务报表对重大不确定性已作出充分披露，注册会计师应该发表无保留意见，并在审计报告中增加以“与持续经营相关的重大不确定性”为标题的单独部分，提醒财务报表使用者关注。

判断为“与持续经营相关的重大不确定性”段的事项往往是以下单独或汇总起来可对财务报表产生综合影响的事项。

1. 财务方面

（1）净资产为负或营运资金出现负数；

（2）定期借款即将到期，但预期不能展期或偿还，或过度依赖短期借款为长期资产筹资；

（3）存在债权人撤销财务支持的迹象；

（4）历史财务报表或预测性财务报表表明经营活动产生的现金流量净额为负数；

（5）关键财务比率不佳；

（6）发生重大经营亏损或用以产生现金流量的资产的价值出现大幅下跌；

（7）拖欠或停止发放股利；

（8）在到期日无法偿还债务；

（9）无法履行借款合同的条款；

（10）与供应商由赊购变为货到付款；

（11）无法获得开发必要的新产品或进行其他必要的投资所需的资金。

2. 经营方面

（1）管理层计划清算被审计单位或终止运营；

（2）关键管理人员离职且无人替代；

（3）失去主要市场、关键客户、特许权、执照或主要供应商；

（4）出现用工困难问题；

（5）重要供应短缺；

（6）出现非常成功的竞争者。

3. 其他方面

（1）违反有关资本或其他法定或监管要求，如对金融机构的偿债能力或流动性的要求；

（2）未决诉讼或监管程序可能导致其无法支付索赔金额；

（3）法律法规或政府政策的变化预期会产生不利影响；

（4）对发生的灾害未购买保险或保额不足。

（三）关键审计事项的决策与表述

关键审计事项是指注册会计师根据职业判断认为对本期财务报表审计最为重要的事项。关键审计事项可能涉及注册会计师评估的重大错报风险较高的领域或识别出的特别风险、财务报表中涉及管理层重大判断（包括被认为具有高度不确定性的会计估计）的领域、当期重大交易或事项对审计的影响。关键审计事项应当来自与治理层沟通过的事项，注册会计师将与治理层沟通过的事项作为确定关键审计事项的起点，选出在执行审计工作时重点关注过的事项，并在这些重点关注过的事项中选出最为重要的事项，作为关键审计事项。

值得注意的是，关键审计事项不能替代构成导致非无保留意见的事项，也不能替代可能导致对被审计单位持续经营能力产生重大疑虑的事项或存在重大不确定性的情况。此外，关键审计事项的应对以对财务报表整体进行审计并形成审计意见为背景，注册会计师不对关键审计事项单独发表意见，在审计报告中沟通关键审计事项也不是注册会计师就单一事项单独发表意见。注册会计师的目标是确定关键审计事项，并在对财务报表形成审计意见后，以在审计报告中描述关键审计事项的方式沟通这些事项。

1. 关键审计事项决策框架

注册会计师对关键审计事项的决策框架如图11－2所示。

具体内容如下：

（1）以与治理层沟通过的事项作为起点确定关键审计事项。《中国注册会计师

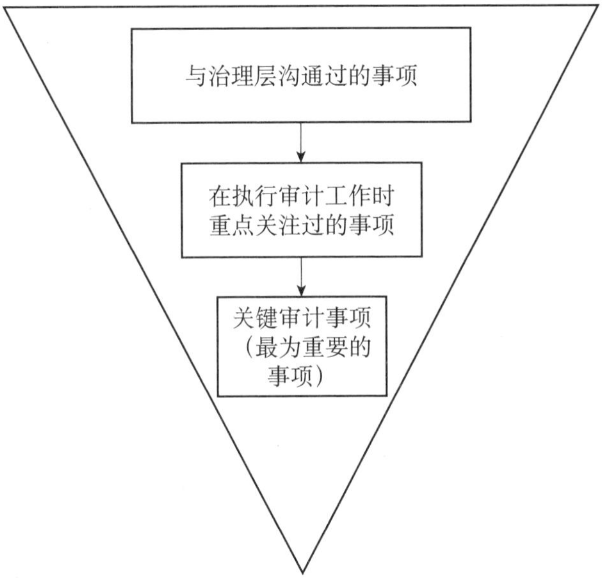

图 11－2 关键审计事项决策框架

审计准则第 1151 号——与治理层的沟通》要求注册会计师与被审计单位治理层沟通审计过程中的重大发现，包括注册会计师对被审计单位会计实务（包括会计政策、会计估计和财务报表披露）重大方面的质量的看法，以及审计工作中遇到的重大困难等，以便治理层履行其监督财务报告过程的职责，注册会计师履行审计职责。在现行准则规范下，除非注册会计师针对这些事项发表无保留意见，否则这部分沟通事项将不在审计报告中披露。

（2）从与治理层沟通过的事项中选取在执行审计工作时重点关注过的事项。《中国注册会计师审计准则第 1504 号——在审计报告中沟通关键审计事项》规定，在确定哪些事项属于重点关注过的事项时，需要特别考虑以下三个方面：

1）评估的重大错报风险较高的领域或识别出的特别风险。特别风险通常与重大的非常规交易和判断事项有关，通常是注册会计师重点关注过的事项。但需注意的是，并非所有的特别风险都一定是注册会计师重点关注过的。

2）与财务报表中涉及重大管理层判断（包括涉及高度估计不确定性的会计估计）的领域相关的重大审计判断。通常情况下，涉及重大管理层判断的领域是注册会计师重点关注过的，一般也会被认定为特别风险。除此之外，对于那些虽然未被认定为特别风险但具有高度估计不确定性的会计估计，注册会计师也需考虑其是不是在执行审计工作时重点关注过的事项。这类会计估计通常较为复杂，且高度依赖管理层的判断，某些情况下还可能涉及专家的参与。注册会计师还需特别关注对财务报表有重大影响的会计政策以及会计政策变更，特别是在被审计单位采用的会计实务与行业内其他公司存在重大差异的情况下。

3）本期重大交易或事项对审计的影响。这些重大交易或事项往往也是需要管理层作出复杂判断的领域，可能会对注册会计师整体审计策略产生重大影响，也很有可能被认定为特别风险，如关联方交易、在公司正常经营过程之外的重大或异常交易等。因此，注册会计师在确定需要重点关注的事项时应特别考虑该方面。

（3）从在执行审计工作时重点关注过的事项中确定对本期财务报表审计最为重要的事项，从而构成关键审计事项。最为重要的事项并不意味着只有一项，其数量受被审计单位规模和复杂程度、业务和经营环境的性质，以及审计业务具体事实和情况的影响。注册会计师需要以被审计单位和审计工作为背景，综合考虑就相关事项与治理层沟通的性质和程度、该事项对预期使用者理解财务报表整体的重要程度、与该事项相关的会计政策的复杂程度或主观程度、与该事项相关的错报的性质和重要程度、为应对该事项需要付出的审计努力的性质和程度（包括利用专家的工作、向项目组以外的成员咨询等）、执业人员遇到的困难的性质和严重程度、与该事项相关的控制缺陷的严重程度、该事项是否涉及多项相联系的审计考虑等因素，确定这些事项的相对重要程度，以确定多少以及哪些事项是最为重要的事项。

2. 在审计报告中沟通关键审计事项

沟通关键审计事项，旨在通过提高已执行审计工作的透明度增加审计报告的沟通价值。沟通关键审计事项能够为财务报表预期使用者提供额外的信息，帮助其了解注册会计师根据职业判断认为对本期财务报表审计最为重要的事项。此外，沟通关键审计事项还能够帮助财务报表预期使用者了解被审计单位以及已审计财务报表中涉及重大管理层判断的领域。

注册会计师应当在审计报告中单设一部分，以“关键审计事项”为标题，并在该部分使用恰当的子标题逐项描述关键审计事项。关键审计事项部分包括引言和对关键审计事项的逐项描述。

在审计报告中，各关键审计事项的先后顺序由注册会计师作出判断，可以按各事项的相对重要程度或者相关事项在财务报表附注中的披露顺序进行排列。

（1）关键审计事项部分的引言。关键审计事项部分的引言应当同时说明下列事项：

1）关键审计事项是注册会计师根据职业判断，认为对本期财务报表审计最为重要的事项；

2）关键审计事项的应对以对财务报表整体进行审计并形成审计意见为背景，注册会计师不对关键审计事项单独发表意见。

（2）关键审计事项。在审计报告的关键审计事项部分逐项描述关键审计事项时，注册会计师应当分别索引至财务报表的相关披露（如有），并同时说明下列内容：

1）该事项被认定为审计中最为重要的事项之一，因而被确定为关键审计事项的原因；

2）该事项在审计中是如何应对的，可以包括审计应对措施或审计方法中与该事项最为相关或对评估的重大错报风险最有针对性的方面、对已实施审计程序的简要概述、指出实施审计程序的结果、对该事项作出的主要评论等。

注册会计师在描述关键审计事项时对审计程序的结果的说明，需注意避免被认为是就某个关键审计事项单独发表意见，并避免引起对财务报表整体审计意见的质疑。

另外，在审计报告中沟通关键审计事项不能代替管理层按照适用的财务报告编制基础在财务报表中作出的披露。

（3）不在审计报告中沟通某项关键审计事项的情形。《中国注册会计师审计准则第 1504 号——在审计报告中沟通关键审计事项》对在特殊情况下不在审计报告中沟通关键审计事项的情形作出规范，如：

1）法律法规禁止公开披露某事项；

2）在极少数情形下，如果合理预期在审计报告中沟通某事项造成的负面后果超过在公众利益方面产生的益处，注册会计师确定不应在审计报告中沟通该事项。如果被审计单位已公开披露与该事项有关的信息，则本项规定不适用。

如果确定不在审计报告中沟通某项关键审计事项，注册会计师应当考虑取得有关法律建议，并考虑从管理层获取关于公开披露该事项为何不适当的书面声明，包括管理层对这种沟通可能带来的负面后果的严重程度的看法。

3. 关键审计事项与审计报告其他要素之间的关系

（1）导致发表非无保留意见的事项和与持续经营相关的重大不确定性优先于关键审计事项。《中国注册会计师审计准则第 1504 号——在审计报告中沟通关键审计事项》强调，在审计报告中沟通关键审计事项不能代替以下事项：

1）注册会计师按照《中国注册会计师审计准则第 1502 号——在审计报告中发表非无保留意见》的规定，根据审计业务的具体情况发表非无保留意见；

2）当可能导致对被审计单位持续经营能力产生重大疑虑的事项或情况存在重大不确定性时，注册会计师按照《中国注册会计师审计准则第 1324 号——持续经营》的规定进行报告。

以上两种情况就其性质而言都属于关键审计事项。但是，这些事项不得在审计报告的关键审计事项部分进行描述，而应当分别在形成保留（否定）意见的基础部分或与持续经营相关的重大不确定性部分进行描述，并在关键审计事项部分提及形成保留（否定）意见的基础部分或与持续经营相关的重大不确定性部分。

（2）关键审计事项优先于强调事项和其他事项。根据《中国注册会计师审计准则第 1503 号——在审计报告中增加强调事项段和其他事项段》的规定，注册会计师在审计报告中增加强调事项段和其他事项段的前提条件都包含：当《中国注册会计师审计准则第 1504 号——在审计报告中沟通关键审计事项》适用时，该事项未被确定为在审计报告中沟通的关键审计事项。

如果某事项构成关键审计事项，除上述导致发表非无保留意见的事项和与持续经营相关的重大不确定性之外，应在关键审计事项部分描述，而不得在强调事项段或其他事项段描述。

4. 关键审计事项在审计工作底稿中的记录

注册会计师应当在审计工作底稿中记录下列事项：

（1）注册会计师确定的在执行审计工作时重点关注过的事项，以及针对每一事项，是否将其确定为关键审计事项及理由。

（2）注册会计师确定不存在需要在审计报告中沟通的关键审计事项的理由，或者仅有的需要沟通的关键审计事项属于导致发表非无保留意见的事项和与持续经营相关的重大不确定性（如适用）。

（3）注册会计师确定不在审计报告中沟通某项关键审计事项的理由（如适用）。

（四）在审计报告中增加强调事项段

强调事项段是指审计报告中含有的一个段落，该段落提及已在财务报表中恰当列报或披露的事项。根据注册会计师的职业判断，该事项对财务报表使用者理解财务报表至关重要。

1. 需要增加强调事项段的情形

注册会计师在特定情况下在审计报告中增加强调事项段的情形包括：

（1）法律法规规定的财务报告编制基础是不可接受的，但其是基于法律法规作出的规定；

（2）提醒财务报表使用者关注财务报表按照特殊目的编制基础编制；

（3）注册会计师在审计报告日后知悉了某些事实（即期后事项），并且出具了新的或经修改的审计报告。

注册会计师可能认为需要增加强调事项段的情形主要有：

（1）异常诉讼或监管行动的未来结果存在不确定性；

（2）在财务报表日至审计报告日之间发生的重大期后事项；

（3）在允许的情况下，提前应用对财务报表有重大影响的新会计准则；

（4）存在已经或持续对被审计单位财务状况产生重大影响的特大灾难。

2. 在审计报告中披露强调事项段的注意事项

在审计报告中增加强调事项段的前提条件是：按照《中国注册会计师审计准则第1502号——在审计报告中发表非无保留意见》的规定，该事项不会导致注册会计师发表非无保留意见；当《中国注册会计师审计准则第1504号——在审计报告中沟通关键审计事项》适用时，该事项未被确定为在审计报告中沟通的关键审计事项。

（1）强调事项段不同于关键审计事项。强调事项段用于提及已在财务报表中恰当列报或披露且根据注册会计师的职业判断认为对财务报表使用者理解财务报表至关重要的事项。关键审计事项是注册会计师根据职业判断认为对本期财务报表审计最为重要的事项，选自注册会计师与治理层沟通过的事项。从强调事项段和关键审计事项的定义看，它们的侧重点有所不同，前者侧重于对财务报表使用者理解财务报表至关重要，后者侧重于注册会计师认为对本期财务报表审计最为重要。

1）如果注册会计师确定某事项为关键审计事项，同时该事项对财务报表使用者理解财务报表至关重要，即符合强调事项段的标准，在这种情况下，注册会计师应当在审计报告的关键审计事项部分描述该事项，不得对该事项使用强调事项段。

2）如果注册会计师确定某事项为关键审计事项，同时还确定存在其他的对财务报表使用者理解财务报表至关重要的事项，在这种情况下，注册会计师需要在审计报告关键审计事项部分和强调事项部分分别进行描述。

（2）在审计报告中包含强调事项段不影响审计意见。强调事项段不能代替下列情形：

1）根据审计业务的具体情况，按照《中国注册会计师审计准则第 1502 号——在审计报告中发表非无保留意见》的规定发表非无保留意见。

2）适用的财务报告编制基础要求管理层在财务报表中作出的披露，或为实现公允列报所需的其他披露。

3）按照《中国注册会计师审计准则第 1324 号——持续经营》的规定，当可能导致对被审计单位持续经营能力产生重大疑虑的事项或情况存在重大不确定性时作出的报告。即强调事项段不能替代“与持续经营相关的重大不确定性”段落，当可能导致对被审计单位持续经营能力产生重大疑虑的事项或情况存在重大不确定性时，应按照《中国注册会计师审计准则第 1324 号——持续经营》的要求增加“与持续经营相关的重大不确定性”段落，而非增加强调事项段。

3. 强调事项段在审计报告中的位置

强调事项段在审计报告中的位置取决于拟沟通信息的性质，以及与按照《中国注册会计师审计准则 1501 号——对财务报表形成审计意见和出具审计报告》的规定需要报告的其他要素相比较，注册会计师针对该信息对财务报表预期使用者的相对重要程度的判断。

（1）当强调事项段与适用的财务报告编制基础相关时，包括当注册会计师确定法律法规规定的财务报告编制基础不可接受时，注册会计师可能认为有必要将强调事项段紧接在“形成审计意见的基础”部分之后，以为审计意见提供合适的背景信息。

（2）当审计报告中包含关键审计事项部分时，基于注册会计师对强调事项段中信息的相对重要程度的判断，强调事项段可以紧接在关键审计事项部分之前或之后。注册会计师可以在“强调事项”标题中增加进一步的背景信息，如“强调事项——期后事项”，以将强调事项段和关键审计事项部分描述的每个事项予以区分。

（五）在审计报告中增加其他事项段

其他事项段是指审计报告中含有的一个段落，该段落提及未在财务报表中列报或披露的事项，且根据注册会计师的职业判断，该事项与财务报表使用者理解审计工作、注册会计师的责任或审计报告相关。其他事项段不包括法律法规或其他职业准则（如《中国注册会计师职业道德守则》中与信息保密相关的规定）禁止注册会计师提供的信息，也不包括要求管理层提供的信息。强调事项是已在财务报表中恰当列报或披露的事项，而其他事项是未在财务报表中列报或披露的事项。执业人员在实务中应分清两者区别，恰当使用强调事项段和其他事项段。

1. 增加其他事项段的前提条件

在审计报告中增加其他事项段的前提条件是：（1）未被法律法规禁止；（2）当《中国注册会计师审计准则第 1504 号——在审计报告中沟通关键审计事项》适用时，该事项未被确定为在审计报告中沟通的关键审计事项。

如果某事项不符合关键审计事项的规定，而执业人员认为有必要沟通，根据职业判断认为与财务报表使用者理解审计工作、注册会计师的责任或审计报告相关，则应当增加其他事项段。

2. 可能需要增加其他事项段的情形

（1）与理解审计工作相关。如尽管与特别风险相关的事项可能被确定为关键审计事项，根据《中国注册会计师审计准则第1504号——在审计报告中沟通关键审计事项》对关键审计事项的定义，其他与计划及范围相关的事项（如计划的审计范围或审计中对重要性的运用）不太可能构成关键审计事项。然而，法律法规可能要求注册会计师在审计报告中沟通与计划及范围相关的事项，或者注册会计师可能认为有必要在其他事项段中沟通这些事项。在少数情况下，即使由于管理层对审计范围施加的限制导致无法获取充分、适当的审计证据可能产生的影响具有广泛性，注册会计师也不能解除业务约定。在这种情况下，注册会计师可能认为有必要在审计报告中包含其他事项段，解释为何不能解除业务约定。

（2）与注册会计师责任或理解审计报告相关。法律法规或得到广泛认可的惯例可能要求或允许注册会计师详细说明某些事项，以进一步解释注册会计师在财务报表审计中的责任或审计报告，如审计中关注到的其他信息。

其他信息是公司对外披露的年度报告中，除财务报表和审计报告以外的财务信息和非财务信息。年度报告一般是以年度为基础编制的、旨在向所有者（或类似的利益相关方）提供公司经营情况和财务业绩及财务状况（财务业绩及财务状况反映于财务报表）信息的一个文件或系列文件组合。在企业年度报告中，包含的除财务报表和审计报告以外的财务信息和非财务信息统称其他信息，主要包括：1）董事会报告；2）公司董事会、监事会及董事、监事、高级管理人员保证年度报告内容的真实、准确、完整，不存在虚假记载、误导性陈述或重大遗漏，并承担个别和连带法律责任的声明；3）公司治理情况说明；4）内部控制自我评价报告。

在年度财务报表审计中，虽然注册会计师对财务报表发表的审计意见不涵盖其他信息，但是注册会计师应当尽早阅读和考虑其他信息。当注册会计师将其他信息中的相关金额或项目与财务报表中的对应金额或项目进行比较，发现其他信息存在不正确陈述或其他信息具有误导性，包括遗漏或掩饰对恰当理解其他信息披露的事项时，其他信息就存在重大错报。当注册会计师在审计报告日前获取的其他信息存在重大错报时，如果沟通后公司不更正，则注册会计师应考虑在审计报告中增加其他事项段以说明：1）管理层对其他信息负责；2）注册会计师于审计报告日前已获取其他信息，并在审计报告中指明其他信息存在重大错报；3）注册会计师的审计意见未涵盖其他信息。在一些极端情况下，当公司拒绝更正其他信息的重大错报导致对管理层和治理层的诚信产生怀疑，进而使注册会计师质疑审计证据总体上的可靠性时，注册会计师应考虑发表无法表示意见，或者在相关法律法规允许的情况下，解除业务约定。如果沟通后公司进行了更正，则注册会计师应考虑在审计报告中增加其他事项段予以说明：1）管理层对其他信息负责；2）注册会计师于审计报告日前已获取其他信息，注册会计师无任何需报告的事项；3）注册会计师的审计意见未涵盖其他信息；4）注册会计师对其他信息进行阅读、考虑和报告的责任。

（3）对两套以上财务报表出具审计报告。说明对被审计单位根据另一个通用目的编制基础编制的财务报表出具了审计报告。

（4）限制审计报告分发和使用。说明审计报告只是提供给财务报表预期使用者，不应被分发给其他机构或人员或者被其他机构或人员使用。

3. 其他事项段在审计报告中的位置

其他事项段在审计报告中的位置取决于拟沟通信息的性质，以及与按照《中国注册会计师审计准则第 1501 号——对财务报表形成审计意见和出具审计报告》的规定需要报告的其他要素相比较，注册会计师针对该信息对财务报表预期使用者的相对重要程度的判断。

（1）当审计报告中包含关键审计事项部分，且其他事项段也被认为必要时，注册会计师可以在"其他事项"标题中增加进一步的背景信息，如"其他事项——审计范围"，以将其他事项段和关键审计事项部分描述的每个事项予以区分。

（2）当增加其他事项段旨在提醒使用者关注与审计报告中提及的其他报告责任相关的事项时，该段落可以置于"按照相关法律法规的要求报告的事项"部分内。

（3）当其他事项段与注册会计师的责任或使用者理解审计报告相关时，可以单独作为一部分，置于"对财务报表出具的审计报告"和"按照相关法律法规的要求报告的事项"之后。

【例 11－3・单选题】

针对下列提及的相关事项，注册会计师认为需要考虑增加强调事项段的是（　　）。

A. 持续经营假设适当但存在重大不确定性，且财务报表对重大不确定性已作出充分披露

B. 提前应用（在允许的情况下）对财务报表有广泛影响的新会计准则

C. 法律法规要求注册会计师继续执行审计业务，注册会计师无法解除审计业务约定

D. 对两套以上财务报表出具审计报告的情形

【分析】B。对于选项 A，注册会计师应增加以"与持续经营相关的重大不确定性"为标题的单独段落；对于选项 C 和 D，注册会计师应该考虑增加其他事项段。

（六）保留/否定意见、保留/无法表示意见的区分

当存在下列情形之一时，注册会计师应当在审计报告中发表非无保留意见：

（1）根据获取的审计证据，注册会计师得出财务报表整体存在重大错报的结论；

（2）注册会计师无法获取充分、适当的审计证据，不能得出财务报表整体不存在重大错报的结论。

其中，当存在下列情形之一时，注册会计师应当发表保留意见：

（1）在获取充分、适当的审计证据后，注册会计师认为错报单独或汇总起来对财务报表影响重大，但不具有广泛性；

（2）注册会计师无法获取充分、适当的审计证据以作为形成审计意见的基础，但认为未发现的错报（如存在）对财务报表可能产生的影响重大，但不具有广泛性。

在获取充分、适当的审计证据后，如果认为错报单独或汇总起来对财务报表的影响重大且具有广泛性，注册会计师应当发表否定意见。

如果无法获取充分、适当的审计证据以作为形成审计意见的基础，但认为未发现的错报（如存在）对财务报表可能产生的影响重大且具有广泛性，注册会计师应当发表无法表示意见。在极少数情况下，可能存在多个不确定事项。尽管注册会计师对每个单独的不确定事项获取了充分、适当的审计证据，但由于不确定事项之间可能存在相互影响，以及可能对财务报表产生累积影响，注册会计师不可能对财务报表形成审计意见。在这种情况下，注册会计师应当发表无法表示意见。

决策发表非无保留意见事项表如表11-1所示。

表11-1　决策发表非无保留意见事项表

导致发表非无保留意见的事项的性质	这些事项对财务报表产生或可能产生影响的广泛性	
	重大但不具有广泛性	重大且具有广泛性
财务报表存在重大错报	保留意见	否定意见
无法获取充分、适当的审计证据	保留意见	无法表示意见

由此可见，一项错报金额或审计范围受到限制的影响越具有广泛性，注册会计师出具否定意见或无法表示意见审计报告的可能性就越大。

广泛性是描述错报影响的术语，用以说明错报对财务报表的影响，或者由于无法获取充分、适当的审计证据而未发现的错报（如存在）对财务报表可能产生的影响。根据注册会计师的判断，对财务报表的影响具有广泛性的情形包括下列方面：

（1）不限于对财务报表的特定要素、账户或项目产生影响；

（2）虽然仅对财务报表的特定要素、账户或项目产生影响，但这些要素、账户或项目是或可能是财务报表的主要组成部分；

（3）当与披露相关时，产生的影响对财务报表使用者理解财务报表至关重要。

（七）出具无法表示意见的审计报告

无法表示意见不同于拒绝接受委托。无法表示意见是注册会计师实施了一定审计程序后发表的一种审计报告类型。

无法表示意见也不同于不愿发表意见。无法表示意见已经向报表使用者传递了财务报表存在重大的无法查证清楚的事项的信息。

无法表示意见区别于保留意见。虽然审计范围受限可能使注册会计师发表保留意见或无法表示意见，但范围受限是否影响财务报表整体公允的判断区分了保留意见和无法表示意见。如果注册会计师认定整个财务报表是公允表达的，但由于某种事项的取证受到限制，则发表保留意见；如果范围受限影响财务报表整体公允性，注册会计师应当发表无法表示意见。

无法表示意见区别于否定意见。无法表示意见仅仅适用于注册会计师在审计过程中由于审计范围受到严重限制，无法判断财务报表反映的公允性的情形；但要发表否定意见，注册会计师必须有足够的证据证实被审计单位财务报表不公允。

注册会计师承接审计业务后，因管理层施加限制无法获取充分、适当的审计证据时，解除审计业务约定是否可行，可能取决于管理层施加审计范围限制时注册会计师完成审计业务的阶段。

如果基本上完成了审计业务，注册会计师可能决定在解除业务约定前尽量完成审计业务，发表无法表示意见，并在形成无法表示意见的基础部分说明审计范围受到的限制。

在某些情况下，如果法律法规要求注册会计师继续执行审计业务，则注册会计师可能无法解除审计业务约定。在这些情况下，注册会计师可能认为需要在审计报告中增加其他事项段。这种情况可能包括：

（1）注册会计师接受委托审计公共部门实体的财务报表；

（2）注册会计师接受委托审计涵盖特定期间的财务报表，或者接受一定期间的委托，在完成财务报表审计前或在受托期间结束前，不允许解除审计业务约定。

如果注册会计师认为由于审计范围受到限制有必要解除审计业务约定，根据职业准则、法律法规或监管机构的要求，注册会计师可能需要向监管机构或被审计单位的股东报告与解除审计业务约定相关的事项。

【例 11-4·单选题】

若注册会计师在审计业务中不能获取合理保证，并且在审计报告中发表保留意见也不足以实现向预期使用者报告的目的，则以下处理中，不正确的是（　　）。

A. 出具否定意见的审计报告

B. 出具无法表示意见的审计报告

C. 终止审计业务

D. 解除业务约定

【分析】 A。在审计业务中，注册会计师如果不能获取合理保证，并且在审计报告中发表保留意见也不足以实现向预期使用者报告的目的，应当按照审计准则的规定出具无法表示意见的审计报告，或者在法律法规允许的情况下终止审计业务或解除业务约定。

案例分析 11-2

如果其他事项都已经解决，单独考虑以下事项时，请分别指出可以发表什么类型的审计报告意见，并简述理由。

（1）A 公司 20×6 年年末财务报表中显示利润为 2 000 万元，注册会计师发现 A 公司虚假确认收入 2 400 万元，由于该金额低于 A 公司 20×6 年财务报表层次重要性水平 3 000 万元，因此 A 公司没有予以调整。

（2）B 公司的存货占资产总额的 20%，这些存货被放置在远郊仓库中。由于风沙导致仓库倒塌，目前尚未清理完毕，因此不能估计损失，也无法实施监盘程序。

（3）C 公司的某重要子公司 20×6 年年末处于停产状态，其核心技术人员已离职并成立新公司，该公司与 C 公司形成竞争并占据主要市场份额。C 公司的管理层拟在 3 年内自主研发替代性技术，基于该假设编制的预计未来现金流量现值显示，收购该子公司形成的大额商誉不存在减值。注册会计师认为技术研发成功的可能性存在重大不确定性，因此在无保留意见的审计报告中增加了强调事项段，以提醒报表使用者关注。

（4）由于D公司20×6年12月份发生了股权变更，因此公司的高管人员全部更换，注册会计师无法获取D公司20×6年度财务报表的管理层声明书。

（5）E公司在20×3年、20×4年和20×5年已经连续3年亏损，且存在8 000万元将要到期的债务。E公司已将对影响公司持续经营能力的事项和情况在财务报表中充分披露。

（6）注册会计师将F公司20×6年度财务报表计划重要性水平确定为100万元，其中分配给存货的重要性水平为30万元，利用存货计价测试发现存货多计40万元，并据此推断总体误差为70万元。注册会计师建议调整，F公司没有接受调整建议。

（7）注册会计师将G公司20×6年度财务报表计划重要性水平确定为300万元，其中分配给存货的重要性水平为80万元，利用存货计价测试发现存货少计5万元，并据此推断总体误差为40万元，期初已查出多计的10万元也没有调整。注册会计师建议调整，G公司没有接受调整建议。

（8）注册会计师将H公司20×6年度财务报表计划重要性水平确定为100万元，其中分配给存货的重要性水平为40万元，利用存货计价测试发现存货少计35万元，并据此推断总体误差为80万元，期初已查出多计的30万元也没有调整。注册会计师建议调整，H公司没有接受调整建议。

（9）I公司20×6年利润为1 000万元，其中含补贴收入800万元，经注册会计师查证没有问题，予以确认。

（10）20×6年2月，J公司因严重破坏环境被环保部门责令停产，并需对居民进行赔偿。年末，管理层确认了大额预计负债并在财务报表附注中予以披露。注册会计师将其作为审计中最为重要的事项与治理层进行了沟通，拟在审计报告的关键审计事项部分沟通该事项。同时，注册会计师认为该事项对财务报表使用者理解财务报表至关重要，因此拟在审计报告中增加强调事项段予以说明。

【分析】具体分析结果见表11－2。

表11－2 具体分析结果

事项	审计报告意见类型	原因
（1）	否定意见	未更正错报虽低于财务报表层次重要性水平，但使A公司盈亏逆转，影响广泛
（2）	保留意见	无法实施监盘程序的存货占资产总额的20%，审计范围受到一定限制
（3）	增加重大不确定性段的无保留意见	C公司的持续经营假设适当，但是存在重大不确定性，注册会计师应当在无保留意见的审计报告中增加"与持续经营相关的重大不确定性"的单独部分，而不是增加强调事项段
（4）	无法表示意见	无法获取管理层声明书意味着无人对财务报表承担责任，审计范围受到广泛影响
（5）	带重大不确定性的无保留意见	影响持续经营能力的事项存在且已充分披露，不影响财务报表和审计意见类型，应当在无保留意见的审计报告中增加"与持续经营相关的重大不确定性"的单独部分，而不是增加强调事项段

续表

事项	审计报告意见类型	原因
(6)	保留意见	存货汇总错报没有超过财务报表层次重要性水平，但超过存货重要性水平
(7)	无保留意见	存货汇总错报没有超过存货重要性水平，也没有超过财务报表层次重要性水平
(8)	否定意见	存货汇总错报远远超过存货重要性水平，也超过财务报表层次重要性水平
(9)	带强调事项段的无保留意见	补贴收入占利润比重大，不影响财务报表，也不影响审计报告意见类型，但需要提请报表使用者关注
(10)	增加审计关键事项段的无保留意见	该事项被确定为在审计报告中沟通的关键审计事项，不需要在强调事项段中沟通

四、关于审计报告的特殊处理

（一）关于其他事项或其他报告责任的处理

对通用目的财务报表审计业务出具的审计报告仅用于对财务报表的合法性和公允性发表意见。在某些情况下，如果审计业务委托人要求注册会计师就财务报表审计中发现的某些事项进行详细说明，如销售业务和应收账款管理中存在的问题、存货管理中存在的问题等，注册会计师应当在审计报告之外出具专项报告来履行这种报告责任。如果法律法规或有关政府监管部门要求注册会计师对被审计单位的其他情况发表意见（如中国证监会要求上市公司聘请注册会计师就其前次募集资金使用情况说明发表意见，就上市公司与关联方资金往来、对外担保情况的说明发表意见；国家外汇管理局要求外商投资企业报告其外汇收支情况表，并聘请注册会计师对该表编制的合规性发表意见等），注册会计师为了履行这种报告责任，应当在财务报表审计报告之外出具专项报告，并采用恰当的标题，以使这种专项报告明显区别于审计报告，如“前次募集资金使用情况审核报告”“与关联方资金往来、对外担保情况审核报告”“外汇收支情况表审核报告”等。

《国际审计准则第700号》（ISA 700）提到在某些国家或地区允许注册会计师在审计报告中提及其他报告责任，此时，该其他报告责任应当在审计报告意见段后单列一段叙述。这样做有助于将其他报告责任同注册会计师对财务报表的责任和审计意见明确地区分开来。该段的形式和内容因其他报告责任的性质而异。我国审计报告准则规定，注册会计师可能承担报告其他事项的额外责任，这些责任是注册会计师按照审计准则对财务报表出具审计报告的责任的补充。在某些情况下，相关法律法规可能要求或允许注册会计师在对财务报表出具的审计报告中报告这些其他责任。在另一些情况下，相关法律法规可能要求或允许注册会计师在单独出具的报告中进行报告。如果注册会计师在审计报告中报告这些其他报告责任，这些报告责任需在审计报告中单独作为一部分予以说明，以与注册会计师的审计报告责任明确区分。

（二）关于与财务报表一同列报的其他信息的处理

如果被审计单位将适用的财务报告编制基础未作要求的补充信息与已审计财务报表一同列报，注册会计师应当根据职业判断，评价补充信息是否由于其性质和列报方式而构成财务报表的必要组成部分。如果补充信息构成财务报表的必要组成部分，注册会计师应当将其涵盖在审计意见中。如果认为适用的财务报告编制基础未作要求的补充信息不构成已审计财务报表的必要组成部分，注册会计师应当评价这些补充信息的列报方式是否充分、清楚地使其与已审计财务报表相区分。如果未能充分、清楚地区分，注册会计师应当要求管理层改变未审计补充信息的列报方式。如果管理层拒绝改变，注册会计师应当指出未审计的补充信息，并在审计报告中说明这些补充信息未审计。

当注册会计师发现财务报表将在包含其他信息的文件中披露时，如果披露的形式允许，应当考虑将已审计财务报表在整个财务报告中的页码表示出来。这样做有助于报告的阅读者明确区分审计意见中未涵盖的其他信息。

如果注册会计师认为被审计单位对未审计附加信息的披露方式不能将其与已审计财务报表进行足够的区分，应当在审计报告中说明该信息未经审计。

对附加信息未经审计并不能减轻注册会计师阅读该信息并发现与已审计财务报表重大不一致的责任。注册会计师应当确保能够将与财务报表一同披露的但审计意见并未涵盖的附加信息同已审计财务报表明确区分开，并按照"含有已审计财务报表的文件中的其他信息"来处理附加信息。

【例 11-5·单选题】

下列有关审计报告的说法，错误的是（　　）。

A. 当对财务报表发表无法表示意见时，注册会计师可以在审计报告中包含关键审计事项部分

B. 当注册会计师阅读其他信息时，要求注册会计师对与财务报表或者注册会计师在审计过程中了解到的情况不相关的其他信息中似乎存在重大错报的迹象保持警觉

C. 在考虑其他信息与财务报表之间是否存在重大不一致时，要求注册会计师将其他信息中选定的金额与财务报表中的相应金额进行比较，以评价其一致性

D. 根据注册会计师对其他信息的责任的规定，其他信息的范围界定为"实体年度报告中包含的除财务报表和审计报告以外的财务信息和非财务信息"

【分析】 A。当对财务报表发表无法表示意见时，如果注册会计师沟通关键审计事项，可能会误导财务报表使用者，使其误认为财务报表整体在这些关键审计事项方面比实际情况更为可信，则这与对财务报表整体发表无法表示意见相矛盾。因此，当对财务报表发表无法表示意见时，除非法律法规另有规定，注册会计师不得在审计报告中包含关键审计事项部分，故选项 A 错误。

（三）整合审计

在现代市场经济中，注册会计师接受企业委托对其财务报表进行审计时，一定要了解企业内部控制，并在必要时进行控制测试。因此，如果把同一家企业的内部控制（风险管理）审计与财务报表审计分别委托给不同的会计师事务所，可能不太经济，会计师事务所常把企业内部控制（风险管理）审计和财务报表审计整合进行（以下简称整合审计）。

由于内部控制审计和财务报表审计的目标不同，在整合审计中，注册会计师计划和实施对控制设计和运行有效性的测试，以同时实现下列目标：

（1）获取充分、适当的证据，支持其在内部控制审计中对内部控制的有效性发表的意见；

（2）获取充分、适当的审计证据，支持其在财务报表审计中对控制的拟信赖程度（即评估的控制风险）。

在整合审计中，会计师事务所可以签订整合审计协议，也可以分别签约，但需分别出具年度财务报表审计报告和内部控制审计报告。内部控制审计意见与财务报表审计意见应当协调。

（1）如果内部控制审计报告是非标准无保留审计意见（简称非标意见），注册会计师在财务报表审计中应当谨慎评价该非标意见事项的特殊风险，考虑内部控制存在缺陷领域所涉及的会计科目是否存在重大错报，以决定实施的实质性测试程序。如果注册会计师认为内部控制缺陷可能导致财务报表存在重大错报而设计针对性审计程序查证，但由于主客观原因相关审计程序无法执行，注册会计师应当视同审计范围受到影响，考虑发表保留意见或无法表示意见的审计报告；如果实施针对性审计程序查证该重大错报，注册会计师在企业不接受注册会计师调整意见时应发表保留或否定意见，在企业接受注册会计师提出的调整意见时应发表无保留意见；如果实施针对性审计程序查证财务报表不存在重大错报，注册会计师可考虑发表无保留意见的审计报告。

（2）如果注册会计师出具的财务报表审计报告是非标意见，注册会计师在审计企业内部控制时，应当把非标意见涉及的事项作为控制测试的重点领域。在执行穿行测试等程序后，如果发现相关的内部控制存在显著缺陷或实质性缺陷，注册会计师应当发表非标准的内部控制审计报告；如果发现相关的内部控制不存在显著缺陷或实质性缺陷，注册会计师应考虑发表标准的内部控制审计报告。

第三节　与管理层和治理层沟通的其他审计结果

注册会计师除了签发附有财务报表的正式审计报告之外，还可以直接与客户的管理层或董事会进行内部交流。内部交流的意见并不向外部各方提供。最常见的三种内部交流形式包括：（1）与审计委员会交流；（2）作为财务报表审计一部分的内部控制事项的报告；（3）管理建议书。

一、与审计委员会交流

上市公司通常设有审计委员会，负责监督财务报告编制过程。审计委员会超过半数的成员不得在公司担任除董事以外的其他职务，并且不应与公司存在可能影响其独立客观判断的关系。注册会计师必须直接与客户的审计委员会（或类似机构）交流某些事项。直接与审计委员会交流的典型事项有：

（1）会计师事务所相对于客户管理层是独立的，而且客户管理层对此作出了认定；

（2）编制财务报表所使用的重要会计政策和程序的性质；

（3）管理层进行的重大会计估计；

（4）审计中发现的重大调整事项的性质和解决方案，包括管理层未纠正的非重大差异；

（5）注册会计师对应包括在基本财务报表中的补充信息的责任（如管理层的讨论和分析）；

（6）在会计问题、估计和审计证据范围方面与管理层意见分歧的性质和解决方案；

（7）管理层与其他注册会计师沟通的性质；

（8）在受聘之前与管理层讨论的主要问题，如执行审计业务期间遇到的困难，包括拖延提供信息、丢失文件和记录、时间不合理、不能接触相关文件和记录、客户员工没有提供预期的帮助等。

如果公司受中国证监会监管，则注册会计师与审计委员会不仅要讨论公司会计选择的适应性，还要讨论会计质量问题。

交流的主要目的是保证审计委员会了解审计过程中遇到的问题。采用此方式，注册会计师可以直接同审计委员会交流与管理层存在的冲突以及在解决审计问题时遇到的困难。有些国家的监管者（如中国证监会）要求注册会计师在提出起草的审计报告时与审计委员会讨论盈余质量。如果管理层威胁要解聘注册会计师或为寻求更满意的处理方式而聘用其他会计师事务所，当前的注册会计师可以向审计委员会求助。这种交流可能是口头的或书面的，但是必须记录在工作底稿中。

二、作为财务报表审计一部分的内部控制事项的报告

即使注册会计师没有被要求对与财务报表相关的内部控制进行审计（如私人公司、非营利组织等），仍有可能遇到需要同客户的审计委员会进行交流并与内部控制有关的事项。更具体地说，注册会计师应该向客户传达审计过程中发现的所有值得报告的事项的性质。值得报告的事项是指注册会计师在审计过程中发现的被审计单位内部控制存在的所有重要缺陷和重大缺陷。尽管注册会计师不需要作出计划以揭示所有可能值得报告的事项，但在执行审计程序尤其是进行风险评估和控制测试时，注册会计师可能会发现一些值得报告的事项。

注册会计师可以采用口头或书面形式报告。如果采用口头交流形式，交流的内容应记录于工作底稿。不过，准则制定者更倾向于让注册会计师出具一份书面报告。报告应该指出它是基于审计而作出的，其中，审计的目的是对财务报表发表意见，而不是为内部控制提供增信。注册会计师应对值得报告的情况进行定义。此外，报告还应说明它只限在组织内部使用。如果注册会计师在审计期间没有注意到值得报告的事项，就不需要签发报告以表明没有发现值得报告的情况。

三、管理建议书

注册会计师希望提请管理层或董事会关注与内部控制报告或财务报表不直接相关的其他问题。例如，在战略和流程分析过程中，注册会计师通过分析风险、控制和绩效指标可能识别出大量的客户需求，并通常以管理建议书的形式与客户交流这些事项。因为注册会计师并没有因管理建议书中的建议获得报酬，所以提出这些建议不应被看作咨询服务。此外，这些提供给管理层的建议能在一定程度上提高公司的业绩。一般而言，这些问题涉及能改善公司运营效率或效果的方法，并且范围很广，从生产经营和行政管理程序到战略策略。注册会计师在交流问题时不必采取统一的格式，但管理建议书应明确指出其目的和使用限制，并表明其不对所述事项提供任何增信。

即测即评

扫描此码　在线做题

思考题

1. 注册会计师出具的审计报告如何分类？

2. 简述保留意见审计报告与无保留意见审计报告中的措辞和段落安排的不同。

3. 简述否定意见审计报告与无保留意见审计报告中的措辞和段落安排的不同。

4. 简述无法表示意见审计报告与无保留意见审计报告中的措辞和段落安排的不同。

5. 审计报告中注册会计师的责任段应当说明哪些主要内容？

6. 在确定关键审计事项时，注册会计师应考虑哪些方面？

7. 有人认为无法表示意见就是注册会计师没有发表意见或注册会计师不实施

任何审计程序就发表意见。你赞同这一观点吗？为什么？

8. 简述审计报告中增加关键事项段、强调事项段和其他事项段的不同情况。

9. 与管理层和治理层沟通的其他审计结果有哪些？

案例分析（一）

不一致的审计报告

信永中和会计师事务所有限责任公司（以下简称信永中和）长期担任山东新华制药股份有限公司（以下简称新华制药）的财务报表审计和内部控制审计机构。2011年，信永中和对新华制药的财务报表发布了标准无保留意见的审计报告，而对内部控制出具了否定意见的内部控制审计报告。具体内容如下：

1. 标准无保留意见的审计报告

2012年3月23日，信永中和对新华制药2011年度财务报表出具了无保留意见的审计报告，报告全文如下：

审计报告

山东新华制药股份有限公司全体股东：

我们审计了后附的山东新华制药股份有限公司（以下简称新华制药）财务报表，包括2011年12月31日的合并及母公司资产负债表，2011年度的合并及母公司利润表、合并及母公司现金流量表、合并及母公司股东权益变动表以及财务报表附注。

一、管理层对财务报表的责任

编制和公允列报财务报表是新华制药管理层的责任，这种责任包括：（1）按照企业会计准则的规定编制财务报表，并使其实现公允反映；（2）设计、执行和维护必要的内部控制，以使财务报表不存在由于舞弊或错误导致的重大错报。

二、注册会计师的责任

我们的责任是在执行审计工作的基础上对财务报表发表审计意见。我们按照中国注册会计师审计准则的规定执行了审计工作。中国注册会计师审计准则要求我们遵守职业道德守则，计划和执行审计工作以对财务报表是否不存在重大错报获取合理保证。审计工作涉及实施审计程序，以获取有关财务报表金额和披露的审计证据。选择的审计程序取决于注册会计师的判断，包括对由于舞弊或错误导致的财务报表重大错报风险的评估。在进行风险评估时，注册会计师考虑与财务报表编制和公允列报相关的内部控制，以设计恰当的审计程序。审计工作还包括评价管理层选用会计政策的恰当性和作出会计估计的合理性，以及评价财务报表的总体列报。

我们相信，我们获取的审计证据是充分、适当的，为发表审计意见提供了基础。

三、审计意见

我们认为，新华制药财务报表在所有重大方面按照企业会计准则的规定编制，公允反映了新华制药 2011 年 12 月 31 日的合并及母公司财务状况以及 2011 年度的合并及母公司经营成果和现金流量。

信永中和会计师事务所有限责任公司　　中国注册会计师：唐　炫

中国注册会计师：薛更磊

中国北京　　二〇一二年三月二十三日

2. 否定意见的内部控制审计报告

2012 年 3 月 23 日，信永中和对新华制药出具了否定意见的内部控制审计报告，报告原文如下：

内部控制审计报告

山东新华制药股份有限公司全体股东：

按照《企业内部控制审计指引》及中国注册会计师执业准则的相关要求，我们审计了山东新华制药股份有限公司（以下简称新华制药）2011 年 12 月 31 日财务报告内部控制的有效性。

一、企业对内部控制的责任

按照《企业内部控制基本规范》《企业内部控制应用指引》《企业内部控制评价指引》的规定，建立健全和有效实施内部控制，并评价其有效性是新华制药董事会的责任。

二、注册会计师的责任

我们的责任是在实施审计工作的基础上，对财务报告内部控制的有效性发表审计意见，并对注意到的非财务报告内部控制的重大缺陷进行披露。

三、内部控制的固有局限性

内部控制具有固有局限性，存在不能防止和发现错报的可能性。此外，由于情况的变化可能导致内部控制变得不恰当，或对控制政策和程序遵循的程度降低，根据内部控制审计结果推测未来内部控制的有效性具有一定风险。

四、导致否定意见的事项

重大缺陷是内部控制中存在的、可能导致不能及时防止或发现并纠正财务报表出现重大错报的一项控制缺陷或多项控制缺陷的组合。

新华制药内部控制存在如下重大缺陷：

1. 新华制药下属子公司山东新华医药贸易有限责任公司（以下简称医贸公司）内部控制制度对多头授信无明确规定，在实际执行中，医贸公司的鲁中分公司、工业销售部门、商业销售部门等三个部门分别向同一客户授信，使得授信额度过大。

2. 新华制药下属子公司医贸公司内部控制制度规定对客户授信额度不大于客户注册资本，但医贸公司在实际执行中，对部分客户超出客户注册资本授信，使得授信额度过大，同时医贸公司也存在未授信的发货情况。

上述重大缺陷使得新华制药对山东欣康祺医药有限公司（以下简称欣康祺医药）及与其存在担保关系方形成大额应收款项6 073万元，同时，欣康祺医药经营出现异常，资金链断裂，可能使新华制药遭受较大经济损失。2011年度，新华制药对应收欣康祺医药及与其存在担保关系方货款计提了4 859万元坏账准备。

有效的内部控制能够为财务报告及相关信息的真实完整提供合理保证，而上述重大缺陷使新华制药内部控制失去这一功能。

新华制药管理层已识别出上述重大缺陷，并将其包含在企业内部控制评价报告中，上述缺陷在所有重大方面得到公允反映。在新华制药2011年财务报表审计中，我们已经考虑了上述重大缺陷对审计程序的性质、时间安排和范围的影响。本报告并未对我们在2012年3月23日对新华制药2011年财务报表出具的审计报告产生影响。

五、财务报告内部控制审计意见

我们认为，由于存在上述重大缺陷及其对实现控制目标的影响，新华制药于2011年12月31日未能按照《企业内部控制基本规范》和相关规定在所有重大方面保持有效的财务报告内部控制。

信永中和会计师事务所有限责任公司　　中国注册会计师：唐　炫

中国注册会计师：薛更磊

中国北京　　二〇一二年三月二十三日

【讨论分析】

1. 为什么在同一年度内，注册会计师对内部控制出具了否定意见的审计报告，对财务报表却出具了无保留意见的审计报告？

2. 结合信永中和对新华制药2011年内部控制出具的否定意见的内部控制审计报告的内容，讨论在什么情况下注册会计师对新华制药的财务报表发表标准无保留意见的审计报告，什么情况下对新华制药的财务报表发表非标意见的审计报告。

案例分析（二）

多家上市公司审计报告相关事项处理

在20×8年1—5月，今明会计师事务所的注册会计师丽芳作为项目负责人，负责审计多家上市公司20×7年度财务报表，遇到下列与审计报告相关的事项：

（1）20×7年年末，B公司的商誉、固定资产、长期股权投资等多项资产出现了减值迹象。由于管理层未提供相关资料，注册会计师无法就上述资产的减值准备获取充分、适当的审计证据，因此，注册会计师拟对财务报表发表无法表示意见，并在审计报告的其他信息部分说明无法确定与资产减值准备相关的其他信息是否存在重大错报。

(2) 由于C公司与关联方交易相关的内部控制存在重大缺陷，注册会计师拟对C公司20×7年12月31日的财务报告的内部控制发表否定意见。由于C公司管理层未在财务报表附注中披露该情况，注册会计师拟在审计报告中增加强调事项段，以提醒财务报表使用者关注这一重要信息。

(3) F公司在20×4年、20×5年和20×6年已经连续三年亏损，且20×7年的流动负债金额（42.4亿元）远远超过流动资产金额（28亿元）。截至12月31日，公司存在被冻结或抵押的所有权或使用权受限的资产共计12亿元，其中货币资金为16.5万元。F公司已在财务报表中充分披露了这些影响公司持续经营能力的事项和情况。注册会计师将该事项单独放在强调事项段予以说明。

(4) 集团董事会决议拟在20×8年对G公司进行清算，并于20×8年12月起停止G公司的经营活动。截至20×7年12月31日，G公司的账面资产余额主要为货币资金、其他应收款以及办公家具等固定资产，而账面负债余额主要为其他应付款和应付职工薪酬。管理层认为，如果采用非持续经营编制基础，对上述资产和负债的计量并无重大影响，因此，G公司仍以持续经营假设编制20×7年度财务报表，并在财务报表附注中披露了清算计划。注册会计师将该事项单独放在与持续经营相关的重大不确定性段予以说明。

【讨论分析】

请分别指出注册会计师的处理是否恰当，并简要说明理由。

线上MOOC学习

请登录 https://www.icourse163.org/course/CUFE-1003060002，课外学习国家精品课程“审计学”中“审计报告及其沟通”相关内容。

第十二章

Chapter 12 审计的质量管理

素养提升

树立质量至上观，推动审计高质量发展。

思维导图

引 例

会计师事务所质量管理体系存在的问题

在中国证监会会计司的统筹部署下，深圳证监局2024年牵头1家会计师事务所，对2家会计师事务所深圳分所开展全面检查或合规性检查。检查发现，会计师事务所质量管理体系存在以下七个方面的问题：

1. 会计师事务所的风险评估程序方面

如某所未结合实际情况制定事务所风险评估程序实施细则，也未定期开展风险评估并形成评估报告；某分所收到监管关注函后未及时向总所报送。

2. 治理和领导层方面

(1) 治理与组织体系不完善。如某新所未建立完善的质量管理体系，未成立管理委员会和各职能委员会，质量管理主管合伙人未实际发挥作用。

(2) 合伙人管理不规范。如某所《合伙人考核办法》规定，若业务合伙人连续三年业务创收未能达到合伙人管理委员会在相应年度确定的业务创收指标总和的均值，应根据《合伙协议》的相关规定退出合伙关系，未充分体现质量至上的理念；除总所统一的盈余分配外，某所深圳分所还可根据事业部当年盈余情况对合伙人进行二次盈余分配；某新所未按规定召开年度合伙人大会；高级经理晋升合伙人未按规定履行相关审批程序，也未对合伙人进行考核。

(3) 分所质控人员的客观性和独立性可能受不利因素影响。如某所深圳分所质量控制部主管作为签字合伙人同时从事鉴证类业务，审计业务部门主管同时分管质量控制部，其负责管理和考核分所质控人员，考核结果作为薪酬奖金发放及晋升的参考依据。

3. 职业道德和独立性方面

(1) 政策制定与人员配置不到位。如某所未及时更新独立性相关政策和规定；对职业道德、独立性合伙人和职业道德管理组织的职责规定较为空泛，未明确其具体职责，也未明确业务条线主管合伙人和项目合伙人相关职业道德管理的职责。

(2) 教育与培训不到位。如某所部分人员未完成2023年度职业道德培训课程；某所2023年对员工职业道德培训的时长不符合制度要求。

(3) 独立性管理不规范。如两家所都存在部分员工未及时签署职业道德声明、独立性声明、投资申报、员工买卖股票声明等；个别项目组成员和项目复核人员未签署独立性承诺函；部分项目存在疑似或有收费条款。某所个别合伙人及项目组成员直系亲属在审计期间违规买卖被审计单位股票；某所为公众利益实体审计客户连续执行审计业务的时间达到10年以上的，未在事务所层面实施扩大审计项目团队轮换范围、实施第二内部质量复核、定期评价实施关键审计合伙人轮换情况效果等防范措施以消除不利影响或将其降低至可接受的低水平。

(4) 关键合伙人轮换不到位。如某所项目合伙人以项目承接合伙人为主，签字注册会计师由项目合伙人直接委派，未实现在全所范围内统一调配；某新所未开发和运行独立性管理系统，未对项目质量复核人员的任职期和冷却期实施日常管理；某所未建立有效机制保障关键审计合伙人在全所范围内统一轮换。

(5) 未充分保持审计业务独立性。如某所同时为新三板挂牌公司提供年度财务报表审计和半年度财务报表代编服务，可能因自我评价对独立性产生不利影响。

4. 客户关系和具体业务的接受与保持方面

(1) 项目风险管理不规范。一是风险评估指标设计不合理。如某所仅以审计对象是否涉及证券业务为标准划分特别目的项目与一般项目，也未根据风险评估分类设定不同的质量管理标准。二是风险分类执行不到位。如某所个别上市公司审计执业项目存在收入利润大幅下降、业绩下滑且对赌精准达标等重大风险特征，但未纳入高风险项目库管理；某所综合管理平台的项目风险分类标准未及时修改，导致部分项目2023年年审立项时风险分类不准确；某所个别项目在系统填报的风险分类与其上传的附件不一致；如某所某项目业务承接评价表中项目组对项目风险的评价为高风险，项目管理平台显示该项目为中风险，未见风险调整记录。

(2) 立项审批不规范。如某所立项时未在项目管理平台上传业务承接评价表或业务保持评价表，实际立项审批时通过电话沟通，风险控制合伙人与主任会计师仅在系统上形式审批；某所个别上市公司年审项目未按制度规定进行公示，部分新三板首次申报挂牌项目立项审批时未上传项目承接调查表；某所高风险项目的立项审批未经质量管理主管合伙人（或类似职位的人员）或其授权的人员审批等；多家所存在立项审批时间晚于业务约定书签署时间或审计工作开始时间、业务约定书签署时间晚于审计工作开始时间。

(3) 终止承接项目管理不规范。如某所未在制度中明确终止承接项目需履行的程序；终止承接项目未记录终止承接理由。

5. 业务执行方面

(1) 项目质量复核不到位。一是复核流于形式。如某所部分项目各级复核人仅在《业务复核核对表》上列示的固定复核事项标记“是”，无复核工作详细记录；某所抽取的项目均未见项目组内部复核记录，也未记录独立复核提出的复核意见及项目组反馈；某所独立复核工作底稿中对计划、执行及完成阶段的复核过程均未留痕，针对被复核项目的高风险领域、重大问题、审计调整等提出的复核意见或执行情况，其沟通记录或复核结论基本为格式化内容，未记录项目质量复核人员提出的问题及解决情况；独立复核备忘录对项目组的项目质量和业务报告执行情况说明过于简单；独立复核时间较短。二是复核记录不规范。如某所项目复核人员未在业务复核核对表签署复核日期；高风险项目质控内核会的相关复核文件未在项目审计档案中归档。

(2) 人员委派不规范。一是未做到人员的统一委派。如某所项目合伙人的委派以项目承接合伙人为主，未实现全所范围内的统一委派。二是项目质量复核人员配备不足。如某所2名复核合伙人2023年年审时复核的高风险项目数量分别为74个和73个，无法确保其具有充足的时间执行充分有效的质量复核程序。

(3) 专业技术咨询未留痕。如某所日常技术咨询均以非正式方式沟通，未填写重大问题咨询表，也未形成沟通记录。

(4) 报告出具及存档管理不规范。如某所某项目审计报告签署时间早于系统中质控复核审批时间；某所未对底稿存档形式进行统一规定，项目组可自主选择电子底稿或纸质底稿存档；某所未按规定将电子版审计底稿上传至项目管理平台；某所个别项目系统归档的审计底稿并非最终版；多家所存在审计底稿归档不及时，未在审计报告日后60天内完成归档；某所未对底稿借阅实行审批管理。

6. 信息与沟通方面

(1) 信息系统核心功能不完善。如某所信息系统未包含审计作业管理、工时管理等功能，无法实现对审计项目全流程管理。

(2) 相关制度未及时更新。如某所未将事务所新上线的数字化管理平台、函证系统的使用总则、员工使用规范、职责与内容等纳入制度。

7. 业务监控和整改方面

监控和整改相关制度不完善。如某新所未明确规定监控和整改负责人的胜任条件和要求、权限，未设立部门专责承担质量管理体系监控职责。

深圳证监局提醒辖区证券业务会计师事务所牢固树立“质量至上”的执业理念，建立健全质量管理体系，不断提升执业质量，切实履行好资本市场“看门人”职责。

请思考：质量管理严重缺失的会计师事务所能提供高质量的审计报告吗？

资料来源：深圳证监局会计监管工作通讯．2024年第4期，2024-12-17.

第一节 会计师事务所质量管理体系

一、对会计师事务所质量管理体系的理解

（一）构建质量管理体系的目标

会计师事务所质量管理体系是为了确保审计工作的质量和准确性而建立的一套制度和程序，包括为实现质量目标而设计的组织结构、相关政策和程序，以及监控和整改程序。会计师事务所的质量管理不是孤立的，它是会计师事务所以质量为导向的组织文化与其战略、经营活动和业务流程相结合的产物。在实务中，会计师事务所需要根据《会计师事务所质量管理准则第 5101 号——业务质量管理》及其指南的规定，结合本所及其业务的性质和具体情况，“量身定制”适合本所的质量管理体系。

会计师事务所质量管理体系是一个复杂且多层次的结构，旨在确保会计师事务所能够持续高质量地执行业务。会计师事务所构建质量管理体系的目标可分解为：

（1）会计师事务所及其人员遵守职业准则和适当的法律法规的规定。

（2）会计师事务所和项目合伙人出具适合具体情况的报告。

（3）会计师事务所通过持续高质量地执行业务服务于公众利益。

（4）会计师事务所在全所范围内形成一种质量至上的文化，树立质量意识，以提升审计质量，防范审计风险，并为客户提供高质量的服务。

（二）质量管理的要素

与企业内部控制相似，会计师事务所质量管理要素分为会计师事务所层面和业务层面。会计师事务所层面的质量管理要素主要包括：

（1）风险评估程序。识别、评估和管理潜在的风险，是事务所能够主动管理项目质量风险的总体思路。

（2）治理和领导层。建立质量管理领导架构，包括主要责任人、质量管理主管合伙人等角色，确保质量管理体系得到有效实施和监督。

（3）相关职业道德要求。确保所有员工在执行审计和其他服务时遵循高标准的职业操守，包括保密、诚信、独立性和客观性等原则。

（4）客户关系和具体业务的接受与保持。在接受新客户或新业务时进行严格评估，确保与客户的需求和期望相符。

（5）资源。包括人力、技术和信息等资源，以支持质量管理体系的有效运行。

（6）信息与沟通。强调内部和外部沟通的重要性，确保信息的准确性和及时性。

（7）监控和整改程序。持续监控质量管理体系的设计、实施和运行，并在发现问题时采取整改措施。

业务层面的质量管理要素核心是业务执行和项目质量复核。业务执行涵盖从规

划到报告的所有具体步骤，确保每个项目都按照既定的质量标准和程序进行。项目质量复核是对重要项目进行独立复核，以确保业务质量。

会计师事务所层面的质量管理涉及整个组织的所有业务和管理活动，更关注于整个组织的结构、治理、资源配置和整体风险管理，目标在于建立一个全面的质量管理体系，以提升整个事务所的质量水平。业务层面的质量管理更侧重于具体业务的执行和单个项目的质量保证，以确保每个业务项目能够满足专业标准和客户要求。

【例12-1·多选题】

下列各项中，属于会计师事务所质量管理组成要素的有（　　）。

A. 控制环境

B. 资源

C. 相关职业道德要求

D. 监控和整改程序

【分析】 BCD。控制环境属于企业内部控制的要素，与企业内部控制环境对应的会计师事务所质量管理要素描述为“治理和领导层”和“资源”。

（三）质量管理体系的一体化要求

会计师事务所应当设计、实施和运行在全所范围内（包括分所或分部）统一的质量管理体系。在设计、实施和运行质量管理体系时，会计师事务所应当运用职业判断，并考虑会计师事务所及其业务的性质和具体情况。会计师事务所应当建立并严格执行一体化管理机制，实现人事、财务、业务、技术标准和信息管理五方面的统一管理，对于合并的分所（或分部）也不应当例外。

（四）质量管理体系的可调适性和动态性

1. 可调适性

质量管理体系的可调适性是指会计师事务所考虑会计师事务所的性质和具体情况、会计师事务所执行的业务的性质和具体情况等因素构建适合自己的质量管理体系。由于会计师事务所之间、业务之间存在差异，质量管理体系在设计上也会存在差异，特别是其复杂程度和规范程度会存在差异。例如，为多种不同类型的实体执行不同类型业务的会计师事务所，包括为上市实体执行财务报表审计业务的会计师事务所，相对于只执行财务报表审阅或代编财务信息业务的会计师事务所来说，很可能需要更加复杂和规范的质量管理体系和支持性工作记录。

2. 动态性

质量管理体系的动态性是指质量管理体系应当不断完善和优化，而不是一成不变。在实务中，会计师事务所应当根据本所及其业务在性质和具体情况方面的变化，对质量管理体系的设计、实施和运行进行动态调整。

二、会计师事务所风险评估程序

会计师事务所应当设计和实施风险评估程序，以设定质量目标，识别和评估质量风险，并设计和采取应对措施。

（一）风险评估程序的设计

会计师事务所风险评估程序的设计受会计师事务所的性质和具体情况（包括其组织结构）的影响，因此，不同会计师事务所的风险评估程序可能各不相同。例如，对于较为复杂的会计师事务所而言，其风险评估程序较为正式，对质量目标、质量风险和应对措施的记录也较为复杂和详细。

为了积极主动并持续地管理质量，会计师事务所在设定质量目标、识别和评估质量风险、设计和采取应对措施的过程中，需要利用各种来源的信息，包括从会计师事务所质量管理体系中产生或获取的信息。

会计师事务所设定质量目标、识别和评估质量风险、设计和采取应对措施是一个不断完善和优化的过程。

（二）风险评估程序的具体步骤

（1）设定质量目标。质量管理准则规定了会计师事务所及其质量管理体系的目标。如果会计师事务所的质量管理体系可以实现准则规定的目标，那么该事务所的质量管理体系就是有效的。会计师事务所及其质量管理体系的目标层次较高，较为总括。

质量管理准则要求会计师事务所应针对质量管理体系的各个组成要素设定质量目标。会计师事务所可以根据本所的具体情况，决定是否设定子目标，以强化识别和评估质量风险、设计和采取应对措施。

设定会计师事务所的质量管理目标及其推动落实的基本要求包括：

1）质量至上。会计师事务所应在全所范围内形成一种“质量至上”的文化，树立质量意识，具体包括：会计师事务所及其人员有责任持续高质量地执行业务，从而更好地服务于公众利益；会计师事务所人员树立正确的职业价值观、职业道德和职业态度，对于持续高质量地执行业务至关重要；会计师事务所所有人员都对其执行业务的质量承担责任，或者对其在质量管理体系中所执行工作的质量承担责任，并且这些人员的行为应当得当；会计师事务所的所有战略决策和行动，都应当坚持质量优先，都不能以牺牲质量为代价。

2）行动展示。领导层对质量负责，并通过实际行动展示出其对质量的重视。

3）传递理念，培育文化。领导层向事务所人员传递“质量至上”的执业理念，培育以质量为导向的文化。

4）角色、职责、权限的分配适当。会计师事务所的组织结构以及对相关人员的角色、职责、权限的分配应当满足质量管理体系设计、实施和运行的需要。

5）资源。会计师事务所资源（包括财务资源）需求得到恰当的计划，并且资源的取得和分配应当能够为事务所持续高质量地执行业务提供保障。

【例 12－2·判断题】

会计师事务所每年对业务收入考核排名前十位的合伙人奖励 50 万元，对业务

质量考核排名后十位的合伙人罚款5万元。（　　）

【分析】错误。会计师事务所的奖惩制度没有体现以质量为导向。

（2）识别和评估质量风险。质量管理准则旨在引导会计师事务所重点关注对实现质量目标产生较大影响的风险，以使事务所可以恰当地应对这些风险。一项风险是否被认定为质量风险，取决于其发生的可能性和影响程度两个因素。

（3）设计和采取应对措施。会计师事务所在设计和采取应对措施以恰当应对质量风险时，应当根据并针对相关质量风险的评估结果及得出该评估结果的理由（即风险发生的可能性以及影响程度）。

在设计应对措施时，会计师事务所要考虑许多因素，特别是与应对措施的性质、时间安排和范围有关的因素。

（4）增加或调整质量目标、质量风险和应对措施。设定质量目标、质量风险或应对措施不是一蹴而就的，更不是一项一次性工作。在某些情况下，由于会计师事务所或其业务的性质和具体情况发生变化，或者会计师事务所针对质量管理体系的缺陷采取了某些整改措施等，质量目标、质量风险或应对措施可能需要进行相应的增加或调整。

三、治理和领导层

（一）质量管理领导层

质量管理领导层是一个“1＋N”的领导体系。承担最终责任的只有一个，即会计师事务所的主要负责人，如首席合伙人、主任会计师或者同等职位的人员。承担运行责任的是质量管理主管合伙人（或类似职位的人员）。专门的合伙人对特定方面的运行承担责任，包括职业道德主管合伙人、独立性主管合伙人、各业务条线的主管合伙人，以及监控和整改主管合伙人。

（二）人员管理

1. 统一的人员管理制度

这里所称的人员，包括会计师事务所的合伙人和员工。其中，合伙人是一种统称，是指在提供专业服务方面有权代表会计师事务所的人员，包括非合伙制会计师事务所中处于同等职位的人员。审计项目团队成员包括执行某项审计业务的所有合伙人和员工，以及为该项业务实施审计程序的所有其他人员（即审计项目组），还包括会计师事务所及网络事务所中能够直接影响审计业务结果的其他人员。例如，能对审计项目合伙人提出薪酬建议，以及进行直接指导、管理或监督的人员；为执行审计业务提供技术或行业具体问题、交易或事项的咨询的人员（如针对与审计相关的准备计提或价值评估工作进行复核的财务交易咨询部的专业人员）；对审计业务实施项目管理的人员，包括项目质量复核人员。这与审计项目成员不同，审计项目成员仅指参与执行审计业务程序的人员。

会计师事务所应当建立并实施统一的人员管理制度，制定统一的人员聘用、定级、晋升、业绩考核、薪酬、培训等方面的政策与程序并确保有效执行。

会计师事务所应当综合考虑拟晋升人员的执业理念、职业价值观、职业道德、专业胜任能力和执业诚信记录，建立以质量为导向的晋升机制。

2. 对合伙人的管理

会计师事务所应当加强对合伙人晋升、培训、考核、分配、转入、退出的管理，体现以质量为导向的文化，确保合伙人能够按照质量管理体系的要求，切实履行其在质量管理方面的责任，防范执业风险。

针对合伙人的晋升建立和实施质量“一票否决”制度。例如，会计师事务所可以制定政策和程序，要求在一定期间内执业有重大质量问题的人员，不得被提名晋升为合伙人。

会计师事务所应当在全所范围内统一进行合伙人考核和收益分配。在进行考核和收益分配时，应当综合考虑合伙人的执业质量、管理能力、经营业绩、社会声誉等指标，不得以承接和执行业务的收入或利润作为首要指标，不应直接或变相以分所、部门、合伙人所在团队作为利润中心进行收益分配。

3. 对关键管理人员的调度和配置

会计师事务所应当对分所（或分部）的负责人、质量管理负责人、财务负责人等关键管理人员实施统一委派、监督和考核，在全所范围内实施统一的调度和配置。

四、具体业务的接受与保持

（一）业务接受与保持应当评估的因素

具体内容包括：

（1）会计师事务所是否针对业务的性质和具体情况以及客户（包括客户的管理层和治理层）的诚信和道德价值观获取了足以支持其判断的充分信息。

（2）会计师事务所是否具备按照适用的法律法规和职业准则的规定执行业务的能力。

（3）特别考虑财务和运营方面的影响。会计师事务所不应当因财务和运营方面对优先事项的安排而对接受或保持客户关系或具体业务作出不恰当的判断。会计师事务所在运营方面的优先事项包括市场份额的增长、聚焦于特定行业或新业务拓展等；在财务方面的优先事项可能更多关注其盈利能力。如果会计师事务所过于强调经济利益优先，则可能为取得较高的业务收入而承接一些高风险的客户，这些客户的风险可能超出会计师事务所的承受能力，从而可能给会计师事务所执业质量带来不利影响。

（二）对高风险业务接受和保持的特殊考虑

针对高风险的业务，会计师事务所应当设计和实施专门的质量管理程序，并应当经质量管理主管合伙人（或类似职位的人员）或其授权的人员审批。专门的质量管理程序示例如下：

（1）加强与前任注册会计师的沟通（首次接受委托时）；

（2）与相关监管机构沟通；

（3）访谈拟承接客户以了解有关情况；

（4）加强内部质量复核等。

五、业务执行

（一）业务分派

会计师事务所应当实行矩阵式管理，即结合所服务客户的行业特点和业务性质，以及本会计师事务所分所（或分部）的地域分布，对业务团队进行专业化设置，以团队专业能力的匹配度为依据分派业务。

（二）对项目合伙人的要求

项目合伙人是指会计师事务所中负责某项业务及其执行，并代表会计师事务所在报告上签字的合伙人。在有限责任制的会计师事务所中，项目合伙人包括主任会计师、副主任会计师或具有同等职位的高级管理人员。

在全所范围内统一委派具有足够专业胜任能力、时间，并且无不良执业诚信记录的项目合伙人执行业务。应当从下面几个方面评价项目合伙人的专业胜任能力：

（1）是否充分了解相关法律法规和监管要求；

（2）是否能够熟练掌握和运用相关职业准则的规定；

（3）是否充分了解客户所在行业的业务特点、发展趋势、重大风险，以及该行业对信息技术的运用情况等。

由经验较为丰富的项目组成员对经验较为缺乏的项目组成员的工作进行指导、监督和复核。项目合伙人只复核与下列方面相关的工作底稿：

（1）重大事项；

（2）重大判断，包括与在审计中遇到的困难或有争议事项相关的判断，以及得出的结论；

（3）根据项目合伙人的职业判断，与项目合伙人的职责有关的其他事项。

（三）复核程序

复核审计工作包括项目组内部复核和项目质量复核（如适用）。

1. 项目组内部复核

项目组是指执行某项业务的所有合伙人和员工，以及为该项业务实施程序的所有其他人员。项目组人员不包括：外部专家；为项目组提供直接协助的内部审计人员；项目质量复核人员。

会计师事务所应当制定与内部复核相关的政策和程序，对内部复核的层级、各层级的复核范围、执行复核的具体要求以及复核的记录要求等作出规定。项目组内部人员执行复核，通常包括多个复核层级。

【例12-3·单选题】

在确定项目组内部复核的性质、时间安排和范围时，下列各项中，注册会计师无须考虑的是（　　）。

A. 被审计单位的规模

B. 项目组成员的专业素质和胜任能力

C. 评估的重大错报风险

D. 项目质量复核人员的经验和能力

【分析】D。项目质量复核人员属于项目组外的人员，不影响项目组内部复核的性质、时间安排和范围。

2. 项目质量复核

（1）对项目质量复核的理解。项目质量复核是指在报告日或报告日之前，项目质量复核人员对项目组作出的重大判断及据此得出的结论作出的客观评价。

项目组内部复核与项目质量复核的区别如表 12－1 所示。

表 12－1　项目组内部复核与项目质量复核的区别

项目	项目组内部复核	项目质量复核
复核人员	项目组内部人员	独立于项目组
适用性	所有业务均应当进行项目组内部复核	（1）上市实体财务报表审计业务； （2）法律法规要求实施项目质量复核的审计业务或其他业务； （3）会计师事务所认为，为应对一项或多项质量风险，有必要实施项目质量复核的审计业务或其他业务
复核范围	较为宽泛，涉及项目的各个方面	项目组作出的重大判断及据此得出的结论

（2）项目质量复核人员。项目质量复核人员是指会计师事务所中实施项目质量复核的合伙人或其他类似职位的人员，或者由会计师事务所委派实施项目质量复核的外部人员。

项目质量复核人员应当同时符合下列要求：

1）具备适当的胜任能力，包括充足的时间和适当的权威性以实施项目质量复核。项目质量复核人员的胜任能力应当至少与项目合伙人相当。

2）遵守相关职业道德要求，并在实施项目质量复核时保持独立、客观、公正。

3）遵守与项目质量复核人员任职资质要求相关的法律法规（如有）。

在全所范围内（包括分所或分部）统一委派项目质量复核人员，并确保负责实施委派工作的人员具有必要的胜任能力和权威性。

负责委派项目质量复核人员的人员需要独立于项目组。因此，对于接受项目质量复核的项目，其项目组成员不能负责委派本项目的项目质量复核人员。

（3）影响项目质量复核客观性的情形。为确保项目质量复核人员能够独立、客观、公正地实施项目质量复核，该人员的业绩考评、晋升与薪酬不应受到被复核的项目组的干预或影响。

影响项目质量复核客观性的情形举例如表 12－2 所示。

表 12-2 影响项目质量复核客观性的情形

项目	情形	举例	应对措施
前任项目合伙人复核	如果某一项目的前任项目合伙人被委任为该项目的项目质量复核人员，可能会对其客观性产生不利影响	注册会计师A于20×3年度担任甲公司财务报表审计项目合伙人，如果在20×2年度被委派担任甲公司财务报表审计项目质量复核人员，则可能对其客观性产生不利影响	会计师事务所应当规定一段冷却期，要求在冷却期结束之前，前任项目合伙人不得担任该项目的项目质量复核人员，这段冷却期至少应当为两年
同一年度交叉复核	不同合伙人在同一年度项目之间交叉复核，可能会对其客观性产生不利影响	在同一年度内，甲公司的审计项目合伙人（注册会计师A）对乙公司财务报表审计实施项目质量复核；同时，由乙公司审计项目合伙人（注册会计师B）对甲公司财务报表审计实施项目质量复核，可能影响注册会计师A和注册会计师B的客观性	除非出现特殊情况，如具有适当胜任能力和权威性的人员不足，否则应当尽量避免在同一年度内交叉实施项目质量复核。 对于在特殊情况下出现的交叉实施项目质量复核的情况，会计师事务所可以制定相关政策和程序，如要求取得质量管理主管合伙人和业务主管合伙人的批准，并至少每年重新评估和批准一次

（4）不再符合任职资质要求的应对措施。

1）会计师事务所层面。事务所应当对项目质量复核人员符合资质要求的情况进行实时监控，以及时识别出项目质量复核人员不再符合任职资质要求的情况，并采取适当的措施，包括委任一位新的项目质量复核人员。

2）项目质量复核人员层面。当项目质量复核人员意识到其不再符合任职资质要求时，应当通知会计师事务所适当人员，并采取下列措施：如果项目质量复核尚未开始，不再承担项目质量复核责任；如果项目质量复核已经开始实施，立即停止实施项目质量复核。

【例 12-4·多选题】

下列选项中，可能会影响项目质量复核人员的客观性的有（　　）。

A. 由项目合伙人挑选本项目的项目质量复核人员

B. 项目之间交叉实施项目质量复核

C. 某一项目的前任项目合伙人被委任为该项目的项目质量复核人员

D. 审计项目合伙人确定会计师事务所已委派了项目质量复核人员

【分析】 ABC。选项D为审计项目合伙人的责任，审计项目合伙人的责任只是确定事务所确实已经委派了项目质量复核人员，避免事务所未及时委派项目质量复核人员，并非自己委派，所以不影响客观性。

（四）意见分歧

在业务执行中，时常可能出现项目组内部、项目组与被咨询者之间以及项目合伙人与项目质量复核人员之间的意见分歧。会计师事务所应当制定与解决意见分歧相关的政策和程序，包括下列方面：

（1）明确要求项目合伙人和项目质量复核人员（如有）复核并评价项目组是否已就疑难问题或涉及意见分歧的事项进行适当咨询，以及咨询得出的结论是否得到执行。

（2）明确要求在业务工作底稿中适当记录意见分歧的解决过程和结论。如果项目质量复核人员（如有）、项目组成员以外的其他人员参与形成业务报告中的专业意见，也应当在业务工作底稿中作出适当记录。

（3）确保所执行的项目在意见分歧解决后才能出具业务报告。

（五）出具业务报告

业务报告在出具前，应当经项目合伙人、项目质量复核人员（如有）复核确认。会计师事务所应当加强对业务报告签发过程的控制，委派专门人员负责对报告的签章进行严格管理。

（六）投诉和指控

投诉和指控可能来自会计师事务所内部，也可能来自外部。

会计师事务所应当制定政策和程序，以接收、调查、解决相关投诉和指控。

会计师事务所也需要制定相关政策和程序，包括相关机制和处理流程，使投诉和指控能够得到积极、公平、恰当的处理，并鼓励会计师事务所人员能够积极、通畅地反映与执业质量相关的问题而不用担心遭受打击报复。

六、监控和整改

（一）监控和整改程序的作用

监控和整改程序是质量管理体系中非常重要的一环，对审计工作有重要的影响，具体表现在以下几个方面：

（1）提高审计工作的质量。监控和整改程序可以帮助会计师事务所及时发现审计工作中存在的问题和不足，从而及时进行整改和改进，提高审计工作的质量和准确性。

（2）强化内部控制。通过监控和整改程序，会计师事务所可以建立健全的内部控制机制，确保审计工作符合相关法规和标准，减少审计风险。

（3）增强客户信任。监控和整改程序可以提高审计工作的透明度和可靠性，增强客户对会计师事务所的信任，有助于建立长期稳定的合作关系。

（4）促进团队合作。监控和整改程序需要全员参与，促进团队成员之间的合作和沟通，增强团队凝聚力，提高审计工作效率和质量。

（二）监控和整改的流程

在实务中，会计师事务所监控和整改流程如图 12－1 所示。

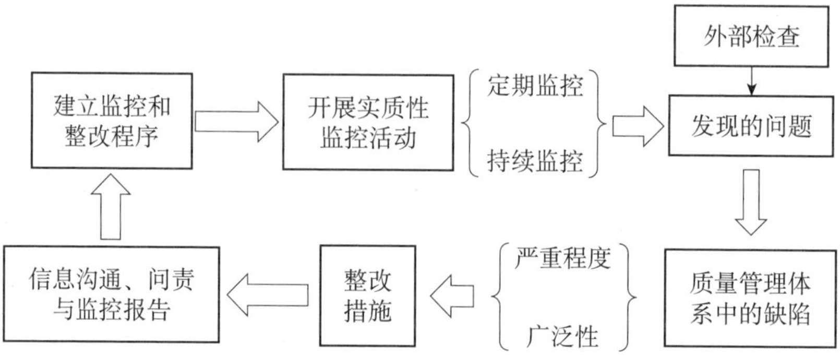

图 12-1 会计师事务所监控和整改流程

1. 持续监控与定期监控

会计师事务所的监控活动包括持续实施的监控活动和定期实施的监控活动。持续实施的监控活动通常是日常性的活动，已经嵌入会计师事务所的内部程序中，针对具体情况的变化而随时实施。定期实施的监控活动则由会计师事务所每隔一段时间定期实施。在大多数情况下，持续实施的监控活动能够更为及时地提供与质量管理体系相关的信息。

会计师事务所应当制定政策和程序，明确执行监控活动的人员所需的胜任能力和权威性，并要求执行监控活动的人员具备客观性，这些政策和程序应当禁止项目组成员或项目质量复核人员参与对该项目的任何检查。

会计师事务所应当制定政策和程序，明确周期性地选取已完成的项目进行检查。在每个周期内，对每个项目合伙人，至少选择一项已完成的项目进行检查。对承接上市实体审计业务的每个项目合伙人，检查周期最长不得超过三年。

2. 评价识别出的缺陷

会计师事务所应当评价发现的情况，以确定是否存在缺陷，包括监控和整改程序中的缺陷。

会计师事务所通过下列方法评价识别出的缺陷的严重程度和广泛性：

（1）调查所识别出的缺陷的根本原因。在确定用于调查根本原因的程序的性质、时间安排和范围时，会计师事务所应当考虑这些识别出的缺陷的性质和可能的严重程度。

（2）评价这些识别出的缺陷单独或累积起来对质量管理体系的影响。

会计师事务所应当根据对根本原因的调查结果，设计和采取整改措施，以应对识别出的缺陷。

会计师事务所在评价识别出的缺陷的严重程度和广泛性时，可以考虑下列因素：

（1）缺陷的性质，包括该缺陷与质量管理体系的哪个要素相关，以及该缺陷存在于质量管理体系的哪个环节（设计、实施或运行）中；

（2）针对与应对措施有关的缺陷，是否存在补偿性措施以应对相关质量风险；

（3）缺陷的根本原因；

（4）导致识别出缺陷的事项是否频繁发生；

（5）缺陷的重大程度、相关情况导致缺陷的速度、该缺陷存在并对质量管理体系产生影响的时间长度。

缺陷的严重程度和广泛性会影响会计师事务所主要负责人对质量管理体系的评价结果。

3. 应对识别出的缺陷

在某些情况下，整改措施可能包括设定额外的质量目标、识别和评估额外的质量风险或调整之前对质量风险的评估结果，或者设计和采取额外的应对措施或调整之前设计和采取的应对措施。这是因为在这些情况下，原质量目标、质量风险、应对措施可能不再适当。

如果确定某个缺陷的根本原因与服务提供商提供的某项资源有关，会计师事务所可以：

（1）考虑是否继续利用该服务提供商提供的资源；

（2）就此事项与该服务提供商沟通。

如果发现的情况表明某项业务在执行过程中遗漏了应当实施的程序，或者出具的报告可能不适当，会计师事务所采取的行动可能包括：

（1）向适当的人员进行咨询；

（2）与客户管理层或治理层沟通；

（3）补充实施被遗漏的程序；

（4）考虑对业务报告或专业意见的影响，如出具的报告不适当，可能需要重新出具业务报告。

采取上述措施并不能减轻会计师事务所针对质量管理体系中发现的相关情况进一步采取措施的责任，该责任包括评价发现的情况以识别缺陷，并调查缺陷的根本原因。

如果会计师事务所未实施某项程序，在判断是否构成“遗漏了应当实施的程序”时，会计师事务所需要考虑这种情况是否可能违反相关法律法规和职业准则的要求，以及是否可能导致注册会计师获取的证据不再充分、适当。

七、对质量管理体系的评价与记录

（一）评价质量管理体系

会计师事务所主要负责人应当代表会计师事务所对质量管理体系进行评价。这种评价应当以某一时点为基准，并且至少每年进行一次。

（二）记录质量管理体系

会计师事务所应当对质量管理体系进行记录，主要内容包括：

（1）主要负责人和对质量管理体系承担运行责任的人员各自的身份；

（2）会计师事务所的质量目标和质量风险；

（3）对应对措施的描述以及这些措施是如何应对质量风险的；

（4）实施的监控和整改具体程序；

（5）主要负责人对质量管理体系作出的评价及其依据。

会计师事务所应当规定质量管理体系工作记录的保存期限，该期限应当涵盖足够长的期间，以使会计师事务所能够监控质量管理体系的设计、实施和运行情况。

第二节 对审计项目实施的质量管理

一、审计项目合伙人的责任

（一）审计项目合伙人总体责任

审计项目合伙人对项目业务执行中遵守质量管理准则的各项要求承担最终责任，并在项目层面实施质量管理，即对管理和实现审计项目的高质量承担总体责任。这种责任包括：

（1）为审计项目组营造一个良好的环境；

（2）强调会计师事务所对诚信和高质量的重视；

（3）明确对审计项目组成员的行为期望。

（二）项目合伙人向审计项目组强调的执业理念

具体内容包括：

（1）审计项目组所有成员都有责任为在项目层面管理和实现业务的高质量作出贡献；

（2）审计项目组成员的职业价值观、职业道德和职业态度至关重要；

（3）在审计项目组内部进行开放、顺畅、深入的沟通非常重要，这种沟通应当使每位审计项目组成员都能够提出自己的质疑，而不怕遭受报复；

（4）审计项目组成员在整个审计项目中保持职业怀疑非常重要。

（三）审计项目合伙人参与全过程

具体内容包括：

（1）项目合伙人应当充分、适当地参与整个审计过程；

（2）项目合伙人应当通过指导、监督审计项目组成员并复核其工作，对管理和实现审计项目的高质量承担总体责任。

（四）审计项目合伙人签署报告前应当确认已承担责任

具体内容包括：

（1）项目合伙人已经充分、适当地参与了审计项目的全过程，能够确定审计项目组作出的重大判断和据此得出的结论是适当的；

（2）考虑了审计项目的性质和具体情况、发生的任何变化，以及会计师事务所与之相关的政策和程序。

二、对审计项目的质量控制

（一）对审计项目的指导、监督和复核

1. 指导、监督和复核的要求

审计项目合伙人应当负责对审计项目组成员进行指导、监督并复核其工作，并确定指导、监督和复核的性质、时间安排和范围符合下列要求：

（1）按照适用的法律法规和职业准则的规定，以及会计师事务所的政策和程序进行计划和执行。

（2）符合审计项目的性质和具体情况，并与会计师事务所向审计项目组分配或提供的资源相匹配。

2. 指导、监督的事项

对项目组成员的指导和监督可能包括下列方面：

（1）追踪审计项目的进程，包括对下列方面实施监控：按照审计计划实施审计工作的进程；已执行的工作是否达到了目标；分配的资源是否始终是充分的。

（2）采取适当措施以解决在审计项目执行过程中遇到的问题。

（3）识别在执行审计工作过程中需要咨询或由经验较为丰富的审计项目组成员考虑的事项。

（4）为审计项目组成员提供指导和现场培训，以帮助其提高工作技能和胜任能力。

（5）营造一种环境，使审计项目组成员可以无所顾忌地提出疑虑而不用担心遭受打击报复。

3. 复核的事项

审计项目合伙人在对审计项目组成员的工作进行复核时，可以考虑下列方面：

（1）已执行的工作是否符合适用的法律法规、职业准则以及会计师事务所的政策和程序；

（2）是否已将重大事项提请作出进一步考虑；

（3）是否已进行了适当咨询以及咨询结论是否已得到记录和落实；

（4）是否需要调整已执行工作的性质、时间安排和范围；

（5）已执行的工作是否能够支持得出的结论，是否已得到适当的记录；

（6）已获取的证据是否充分、适当，能够支持发表审计意见；

（7）实施审计程序的目标是否已实现。

（二）复核审计项目的工作底稿等相关文件

1. 复核内容

审计项目合伙人应当在审计过程中的适当时点复核审计工作底稿，包括与下列方面相关的工作底稿：

（1）重大事项；

（2）重大判断，包括与在审计中遇到的困难或有争议事项相关的判断，以及得出的结论；

（3）根据审计项目合伙人的职业判断，与审计项目合伙人的职责有关的其他

事项。

2. 复核要求

（1）在审计报告日或之前复核。在审计报告日或之前，审计项目合伙人应当通过复核审计工作底稿以及与审计项目组讨论，确保已获取充分、适当的审计证据，以支持得出的结论和拟出具的审计报告。

（2）在签署审计报告前复核。在签署审计报告前，为确保拟出具的审计报告适合审计项目的具体情况，审计项目合伙人应当复核财务报表、审计报告以及相关的审计工作底稿，包括对关键审计事项的描述（如适用）。

（3）签署正式书面沟通文件之前复核。审计项目合伙人应当在与管理层、治理层或相关监管机构签署正式书面沟通文件之前对其进行复核。

（三）对审计项目的咨询

1. 在业务执行中咨询的必要性

审计项目组在执行审计项目的过程中，时常会遇到各种各样的疑难问题或者争议事项。当这些问题和事项不能在审计项目组内部得到解决时，有必要向审计项目组之外的适当人员进行咨询。

2. 审计项目合伙人对咨询承担的责任

（1）对审计项目组就下列事项进行咨询承担责任：

1）困难或有争议的事项，以及会计师事务所政策和程序要求咨询的事项；

2）审计项目合伙人根据职业判断认为需要咨询的其他事项。

（2）确定审计项目组成员已在审计过程中就相关事项进行了适当咨询，咨询可能在审计项目组内部进行，或者在审计项目组与会计师事务所内部或外部的其他适当人员之间进行。

（3）确定已与被咨询者就咨询的性质、范围以及形成的结论达成一致意见。

（4）确定咨询形成的结论已得到执行。

（四）实施项目质量复核时项目合伙人的责任

针对需要实施项目质量复核的审计项目，审计项目合伙人应当承担下列责任：

（1）确定会计师事务所已委派项目质量复核人员。

（2）配合项目质量复核人员的工作，并要求审计项目组其他成员配合项目质量复核人员的工作。

（3）与项目质量复核人员讨论在审计过程中遇到的重大事项和重大判断，包括在项目质量复核过程中识别出的重大事项和重大判断。

（4）只有在项目质量复核完成后，审计项目合伙人才签署审计报告。

（五）项目合伙人对意见分歧的责任

针对意见分歧，审计项目合伙人应当承担下列责任：

（1）对按照会计师事务所的政策和程序处理和解决意见分歧承担责任。

（2）确定咨询得出的结论已经记录并得到执行。

（3）在所有意见分歧得到解决之前，不得签署审计报告。

即测即评

扫描此码 在线做题

思考题

1. 会计师事务所质量管理要素有哪些?
2. 简述会计师事务所质量管理体系的主要内容。
3. 简述项目质量控制中对项目合伙人的要求。
4. 简述项目质量复核与项目组内部复核的主要区别。

案例分析

华兴公司 20×6 年度财务报表审计项目质量控制

金梅会计师事务所接受委托,对华兴公司 20×6 年度财务报表进行审计,并委派注册会计师李华担任项目负责人。

(1) 在制订审计计划时,注册会计师李华根据其审计华兴公司的多年经验,认为华兴公司 20×6 年度财务报表不存在重大错报风险,应当直接实施进一步审计程序。

(2) 在接受委托后,注册会计师李华向华兴公司前任注册会计师询问了华兴公司变更会计师事务所的原因,得知是双方在某一重大会计问题上存在分歧。

(3) 在接受委托后,注册会计师李华发现华兴公司业务流程采用计算机信息系统控制,而审计项目组成员缺少这方面的专业技能。注册会计师李华了解到华美软件公司的张进曾参与华兴公司计算机信息系统的设计工作,因此聘请张进加入审计项目组,负责测试该系统并出具测试报告。

(4) 在审计过程中,注册会计师李华要求审计项目组成员相互复核所执行的工作,并在工作底稿的复核人员栏签字。

(5) 在复核过程中,审计项目组成员在某个专业问题上存在分歧,注册会计师李华就此问题专门致函有关部门进行咨询,但截至审计报告日,始终未得到回复。

(6) 考虑到该项业务的高风险性,在出具审计报告后,金梅会计师事务所专门指派未参与该项业务的经验丰富的注册会计师实施了项目质量复核。

（7）项目组内部在某项重大问题上存在分歧，注册会计师李华就这一重大审计问题咨询了会计师事务所的技术部门，但直至审计报告日，仍未与技术部门达成一致意见。经主任会计师批准，注册会计师李华出具了审计报告。

（8）在审计报告出具后，注册会计师李华随机选取了若干份工作底稿进行复核，没有发现重大问题。

【讨论分析】

指出华兴公司20×6年度财务报表审计项目质量控制中存在的问题，并提出纠正的建议。

线上MOOC学习

请登录 https://www.icourse163.org/course/CUFE-1003060002，课外学习国家精品课程“审计学”中“审计的质量管理”相关内容。

图书在版编目（CIP）数据

审计学：原理与案例 / 李晓慧编著. --4 版. 北京：中国人民大学出版社，2025. 5. --（全国会计领军人才丛书）. --ISBN 978-7-300-33721-0

Ⅰ. F239.0

中国国家版本馆 CIP 数据核字第 2025WL9679 号

国家级一流本科课程配套教材
北京高等学校优质本科教材
全国会计领军人才丛书·审计系列
审计学：原理与案例（第 4 版）
李晓慧　编著
Shenjixue：Yuanli yu Anli

出版发行	中国人民大学出版社		
社　　址	北京中关村大街 31 号	**邮政编码**	100080
电　　话	010－62511242（总编室）		010－62511770（质管部）
	010－82501766（邮购部）		010－62514148（门市部）
	010－62511173（发行公司）		010－62515275（盗版举报）
网　　址	http://www.crup.com.cn		
经　　销	新华书店		
印　　刷	北京宏伟双华印刷有限公司	**版　　次**	2015 年 5 月第 1 版
开　　本	787 mm×1092 mm　1/16		2025 年 5 月第 4 版
印　　张	24.75 插页 1	**印　　次**	2025 年 5 月第 1 次印刷
字　　数	550 000	**定　　价**	59.00 元

中国人民大学出版社　管理分社

教师教学服务说明

中国人民大学出版社管理分社以出版工商管理和公共管理类精品图书为宗旨。为更好地服务一线教师，我们着力建设了一批数字化、立体化的网络教学资源。教师可以通过以下方式获得免费下载教学资源的权限：

- 在中国人民大学出版社网站 www.crup.com.cn 进行注册，注册后进入“会员中心”，在左侧点击“我的教师认证”，填写相关信息，提交后等待审核。我们将在一个工作日内为您开通相关资源的下载权限。

- 如您急需教学资源或需要其他帮助，请加入教师 QQ 群或在工作时间与我们联络。

中国人民大学出版社　管理分社

教师 QQ 群：648333426（工商管理）　114970332（财会）　648117133（公共管理）
教师群仅限教师加入，入群请备注（学校＋姓名）

联系电话：010-62515735，62515987，62515782，82501048，62514760

电子邮箱：glcbfs@crup.com.cn

通讯地址：北京市海淀区中关村大街甲 59 号文化大厦 1501 室（100872）

管理书社　　人大社财会　　公共管理与政治学悦读坊